寻访敦煌遗书

英藏篇

张丽 著

广西师范大学出版社
·桂林·

图书在版编目（CIP）数据

寻访敦煌遗书.英藏篇／张丽著.—桂林：广西师范大学出版社,2023.7

ISBN 978－7－5598－5997－6

Ⅰ．①寻… Ⅱ．①张… Ⅲ．①敦煌学-文献 ②日记-作品集-中国-当代 Ⅳ．①K870.6 ②I267.5

中国国家版本馆 CIP 数据核字（2023）第 078342 号

寻访敦煌遗书·英藏篇

XUNFANG DUNHUANG YISHU · YINGCANG PIAN

出 品 人：刘广汉
策划编辑：刘孝霞
责任编辑：刘孝霞　吕解颐
助理编辑：茹婧羽
装帧设计：李婷婷

广西师范大学出版社出版发行

（广西桂林市五里店路9号　　　邮政编码：541004）
（网址：http://www.bbtpress.com　　）

出版人：黄轩庄

全国新华书店经销

销售热线：021－65200318　021－31260822－898

山东临沂新华印刷物流集团有限责任公司印刷

（临沂高新技术产业开发区新华路1号　邮政编码：276017）

开本：690 mm×960 mm　　1/16

印张：34.5　插页：10　字数：442 千

2023 年 7 月第 1 版　　2023 年 7 第 1 次印刷

定价：98.00 元

2003 年，我和广锟到吴芳思家做客——张丽摄

2003 年，广锟在英国博物馆大阅览室——张丽摄

2003 年夏，广锠在公园喂小松鼠饼干——张丽摄

2003 年，广锠在甘地公园——张丽摄

2003 年，我和广锴在伦敦到玉英家做客——张丽摄

2003 年，我在伦敦住处厨房做饭——方广锴摄

2003 年，我和广锠在每次去英国国家图书馆路过的公园小憩——张丽摄

2003 年，我和广锠在英国博物馆前——张丽摄

2005年夏结束工作后，我和广锟在英国国家图书馆外与吴芳思告别留影
——张丽摄

2005年夏，我和广锟与首都师范大学郝春文（左2）等在伦敦陈宝和（右1）
住处做客——张丽摄

2005年夏，广锟从伦敦所住旅馆前往英国国家图书馆工作。广锟身后绿树左侧即公共汽车被炸处——张丽摄

2005 年 7 月某日，广锟在爆炸地罗素车站悼念薄留言——张丽摄

2005 年 7 月某日，广锟在爆炸地罗素车站悼念薄留言——张丽摄

2005 年 7 月某日，爆炸地罗素车站——张丽摄

2005年7月，伦敦爆炸发生地被震碎的玻璃窗——张丽摄

2005年，我和广锟在英国国家图书馆一楼大厅——张丽摄

2009 年拍摄的工作照（后排中间为蒙安泰，右侧两人来自敦煌研究院）
——吕爱摄

2009 年拍摄的广锟工作照——吕爱摄

2009 年拍摄的工作照（左前为黄霞，右前为陈王庭）——吕爱摄

2009 年拍摄的我和黄霞工作照——吕爱摄

2009年，广锠在前往英国国家图书馆的地铁上——张丽摄

2009年，团队排队等候进入图书馆（左起：张桂元、李际宁、广锠及陈王庭）
——张丽摄

2009 年，广锟在我们租的第一个住处房间内工作（广锟坐的椅子是从楼下捡回的轮椅）——张丽摄

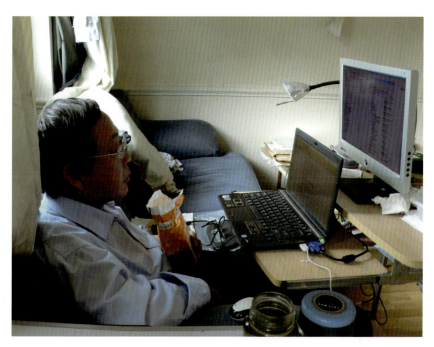

2009 年，广锟在我们租住的第二个住处房间内工作——张丽摄

2009 年，我在我们租的第一个住处楼门前——广锟摄

2009 年夏，我们到吴芳思家作客时等候公交车——陈宝和摄

2009 年夏，我们在吴芳思家作客（吴芳思左侧为王澧华、刘志惠夫妇）
——张丽摄

2009 年，我和广锠在英国国家图书馆门外——黄霞摄

2009 年，我与对我们的工作给予很多支持帮助的吴芳思、马克、爱丽丝合影
——张丽摄

2009 年，广锟与吴芳思、葛汉在去地库电梯外的走廊。（苏姗安排蒙安泰通知广锟在此签她给的英文合同）——张丽摄

英国博物馆中国馆中的恶神和善神——张丽摄

英国国家图书馆大厅——张丽摄

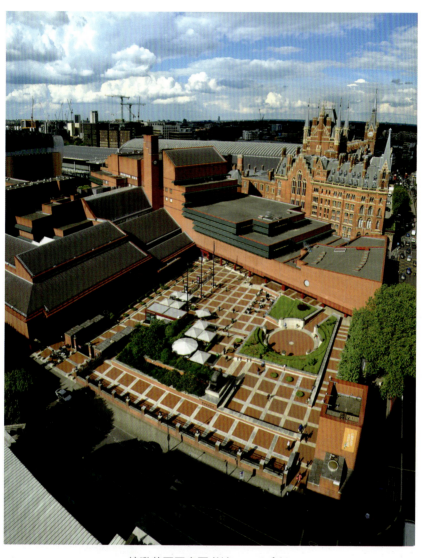

俯瞰英国国家图书馆——吕爱摄

英国国家图书馆东方与印度事物部阅览室——张丽摄

英国国家图书馆与后面的车站——张丽摄

前
言

　　清朝末年，古老的中国陷入深重的内忧外患，在风雨中飘摇。清光绪二十六年五月二十六日（1900 年 6 月 22 日），正当北京的义和团运动如火如荼、奋起的民众与侵华的八国联军浴血奋战之际，甘肃敦煌莫高窟，道士王园禄在一个洞窟的甬道清理积沙时，无意中在甬道的墙壁上发现了一个封闭近千年的耳窟，亦即此后大名鼎鼎的"藏经洞"，现在被敦煌研究院编为第 17 号窟。① 藏经洞中收藏了从公元 4 世纪到 11 世纪，以佛教经典为主体的大量典籍文书，此外有不少幡、幢、佛画，据说还有一些铜制小佛像等其他文物。典籍文书的文种除汉文外，还包括藏文、回鹘文、粟特文、于阗文、梵文等。王道士当时绝对不会想到，他的这一发现，竟成为中国近代史上的四大学术发现之一，并由此开创出一门属于世界学术新潮流的学问——敦煌学。

　　然而，由于当时出土文物管理相关法律的空白，知识分子对佛教的漠视和"四体不勤"的学风，加上王道士本人的愚昧无知，敦煌遗书面世后屡遭劫难。

---

① 　关于王道士是怎样发现藏经洞的，曾经有过几种不同的说法，近年又出现新的说法。关于这个问题，本书不拟涉及。（脚注如无特殊说明，皆是本书作者所作。）

王道士原籍湖北，后来在肃州（今甘肃酒泉）当兵。退伍后出家当了道士，来到敦煌莫高窟。见莫高窟很破败，便四处募捐，发愿修葺莫高窟。据说王道士发现藏经洞后，曾特意把洞中若干经卷拿到肃州，送给他当兵时的上司。但这位上司没看上这些敦煌遗书，觉得上面的字还没有自己写的好，未加重视。当时的甘肃学台（相当于现在的省教育厅厅长）、著名金石学者叶昌炽曾得到过敦煌知县汪宗瀚赠送的几卷敦煌遗书及敦煌画，但他被错误的信息误导，在自己的日记中写道：藏经洞"中有石几、石榻，榻上供藏经数百卷，即是物也。当时僧俗皆不知贵重，各人分取"。也就是说，叶昌炽得到的消息是藏经洞中只有几百卷的经书，已被当地人瓜分了。这或许是他未能亲自前往查看的原因之一。

由此，千年瑰宝的流散悲剧开启。相对于中国封建官僚的麻木与轻慢，一些外国探险家则是闻风而动。

捷足先登的是英国的斯坦因。斯坦因原是匈牙利人，先在欧洲求学，1888 年到英国当时的殖民地——印度工作，1904 年加入英国籍。斯坦因本人的兴趣在考古探险，曾多次在印度西北与中亚进行考古，并先后四次到中国西北地区进行考古活动。

1900 年到 1901 年，斯坦因第一次到中国新疆探险，这次主要在南疆活动，发掘了尼雅遗址，并从当地人手中收购到一批文物，收获颇丰。

1906 年到 1908 年，斯坦因得到英国博物馆及英属印度政府考古局的经费支持，第二次到新疆考古。由于他在欧洲上学时曾听老师介绍过敦煌莫高窟，故于 1907 年 3 月抵达敦煌县城。他从一个来自乌鲁木齐的维吾尔族商人处听说莫高窟发现了一个藏经洞，便于 3 月 16 日匆忙赶到莫高窟。但恰逢王道士外出，他仅从一个年轻的喇嘛那里看到一件写经。于是他先考察敦煌周围的史迹，随后再到莫高窟。面对愚昧无知但虔敬守护藏经洞的王道士，斯坦因绞尽脑汁，要了不少欺瞒蛊惑手段，取得王道士的信任与好感。此外，他雇用了一位名叫蒋孝琬的中国人做他的助手。蒋孝琬原是衙门师爷，深谙国人心态，帮助斯坦因愚弄王道士，骗得大量藏经洞文物。因为斯坦因在中国探险"功绩卓著"，1912年10月英王封他为"印度帝国高级爵士（K.C.I.E.）"。

1913年到1916年，斯坦因第三次外出探险时，再次来到敦煌。此时敦煌遗书已被押运到北京，藏经洞已空。但斯坦因又从王道士手中搞到500多卷敦煌遗书，且均为较长的大卷子。关于这批卷子的来历，本书正文中将有涉及。

1930年到1931年，斯坦因受美国哈佛大学及英国博物馆的资助，第四次来新疆进行考察。但此次考察受到中国爱国知识分子的强烈抗议，他被迫停止在新疆的盗掘，灰溜溜逃出境。

1908年2月，法国汉学家伯希和来到敦煌，他被允许进洞翻检了20多天。伯希和从中选取他认为最珍贵的部分带了出去，这部分文物至今存在法国国家图书馆与集美博物馆。斯坦因不懂中文，但伯希和是一个汉学家。他挑选走的，大部分的确是精华。但他自称把藏经洞中的精华全部挑走了，此后的事实证明是言过其实。

伯希和当时任职于越南的法兰西远东学院。1909年，他从河内到北京，随身携带了前一年搞到的若干敦煌遗书，出示给北京的中国学者。中国学者大为震惊。经学者们呼吁奔走，1909年，清政府学部（相当于现在的教育部）决定把藏经洞剩下的文物全部押送到京城。当时，为由哪个衙门承担这笔运费，官员们还曾相互推诿扯皮。最后，文物终于送至京城，却又遭北京一帮官员呼朋唤友，竞相盗取。剩余部分，送到当时的京师图书馆，亦即今天的中国国家图书馆（以下简称"国图"），成为如今国图所藏敦煌遗书的主体部分。

其后，敦煌瑰宝继续外流：1911 年至 1912 年日本大谷探险队到敦煌，1914 年沙俄奥登堡探险队到敦煌。如前所说，1914 年斯坦因第二次到敦煌，1924 年和 1925 年美国人华尔纳到敦煌，都搞走了大批敦煌文物。

"敦煌者，吾国学术之伤心史也。"陈寅恪先生在为《敦煌劫余录》作序时引用的陈垣先生的这句话，表达了国人对此劫难的满腔愤懑！

依据方广锠目前掌握的调查资料，藏经洞收藏的汉文遗书有60 000 多号。因为每号大小不一，大的长达几十米，小的只有几厘米，故如按照收藏的绝对量（长度或面积）计算，中国国家图书馆的收藏量居首，约占汉文敦煌遗书总数的 40%；英国国家图书馆的收藏量居次，约占 28%；法国国家图书馆的收藏量为第三，约占 13%；排在第四位的是日本的杏雨书屋；排在第五位的是俄罗斯科学院东方研究所圣彼得堡分所。此外，中国、日本等不少单位或私人的敦煌遗书的收藏量也很可观。西欧、北美其他国家也有少量收藏。就敦煌遗书总体而言，大体上中国的收藏量约占一半，国外的收藏量约占一半。

敦煌独特的地理位置和历史角色决定了敦煌遗书和敦煌学的重要地位。古代敦煌不仅是扼守丝绸之路的要冲，成为中原王朝经营西域的基地，亦是中国文化、印度文化、伊朗文化和以希腊文化为基础的西方文化等古代世界四大文化以及儒教、佛教、道教、景教、祆教、摩尼教等古代世界六大宗教的荟萃之地。这一特性，原汁原味地体现于敦煌遗书中，使敦煌遗书如同一座中古时期历史文化的原生态博物馆。可以说，敦煌遗书对研究中国中古历史与中外文化交流史的价值之大，怎么评价都不为过。

敦煌遗书流散于世界各地，对研究中国文化造成了难以估量的损失，但客观上推动了东西方学者从不同角度对其进行整理研究，并在20世纪产生了一门新的学问——敦煌学。随着这门学问的不断发展，一段曾经湮没的中古史又日益清晰与鲜活地呈现在我们面前。

然而，近百年来，对敦煌遗书的研究虽取得丰硕成果，却也遇到发展瓶颈：敦煌遗书流散于世界各地，一般人很难见到；其中残断、散落的同一或相关文献，却往往收藏于不同的国家和地区。很多学者在从事研究时，难以得知敦煌遗书中是否有其所需的资料；或偶见其中之一，却不知是否还有相关之二及之三，亦不知到何处去寻找这些资料。

资料的使用价值与它的加工程度成正比。近20年来，虽然各单位收藏的敦煌遗书图版相继出版或放到网上，这些图版及网上图片虽然可以让研究者直观地了解敦煌遗书的部分面貌，却无法反映敦煌遗书的全部信息，也难以让研究者从整体上把握敦煌遗书的状况和相互关系。

1984年，当方广锠的博士生导师任继愈先生把从敦煌遗书中找出未编入大藏经的佛教文献（亦称藏外文献）的任务交给广锠时，方广锠曾从图书馆借出一部《敦煌宝藏》（据英国国家图书馆的缩微胶卷影印的图册，共140多册）、一部《大正藏》（含《昭和法宝总目录》共58册），搬到宿舍，通过逐页翻阅、核对，来查找所需的资料。而当他真正着手才得知，没有一个内容完整翔实、编排科学的目录，势必陷入盲目查寻、挂一漏万的困境，这对研究者是多么不便！

为了让敦煌遗书能够更全面、充分地体现其独特的价值，方便研究者使用，方广锠确立了自己人生的一个重要目标：要编撰一部汇聚世界各地敦煌遗书基本信息资料的《世界敦煌遗书总目录》。该目录即从文物研究价值、文献研究价值、文字研究价值等三个方面，对敦煌遗书逐一进行著录，将其中可供研究的信息尽量提取出来，加以适当编排，呈现出敦煌遗书的全貌及其相互关联的学术信息，给世界敦煌学研究者提供一部全面、便捷的工具书。为了这个庞大又细腻的工程，自 1984 年起，他便踏上了这条漫长又充满艰辛的寻访之路。如今，已历经近 40 个春秋。

认识方广锠之前，对于莫高窟，我只知道那里有绚烂的古代壁画和彩塑，却不大了解那里还有个同样价值无量的藏经洞，以及由此洞中发现的数万件敦煌遗书。

1999 年 12 月，一个偶然的机缘，让我和方广锠走到了一起。那时，我未曾料想，这个偶遇，也是我与寻访敦煌遗书——这个持续数十年的浩大工程结缘的开始。

出于对方广锠这一毕生奋斗目标的理解和支持，我自与他相识的第三个月，便开始在工作之余，为他寻访敦煌遗书、编撰《世界敦煌遗书总目录》的浩繁工程"打下手"；并在 2001 年申请提前退休获准之后，与他一起踏上了这条漫长艰辛但又蕴藏着历史文化的无穷奥秘，给人以丰富精神滋养的寻访之路。

在 20 多年的朝夕相伴中，作为一个近距离的旁观者和部分工作的协助者及参与者，我深切体会到：为敦煌遗书编目，除了让人有与古代文化瑰宝亲密接触的新奇与兴奋外，更多的则是日复一日、年复一年极其琐碎、枯燥、繁重的伏案劳作。其中的辛苦与烦劳，难与外人道。

略去事前的信息查寻及与相关收藏单位的联系等诸多准备事项，

仅就这项工作而言，通常要经过以下三道工序：

第一，考察原件，记录各种信息资料，对文献真伪及年代进行初步判定。

如果收藏单位或个人允许，广锠首先要逐一细致考察敦煌遗书的原件并加以记录。如我随同前往，便负责对他的工作进行文字记录。如收藏单位允许，则对遗书或遗书首尾拍摄照片，以便查核。在这个过程中，必须根据实物考察记录的具体内容主要为：

1. 关于该遗书文物、文献、文字的主要数据。包括测量纸张的高度并逐纸测量长度，清点每个文献的纸数、每纸的行数、每行的字数（如有照片，则每行字数往往回去后根据照片再做记录）。

2. 各种文物、文献特征。包括文献呈现的客观面貌及保存、流转状态等，诸如纸张特点、抄写款式、装帧形式、护首（即装帧时用以保护卷轴的首纸及附属的天竿、缥带、经名签，相当于现代书籍的封面）及扉画、尾轴（含轴头）等附属物的情况；古代及现代对文物的修裱及题跋、钤印等情况。

3. 初步考察文献内容，并记录文献的避讳字、特殊文字（例如武周新字）以及古人对文献的校勘、补注和题记、杂写等二次加工的情况。

4. 判定年代、鉴别文物及文献的真伪等（现存敦煌遗书中既有从纸张到书写完全伪造的，亦有现代人在古代纸张上书写文献或伪造首、尾题及年款题记等各种复杂情况）。

上述在考察现场进行的工作，如果顺利，最多时一天能完成百余件。但若遇到情况复杂的文献，可能一件便要花费数日，甚至更多时间。2009 年，方广锠在英国国家图书馆考察一件经折装的《楞伽阿跋多罗宝经疏》（以下简称《楞伽经疏》），由于原件入藏后曾经散乱，馆方恢复装帧时又出现了错叶及照片编号错误；他发现问题后，仅根据文献内容进行重新排序、纠正照片编号错误等，就花了三天时间，这还不包括此前我曾逐纸测量长度、清点行数等花费的时间。

第二，电脑录入、整理考察实物获得的各种信息数据，查核文献内容形成条记目录初稿。

这项工作一般先由我或其他助手，在前述现场记录文字的基础上，按照他设计的条记目录统一格式，将上述内容逐项录入电脑；对比文献照片，逐件核对纸数、行数、字数等各种信息数据，并汇总计算出每件的长度、行数等；通过检索 CBETA（《大正藏》）光盘，查询、标注佛教文献的经名、首尾题名、首尾对照项（即首尾行文字，各相当于《大正藏》第几卷、第几页、第几行）及分卷、文字差异等；对一些失传并具有研究价值的重要文献，还要对照图片进行原文录入，由此形成条记目录的初稿。2013 年，我曾帮助录入了上述那件英藏《楞伽经疏》，共有照片 222 张，总字数近 15 万。

第三，复核补充各种信息数据，研究考订文献内容，形成定稿。

这道工序由广锠完成。他通常在条记目录电脑初稿的基础上，要逐一查核此前已著录的内容是否完整、准确，并加以修改、补充；如有图版，则对照图版复核，并查阅、著录其他敦煌学者对此文献的录文及研究信息；考订研究和著录那些尚未查明内容的文献，标注同名或同类文献在时代背景、内容上的差异或分卷不同，必要时撰写扼要的说明。

在前述工作基础上，最终形成能够体现每一件敦煌遗书的文物、文献、文字状态、特征及价值等各种重要信息的条记目录定稿，进而汇集、编纂成为某一单位或个人收藏的敦煌遗书条记目录。

这样形成的敦煌遗书目录稿，如非小残片，一般来说每一号（即一个文物号的敦煌遗书）一般有数百字，多则上千字，甚至更多。如上所述，那件英藏的《楞伽经疏》就有近 15 万字。此后，还要将目录稿导入广锠与专业技术人员合作设计的敦煌遗书数据库，对有关信息进一步核查调整，形成某收藏单位的敦煌遗书目录。广锠计划逐一完成各公私收藏的调查后，最终合并编撰为包含现存全部敦煌遗书的《世界敦煌遗书总目录》。

在 20 世纪 80 年代最先编撰国家图书馆收藏的敦煌遗书目录时，由于收藏量大，且那时尚未普及使用电脑，所以工作程序稍有不同。第一道工序是先由聘请来的几位退休老先生及善本部工作人员逐一对照原件，做出手写初稿；再请人录入电脑并初步检查纠正文字及数据错误，形成初稿。在此基础上，21 世纪初期，我随广锠及善本部工作人员，又花费了数年时间，由广锠逐一对照原件，核对初稿；我当场记录下他的补充修改意见，返回后再逐一补充录入电脑，最后由他复核定稿。

条记目录的最后定稿工作，是一项既重要，又十分具体、琐碎和耗时的工作。即便他集中全力整日进行这项工作，顺利时，一天能完成百十号就不错了。而一旦遇到难以考订的文献，有时一号就需花费数日甚至更长时间。

例如在进行英藏敦煌遗书条记目录的著录工作时，其中的前 6 980 号便是 2009 年他带领着我们 7 人组成的团队到伦敦进行的。大家每天去图书馆分头逐件对照原件，在完成数行数、量纸张、做文字记录等这类人工操作后，再当场交他进行复核、断代等工作。从图书馆下班返回住处后，各人再抽时间，把自己记录的数据和文字，补充录入原有的电子初稿（系赴英前由专人对照《敦煌宝藏》与缩微胶卷所做）。但这样众多人参与的日复一日紧张、单调的手工操作，难免会有各种疏忽，在初稿中留有各种差错；待到他定稿时，每逢遇到有数据缺漏或著录有错误的文献，便会格外吃力。我常见他在进行定稿工作时遇到我们录入的纸张长度与英国国家图书馆原工作人员翟理斯（Lionel Giles，1875—1958，亦称翟林奈）曾著录的纸张总长度等数字有明显误差（翟理斯原来仅著录了总长度，而无每纸数据；我们在逐纸测量的基础上又合计了总长度），他便要手扶着千度的近视眼镜，对着照片吃力地辨别纸张接缝，再逐纸重数行数，以纠正误差。每当见到他如此由早及晚、经年累月在电脑前不断重复着这种枯燥、烦琐的劳作时，我常不由得替他感到不胜其烦，同时，也不得不佩服他的这种持续数十年的耐心、坚忍和毅力。

成年累月，聚沙成塔。目前，收藏数量最多的中国国家图书馆16 000多号敦煌遗书条记目录已经完成，并出版附有条记目录的图录146册。在此基础上，又出版了8册文字目录、1册总目。该目录总计1 430多万字，与其相配套的敦煌遗书数据库亦已成型。

如前所述，现在已知存世的敦煌遗书中汉文遗书有60 000多号，按照收藏的绝对量（长度或面积，这正是前文所述经逐纸测量计算后得出的数据）计算，被斯坦因搞去的14 000多号（汉文部分），约占全部敦煌汉文遗书的三分之一，也即英国国家图书馆是敦煌遗书在国外的最大藏家。正因如此，我们的漫漫寻访之路，便与英国国家图书馆有了不解之缘。

英国国家图书馆收藏的14 000多号汉文敦煌遗书中，前7 000号篇幅较大，有些有首尾题名（即首尾完整，或首全，或尾全）。英国学者翟理斯从1919年到1955年，完成了前7 000号的简要编目，于1956年由英国博物馆出版社出版。而后面的7 000多号，基本是没头没尾的残片，一直没有编目。

经英国国家图书馆中文组吴芳思（Frances Wood）博士邀请，方广锠自 1991 年开始，对后 7 000 多号敦煌遗书进行编目，到 2005 年已经完成。其阶段性成果《英国图书馆藏敦煌遗书目录（斯 06981号—斯 08400 号）》（"斯"即斯坦因，为英藏敦煌遗书的编号标志，下同）于 2000 年出版，该书出版后也赠送给了英国国家图书馆。

由于完成于 50 年前的翟理斯目录内容比较简单，2008 年，经各方协商，广西师范大学出版社决定在中国出版由上海师范大学与英国国家图书馆共同编辑的大型图录《英国国家图书馆藏敦煌遗书》。

这次出版图录所采用的图片，主要是 50 年前的缩微胶卷照片。50 年来，英藏的敦煌遗书由于修复、揭裱等种种原因，不少遗书形态发生了变化。为此，我们于 2009 年再次赴英，依照广锠的编目体例，对前 7 000 号重新编目，再与后 7 000 多号的目录合并后，分别出版《英国国家图书馆藏敦煌遗书》以及《英国图书馆藏敦煌遗书总目录》。目前，《英国国家图书馆藏敦煌遗书》已出版了 50 册，预计全部完成后有 100 到 120 册。

如果流散到国外的敦煌遗书最大藏家——英国国家图书馆所藏敦煌遗书的目录全部出版，将给人们了解与研究这批敦煌遗书带来很大的便利。

自 1991 年到 2009 年，广锠曾先后 7 次到英国国家图书馆考察敦煌遗书，前后跨越了 18 年。这当中，我曾于 2003、2005、2009 年，先后三次、总计 13 个月随他同行。而其中 2009 年的半年时间，是他历次到英国国家图书馆考察敦煌遗书中最为曲折艰难的一次。

中国有句俗话，叫作"事在人为"。而在我们多次赴英的日子里，尤其是 2009 年夏季前后，发生在英国国家图书馆的那些令人感动或愤怒的如同冰火两重天的经历，与两个为人处事截然不同的英国女性密切相关。后来，在回顾撰写这段经历的时候，我曾与他开玩笑说：如果为这次寻访起一个吸引眼球的世俗名字，可把它叫作"一个中国男人和两个英国女人的故事"。

这当中，让我们一再深深感动的那位英国女性，是吴芳思博士。她与广锠的年龄相近，亦与中国多有"缘分"。1971 年，她第一次到中国，待的时间很短。1975 年至 1976 年，她到中国留学一年，先在语言学院学习了数月汉语，随后转到北京大学学习中国历史。那时中国的情况和条件，我们可想而知。但物质和文化的差异，从未减弱她对中国人民的友好情谊。返回英国后，她即就职于英国国家图书馆亚非部中文组，以后长期担任中文组的负责人。正是由于她所在的关键位置，和她正直、善良以及乐于奉献的为人，使改革开放后能够走出国门的众多中国学者受益匪浅。这一点，可通过方广锠前后 7 次赴英寻访敦煌遗书的经历予以见证。在我们数次赴英，特别是 2009 年我们在伦敦那些工作最紧张、艰难的日子里，是她，一如既往地给予了我们最无私的支持和帮助。也正是由于她多年来，尤其是在关键时刻对我们工作付出的大量繁杂劳动，才使方广锠的英藏敦煌遗书编目工作得以持续进行，并最终圆满完成了在伦敦查核原件的工作。所以，从某种意义上可以说，如果没有吴芳思，方广锠的赴英编目工作就无法开始并最终完成。这在后面公布的大量当时的实录文字中，可以得到具体印证。如今，我们在整理和编撰当年这些赴英工作的原始记录时，重温那些与她坦诚相处、配合默契的难忘日月，依然对她、对那些当时曾给予我们同样无私帮助的中、英朋友，充满着深深的感激之情。

让方广锠赴英寻访敦煌遗书的工作一再受到阻挠和干扰的，也是英国国家图书馆的一位女性工作人员，她的中文名字叫魏泓（Susan

Whitfied，我们平时一般按她英文名字的音译称她苏珊）。她进入英国国家图书馆后，先在中文组工作，为吴芳思的部下。苏珊其后创立了"国际敦煌项目"（以下简称"IDP"）①，她亦成为 IDP 的负责人。2009 年 7 月 1 日以后的一段时间，也即我们在英国的敦煌遗书编目工作最紧张的收尾阶段，她被任命为英国国家图书馆亚非部主任，成为吴芳思的顶头上司。也正是从那一刻开始，我们经历了数次赴英编目工作中最为艰难的一段时光。

冰冻三尺非一日之寒。实际上，早在 2002 年，方广锠准备第三次赴英，继续为英藏敦煌遗书编目时，苏珊所负责的 IDP 便以索要方已完成初稿的中国国家图书馆敦煌遗书目录为条件，插手干扰原已商定的赴英编目计划。而至 2009 年夏她担任亚非部主任之后，这种强索敦煌遗书编目成果的霸道举动，更是达到了超出常理的程度，以致成为一场惊动英国国家图书馆馆长出面道歉的"风波"。有关这些经过的细节，将在后面相关部分予以具体讲述。

关于方广锠为何要花费数十年之精力，进行编撰《世界敦煌遗书总目录》这样一个艰难浩繁的巨大工程，他在《为中国建设新文化铺路垫石》一文中的部分内容，可作为对此的解释：

> 30 年前，任先生由于客观环境不适于从事学术研究，因而计划编撰佛教辞典。其后，客观情况已经改变，学术研究的环境也大大改善，但任先生对编撰佛教辞典依然念兹在兹，执着不放，原因何在呢？我以为，这可以在任继愈先生的另一篇文章

---

① IDP 为英文"国际敦煌项目"（International Dunhuang Project）的简称，致力于扫描及发布敦煌、吐鲁番等西域遗书的图版。详情可见 IDP 官方网站 http://idp.bl.uk/。

《中国国家图书馆藏敦煌遗书序》中找到。

在这篇文章中，他说："世界上文明古国，有的衰落，有的不复存在，而中国，这个文明古国，古而不老，旧而常新。"其重要原因之一，在于"它根基深厚、源远流长的文化传统"。正是这一文化传统，使"中华民族历尽千劫百难，屡踣屡起，屹立于世界民族之林"。

古老的传统能够屡踣屡起，则这种传统一定内蕴着一种能够与时俱进的命脉，从而使它得以不停地进行新的思想文化建设。在任先生看来，要进行新的思想文化建设，需要两个方面的条件。一个方面是新材料与新手段，另一个方面是时代的需要。在上述两个方面中，他特别强调后者的重要性。

但"时代的需要"既然是一种客观的存在，它就不依人的意志、好恶为转移。因此，当这种"需要"还没有出现，一个以承担祖国文化命脉自许的知识分子所应该做的，就是努力进行资料的搜集、整理，为将来一定会出现的思想文化建设的高潮铺路垫石。这就是任先生的一个基本思想。自从师从先生之后，他多次与我交谈，认为目前我们所处的时代，是一个资料积累的时代，而不是出大师的时代。因此，我们的任务就是努力进行佛教文献的搜集、整理，为将来的文化建设高潮、将来要出的大师，做好研究资料方面的准备。①

而编撰《世界敦煌遗书总目录》，于方广锠而言，正是这样一个为中国建设新文化铺路垫石的工作。他是心甘情愿地做一个任先生蓝

① 方广锠：《为中国建设新文化铺路垫石》，《中华读书报》2003 年 5 月 14 日，有修改。

图中的铺路工。后来方广锠曾多次说过："我们的工作，不是为现在的人做的，而是为将来的人做的。所以，我们的工作不需要现在的人评价，但要为将来的人负责。"

值得欣慰的是，一分耕耘一分收获。近 40 年来，在中国及世界各地寻访敦煌遗书以及编撰《世界敦煌遗书总目录》的过程中，由于长期、大量地接触敦煌遗书原件并研究相关内容，方广锠也获得了丰富的且十分珍贵、独有的第一手资料。随着日积月累、由量变到质变，他在敦煌遗书的鉴定、中国佛教史、书籍装帧史、写本学、中外文化汇流等领域，都有不少新的收获和发现。但他说：百年来，中国敦煌学在各个领域都取得了很大成绩，但敦煌佛教研究领域相对还比较薄弱。因此他感到压力很大，还需要加紧努力。

为如实反映我曾参与的 2003、2005、2009 年赴英寻访敦煌遗书经历的原貌，书中的内容，主要来自当时我的日记和方广锠的部分日记以及通信。文中有关佛教文献及敦煌学方面的专业内容未注明出处的多摘自方的研究成果，全文亦经他核稿。

一百多年前，王道士偶然发现了已经尘封近千年的藏经洞，可谓"一段历史中的历史"；而敦煌遗书曾被封藏埋没千年，近代又几经流散，让几代学人把寻访与破解敦煌遗书所蕴含的民族历史和人类文明信息奉为毕生为之奋斗的神圣使命，此即我们寻访敦煌遗书意义之所在。

张　丽

2022 年 12 月 5 日于北京寓所

目 录

001　第一部分　2003 年伦敦记事

143　第二部分　2005 年伦敦记事

277　第三部分　2009 年伦敦记事

517　尾　声

第一部分

—————

2003 年伦敦记事

6月15日（星期日，晴）

昨天中午 11 点 20 分，我和广锟乘车到达首都机场。

下午 2 点 10 分，我们乘坐的 CA937 飞机起飞。乘客只有二三成，乘务员主动把我们前排的一家老幼三人调整到后边更宽敞的座位。我们旁边的客人也到后边另找地方。这样，我俩便都有了靠窗相连的三个座位。再用枕头、毛毯铺垫成舒适的"卧铺"，可随意躺卧靠坐。一路看书、睡觉，真是一次舒适的旅程。

旅途中，广锟讲起 1991 年他第一次去英国在飞机上闹的笑话。那次他乘坐的是北欧航空公司的飞机。送餐时，空姐推来各种饮料，挨个问乘客要哪种。他不会说英语，不知道那些饮料的英文名称，只知道啤酒在日语中是个来自英语的外来语，便用日语说"ビール"（Beer）。空姐果然明白他要啤酒，对他说"Two"，就是"2"。他想，喝一罐就够了，便说"One"。空姐再次说："Two。"他说："我当时想，服务态度再好，也没有这样的。我要一罐，她非要给两罐。"便强调说："One。"空姐再没说什么，递过一罐啤酒，推车走了。再次送餐，他还是只能要啤酒。空姐又对他说："Two。"他迷惑不解，仍然坚持只要一罐。这时，坐在他旁边的一位外国女士大概看出缘由，便掏出钱包，指指里面的美元。他迟疑地模仿着也掏出钱包。空姐从中抽出两个一美元离去。他这才明白空姐的"Two"，是向他要 2 美元。过去在国内坐飞机，飞机上所有的饮料，包括啤酒、葡萄酒等都是免费的。原来北欧航空公司飞机上的啤酒不免费，闹出这么个笑话。后来他才知道，国外很多航空公司的酒类饮料都不免费。他说："当时我坚持只要一罐啤酒。但空姐一定在想：'这个中国人，2 美元的啤酒还要讨价还价！'"他想去补交前次没有给的 2 美元，但又不会表达，只好作罢。他说："后来在宗教所佛教室，有一次讲起这件糗事，可能因为我讲述时的英语发音不标准，旁边的一位同事追问：'你当时的回答到底是"One"，还是"汪"？'后一声'汪'，自然是狗叫，这位同事模仿得极像。在场同事不禁哄笑。"

　　我们两人，都曾在"文革"中被耽误了最宝贵的青春岁月。他是"文革"前的老高二，但以前在中学学的外语是俄语。1978 年招收改革开放以后的第一届研究生，当时考外语允许查字典，他凭着中学的那点俄语底子，在考场几乎连续翻了两个小时字典。加上运气好，有一道考题是将一段俄文翻译为汉文，查了几个单词以后，发现竟然是一条他比较熟悉的斯大林语录，于是顺利答出。最终俄语考试得了 55 分。在当时，这样的外语分数，就算很不错了。他进入中国社会科学院研究生院以后，按照导师黄心川先生的要求，把俄语作为第一外语，把日语作为第二外语。虽然 1991 年第一次赴英前曾"恶补"过英语，但至今只会几句最简单的日常用语，遇到稍微复杂一点的表述就"抓瞎"了。我"文革"开始时正上小学四年级，"文革"中复课后的学校也是以大批判、学工、学农为主，初中毕业便到农场劳动、到工厂做工，贻误了人生中最重要的文化基础学习阶段。改革开放后，虽然自己边工作，边读电大、夜大，并从 26 个字母开始学了些英文。但多年不用，那点英文也都还给老师了。外语不行，出国的确麻烦。

　　经过 10 小时的飞行，北京时间 6 月 15 日深夜 12 点 20 分（英国夏时制 15 日下午 5 点 20 分），飞机降落在伦敦希思罗机场。

　　此时，当地气温 20 摄氏度，阳光灿烂。在办理入境手续的大厅，我们排队等候入关验证。一起排队的中国人中，留学生模样的和组团入境的，语言自然没有问题，顺利过关。被长时间盘问的，多是一些五六十岁，大概来探望留学儿女的"老两口"。有时由于语言不通，边检人员就让其他懂英语的中国人过来帮助翻译，问明白后才放行。轮到我们，广锱递上护照和英国国家图书馆寄给我们的邀请函，并说了句事先准备好的英语："抱歉！我们不会说英语。"但边检小姐仍然对我们讲了一通英文。大概是有公务邀请函的缘故，面对一脸茫然的我们，边检小姐不再试图继续沟通，盖章放行。广锱说，前三次来英国，都是这样入境的。

　　取到行李，经过海关通道时，负责抽查行李的工作人员拦住了走在我们前面的一位阿拉伯人打扮、推着两个大箱子的妇女，要求检查。据说这是美国"9·11"事件后西方各机场常见的景象。

　　我们在伦敦时间 6 月 15 日下午 6 点过一点到达出口，吴芳思博士已在等候我们。她是一位头发斑白、穿着休闲随意，总是一脸和善微笑的富态女士。广锱说，吴芳思也是 1948 年生，与他同岁。我们推着行李随吴走到停车场，她开出一辆蓝色小轿车，在自动收费机缴了 3 英镑（当时 1 英镑约合 13 元人民币）停车费。她说机场的停车费比较贵，她停了约半小时。

　　沿途的车辆不少，有时堵车。吴说因为今天是周末，车还算是少的。平常这个时间，正是下班高峰，堵车还要严重。我尽管是第一次到英国，但以前出差曾到过法国、意大利、瑞士等欧洲国家，感觉这些国家的景色大同小异，似乎没有多少新鲜感。

吴芳思的中文讲得不错。她对中国人十分友好，总是尽可能地为到伦敦的中国人提供各种帮助。听说她甚至曾让一对来自中国的夫妇免费住在自己家里。广锠自 1991 年起，先后多次受邀到英国国家图书馆做敦煌遗书的编目工作，都是她提出邀请，向有关基金会申请经费，并办理各种烦琐的手续，包括落实到伦敦以后的住房等。经过多年的交往与了解，他们已成为朋友。

一路上，他们两人聊天比较随意。广锠说："明年再来一次，英国国家图书馆的工作就可以做完了（指吴芳思邀请方做的英国国家图书馆藏汉文敦煌遗书最后 7 000 号残片的编目工作）。以前每次来，都没有时间游玩。这次与张丽一起来，准备利用周末，游览一下伦敦的名胜。"吴问他："完成英国图书馆敦煌遗书编目后，还有什么计划？"方答："除了中国国家图书馆（以下简称"国图"）的编目外，计划开始做法国国家图书馆的编目。"吴主动说法国也有王宽诚基金，她可以帮助联系申请。

广锠说："从新闻中看到，英国议会正在讨论英国是否该参加美国打伊拉克的战争。"吴叹道："唔，太糟糕啦！"广锠问："现在有'非典'疫情，我们是否需要隔离几天？"吴说不用。广锠说："为了防止万一，不给你及英国国家图书馆添麻烦，我们还是过几天再去图书馆工作为好。今天是 15 日，星期日，干脆间隔一周，到 23 日星期一再去图书馆。"吴说："全听你的安排。"

一个多小时后，我们到达了位于伦敦布鲁姆斯伯里（Bloomsbury）大街的住处。吴芳思喊来门房——一个膀大腰圆的白人小伙子，吴为我们相互做了介绍。小伙子领我们到租住的房间——三楼 M 号，并向我们一一介绍了房间里的设施和使用方法。尽管听不懂他在讲什么，但因为介绍的都是国内常见、常用的家用电器、卫生设施，也能基本明白他的意思。吴芳思又帮助做了翻译。吴说这小伙子的夫人是中国人，有事可到同一层的 J 号找他。小伙子离去后，吴留下她送给我们的一束粉红色的康乃馨和一些水果、饼干。我们也回赠了一尊仿制的青铜器羊彝，相约 7 天后再见。送吴下楼时，遇见了门房小伙子的夫人，近 30 岁的样子。她笑着做了自我介绍，说有事情可以找她帮忙。

英国国家图书馆为我们租的是一套家庭式的住房。类似于中国老式的二居室。进门是一个只有两三平方米的小过厅，分别通向卧室、客厅、厨房和卫生间。卧室 10 平方米左右，有双人席梦思床，全套卧具及大、小衣橱。客厅十多平方米，有沙发、书桌、餐桌椅、电视。餐桌旁有窗户通向厨房，可以递送食物和餐具。厨房五六平方米，有电磁炉、微波炉、烤箱、洗衣机、电冰箱、锅碗瓢勺等全套炊具和餐具，甚至还有两双筷子。卫生间除洁具外，还有浴盆、吸尘器、熨衣架等。房子 24 小时供应热水。这真是一套非常实用的临时家庭小住房。

我们的住处位于伦敦市中心，一边紧靠英国博物馆，一边是繁华的商业街——牛津街，距离英国国家图书馆、唐人街等也都不远。广锠讲，这条件，比他去年来时住的房子条件要好，租金还便宜。因为我们这次的租期是 3 个月，租金为每周 300 英镑。他去年的住处是个旅馆，租 2 个月，每周 400 英镑。美中不足的是，今年的房间离马路较近，过往汽车的声音不断。尤其吵人的，是经常有急促的鸣笛声，不知是警车还是救护车。大概因为伦敦是老城，马路不是很宽，鸣笛才能快速通行。

我们把带来的物品收拾好，工作、生活条件基本就绪。伦敦时间晚上 11 点，广锠吃了安眠药，我们开始休息，倒时差。

6 月 22 日（星期日，小雨转多云）

连日来，在住处做了些编目的准备工作，也大体熟悉了附近的环境。明天就要去图书馆工作了。上午，广锠说到英国国家图书馆去"踩踩点"，看看路上要花多少时间。

走了约 15 分钟，距离图书馆还有不到 10 分钟路程时，他指着路边一幢底层用白色石块镶砌墙裙、上面为红砖的五层楼房说，这就是他去年夏天来英国工作时居住的旅馆。

这些天在附近散步时，观察到伦敦的多数街区以三五层高的老房子居多，样式古朴。随处可见的街心花园（英语称"Square"，直译应为"广场"）里，常有几株直径一米左右的老树，显示出这座城市的历史积淀以及注意对古物的保护。有的地方虽也新盖了一些现代风格的高层建筑，但数量有限，所以，伦敦原有的风貌依然占据主导。

显示老城沧桑的另一个标志，是随处可见的维修工程。时常可见一些年深日久的建筑被围上纱网进行维修、粉刷，路边也不时会有"开膛破肚"的翻修路段。

由于老建筑保存得多，很多街道也保留了旧时的格局，并不宽敞，不少马路是双车道的。古老的伦敦，在交通上能够匹配现代生活的节奏，主要靠的是发达的地下轨道交通。

伦敦的十字路口都是自动切换的红绿灯，没有警察疏导维持交通。交通干线上汽车不少，但秩序井然，一般见不到长时间的拥堵。人行横道两边，都有行人自己可以摁按钮的红绿灯。行人多数自觉遵守交通规则，但也不时有人在没有汽车通过时，闯红灯而过。在一些非干线街道，路口人行道安装有黄色的球形灯。有行人通过时，车辆便主动停车避让。

来到英国国家图书馆前，所见的是一座很有特色的梯形红砖建筑，最高处约有十层。据说当初设计时，为了与相邻的一栋古老的哥特式建筑相协调，特制了这种红砖，并将图书馆的外观设计成船形。那座哥特式建筑高耸的尖形屋顶映衬在背后，像是这艘船的船帆。两者有机地融为一体，如同一艘巨轮在大海上航行。广锠说："吴芳思介绍，图书馆这样设计的意蕴，是象征着在知识的海洋里遨游。"整个建筑典雅朴素，又不失现代气息。图书馆前的广场上，有一尊巨型的牛顿青铜雕塑。他躬身弯腰，手持圆规和三角板，在那里永不疲倦地研究与计算。

广锠带我浏览了图书馆的主要场馆。宽敞的大厅内，迎门处有工作人员接待读者的服务台。往前行，摆放有多台供读者自己查询信息的电脑。大厅及各楼层的墙边，随处可见或黑或白、不同时期名人的半身石雕。一层和二层，有供读者喝咖啡、吃便饭的地方。每层楼都有几处卫生间，门口有免费的直饮水及纸杯。各层的走道边缘及空处，多有供读者阅读和休息的座椅，旁边都安装有电源插座，为使用电脑的读者提供方便。在地下一层，有个长期展室，展出有各个时期的纸张、印刷品等实物或模拟场景。图书馆大厅内最引人注目的，是自二层的中心部位向上贯通好几层楼的巨大玻璃幕墙。透过玻璃幕墙，可以看到里面房间的书架上整齐排列着各种古色古香的书籍，大多装帧豪华。广锠说："那些都是珍贵的王家善本，是王室捐赠的。"

穿行于图书馆各处，尽管有不少人进出过往，读者及工作人员有静有动，但都是悄然轻语，秩序井然。

我们将要工作的东方与印度事务部（Oriental and India office）

阅览室在图书馆的三层。因为今天是星期天，这个阅览室不开放。

图书馆的环境让人感受到知识殿堂的神圣及阅读的享受。这几天参观过的博物馆、美术馆，都是精心设计、妥善管理的，而且不少都免费开放，人们可以方便地前往参观、学习。

往返路上，经过一个小街心公园，名叫"Tavistock Square Gardens"，中文翻译为"塔维斯托克广场花园"。公园中心有一尊印度民族英雄圣雄甘地的半身青铜雕像。印度曾为英国殖民地，且被称为"女王王冠上的钻石"。英国能有这样的胸怀，把这位曾领导印度人民反抗其殖民统治、摘下"女王王冠上的钻石"的英雄塑像陈列在自己首都的公园里，还是让人佩服的。伦敦的名人雕塑多也是一大特色。街边、广场及公园里，随处可见不同时期的历史人物雕塑。记得我曾到过的罗马及巴黎，公共场所常有各种艺术类雕塑，当然也有名人雕塑。而伦敦似乎较多的是风格比较写实的历史名人，基座上多刻有人物的姓名、生卒年代，有的还刻有主要事迹。

这次我们是掐着表走的，20分钟可以从住处走到图书馆。以后每天上下午都要走一趟，权当散步了。

晚上，我们把次日工作所需的物品一一备好。按照图书馆的要求，把两台笔记本电脑，连同其他资料、物品，分别装在图书馆给读者准备的专用透明塑料袋内，便于进出阅览室时接受工作人员的检查。

这次来伦敦，广锠说我不必天天跟他一起到图书馆去干活，可以自己出去转转，或在家画画、写字。我说：还是一起干吧。在北京时，我希望在给他帮忙的同时，也能有自己的空间，画画、写字，以及与朋友们一起出去写生等，圆自己儿时的画画梦。但这次出来，毕竟时间有限。而他做起活来，总是希望尽量做好，一直做得很辛苦。

在这种情况下，我似乎难以做到独自"潇洒"，自然而然地打算与他一起干。

6 月 23 日（星期一，小雨转多云）

清早，广锟与吴芳思电话联系。吴说她今天去意大利了，已委托中文组的葛汉（Graham Hutt）10 点 15 分在图书馆门口等我们，帮助办理有关事宜。

时间已 8 点多，我们开始吃早饭。阅览室的开放时间为每周一至周六上午 9 点半到下午 5 点，为能多做些活，我们打算每天从上午开馆连续工作到下午闭馆。想到要坚持到下午五六点才能回住处吃饭，我特意吃了 5 片抹黄油的面包，喝了一杯用牛奶冲泡的咖啡。他吃了同样的面包，喝了 2 杯牛奶咖啡。饭后看时间还早，我收拾房间，他在电脑上干活。不觉已到 9 点 50 分，怕误了约定的时间，我们便匆匆出门。两人走得汗流浃背，10 点 5 分到达约定地点。

10 点 15 分，葛汉准时来到图书馆大门处。他是一位 50 多岁、西装革履的高个儿英国汉子。他的穿着风格，与一身休闲服装的吴芳思截然不同。广锟把我向他做了介绍。他很绅士地对我说："方博士去年来，送给我的国画就是你画的。非常好，我很喜欢。"

因为我是首次到英国，葛汉便先带我们参观了图书馆。接着，他又带我们到一层的一个办公室办理读者证。广锟原来办的读者证还在有效期内，只办我的即可。办证登记已由过去用笔填写在纸上，改为电脑登记。登记的内容有姓名、年龄、家庭地址、在英国的居住地址、研究内容等，并告知了一些图书馆的制度规定，包括不准在阅览室里面喝水、吃东西，不准使用钢笔、相机等。登记完毕，电脑给了一个号码，等候工作人员叫号。房间里办证的读者有十人左右，工作人员有三四个。很快便轮到我，葛汉帮助英文翻译，工作人员用电脑照了相，办了一个可以使用5年的读者证。此时约11点。

然后我们一起来到三楼的东方与印度事务部阅览室。这个部门是由英国国家图书馆原东方部与原印度事务部图书馆合并而成，而英国国家图书馆东方部则是从英国博物馆图书部东方部分出的。现在去英国国家图书馆，进门后，大厅中那高大宽敞的幕墙阅览室，就是原隶属于英国博物馆图书部，专门提供图书阅览的，也即过去中国人都知道的——马克思经常到此读书并写作《资本论》的地方。

印度事务部图书馆创建于1801年，是英国东印度公司为保存该公司的档案资料及诸多东方书籍和写本而设立的，后归英国国家图书馆印度事务部管理。1947年印度和巴基斯坦独立后，该馆转至联邦对外关系部，成为对公众开放的专业图书馆；1982年，又转至英国国家图书馆参考部；1991年与英国国家图书馆东方部合并，成立了"东方与印度事务部特藏部"（Oriental and India Office Collections），我们一般简称为"东方与印度事务部"。

一进阅览室，门口摆着一张桌子，每当阅览室开放时便有一个工作人员坐在那里负责检查前来看书的读者是否办理了读者证，是否携带了违规物品。他桌上还摆着一个小型的电视监视屏幕，可以切换查看阅览室的各处，故他同时负责查看阅览室各处的情况。读者离开阅览室时，如果手中携带书籍、纸张类物品，他有权抽查。

狭长的阅览室约有两个篮球场大。靠近门口的地方有存放各种索引资料的书柜，另有多台电脑供读者检索图书资料。一侧是图书出纳台，再向里就是读者阅览区。阅览区左边贴墙全是书架，中间是一排排宽大的阅览桌，阅览桌的右边摆放着多排书架，放满了图书。左右两边书架上的图书，是开架图书，读者可自行取阅。阅览室最右边是一排用玻璃幕墙隔出的工作室，共有 10 间，是专门为本馆工作人员及特殊外来读者准备的地方。其中最里面倒数第二间——32 号归中文组使用。广锠去年来的时候就在这里工作，这次依然提供给我们作为工作场所。整个阅览室可容纳百十来人。我们进去时，正有数十人在安静地阅读。

给我们使用的这间工作室有三四平方米，一张大桌子就占了近一半空间，原设计仅供一人工作。我们放进两把椅子后，顿时挤得满满的，坐在里面的人如需出来，坐在外面的人要起身避让。但有这样一个独立的空间，工作起来方便多了。

广锠填写了 4 夹敦煌遗书的索书单，送到出纳台。一直等到下午 1 点 10 分，才取到我们要的敦煌遗书。他说每次来的第一天都是这样。以后前一天临走时递交第二天工作所需的敦煌遗书索书单，工作人员会在阅览室开门前提前取出。这样，我们一到图书馆就能工作，减少了等候时间。

英国国家图书馆收藏的这批敦煌遗书，是著名的探险家斯坦因搞去的。自 1900 年敦煌发现藏经洞后，1907 年、1914 年，斯坦因在英国博物馆和英属印度政府考古局的资助下，先后两次到敦煌，从王道士手中骗到大批遗书与文物。这些遗书与文物运到英国后，按照出资比例，在英国博物馆和英属印度政府考古局之间分配。其中汉文遗书共有 14 000 多号，全部归英国博物馆；其他文字的遗书，全部归英属印度政府考古局，就放在位于伦敦的印度事务部图书馆收藏。艺术品部分，三分之二归英国博物馆；三分之一运到印度，现在收藏在印度新德里博物馆。后来印度独立，存放在伦敦印度事务部图书馆的敦煌遗书没有移交印度，最终全部归了英国国家图书馆。

英国国家图书馆收藏这批敦煌遗书已近百年。20 世纪上半叶，英国博物馆图书部东方部的负责人翟理斯，曾经为这些汉文敦煌遗书做过编目。他前后花了30多年时间，完成了6 980号相对比较完整的遗书的编目，20世纪50年代由英国博物馆出版社出版。还剩下7 000多号，都是些没头没尾、大大小小的残片，一直没有人整理编目。

关于从事英国国家图书馆敦煌遗书编目工作的由来，广锠告诉我："1985年，我去乌鲁木齐参加敦煌吐鲁番学会召开的国际学术研讨会。一天吃午饭时，北京大学（以下简称"北大"）历史系教授张广达先生对我说英国有一批敦煌遗书残片还没有编目。英国人希望邀请中国学者从事这一工作，并让张广达教授推荐合适的人选。张广达先生说：'下余残片大多是佛教文献，别人搞不了。你是搞佛教文献的，能不能承担这个工作？'我当时说：'我目前正在跟任继愈先生读在职博士。任先生让我集中精力学习，甚至规定我三年不准写文章发表。所以现在没有时间。再说我不懂英文，到英国做这个工作，恐怕有困难。'张广达说，不懂英文没有关系，在那里主要是用中文工作。实在不行，他有一个学生，懂英文，可以陪着一起去。至于正在读博士的事情，他可以和任先生打招呼。我当时想：'任先生要求我沉潜笃实地搞好专业研究。现在我进入博士生学习才一年，这时提出出国，恐怕不合适。'所以我请他先不要找任先生谈此事，等我毕业以后再说。1988年，我写完博士学位论文，即将毕业。考虑到可以腾出时间了，便去信委托当时正在伦敦大学亚非学院进修的老同学葛维钧到英国国家图书馆询问，他们是否还有意邀请中国学者来帮助编目。葛维钧给我回信，说他找到吴芳思，吴听后很高兴，表示欢迎。吴芳思还提到多年前曾向北大张广达教授提过，希望请中国学者来从事此项工作。我让葛维钧转告吴芳思，当年张广达教授曾向我转达过他们的希望，所以我现在来联系。吴承诺代我申请经费，以进行这项

工作。不过，由于这批东西当时还未修整，无法提供阅读，一直拖到
1991 年，这批残片的修整工作基本完成，才最终成行。最初吴芳思
的邀请函是邀请我去一年。后来荣新江向我表示也想去，可以帮助我
做佛教遗书，同时学习佛教知识。我便请正要前往英国国家图书馆的
宁可先生带信给吴芳思，希望能够同时邀请荣新江，并表示如果经费
有困难，可以改为一人半年。后来果然为一人半年。"

　　1991 年，广锠首次到英国国家图书馆，开始为时半年的英藏
敦煌遗书后 7 000 号的编目工作。这一次先用 5 个月，完成了从斯
06981 号到斯 08400 号约 1 400 号的草目；再用 1 个月，把下余的
5 600 号残片粗粗阅览了一遍。1997 年，他趁着到英国开会的机会，
解决了前 1 400 号草目中遗留的一些问题。但直到 2000 年——敦煌
藏经洞发现 100 周年时，他才申请到中国社会科学院的 2 万元出版资
助，出版了斯 06981 号到斯 08400 号这部分的目录。10 年时间才完
成了 1 400 号，他一直觉得很懊恼：这样下去，什么时候才能完成英
国敦煌遗书的编目？

　　后来，为了提高在英国的工作效率，英国国家图书馆向他赠送
了全套未编目敦煌遗书的缩微胶卷。2002 年赴英工作前，广锠先请
张桂元根据缩微胶卷，完成 1 600 号遗书的初稿。张桂元是个退休女
工，广锠在北京图书馆（简称北图，即现在的中国国家图书馆。1998
年北京图书馆更名为国家图书馆。）善本部工作期间，曾由中华大藏
经编辑局出资，聘请一些退休的老同志参加北图敦煌遗书的编目，张
桂元是其中之一。她是 1966 届高中生，文史基础好，脑子也好，做
事认真细致。参加敦煌遗书编目工作时间久了，她对敦煌遗书中一些
常见的佛经及文书相当熟悉。现在请她继续从事这一工作，对她来
说，也是轻车熟路。去年夏天，他携带着张桂元做的初稿，到伦敦对

照原件，两个月完成了上述 1 600 号的目录草稿。有了去年的经验，所以今年动身前，我和张桂元分别利用缩微胶卷又做了 2 000 号敦煌遗书的初稿。其中我约做了 1 800 号，张桂元约做了 200 号。

因为敦煌遗书的内容绝大多数是佛教文献，在国内做初稿时，我们利用缩微胶卷阅读机调出图版，然后用电脑在大藏经光盘中进行搜索，检索每个残片所抄文献是否已入藏及具体出处。2 000 号遗书中，大部分都查到了出处。然后按照广锠设计的条记目录格式，对残片的文物、文献及文字情况做初步的著录。如果没有查到出处，则往往需要录文，并著录该残片的文物、文字概貌。

我们在英国国家图书馆要做的工作是，逐件对照遗书原件，测量大小尺寸；记录遗书目前的文物形态；核对已录入的文字；根据纸张、书法、文字、整体风格与形态等信息，判定遗书的真伪与年代等。我们计划用 3 个月时间完成这 2 000 号遗书编目的定稿。如果能够完成，那么英国国家图书馆没有编目的残片，就还剩下最后的 3 600 多号，且很多均为很小的残片。按照现在这种工作方式，明年再来三至四个月，大约可全部完成。

等了一阵儿，敦煌遗书取来了。英国国家图书馆的这些残片，已经过多次整理，得到了妥善保管。目前，残片是用 40 厘米 × 40 厘米的透明硬塑料片固定夹住，然后每 20 张硬塑料片一个单元，再放入用蓝布包皮的硬纸夹中。用这种办法保存，视觉效果比较清晰，也不易损坏。但广锠认为也有不足之处：

1. 触摸纸张所得到的手感，对着光源察看纸张帘纹、纤维等，是鉴定敦煌遗书的重要依据。1991 年他第一次来时，这批敦煌遗书还没有封进硬塑料片，那时他对每一号都曾用手触摸。而封入硬塑料片后，便无法再用手直接触摸、感知纸张。对着光源透光观察时，也会受到硬塑料片的干扰。

2. 残片密封在硬塑料片中，侧看时会有些反光，妨碍对残片的直接观察。特别是看那些模糊的文字，看那些用金、银粉书写，而金、银粉已有脱落，因而模糊不清的经名签，因为反光，更加难以辨认。

3. 有些残片，原属同一件敦煌遗书，根据字迹、内容、纸张、形状等，可以相互缀接。但现在分散在不同的夹子里，我们两人每次只允许借阅 4 夹，就难以进行比对、缀接。

4. 这种不透气的存放方式，对残片的保护是否适宜，还很难说。现在已经发现有的硬塑料片中出现了水汽，说明这种保护方法亦有缺陷。

广铝说，他的这些意见，去年已经向吴芳思提出过。吴芳思表示，只要编目需要，随时可以将硬塑料片拆开，取出其中的敦煌遗书，供方考察。去年也的确拆开一张硬塑料片，考察了其中一小块刻本佛经的残片。

我们在狭小的空间里开始工作。桌子上，摆放两台笔记本电脑后，再各自摊开放有敦煌遗书硬塑料片的硬纸夹，已经没有一点空余。

我俩实行流水作业。我负责测量残片的尺寸，记载残片的外观形态，如文字、印章、图案、校改、书写符号、题记、杂写、装帧形式、残损状况、后人修补、标记情况等。他负责判定纸张的种类、写经年代，进一步检索考订疑难内容，核对我的著录及录文，核实定名，无名称者给予拟名。依此方法，逐号补充完善原来的初稿，编撰目录草稿，以便最终定稿。按这次工作 3 个月计算，我们平均每天完成的任务不能少于 40 件。他说去年来英国，多的时候一天可以完成 60 件；这次两人合作，每天平均 40 件，应该没有问题。

来图书馆前，他曾提醒我这里的空调温度比较低，要多穿些衣服。但我昨天同他来探路时，在图书馆内转了一圈，感觉似乎不很凉，便穿了条裙子，外加一件薄外套。谁知在小屋内坐着不动，越来越冷，到下午肚子也饿了。冷饿交加，时间格外难熬。

下午4点40分，一个工作人员过来，用英语对我们说了一气，看意思，似乎是让我们归还借出的敦煌遗书。广锠嘀咕说："过去都是5点才交，这次怎么提前了？"但也只好服从。待我们收拾完东西往外走，门口已排起了长队，工作人员正逐个检查读者所带的物品，以防止图书资料丢失。尤其对纸张、书籍检查得比较细致，还要翻开查看。不过这仍然是防君子不防小人，因为只查手里拿的，并不搜身。

广锠说，图书馆搬到新馆后，管理规范严格了。这有利于文物的保护，但也增加了不少限制和不方便。1991年他第一次来时，后几个月，中文组从英国博物馆附近的楼房搬到滑铁卢桥南面的原印度事务部图书馆旧址。所以他也转到那里上班，每天就在工作人员的办公室里看卷子。他需要看多少，吴芳思就从库房给他拿多少。拿来以后放在办公室的保险柜里。吴芳思给了他一把保险柜的钥匙，要看卷子，就自己拿。拿多少件都可以，晚上下班前，把卷子锁进保险柜即可。为了抓紧时间，每天工作人员都下班了，他一个人留下加班。那时他每天都是早上8点第一个到传达室领钥匙，打开办公室的门上班；晚上八九点，清洁工来打扫办公室，他才停止工作，到传达室交钥匙离开。每天可以工作十多个小时。现在最不方便的是限制借阅数量。对一些有研究价值的残片，需要同时拿多件进行相互比对、缀接，但受到借阅数量的限制，就不容易了。再就是限制工作时间，不能加班了。

从图书馆阴冷的小屋里出来，顿觉户外灿烂阳光的温暖。他也冷得腰腿疼痛，我们便在图书馆门前的广场坐下休息了片刻。回到住处，我用清汤煮了些意大利面条，再拌上超市里买的西红柿黄豆罐头，草草填饱了肚子。晚上 10 点不到，我已困得眼睛睁不开了，便先睡下。他仍然干活到夜里 11 点。

6 月 26 日（星期四，晴）

这周二开始，我们每天早上 7 点左右起床，8 点 20 分吃早饭。早餐都是面包抹黄油、西红柿沙司、牛奶咖啡。因为吃这些不容易饿，可以顶到下午闭馆的时间。上午 9 点出门，9 点 20 分左右到图书馆，9 点半开馆后，连续工作 7 小时，下午 4 点半收拾东西返回。

4 天来，我们两人流水作业，还算顺利。目前已做了 200 多号。

众多残片，形态各异。绝大多数都是用毛笔抄写的佛经。从书法上看，有些经抄写得端庄工整，抄写者的书法功底绝非一日之功，点画之间，一丝不苟，心平气静。可以想象，那是个勤勉、严谨的僧人或专业写经生，多少个春夏秋冬，无论风霜雨雪，都坚持不辍，虔诚认真地抄写经文，心如止水，恭敬奉佛。还有些经文，可能是出家不久的小和尚或心浮气躁的僧人或供养人抄写，字迹歪歪扭扭或毛毛糙糙；有的墨迹未干时，便被蹭擦污损。在书法风格上，则有着明显的时代特点。有些朴拙天然，透出浓郁的汉隶魏碑风格。有些笔画结构严谨，显示着盛唐时期颜筋柳骨的书法造诣。但总的来看，书法风格比较程式化，给人的感觉，是重在恭敬、端庄，不求章法变化，与古代文人雅士的书法作品有明显的区别。古代文人的书法，追寻的是书圣大家潇洒倜傥的艺术风范，所以有时他们往往刻意地谋章布局，书写时注意疏密、轻重节奏和相同字的变化。广锟说有人认为，文人书法体现了个性特点与精神风貌，有艺术价值，而写经千篇一律，所以没有艺术价值。他不赞同。他认为那些一丝不苟的写经所体现的，是书写者那种虔敬、严谨的宗教感情，这也是一种精神风貌，同样具有很高的艺术价值。

从卷面形态上看，有的显然是诵读供养时间较久，或者曾辗转多处，历尽周折，卷面满是褶皱、裂纹和残洞；有的上面满是污迹、水痕及油斑，甚至还有鸟粪；有的或被剪成残片，或被撕扯得残破不堪，甚至被火焚烧过。但也有纸张保存完好，历经千年依然卷面光洁如新的。每个残片的背后，想必都有一段尘封烟锁的故事。中国的造纸术历史悠久，有一套独特的制作工艺。由于其经久耐用，曾被文人赞为"纸寿千年"。中国的毛笔书法，墨色经久不退，与中国的纸张相得益彰。而这些敦煌遗书残片，不管卷面形态如何，都以自己饱经风霜而风韵犹存、信息弥真的经历，证实了这一美誉，也为我们留存下一千多年前，当时社会生活各种活生生的宝贵信息资料。难怪敦煌遗书从藏经洞出土后，被人们视为稀世珍宝。

工作中，每当看到年代早，或纸张、字迹有特点，或品相好的写经，广锠会时常感叹，说这是一种难得的享受，是他的幸运。有时我们俩一起欣赏研究残片中好的书法，讨论随着时代变迁发生的书写风格演变，别有一番情趣。残片中时间最早的为东晋时期的写经，均为拙朴的隶书。广锠说："中国的文化是分层的。上层的精英文化与下层的平民文化既有一定的区别，又相互影响。东晋已经出现王羲之这样优秀的书法家，那灵动的书风，代表了精英文化的高峰，引领了一代风气。但东晋写经生所用的依然是拙朴的隶书。可以说，东晋以王羲之为代表的士大夫书法与以敦煌遗书为代表的写经生书法，就反映了不同社会阶层的不同文化形态。"所以，当我们观察某种社会文化现象时，要考虑这种文化的创造者在当时社会结构中所处的地位，在整个社会文化中处在哪一个层面上；要注意不同层面文化的不同特征，梳理它们的表现形态与相互影响的历史事实。社会是复杂的，所以文化也是复杂的。只有用社会来解释文化，才能解释得通。当然，不同层面的文化也是相互交流的，总的来说，任何一个社会，统治阶级的文化就是占统治地位的文化。就书法而言，直到唐代，由于初唐四大家的儒化，经过唐太宗等上层的倡导，形成今天所谓的"唐楷"。这种唐楷逐渐推广，逐渐向下流动，从而浸润到全社会，才有了敦煌遗书中出现的那种唐楷写经。此外，由于精英文化下移需要一个时间差，这也是社会文化层次产生差异的原因。

看着那些已历经 1 500 多年的漫长历史时空，辗转万里，依然清晰夺目的写经，好像历史在我们面前骤然定格。想到人的一生，最多也就是百年上下，多少曾经在世间辉煌、炙热，被人们不择手段追逐的东西，与此时面前的古人遗存相比，真不过是过眼烟云，昙花一现。

吸取周一的教训，周二开始我多穿了衣服。因为早上有意识地多吃，在图书馆一般不感觉饿。但下午 5 点多到家后，还是想尽快吃饭。为此，一般都是简单地做些意大利面或菜粥。

接连几天与英国人同时上下班，看同路那些行色匆匆的男女，穿着打扮多数随意大方。女士大多化淡妆或不化妆；男士多数也是便装，穿西装、戴领带的只是少数。看来人们越来越追求舒适自然了。

昨天晚上回来，广锠又请来自中国台湾地区、在牛津大学读书的比丘尼自运法师帮助申请了一个 10 英镑包月的网络。开始怎么也接不通。广锠又打电话给门房小伙子请求帮助。一会儿小伙子上来，本想请他太太做翻译，但他太太不在家。只好用单词拼凑，结结巴巴地向小伙子表述了我们的意思，包括电视、上网和洗澡间里水龙头等问题。连比画，带英语，小伙子好像有点明白了我们的意思。过了一会儿，他太太回家，主动打电话来询问。有他太太做翻译，沟通方便多了。小伙子帮助解决了上网问题，中文信息渠道终于畅通了。

大家一起聊天。我们请小伙子喝啤酒，吃花生米，还给他们泡了今年的春茶。小伙子边喝边用手把漂到嘴边的茶叶拨开。他太太说，英国人喝惯了袋泡茶，不习惯这样用茶叶直接泡茶喝。小伙子直说今天的茶好喝，我接连给他续了两次水，他都喝光了。聊天中知道他太太是陕西人，已出国四五年。她曾在法国4年多，来英国才半年多。她说自己是学酒店管理的，目前正在找工作；说英国消费高，公交月票对学生优惠不多。而原在法国，对26岁以下的学生，月票可优惠一半多。广锠也谈起4次来英国的感受。1991年他来伦敦时感觉伦敦暮气沉沉，一派衰败景象，令人觉得大英帝国日薄西山了。特别是当年去了一次法国巴黎，与巴黎比较，这种感觉更加突出。1997年再来时，他感觉伦敦与1991年变化不大。但去年来时，他感觉有明显变化，伦敦增加了许多新的建筑，很多地方在开工建设，焕发着生机。大家谈得投机，小伙子说要请我们去中国城吃中餐。临走，他又带走了没有喝完的啤酒。他们走后，我们连接上中文网站，浏览了近期的新闻。

6 月 29 日（星期日，晴）

周五回来感觉比较累。

周六由住处步行半小时到白金汉宫。进入圣詹姆斯公园大门，即是通往白金汉宫的林荫大道。大道两边的旗杆上悬挂着英国和俄罗斯两国国旗，是俄罗斯总统普京来访的标志。白金汉宫于1705年建造，从外观看，并不十分突出，远不像中国的故宫规模庞大，显得那么威严和居高临下。看了随身带的介绍，才知白金汉宫开放的部分有固定时间，周末都不开放。

白金汉宫前的广场上，各国的游人很多。一会儿，几个骑着高头大马的警察来维持秩序。中午 12 点，穿着红色礼宾服的皇家卫队吹吹打打地排队走进皇宫院子换岗，这已经成为白金汉宫的一道风景。广锟的腰腿又疼起来，坐在台阶上等我。我拍摄了一些照片，又一起漫步到旁边的圣詹姆斯公园。

公园里，青草似毯，绿树成荫，小河流淌。一群群的鸭子和几只高贵的黑天鹅在水面上旁若无人地嬉戏。许多家庭举家出游，男男女女或推着童车，或手挽着手，享受着城市中大自然的温馨。我们坐在木靠椅上休息，广锟将西方的园林式皇宫、百姓住房，与中国的故宫、四合院乃至长城进行比较，感叹起西方从建筑、园林到思维、处事的方式，都和中国有很大差异。

返回的路上，我们再次进入附近的英国国家美术馆，穿梭于几个场馆参观。又顺路到中国城，花大约 5 英镑买了 5 个素罐头。

回到住处，广锟感觉腰腿疼，躺在沙发上休息。因牛奶、面包所剩不多，我独自去超市购买食品。虽然我英语不好，但超市里各种货物都有明码标价，到出口结算也是收银员用机器扫描条形码后显示应付款，所以大多是我独自外出购物。

今天，我担心广锟的腰腿疼恢复不好，让他在家休息，说要独自去附近的英国博物馆，但他坚持要陪我一起去。

进入博物馆内，在几千年前的古老文明和精美艺术品前徜徉，两人都感觉心情特别舒畅。

我们看了古希腊馆。古希腊 2 000 多年前的陶器，从外观形状到上面描绘的鱼形、水纹形花纹，与我国出土的古陶器惊人地相似。广锟说可能人类的交流，远比我们现在知道的要早。中国目前发掘出的青铜器，就只有非常精美成熟的样式，而没有早期的粗糙形态。所以曾经有人主张中国青铜文化是从西方流传过来的，当然也有不少人反对。广锠的一个做青铜器同位素考古的同学，证明中原的青铜器原料来自南方。广锠说："这个问题我没有发言权。但很有意思，值得研究。"

看了约两小时后，我们回到住处，我洗衣，打扫房间。看时间充裕，煮了牛肉咖喱土豆及米饭作为晚餐。

7 月 2 日（星期三，多云转阵雨）

早晨去图书馆的路上，发生了一件好玩的事。

路过旅游汽车站时，一个笑眯眯的老头过来和我们打招呼，别的话听不懂，只知道他问我们是不是中国人，拿着相机要给我们照相。正好广锠穿的是一件中式褂子，以为老头感兴趣，想要留影，便让他照了一张。接着，老头拿出一个小本子和一本相册，指着上边已写下的一些地址，要我们也写，意思似乎是要给我们邮寄照片。广锠便留下了地址。这时，老头拿出一个钱夹，指着里边的钱，意思要我们给钱。广锠问多少？老头说 10 英镑。广锠后来说，谁知道他会不会寄，怕上当。但都照相了，就给了他 10 英镑。没想到，英国大街上也有这种国内旅游点常见的挣钱方式。（回国后，我们的确收到两张洗印的照片。虽然加上邮费，平均每张 5 英镑，老头的要价贵了一点，但老头还是讲信用的，的确把照片寄到中国。）

这些天，工作进度较快。从昨天开始，由两人同时做的方式改为由我先做前道工序，积累若干遗书后，广锠再做余下的工作。这样省下来的时间，他可以做别的活。

昨天下午，我们带的那台旧笔记本电脑的电源适配器突然坏了，只好提前离开图书馆，到牛津街找电脑商店买配件。原担心国内产品的零部件不好配，我们还算运气好，走出不到200米，只跑了两家商店，就买到了一个多用电源适配器，花了59.95英镑。

7月6日（星期日，多云）

又一周过去了，每天忙忙碌碌，觉得时间过得很快。

周五看看进度，工作两周时间，已做了500余件，是这次计划工作量的四分之一。看时间宽裕，广锠开始利用我先做前道工序的间隙，整理修改1991年的目录，以便到最后有时间时，再借出原来的一些卷子，补充录文。他说：这些卷子的编目，不会再有人来做第二遍了。我们既然做，就要尽可能做得好些，争取把研究工作所需要的信息都记载下来，记录准确，努力给后人留下一部比较好的敦煌遗书目录。他这种扎扎实实做工作、做学问的态度和方法，我很赞成和欣赏。这些年，他总是不厌其烦地修改、补充以前做过的目录。他说：每看一次，都会发现有错误。他花费近20年时间做的《世界敦煌遗书总目录》总计有数万个编号，数千万字的数据，要想没有错误，谈何容易？但他希望能把错误尽量减少到最低。

在我看来，他做《世界敦煌遗书总目录》，真好比是红军二万五千里长征。当然他经历的艰难险阻，远不能和当年的红军相比。记得以前那个年代时髦的一句话："苦不苦，想想长征二万五；累不累，想想革命老前辈。"此话现在讲起来，其实也不乏道理。伟大的事情能否成功，除了思想，还取决于顽强的毅力和韧性，往往要付出超乎常人的努力。所以有一句话："成功的背后是苦难。"

每天的工作、生活充实忙碌，配合默契。每每体味、享受这些，便感谢命运让我们走到一起。

由于办理了包月上网，每天上网收邮件、看新闻十分方便。因为时差的关系，往往家人在北京时间当天晚上发的邮件，我们在英国时间下午就收到了。真是科技改变世界。

昨天照例又外出游览。伦敦的街道不少是斜的，买的中文地图又不详细，我们糊里糊涂走到泰晤士河边的滑铁卢桥。照着地图寻找据说是伦敦市内星期六最热闹的集市——科芬园（Covent Garden），找到后才知道以前曾经路过，不过当时时间尚早，科芬园还没有展现出它的完整风貌。昨天到那里时正当中午，是集市最热闹的时候。大棚里和露天广场上，各种地方特色的小摊位、小店铺一个个排开，经营的物品五花八门，尤以各种地方特色的手工艺品居多。市场里还有不少摆场子唱歌、杂耍、画肖像的和蹦极、攀岩等娱乐项目。当地人一群群结伴而来，买东西、看热闹、吃小吃等，熙熙攘攘，类似中国的春节庙会等传统集市。走了不少路，广锠又开始腰腿疼，便坐在一边等候，我自己在里面转。回旅馆的路上，两人都已走得腰酸腿疼。路上我们还遇到一个华人老太太向我们打听路。但她说的粤语我们一句也听不懂，广锠还是热心地照着老太太拿的卡片上的地址，对着地图查了半天，找到了街道名。无奈与老太太对不上话，老人只好失望地走开，我们也挺懊恼。

晚上在家改目录，他看我做得有点烦，拉我出去散步，上超市买了些食品。

今天又到了英国博物馆。我们的住处在博物馆正门的西南角，5分钟就能从容走到。我们充分利用这次住在博物馆旁边的便利条件，前后来了5次，把博物馆粗看了一遍。

英国博物馆历史悠久，是世界上最早成立的国家博物馆，今年正好是建馆250周年。英国博物馆也是英国最大的综合性博物馆，它和法国巴黎的卢浮宫、俄罗斯的冬宫、美国纽约的大都会艺术博物馆，并称为世界四大博物馆。

博物馆不要门票，门口有个捐款箱，写着可以捐 3 英镑或 5 欧元、5 美元。但人来人往，似乎少有人往里边放钱。博物馆 10 点开始参观，我们到得早了点，便花 6 英镑买了一本中文介绍，坐在设计别致、敞亮的玻璃顶棚大厅里翻看。同巴黎的卢浮宫一样，英国博物馆也是老场馆改扩建、新老建筑完美融合的杰作。这座弧形玻璃顶大厅就是后来改扩建时增加的，它把穹顶大阅览室保留到大厅中央，两者有机地融为一体。

博物馆是一座规模宏大的仿希腊式建筑。博物馆建立初期，主要收藏图书，后来开始收藏各国古代艺术品和历史文物。博物馆的馆藏十分丰富，其中许多珍贵的文物是英国在殖民扩张时期从海外掠夺来的。可以想见，当年号称"日不落"的大英帝国，凭借着工业发达、坚船利炮，把多少世界级的宝物悉数收进。至今，不少国家还在为文物的归属问题同英国博物馆交涉。

走进博物馆，仿佛走进了时空隧道，从古代中国、印度、埃及到古代的希腊、罗马和中世纪的欧洲，不同时代、不同国度的文物，从大到十几米高的雕像，小到纽扣般的纪念徽章，在这里都能见到，真是一座人类历史文化的宝库。

博物馆分为三层，计有 95 个展厅。我们先到中国馆。中国馆收藏有汉白玉大佛、青铜铭文钟、众多金制和银制的菩萨雕像，不可胜数的玉器、瓷器、漆器以及景泰蓝、唐三彩工艺品和各种各样的鼻烟壶等。一面墙上，复原了从河北邢台一座寺庙墙壁上分块剥割下来，然后拼凑起来的形象生动的巨幅彩色佛教壁画，还有不少名人字画。"浓墨宰相刘罗锅"（刘墉）的草书，亦在其中。

博物馆里可以随意拍照。我们边看边用数码相机拍摄资料。但因展品大都放在玻璃柜里，有反光干扰，很难拍出好的效果。

中国馆的尽头，有真人大小一男一女两尊彩釉古代人像。女的慈眉善目，手持《善簿》；男的绿脸怒目，怀抱记载恶行的书簿。广锠说，这是中国民间传说中的善、恶两神。也有作童子形象的，名为"善恶童子"，则分别站在人的左右两肩。这些神祇的职责是记载人的善恶行为，据此安排人死后升天堂还是下地狱。中国佛教后来也接受这种说法，有些庙里也有这种塑像，但不多见。印度佛教原本主张因果业报，未作不得，已作不失，用不着专门有人另做记录。但佛教到了中国，受中国文化的影响，发生了变化。有意思的是，善神手中的书簿只有薄薄的一小册，而恶神手中的书簿是厚厚的一大卷。难道是因为人们做的恶事太多吗？为此广锠从各个角度拍了几张照片。近中午 11 点半，相机已经拍满，这一个馆的资料还没有拍完。

从亚洲馆出来，广锠带我到位于博物馆弧形玻璃顶大厅中心的老图书馆旧址——大阅览室。

阅览室是个高大的穹顶大厅，沿墙全是书架，上下密密麻麻地排了好几层，十分壮观。一进到这座书的城堡当中，让人不由得肃穆起来。不过现在这个阅览室已停止使用，大部分地方都被拦住，不让进入。游客只能在阅览室前部参观、拍照。广锠说："1991 年来时，这个阅览室还正常开放。不过一般人不能随便进入，必须办理专门的手续。我们几个因为有英国国家图书馆的临时工作证，可以随意出入。那时我们每天到英国博物馆职工食堂吃午饭，来回都要横穿这个阅览室。也曾经在这个阅览室仔仔细细观摩过，可惜没有找到中文图书。"

对此中国人记忆最深的，就是当年马克思经常到这里看书。我们看到的书中曾讲：马克思看书的座位，天长日久，脚下的地毯都磨出了坑。广锠说，他曾询问过英国国家图书馆的工作人员，想瞻仰当年马克思的那个座位。得到的回答是：没有发生过马克思把地毯磨出坑这样的事。这里读者的座位都不固定，马克思也不例外。这让他很扫兴。

又到埃及展馆。各种动物图腾以及狮身人面像石雕，十分丰富壮观；还有不少反映当时生活的图案、文字，最早是公元前4000多年的。馆内有不少中小学生，在老师的指导下边看边做记录。

埃及馆拥有很多彩绘的木乃伊棺材，打开的棺材中，摆放着的木乃伊保存得非常完好。棺材有大有小，大的有7—8米长、2—3米宽，小的则只有1米多长、30—40厘米宽。保存较好的棺材上可以看到绘着死者的脸谱以及古埃及人信仰的保护神的画像。据介绍，英国博物馆在防止文物霉变的科学研究方面居世界领先水平。博物馆拥有不少世界上最先进的文物保护方面的实验室，有大量的先进器材和最专业的研究人员。他们的许多技术被世界各地的博物馆广泛采用。

7月9日（星期三，晴）

这周一上午到图书馆后，我发现因为换衣服忘记带读者证了，无法进入阅览室。我问广锠有没有通融的余地。他说阅览室门口负责检查读者证的工作人员隶属于图书馆的安全部门，相当于中国的保安，和东方与印度事务部没有关系，没有通融的余地。我只好一个人又往返50分钟回住处取读者证，走得汗流浃背。

昨天一上班，吴芳思便送来生活费，并让广锠签了收条。

说起来，做敦煌遗书目录，也是我们国家需要的事情。但广锠所在的中国社会科学院每年的科研经费少得可怜。虽然广锠还是好几届的社科院学科片委员、佛教研究室主任，所做的项目是院级重点课题，经费是院领导从院基金中特批的，但这几年每年能支配的科研经费不过一万多元。支付了助手张桂元的劳务费后，所剩无几，连一直想买的参考书都买不起。他主编的《藏外佛教文献》全靠到处化缘才能出版。说起来丢人，凡是外出开会、出国考察，都要对方承担费用才能动身。至今为止，他已经先后4次来英国编撰敦煌遗书目录，所需经费都是吴芳思向各基金会申请的。当然，由于今年我随行当助手是我们自己提出来的，因此我的费用（含往返路费与在英国的生活费）均由我们自己承担。由于我的费用没地方可报销，只能自己掏腰包。还好，这几年工资有所增长，加上他的稿费收入，还能够掏得出这笔钱。目前这项工作已接近尾声，他说，为了最后完成《世界敦煌遗书总目录》这个庞大的工程，只要能来，即使对方有困难不再承担费用了，自己也要想办法解决，总不能功亏一篑。

回想起做《世界敦煌遗书总目录》的过程，他感慨不已："当年，英国博物馆的翟理斯用37年编写了从斯00001号至斯06980号的敦煌遗书目录，1957年出版。我从1984年开始做敦煌遗书编目工作，距今也已近20年，当中有很多周折，但自己还是很幸运的。一路走来，得到过很多人的帮助，否则不可能走到今天。人一辈子干不了几件事情，我一定要把《世界敦煌遗书总目录》编出来，否则对不起那么多帮助过我的人。"

广锠这几天碰到一些内容比较生疏或容易混淆，需要仔细鉴定、检索的残片，看得很费劲，速度也很慢。但他沉浸其中，中间几乎不休息。下午结束工作后，他经常说眼睛难受，看远处的东西眼花得厉害，看什么都是重影。下午结束工作出门时，他经常要闭上眼睛缓好一阵儿才能逐渐恢复。这时我便扶着他闭上眼睛站一下或慢慢走。今天工作期间，我几次提醒他停下来缓一缓眼睛，终是不起多大作用。

他做事情真是太投入了。

我们每周一至周五从上午 9 点半到下午 4 点半，连续工作 7 小时。我中间一般要出来两三次，上厕所，喝点水，也略微活动一下身体。每次行至走廊，都能闻到浓香的咖啡味。楼下就是图书馆提供给读者的咖啡座，那里有一些食品、饮料出售。但随便吃一点也要几英镑。这对每个月有数千英镑收入的英国人来说不算什么。这些食品，如在国内，凭我们的工资，也并非奢侈品。但在英国，仅靠每月给我们的那数百英镑的生活费，就得精打细算了。好在英国超市里卖的食品价格差别较大。一般绿叶蔬菜较贵，而有些营养不错或日常必需的食品，如牛奶、黄油、鸡蛋、鸡肉、面包、意大利面、大米、土豆、洋葱、胡萝卜、西红柿黄豆罐头等，价格比较便宜。我们日常吃饭，都是自己做，以这些食品为主。除去这些必需品，我一般每星期再买一些圆白菜、橘子或香蕉等蔬菜水果调剂一下。动身前往英国时，我又带了些中国的调味品和香菇、紫菜、海米、咸菜等。我以这些食品和调料为基本原料煮出的鸡肉菜粥、海鲜菜粥、面条、咖喱鸡块，以及拌的什锦沙拉等，广锱说比以前他一人来时天天西红柿黄豆罐头拌意大利面好多了。我想，其他价格稍高的食品，还是回国后用我们的工资去享受吧！

现在我们每天早晨基本上是 8 点多吃饭，8 点半左右出门。走 5 分钟左右，到罗素公园，在中心喷泉旁的靠椅上坐半小时左右。9 点 15 分再继续走，9 点半以前到图书馆。下午回来，一般也要在罗素公园再坐一会儿。那里的喷泉、草坪、绿树、鲜花，还有小松鼠及成群的鸽子等都令人心旷神怡，百看不厌。广锱说在这里的时间，总是过得最快。

每天上下班的路上，快到图书馆的尤斯顿（Euston）车站十字路口时，都要经过一座年代悠久的教堂。教堂是模仿古希腊神庙的样式，门前有高大的圆形廊柱和三角形房顶，侧面的廊柱是几个花岗岩雕塑的头顶着屋檐的希腊女神。在教堂宽大的门廊下，时常坐着或躺卧着一两个乞丐。乞丐以男性居多，中年或老年都有，多为白人和印巴人。上午我们路过时，他们一般还躺在门廊的地上睡觉，下边垫些废纸箱，从头到脚盖着旧毯子或床单，旁边的塑料袋或提包里放着一些随身带的物品。我说："仁慈的主啊，为什么不让这些可怜的人晚上睡到教堂里？里边那么多长椅空着也是空着。"当我们下午回去路过时，他们大都不在那里了。在伦敦的公园和街头，偶尔也能看见坐在街边乞讨的乞丐。我们在罗素公园闲坐时，曾几次看见有人在路边的垃圾桶里翻找东西，有时捡到一些可吃的东西，当场就吃起来，可见是真的饿了。据介绍，英国的公共医疗都是免费的，社会福利也不错，这些人到底是什么情况，我们不得而知。

昨天下午，我在去附近超市买东西返回时，稍一大意，迷了路。自己转来转去，走到哪里都不认识，走过的路口又不知东南西北。好在口袋里有住处的地址和五六英镑零钱，如果实在找不到，就只好找出租车了。就在我背着买的食品汗流浃背瞎转时，突然看见一个眼熟的建筑，心想："住处应该就在附近。"循着这个方向走去，果然找到了旅馆的门，总算有惊无险。伦敦的街道很多是斜的，稍不注意就会认错方向。

7月13日（星期日，晴）

前几天在鉴定残片时，发现了一批晚唐、五代时期敦煌寺庙的经卷签条，上面标注有千字文帙号。千字文帙号是用中国传统的启蒙教科书《千字文》作为标记大藏经的序号，略相当于现代图书馆的排架号。这是我国古代僧人在佛教大藏经管理中的一个创举，在图书馆学史上具有较高的地位。过去，中国佛教界、学术界传统认为千字文帙号是盛唐僧人智昇发明的，依据是大藏经中保存一部名为《开元释教录略出》的著作上面有千字文帙号，而《开元释教录略出》上标注的作者就是盛唐的那个智昇。但广锟在做博士学位论文时，发现这部《开元释教录略出》实际上不是智昇撰写的，所以千字文帙号也不是智昇发明的。他提出，千字文帙号的产生与智昇无关。各地用千字文帙号来管理大藏经时，在使用中也有变通。比如辽代的《契丹藏》与《开元释教录·入藏录》完全相符，有的则略有参差。而《开元释教录略出》中的帙号，恰恰是变通后的形态，反映的是中国佛教南方系大藏经的形态。这次在各种经卷的签条上发现的千字文帙号，有的与《开元释教录·入藏录》也完全相符，进一步证实了他的观点。

　　这周四，在做斯 10800 号 A《大般若波罗蜜多经》的护首时，我们看到从这件残片上揭下的 5 粒半类似芝麻的东西，与一个信封一并夹在硬塑料片中。信封上印有英国国家图书馆的印章，并用钢笔写着"S.10800（8th C. gramrs）"，意为"斯 10800 号，8 世纪，谷物"。广锟仔细观察后说："这不是谷物，是胡麻。"我问："你怎么知道是胡麻？"他说："在新疆插队时，所在生产队曾经种过胡麻。敦煌遗书中也有不少关于胡麻的记载。"那个信封是英国国家图书馆修整人员早期修整这件遗书发现这几颗胡麻时，用来装胡麻的。看着这几颗已呈咖啡色的颗粒，不禁叫人浮想联翩。当初偶然遗落的普通植物种子，经历了 1 000 多年的历史沧桑，如今已变成宝贵文物。广锟则感叹英国国家图书馆修整人员细致、严谨的工作态度。这么小的东西，稍微不注意就会忽略过去。现在不但完整保存，连早期修整时所用的信封都留存下来，保存了一份历史。

他由此说起一件往事。1994 年在日本京都时，他曾经应邀到大谷大学考察该校收藏的敦煌遗书。其中一件遗书打开后，竟然发现卷面上粘着一只死苍蝇。他把这只苍蝇指给围观的大谷大学诸位先生看，大家面面相觑，谁也不吭一声。他反复用放大镜看了半天，也无法判断这到底是 1 000 年前的苍蝇，还是藏经洞发现后，这件敦煌遗书在流传过程中，不慎卷进了一只苍蝇。最后征得大谷大学有关人员的同意，用相机拍了一张照片。他说对他来说，这个问题至今依然是个谜。也许什么时候动物学家会感兴趣，对这个苍蝇做一番研究。①

在多年考察敦煌遗书实物、为其编目的工作中，广锠把敦煌遗书总结为三大研究价值：文物研究价值、文献研究价值、文字研究价值。为此，做目录时，他主要是从这三个方面来进行鉴定、评价和著录。

从文物角度讲，目前，全世界保存的汉文敦煌遗书有 60 000 多号。其中，又以中国国家图书馆和英国国家图书馆保存的数量最多，共 30 000 多号。由于广锠 1989 年至 1993 年在北图善本部工作过 5 年，在那里曾组织了北图敦煌遗书的编目工作，现在又承担着英国国家图书馆 7 000 多号残片的编目工作，还曾经到法国、苏联、日本、印度考察过敦煌遗书，他利用得天独厚的条件考察了很多敦煌遗书原件。看得多了，经验相对丰富，再加上他的佛教文献专业知识，逐渐对敦煌遗书的佛教文献的内容及演变，纸张的种类与时代特点，书法的时代特点，以及敦煌遗书中的特殊用字、符号等，有了一套比较整体、系统的认识。这样看到一个卷子后，讲起它的真伪、年代等便心中有底。他说有人讲文物鉴定是"观风望气"，这是指在长期与文物

① 2014 年广锠再次考察大谷大学敦煌遗书时，那件遗书的卷面已不见该死的苍蝇。

接触的过程中建立起来的一种感觉。这种感觉一旦建立起来，面对一件文物时，对它的真伪、年代等，就可以大体做到心中有数。但"观风望气"是建立在经验的基础上，没有能够上升到理论。经验虽然十分重要，但也有局限性。他曾经在《敦煌遗书鉴别三题》一文中，专门论述了经验的局限，关键在于要将经验上升到理论。为此，他曾有心写一本《写经形态学》以总结自己这些年对敦煌遗书的心得，但又感叹手头事情太多，实在没有时间来进行这一工作。

从文献角度讲，敦煌遗书 90% 以上是佛教文献，而他的本行就是研究佛教文献，所以，研究敦煌遗书可以充分发挥他的专业优势。

至于文字价值，他说那就非他所长了，只能一面学习，一面实践。好在这方面有些专家已经做了很好的工作。

我童年时喜好画画，曾梦想长大成为画家。但年少时遭遇了那 10 年，前半生阴差阳错，喜欢的事情没有做成。退休前的 30 年在自己不喜欢的某职场中耗费了最宝贵的光阴和精力。尽管自认为是廉洁和办实事的人，但终因格格不入、无法忍受而急流勇退。原想通过写字画画度过后半生，不一定能成多大气候，只求活得真诚、充实、自然，自由自在，问心无愧。但自从遇到广锠，不禁为他的这份志向、恒心和才学所动，因此也愿意在画画写字的同时，助他一臂之力。

不过，编目中，他对书法的评价我不能完全苟同。他基于长期的经验，对不同时代的书法风格、特点很熟悉，对一些古字、异体字、变体字、草书字以及敦煌遗书特有的字也比较熟悉。但从临摹碑帖、练习书法以及书法艺术的角度，他对文字的研究体会不如我多。在看敦煌遗书的书法时，有时他仅凭顺不顺眼、端不端正就做评价，而对从书法角度去考察作者运笔、文字功力等看得不够深入。为此我曾几次对他的一些书法评价表示不赞同，也反对他原来按照"字品"

和"书品"两项进行分开评价，我觉得这两者很难区分。几次交流看法后，他采纳了我的意见，并让我来做这一项，只按书品进行综合评价。但做了一部分后，他又对我的一些书品评价的前后不均衡提出异议，有些我同他争辩，有些我觉得他有道理也按他的意见进行修改。例如对东晋南北朝时期的一些残片，开始我总用现在流传的经典的隶书碑帖做范本，认为那些残片还不是真正的隶书，只能称为隶楷。他不同意，认为对民间书法不能同比较成熟完美的士大夫书法一样看待，他讲文化分层理论，并让我想想汉简上的那些书法。我想想确有道理，便修正了一些评价。

总的来说，做敦煌遗书的编目，经过近 20 年的经验积累，对他来说可谓轻车熟路。不过，这又是一项十分浩繁、琐碎、细致的工作，属于那种"懒汉干不了，好汉不愿干"的事情。没有能力的人干不了，有能力的，还必须能耐得住烦琐和寂寞，甘愿在当今浮躁的世俗社会中长期坐"冷板凳"。这确实需要有强烈的使命感和毅力才能完成。对他的这份事业心和靠下苦功夫形成的才学，我很钦佩，也自愧不如。我很赞同他的人活一生，要尽量为社会做些有益事情的精神追求。

周四下班，我们又在罗素公园小坐。面前的喷泉正是喷水时间。一个两三岁的亚裔小女孩，拿着小喷壶津津有味地在喷泉边玩水，另一个年龄差不多的金发小孩看到后羡慕不已，凑到跟前，试图加入。但黑发小孩旁若无人，置之不理，使金发小孩很无奈。一会儿，来了一黑一黄两只小狗，每只狗嘴里都衔了个皮球，看来主人对其训练有素。一个六七岁的小姑娘拿过黄狗衔的皮球丢向空中，小狗腾身跃起，准确地在半空衔住皮球。金发小孩看到，发现了新游戏，拿过黑狗的皮球一次次抛向空中，丢往水里，黑狗都迅速地飞身衔住，动作准确优美，然后又一次次地把球放到金发小孩脚下，让小孩扔球，乐此不疲。一会儿，金发小孩玩腻了，抱着球蹒跚地向旁边的草地跑去，小黑狗跟在后边穷追不舍，冲着孩子汪汪直叫，仿佛表示不满。孩子把球丢向一边，小狗不计前嫌，再次把球衔过来放在孩子脚下，让他抛球。喷泉边的靠椅上坐满了大人，小狗不找别人，只找这个金发孩子。真是一幅天然的婴孩戏犬图。广锠借题发挥，又说起以前谈论过的不只人类，动物也有意识的观点。他说高尔基写过一篇游记，描述的是在欧洲旅行经过一个客栈，一只母狗正在生小狗，因为难产，很痛苦。这时，另外一个旅客带着一只小哈巴狗经过这里。小哈巴狗汪汪叫个不停，接着咬住主人的裤腿，往难产的母狗那里拉。这种行为用本能根本无法解释，说明动物是有意识的。他说当年在新疆塔城师范学校教书时，曾经与一个政教系毕业的老师争论这个问题。那个老师说："教科书明明写着'意识是人的大脑特有的功能'，动物怎么会有意识呢？动物只有本能。"他说与这种把书本当教条的人，实在无法讨论问题。

周五上午，吴芳思过来，问本月 20 日是否有安排，如果没有，她请我们去她家做客，顺便到附近的景点玩玩，并说以后有空闲时间，还可以再安排去其他地方游玩。广锠说 20 日没有安排，答应前去做客。吴走后，广锠讲每次来英国，吴都要请他到家里去做一次客，同时到附近找个地方游玩一下。一般是到离她家不远的马克思墓。当然，吃饭是按照西方人的方式，较简单。

谈起吴芳思对中国人的态度，广锠说他以前看过一篇回忆录，一批中国留学生去英国留学，抵达香港后，负责此事的一位英国老太太跑前跑后，热情、细致地为他们办理各种手续，张罗各种事务，直到把他们送上去伦敦的轮船。轮船快开了，老太太转身下船。一位中国留学生觉得这位老太太实在太可敬了，把她叫住，想表达自己的谢意。老太太听到那个留学生叫自己，以为还有什么事情，便停住脚步回过身，结果是那个留学生对她表示感谢，便狠狠剜了那个留学生一眼，转身走了。回忆录作者的结论是：英国人的特点，该办的事情十分认真，但一般不建立什么私人交情。广锠说："没有与吴芳思打交道以前，以为英国人就是那篇回忆录里说的那样。但与吴芳思打过交道后，才知道并非所有的英国人都是如此。吴芳思对中国、中国文化充满感情，总是尽力帮助一切需要帮助的中国人。她对访问英国国家图书馆的中国学者，更是处处关照，与大家都建立起很深的友谊。因为我不懂英文，她对我各方面更是关心。我第一次到英国，她请我参加她儿子埃勒蒙的生日聚会。在英国，她是有名的中国通，除了英国国家图书馆的工作，她自己还要搞研究、写书。她有很多社会性工作，包括媒体访谈之类。另外，还有孩子要照料。她整天忙得一塌糊涂，但每次对我的安排都是无微不至。比如这次，我们两人来，她为我们安排了这么好的住处，不知道为此费了多少精力。从小母亲教育我：'别人对你客气，不要当作是福气。'意思是对他人给予的关照要感恩，不能理所当然地以为是自己应该得到的。因此，我每次来，总是尽量少给她添麻烦。比如她这次说以后有空闲时间，还可以再安排去其他地方游玩，但我们以后不要再提起。"

截至 11 日，我们已完成约 800 号敦煌遗书目录的整理。

这几天，广锠说有时不仅胯疼，腰也不舒服了，我担心他老毛病犯了，说这周不到远处玩了，顶多在附近散散步。昨天起来，他说浑身不舒服，眼睛也不舒服。他的眼睛高度近视，达 1 700 度，不久前又检查出白内障。他曾说到几个搞研究的老先生，像陈寅恪、任先生，最后都因为高度近视而导致视网膜脱落，所以我最担心他的眼睛。见他还抱着电脑干活，便劝道："即使像你说的，活着不做事就没有意义，你也应考虑到，现在英国国家图书馆的敦煌遗书，还有 3 000 多号没有做，明年再来一次就可大功告成。这事情总不能半途而废。我们能在这里依据原件做好基础工作，回去后即便眼睛不行了，我还可以帮你阅读文字，操作电脑，把工作完成。如果在这里眼睛就出了问题，那工作就不得不停顿、放弃了。"但我说我的，他仍然做他的，还嫌我啰唆，真是死不悔改！一会儿，他说："感觉好一点了，还是出去走走吧！老婆跟着干了一星期的活，周末不陪着玩玩不像话。"我想，为了他的眼睛能休息一下，出去走走也好，找地方多坐下休息几次就是。

沿街走了几分钟，赫然看见一家书店的橱窗里，摆满了最新出版的《哈利·波特与凤凰社》。书价由前几天的 16.99 英镑降为 12.99 英镑。再往前走，又看到一个橱窗，标价降为 11.99 英镑。真气人。前天女儿发来电邮，说这本书北京卖 178 元，英国有卖 11 英镑多的，还有八九英镑的，希望我们帮她买一本原版书。当晚，他把孩子给的英语书名抄了下来，昨天上班带着。下午在图书馆结束工作后，我们到图书馆里的书店，把抄的书名拿给营业员看，营业员指指我们眼皮底下，原来面前柜台上就放着一摞，书上标价是 16.99 英镑，比国内卖得还贵。开始我劝他再到别处看看。他说卖书嘛，一般也就是按照书上印的标价卖。我看是正在热卖的畅销书，心想恐怕短期内不会降价，便买了下来。现在看来畅销书价格浮动也很大。原来看到住处门口书店摆的便宜书好像都是比较陈旧的，以为新书要按照书上标的价格卖，看来并非如此。我怪他昨天买得太急。他说："孩子想要的书很快就买到了，又马上发信告诉她了，挺好。"

走到唐宁街附近，正遇到皇家卫队的士兵骑着马、戴着盔甲齐整地在烈日底下供人们拍照，我也凑上去拍了两张。他说要找上次来时看到的一个书摊，有一本介绍伦敦的中文书不错。可能因为时间早，那个书摊还没有营业。不远处另一个临时摊位上也有我们要找的那本书，2.5 英镑，比上次看到的 4 英镑便宜了不少。

离开唐宁街，向大本钟方向信步走去。途中遇到一座很沧桑的古堡，斑驳的墙砖上攀援着绿藤。我们坐在墙边的靠椅上休息，翻看新买的书，里边介绍到这个不起眼的古堡，竟已有千年历史，是原来英国王室保存珍宝的地方。看到书上介绍的伦敦景点及照片，大部分我们都已到过，只是有的原来不知道叫什么。这次关键是住的地点好，在景点密集的文化区，距离大部分主要景点都比较近，一般步行时间都不超过半小时。

回去的路上，遇到比萨店，他问我要不要尝尝。我说："不吃，就当把书钱赚回来了。"（这里的比萨 5.99 英镑一份）当然这是玩笑。在钱上，我赞成他的态度，既要有必要的算计，也要想得开。

回到住处，我煮了海米菜粥，味道不错。这次在英国，我煮的菜粥成了一绝，鸡肉的、海鲜的，味道都不错，既省事又有营养，吃着肚子也舒服。晚上，他吃了安眠药，早早睡了。

今早起来，他说感觉好多了，接着干活。我写日记、上网。

7 月 14 日（星期一，晴）

前天广锠不舒服，但昨晚修改以前的敦煌遗书目录仍快干到半夜 12 点。为休息好，他吃了两粒安眠药睡觉。早晨快 8 点了，他还在沉睡，我叫他起来洗漱、吃早饭。像往常一样，我们 8 点半出门，途中经过罗素公园时便找椅子坐一会儿。这是我们最喜欢的公园之一。

在我们住处附近不超过 10 分钟路程，有三四个小公园，但每个公园一般只有几个篮球场大。罗素公园则比这些公园要大数倍,显得要敞亮得多。公园中间有个喷泉,每天定时喷水。喷泉周围有十几把靠椅,早晨时靠椅还能有些空位,每到下午我们从图书馆返回路过时,就少有空位了。今年夏天伦敦雨水少,经常是蓝天白云。每次下午经过时,草坪上总有不少人或躺或卧,晒太阳、看书、约会等。我俩相依在靠椅上随意聊着天,面前不断有从公园匆匆穿行而过的路人。

9 点 15 分,我们按照通常的时间继续赶路。突然他想起来:"错了,今天是周一。每周一图书馆的开门时间是 10 点。"我说:"要是早想起来,还可以让你多睡会儿。"

走到前边的甘地公园,我们两人又找椅子坐了下来。面对着眼前袒露着半边肩背、只披一块布巾、盘腿修炼瑜伽的甘地青铜塑像,我们便从甘地其人,到思想和意识概念的区别等,随意聊着。我们在一起,总有很多可谈的话题,工作、生活、人生、思想、古今中外等。虽然我的学养不如他,但我们情趣相通,观点相投,很能说到一起。人在一起,能充分地相互交流、理解、共鸣,真是一件很快乐的事情。大概因为如此,加之我们平常总有很多有意义的事情要做,觉得生活十分充实。退休已近两年,我从原来炙手可热的职场上急流勇退后,虽然生活过得清静平淡,但一点也不觉得寂寞空虚。我从这种生活中充分体会到了乐趣。幸福其实是一种很个性化的主观感受,每个人的幸福感因其价值取向而有所不同。我过去在职场上,自己带队或跟随领导到国内外出差时,曾享受过高端的物质款待。但对我而言,从那些奢华的物质中所得到的享受,远远比不上现在这样精神充实、情感幸福、行事自由所获得的快慰。更不要说在那个自己所厌恶的环境里,还有着很多的烦恼和无奈。所以我的体会和结论是:物质享受是有限的，精神享受是无限的。曾看到媒体报道，由苦孩子奋斗成长为副省长的某贪官被判处死刑后在狱中曾经感慨：其实人每天的物质需求不过是三餐饭、一张床，要那么多钱干什么！可到那时，他悔之晚矣！我认为，人需要有基本的生活保障，但衣食无忧足矣，不值得沦为物质的奴隶。每当看到那些本已过着"人上人"生活的贪官，为贪图钱财而把自己送上了遗臭万年的不归路，觉得他们真是很可悲。

到图书馆刚工作约半小时，广播里叽里咕噜讲了一通。一会儿，喇叭里又响起了尖锐的警报声。这时工作人员打开阅览室后边的紧急出口，引导大家顺着楼梯，走到图书馆后面的停车场。广锠说这是意外情况演习，去年他来时也赶上一次，看起来是防火、反恐等兼而有之。约半个小时，演习结束，工作人员先入馆，一切就绪后，才让读者进门。平常分散时看不出，今天馆里的人都出来，才看到工作人员与读者，分别有数百人。

今天工作中，广锠拿着一件敦煌地方官向上报告的牛、羊等物品账目的残片，告诉我那两纸接缝处的一团混沌不清的墨迹，不是我所著录的"杂写"，而叫"花押"，是一种防止改账目、做假账用的特定标记。这反映出过去在防止贪污腐败上也有很多措施。

我做到斯 10854 号时，只见一件经卷护首的一端，有一根用来系扎经卷的缥带，它是一根宽约 1 厘米，长约 50 厘米，红绿图案相间的彩色丝绸缥带，色彩还十分鲜艳。广锠通过对纸张、文字等各方面内容的分析后，鉴定为归义军时期的东西，他说："具体到这一号，应该是公元 9 世纪下半叶的东西，但作为文字著录，还是写作公元 9 到 10 世纪。"并感叹道："这可是地道的'唐绢'啊。敦煌遗书的缥带可以分为两类：一类是用各色丝绸折叠、缝合而成，著录时命名为'折叠带'，斯 10854 号的缥带就属于'折叠带'。另一类是用五彩丝线编织而成，著录时命名为'编织带'。敦煌藏经洞由于比较干燥，利于文物的保存。而在一些墓葬里发现的丝绸类东西，保存得就没有这么好了。"

我问："有没有可能是后人加的？"

他说："不可能。斯坦因 1907 年在敦煌搞到的敦煌遗书与其他文物，没有经过任何中间环节直接到了英国。所以，斯坦因所得的这批东西，有因为疏忽而混杂进来的非敦煌的，乃至清代的东西，但没有故意伪造的东西。就这些缥带来说，我不研究丝绸，现在也不可能对它们做碳 14 检测。但从外观、形态看，比较古老，与中国、法国所藏的同类缥带完全一样，所以不可能是后人加的。后人重新装裱敦煌遗书也使用缥带，中国、日本的装裱工艺有差异，所用的缥带也不同，各有特点，一眼就可以分辨，与古代的敦煌缥带完全不一样。"

他接着说："法国的伯希和 1908 年到敦煌，也搞到了一大批敦煌遗书，开始还秘而不宣。第二年，他为设立在河内的法兰西远东学院购书而再度来华，'行箧尚存秘籍数种'，这时他才透露了在敦煌得宝之事。他先到南京，提起此事，南京的学者还不太相信。后到北京，北京的著名学者罗振玉、王国维等随即赴八宝胡同伯希和的住处拜访、参观原件，大家大吃一惊。敦煌藏经洞发现敦煌遗书之事也成为当时北京学界的一大新闻。"说到这里，他感慨地说："学风疏阔害死人啊！清代金石学盛行，甘肃学台（相当于省教育局局长）叶昌炽是个著名的金石学家，他自己在省城兰州，利用职权，让下面各地官员为他访碑。当然，他自己也做一些实地调查，但据说最远曾到河西走廊中部，没有到过敦煌。其实他在甘肃时，已经知道敦煌发现藏经洞，还得到敦煌知县汪宗瀚赠送给他的几件遗书和一幅水月观音图。但他听信了汪宗瀚的话，以为洞中只有几百卷写经，已经被当地老百姓分光了，也就没有去深究。《斯坦因西域考古记》还提到，王道士对他说县衙门曾经来人，要拓藏经洞里的那块碑。王道士不得不把洞中的经卷都搬出来。拓完碑以后，再搬回去。王道士为这一次折腾大发牢骚。不知道这次拓碑与汪宗瀚讨好叶昌炽有没有关系，可以查一下叶昌炽的金石专著《语石》。至于汪宗瀚对叶昌炽说的只有几百卷云云，显然是靠不住的传言。为什么当时会有这种传言？汪宗瀚为什么会对叶昌炽转述这种传言，都值得思考。"广锠说："这实际都是当时社会生态的反映。就如任先生所说：'要用社会来解释宗教，而不是用宗教来解释社会。'"广锠的体会是，很多问题，放在当时当地的社会背景下，就可以豁然贯通。他想今后如有时间要写一下王道士、藏经洞的发现与遗书的流散，现在好多评价都是有问题的。

据有关记载，1909 年 9 月 4 日，北京的部分学者及官员在六国饭店设宴招待伯希和。出席招待会的有学部侍郎宝熙、京师大学堂总监督刘廷琛、经科监督柯劭忞、侍读学士恽毓鼎、学部参事官江翰、京师大学堂教授王仁俊、国子丞徐坊以及董康、蒋黼、吴寅臣等。罗振玉因病未参加。经过当时北京诸学者的斡旋，清政府学部下令把藏经洞剩余的遗书全部运到北京。遗书归当时的京师图书馆，也就是现在的中国国家图书馆收藏。后来敦煌遗书的名气越来越大，就开始有人伪造。

一会儿，他上厕所回来，一本正经地对我说："我看到有一个人正在一个小房间里偷偷地测量敦煌遗书。"我不解其意，问："还有谁也在做这里的敦煌遗书？"他笑而不语。我这才明白，他又在和我开玩笑。他说的是我正在小小的工作间中测量敦煌遗书。他要贫嘴也是一绝。有时成心和我抬杠，贫得我只好以无言来抗议。

晚上打开电子邮件，有人民大学（以下简称"人大"）佛教研究所的来信，说学校已经同意把广锠作为人才引进，并附了一份 17 页的表格，让他填写后用电邮发过去。

1995年，因为中国社科院内部学科调整，广锠从亚太所调到宗教所，此后一直在宗教所工作。虽然院、所对他的敦煌遗书编目工作都很重视，在力所能及的范围内给予了很大支持，但毕竟条件有限。做编目工作工程浩大，从购买相关的书籍资料，到外出调查、请助手等，都需要经费。而近年来国家加大了对教育系统的投入，各大学的科研条件相对要好得多。最近，人大佛教研究所的所长方立天先生因自己年事已高，希望他能到人大去；而上海师范大学（以下简称"上师大"）的陈卫平也正在动员他调到上师大，并保证给他提供宽松的研究环境及经费支持。他有心想争取更好的科研环境，目前正在犹豫到底是调往人大，还是去上师大。①

7月15日（星期二，晴）

又是一个大晴天。伦敦已经大约一周没有下雨了，气温也高了，将近30摄氏度。广锠说这是少有的。伦敦夏无酷暑，通常气温在20多摄氏度，所以我们选在夏季赴英。来前我曾想买防晒霜，他说用不着，伦敦雨水多，想晒太阳都难晒到。但这段时间伦敦的太阳真够厉害的。可伦敦人很喜欢太阳。这些天，公园的草坪上总是躺满了晒太阳的男男女女。男士很多光着膀子，女士不少穿着吊带背心，甚至穿着比基尼三点式泳装。伦敦的女士夏天在大街上穿背心也是一大风景：一是不分老少，二是不论胖瘦，三是不怕露脐。不管什么身材、年龄的女士，都充满自信地袒露肌肤，不怕暴露自己的臃肿或老迈。

今天做斯10889号护首时，经名下有个"界"字。广锠说护首经

————————

① 为调动之事，广锠后来特意请示任继愈先生。任先生说还是去上海好。于是，2004年广锠由中国社科院调至上海师范大学。

名下的这种文字，一般表示该经卷的所有者。由于敦煌遗书大部分是寺院所有，所以很多都是当时敦煌各寺庙的简称。如"永"，是永安寺；"恩"，是报恩寺；"莲"，是莲台寺；"界"，就是三界寺。这个护首背面（扉页）与经文粘接处，有半边残缺的红色阳文篆书印章。他说："这个印章在敦煌遗书中比较常见，现在虽然残存一半，但全文应该是'报恩寺藏经印'。"我奇怪一个经卷上为什么有两个寺院的记录。他说："那是因为这卷写经曾经先后被三界寺和报恩寺这两个寺庙收藏。"他问我能否从遗书本身分析出是哪个寺庙收藏在前，哪个在后。我仔细观察后，觉得可能是报恩寺在先，三界寺在后。有两点理由：一是报恩寺的骑缝印，一般应是在佛经刚抄写完毕后所盖；二是护首经名下的"界"字，从笔画特点分析，与护首经名的书写者不是一人，应是后加的。

他说敦煌遗书中有一批卷子，既盖三界寺章，又盖报恩寺章。究竟谁先谁后，他琢磨很久，至今没有答案。他认为我这样分析有一定的道理。但是，也不能完全排除三界寺先藏，然后转到报恩寺的可能。因为护首经名下的寺院简称，与护首经名往往不是同一个人写的。这与当时敦煌存在一批专门以写经为业的写经生有关。不少经典是写经生书写后，再由寺院收藏，所以，寺院的名称往往是后加的。至于说骑缝印是佛经刚抄完所盖，只是一种推测，并没有确凿的证据。敦煌遗书中保留的报恩寺藏经印颇多，钤印的位置有骑缝，有卷尾，有卷首，很难说骑缝章一定是经卷刚写完时盖的，因为也可能是从其他寺院拿到报恩寺时盖的。

他又说："五代宋初，敦煌三界寺有个僧人名叫道真，年轻时为了做功德，曾经从各个寺院收集残破的经卷，修补头尾。这项工作在后唐长兴四年（933）完成。他修补残破经典的目录还在：一个草稿，现在保留在敦煌研究院；一个定稿，现在保留在国图。这个道真后来当了敦煌的都僧录（当地僧团的高层领导），很有名。如果现在这件遗书与道真补经有关，就应该是从报恩寺到三界寺。但是，北宋咸平五年（1002），敦煌报恩寺在当时敦煌王曹宗寿的支持下修造了一部完整的大藏经。学术界公认，藏经洞是在 1002 年到 1014 年之间封闭的。也就是说，根据我们现在掌握的资料，藏经洞封闭之前，敦煌地区在佛教经典方面最大的活动就是报恩寺造经。那么，这件遗书有没有可能是那次造经时，从三界寺移动到报恩寺的呢？总之，经典在寺院之间的移动，可能与当地盛行的修造藏经活动有密切的关系。具体到这个护首，到底是怎样移动的，现在很难做出确切的结论。要把有关资料汇集到一起，做统一的分析。这项工作要等到总目完成以后才能开展。那时调查到的资料更多，看能不能根据钤印的位置或其他线索分析一些端倪。现在还真不好下结论。"

广锠认为，学术研究，对一个问题必须尽量考虑全面，设想到各种可能性。但最终还是要遵循任先生说的："有几分材料说几分话，有几分把握说几分话。"有时候，宁肯有八分资料说七分话。毕竟没有掌握全部资料，要给自己留有余地。除非真正把百分之百的材料全部掌握了，那时才可以理直气壮地拍板定案。有人做学问，专挑符合自己观点的材料；与自己观点相违背的材料，明明知道，装作看不见。这种"学问"，可以蒙混一时，最终骗不过历史。

讲到道真补经，他补充说，荣新江主张敦煌藏经洞原来是三界寺的图书馆，里面的遗书都是道真补经时从各个寺院收集来的。但其实只要看看现在还保存着的道真的那两个补经目录，再与现存的敦煌遗书做个比较，就知道这个观点是站不住脚的。因为道真补了哪些经，在那两个目录中著录得清清楚楚。但荣新江论述这个问题时，回避了道真的这两个补经目录。还有，道真补经的年代，也与藏经洞封闭年代对不上。

他核对到斯 10888 号，对经名下边的"弘"字又产生了疑问。据现在掌握的资料，敦煌没有带"弘"字的寺院。而在当时的京都长安，有一个弘福寺，玄奘就在那里待过。过去曾有过长安的卷子流转到敦煌寺庙的资料。但此卷是否就是弘福寺过来的卷子，尚不能肯定。是否敦煌也有一个名称中带"弘"的佛教精舍之类的地方呢？或者这卷经典是一个名字中带"弘"的人所有？看来，要解开历史之谜，也并非易事。

7 月 16 日（星期三，多云转阵雨）

今天，我主要做一批护首。护首是古代卷轴装写卷的第一纸，相当于现在书籍的封皮，一般仅在卷首左侧边缘处写有一行经名。因此护首对于他做的那道工序来说，需要考证的内容不多，做起来比较简单。但对我来讲，需要记录的内容并没有减少，有些还要记录天竿（护首前端粘卷的一根与纸张同高的细竹签、芨芨草杆或芦苇片，用于捆系缥带，并保护护首前部纸张不会因为捆系缥带而损坏）、缥带等内容，所以 6 小时左右的时间，我做了 40 个。而他只用一小时左右的时间就考订、复核完了。由于目前我们已经做到了 900 余号，时间很宽裕，他便用余下的时间，赶写这个月底要交的书稿——《印度初期佛教研究》。

能为敦煌遗书这个历史性的庞大工程出些力，能让他腾出些时间做更多的事情，我也感到欣慰。回来吃完饭，他说这些天上网花的时间太多，今天晚上不能再上了，要做点事。但晚上不到 8 点，他就困得睡着了。

7 月 18 日（星期五，多云转晴）

到这周三为止，伦敦已经一周多没有下雨，天气渐渐热得有些难受了。昨天早晨起来，阴雨绵绵，天气顿时凉爽起来。出门前，看到小雨未停，我说起上次下雨时去图书馆，一手打伞，一手提两个袋子，走到图书馆觉得挺累。广锠提议用背包装电脑。平常，我们为了免去到图书馆再存包的麻烦，都是用图书馆提供的塑料袋把两台电脑和电源适配器、外接硬盘等分装到三个袋子里拎着。由于他的腰疼没有完全好，走长路和提重物都会加重疼痛，一般上下班都是我提两袋，他提一袋。平时我两手各提一袋还可以，但一手打伞，另一手提两袋，走 20 分钟就觉得有些吃力。还没等我换完出门的衣服，他已经抢先把装了两台电脑的书包背上了。我同他争抢，但力气没有他大。记得我母亲原来犯腰椎病，很多次都是由提重物引起。这次来英国前的一段时间，他曾经腰疼得近 20 天起不了床。到积水潭医院拍片诊断，说是骨质增生。医生讲目前没有什么好的治疗办法，主要靠平时自己注意。我担心他不注意会再次犯病，但同他讲他就是不听。我赌气坐下来不走了。他叫了几次我没有动，看时间已到，他便拿着所有的东西先走了。犟不过他，我只好又追出去。到途中的罗素公园时，我要换他，他没有答应，直到走了一多半路才给我。我心里虽然一阵儿不痛快，但毕竟双方都是为对方好，想想这气不值得生。

昨天做护首时，看到斯 10898 号卷面有铅笔写的阿拉伯数字"81"，还有一种用毛笔写的很特殊的红色符号，此外还有漂亮的毛笔行书字："经头名子，共五块作一捆。应分别对经，并非是一起。"我问他这是什么人所写，是什么意思。他讲这是他最初做敦煌遗书时遇到过的一个问题，当时也困惑不解，后来终于解决了。

那是 1984 年他开始做敦煌遗书目录后，在《敦煌宝藏》里的英国部分发现有这种特别的符号，旁边往往有对遗书内容的定名或描写。他当时不知道这种符号的名称，但回想起小时候曾经在上海的店铺铺板上看到过这种符号，知道是一种数码。后来经过反复比较敦煌遗书中出现的这类数码，他意识到这种数码与旁边铅笔标注的阿拉伯数字是一致的。比如上述斯 10898 号卷面的铅笔阿拉伯数字是"81"，旁边的红色数码也是"81"。有了阿拉伯数字做对照，也就学会辨认这种数码了。这种数码只有英国的敦煌遗书中才有，中国、法国及其他地方收藏的敦煌遗书中都没有，由此确定不会是古人所写，应该标注于斯坦因得到这批敦煌遗书之后。斯坦因在中国考古时，曾经雇用过一个叫蒋孝琬的秀才当助手，也就是大家所知道的蒋师爷。由此想到这种数码及定名可能是蒋师爷写的，而铅笔阿拉伯数字则可能是斯坦因或英国博物馆什么人对这种数码的翻译。于是他便开始查证。一是找到了蒋师爷给斯坦因抄录的莫高窟碑文影印件，经过对照，两者的字体相同。二是在一件敦煌遗书的标注中发现有蒋师爷自己的署名"蒋资生"。因为蒋师爷名资生，字孝琬，当时习俗往往以字行，故称"蒋孝琬"。由此证明这些数字乃至中文定名的确都是蒋师爷所写。也就是说，蒋师爷是最早研究并为这批敦煌遗书编目、定名的人。后来看到斯坦因的记录，也提到蒋师爷曾为这批遗书编目。

在此基础上，他又进一步考证蒋师爷是怎样为这些遗书定名的。分析研究后发现，蒋师爷采取的办法：一是原件上保存有经名的，照原件名称抄录；二是有明显特征的，如《佛名经》，也可以定出。但其他的佛经，即使是很常见的经典，比如《金刚经》《法华经》等，蒋师爷就束手无策了。此时，蒋或者不标注，或者标注为"不知名"。即使进行定名，也要说明，这个名称是他自己拟定的。比如蒋师爷在自己标注的"鬼名经"后面特别注明：此名是蒋资生定。还有前面所标的"经头名子"，其中的"子"应该是"字"之误。这是蒋对卷轴装护首的称呼。蒋还建议"应分别对经"，即他认为应注意有无可能与缺失护首的经卷缀接。广锦由此分析出蒋师爷的性格特点：第一，精明能干；第二，处事谨慎。遗憾的是，蒋与当时的大部分儒家知识分子一样，既不懂佛教，也不知道这批敦煌遗书的价值。

对蒋师爷的那些标注，他特别注意到两点：一是蒋的标注中，有很多写为"破烂不堪""破无头尾"等，说明这些经卷当时的状态就是破烂不堪。蒋师爷是随同斯坦因进入藏经洞的，属于早期进藏经洞的人。当时藏经洞遗书还没有大量流散，他所接触到的，应该是这批敦煌遗书放入藏经洞时的原始状态。由此说明这批敦煌遗书千年之前、入藏之初就是破烂的，而不是像有的学者推测的，是在藏经洞发现后才被人撕破的。这成为后来广锦坚持"敦煌遗书废弃说"的重要依据之一。二是蒋师爷标注的苏州码子，不少可以与斯坦因的编号对应。如果能集中所有这些编号，一一对照，就可以知道斯坦因到底从藏经洞拿走了多少包敦煌遗书，以及每包敦煌遗书的具体情况。这是过去人们没有注意过的，但对研究藏经洞与敦煌遗书的性质非常重要。比如今天所看的这个护首上，蒋的标注说一捆都是经头，说明这包全部是护首，是从各种经典上脱落下来的，被寺庙僧人集中存放。广锦打算完成敦煌遗书编目后，抽时间尝试复原敦煌藏经洞中遗书的原包装。

研究出这种数码的含义后，一次，广锦到北大历史系教授周一良先生家做客，讲话时谈起这种数码并描摹给周先生看。周先生脱口而出："这叫苏州码子，清末民初很流行。"后来，广锦看英国人李约瑟写的《中国科学技术史》，其中记载中国 13 世纪（元代）就已经出现这种数码。1986 年广锴调到北图善本部工作后，在整理编辑北图的敦煌遗书目录时，发现北图 1910 年所编的第一个敦煌遗书目录记录长度用的就是苏州码子。1994 年，他到日本京都文物研究所参观。这个所为了研究、仿制古代的纸张，搜集了很多日本寺庙的古旧残纸。他看到好几卷记录寺院账目的纸张上也写有苏州码子。这说明苏州码子曾流传到日本。现在，电脑的 GBK 字库已收入了这种符号。1 至 9 的写法为"丨、刂、川、乂、ꓴ、亠、二、三、夂"，只不过蒋师爷在敦煌遗书上书写的苏州码子比较随性，不太规范，比如把"丨"写成"乚"等。

回到住处，我从带来的书籍中翻阅了蒋孝琬给斯坦因帮忙的有关情况介绍。1905 年年底，英国政府批准了斯坦因第二次赴中亚探险的计划及 8 万卢比的考察经费。1906 年 4 月，由 8 人组成的考察团从印度出发，穿越帕米尔高原后，到达中国的喀什，并在那里聘请了中国师爷蒋孝琬。斯坦因 1907 年 3 月 12 日到达敦煌时，还不知道千佛洞发现藏经洞的事情。原准备只在敦煌待 10 天，简单考察一下千佛洞，并在敦煌补充一些粮食和饮水，然后去罗布泊沙漠考古发掘。但到达敦煌不久，他得到消息，知道几年前道士王园禄在莫高窟发现了藏经洞，其中装满古代遗书与其他文物。他认为"这种宝物很值得去努力侦察一番"。3 月 16 日，斯坦因到达千佛洞，但因王道士带着徒弟外出化缘，藏经洞已被锁上，只得暂时离开。5 月 15 日，斯坦因再次来到敦煌，正值千佛洞庙会，因怕"引起民愤"，又无功而返。5 月 21 日，斯坦因带领考察队三赴千佛洞，终于见到王道士。斯坦因感觉到了王道士对他的提防，便采取迂回策略，说他来是拍摄壁画照片的，只让蒋孝琬去和王道士不断地周旋。当蒋向王要求让斯坦因看些卷子，继而又提出要买些卷子后，王又警觉不安起来。斯坦因为此使出了浑身解数。在跟着王参观洞窟及维修工程时，斯坦因大讲他是如何崇拜玄奘，并循着玄奘的足迹，从印度穿越峻岭荒漠来到此地，以此获得了王的好感。随后蒋又单独留下来，反复做王的工作，直到深夜，终于骗得了第一捆经卷。蒋经过连夜研究，第二天清早，面带惊愕地向斯坦因报告，经卷上有题记表明，佛经是玄奘从印度带回并亲自从梵文译成汉文的。① 斯坦因听后十分惊讶，让蒋去告诉王道士，王听后更是惊愕不已。蒋趁热打铁说：只有一种解释才说得过去，即玄奘显灵了，把这些神圣的佛经展示在斯坦因面前，以便这位来自遥远印度的虔诚信徒能把它们带回印度老家去。在蒋这种半神话的影响下，王道士答应赠送给斯坦因部分写卷。以后的日子里，蒋帮助斯坦因在藏经洞内挑选整理藏品，并继续做王道士的工作。蒋师爷曾经向王道士建议，把敦煌遗书卖给斯坦因，如果因此王在敦煌待不下去，可以回湖北老家。但王道士断然拒绝了这一建议，并干脆关门离开莫高窟，以阻止斯坦因接触敦煌遗书。

按照斯坦因自己的记载，他最后以帮助王道士修复莫高窟为名，布施了 4 个马蹄银，也就是 200 两银子。作为对斯坦因好意的回报，王道士则向他赠送了大批藏经洞珍宝。当然，当时王道士并不知道这是一批无价之宝，而斯坦因则为得到这批珍宝而狂喜。

广锠强调，中外很多人认为王道士收了斯坦因的 200 两银子，所以，那些敦煌遗书是王道士卖给斯坦因的。这完全脱离了当时的时代背景，无视历史人物在特定历史环境中的特定行为逻辑，所以是错误的。斯坦因的记载很清楚，银子是他的布施，用于修复莫高窟。王道士是个虔诚的宗教徒，对于虔诚的宗教徒来说，施主布施的银两，必

---

① 指一些写经的首题后注有"大唐三藏法师玄奘奉诏译"的字样，此系后人依照写经样本所抄写，并非是最早的译本。

须用于施主指定的用途。现在中国的佛教、道教场所依然遵守这一规则。即使现在大家做社会慈善事业，也遵循同样的原则。所以，对王道士来说，这 200 两银子与卖卷子是风马牛不相及的两件事。何况斯坦因有记载，当时王道士坚决拒绝卖卷子。可以作为上述判断佐证的是，1914 年，斯坦因第二次到敦煌，王道士特意拿出账本，向斯坦因汇报那 200 两布施银的具体用途。这充分说明，王道士没有把这笔银子看作是卖敦煌遗书的代价。他把斯坦因当作施主，他有义务向施主汇报布施银的具体用途。可以想象，中国是个人情社会，所谓"你敬我一尺，我敬你一丈"。这笔银子在王道士向斯坦因赠送敦煌遗书的过程中，一定会起到润滑油的作用。但王道士绝没有出卖敦煌遗书的意图，他完全是上当受骗，把这些被中国当官的、读书人看不上的"残破经卷"，送给斯坦因，让其带回印度——这些经卷的"老家"。因为斯坦因说佛教在印度已经灭亡，大家现在要研究它，需要这些资料。所以，王道士与斯坦因的这一次打交道，完全是狡猾的斯坦因欺骗了愚昧的王道士。而王道士把敦煌遗书送给斯坦因，完全是受骗上当。说王道士卖卷子，实际是站在斯坦因的立场上，为斯坦因的卑鄙行为开脱。

为感谢蒋孝琬在这次探险中的重要作用，斯坦因还在敦煌时，就写信委托英国朋友代购礼品。其中一块表是送给蒋的，并在表盖里面刻了字："M.A. 斯坦因博士将它作为对 1906—1908 年为探险献身的学术贡献的感激和真诚敬重的纪念品赠予蒋师爷"。不仅如此，斯坦因还在 1908 年到阿克苏拜访地方官潘震时，为了"得到我诚实的蒋奋斗了 25 年的官府雇用机会"，请潘用自己的名义和信封，向上级官员呈递对蒋的工作的肯定。可见斯坦因对蒋师爷是多么感谢。可以说蒋孝琬在这场民族的悲剧当中，充当了极不光彩的角色。可是现在人们在回首这段伤心史、谴责参与其事的国人时，大都只记住了那个愚昧而可怜的王道士，却忽略了这个助纣为虐的帮凶蒋孝琬。

护首上，一些经名下标注有僧人的名字。如斯 10916 号"金光明最胜王经卷第十，恩，梁法律经"、斯 10912 号"佛名经卷第一，尼严胜"。广锠告诉我，这是僧人个人所有的经卷。"法律"，是寺庙里僧人的一个中等职位，即这个经卷是报恩寺梁法律的。"尼严胜"，即比丘尼严胜的经卷。

今天，在做斯 10287 号 N 时，有一张残缺的账目，反映了当时的市场行情，挺有意思，将该文献录文如下：

> 葱二百束，束准时价（即每束当时的价格，下同）五文，计钱一千文；/
> 柴六百束，束别三文五五，计钱二千一百文；/
> 死牛肉六腔，腔别准时价值钱六百文，计钱三千六百文；/
> 死驴肉三腔，腔别准时价值钱五百文，计钱一千五百文；/
> （下残）。

这个材料对研究经济史的人也许有用。

今天做的斯 11287 号 R，可称得上是英国国家图书馆藏品中的精品。这是唐景云二年（711）七月九日，唐王朝赐沙州刺史能昌仁的敕。据《唐六典》记载，唐朝下行的文书，"其制有六，曰：制、敕、册、令、教、符"。注云："天子曰制，曰敕。皇太子曰令。亲王、公主曰教。尚书省下于州，州下于县，县下于乡，皆曰符。"所以，这是唐睿宗的诏敕。上面有一个大大的"敕"字，按照当时的制度，这个字应为唐睿宗亲笔所写。

　　这些文书的格式，尽管可以从《唐会要》和其他唐代文献里查到，但是，唐朝文书的原件现在已经很难见到。斯 11287 号 R 这个文献就是一件保存比较完好的唐朝诏敕文书原件。据记载，唐朝的文书档案一般保存 9 年，存在州县的籍库当中；当这些官文书废弃以后，由于这些纸的质地较佳，往往会被再次利用；最普遍的用途，一是用来抄书，特别是寺院用来抄写经书，二是用来裱糊东西。如这件文献，原来就被作为经帙里面的衬纸，与其他十几页古代文书一起，用来裱糊经帙。广锠说从首页边缘的痕迹看，前边还脱落了一部分。此外，按规矩，官文书两页连接处，背后应有骑缝章。但因为这件遗书已经被托裱，无法看到背面的骑缝章了，所以，托裱实在不是正确地保护敦煌遗书的方式。

　　近几年，英国国家图书馆修整这批残片时，将一些纸质经帙揭开，把里面原来做裱衬用的被废弃文书一一揭出。除按照经帙需要被裁剪外，一般卷面保存情况尚好。

　　对于经帙，我原来没有感性认识，这次在英国国家图书馆看到麻布和纸质两种经帙，对它有了具体的印象。① 正规的经帙，是专门用来包裹经卷的包皮，大小一般为 45 厘米 × 30 厘米左右，材质有麻布、竹子、纸张、丝绸等。一个经卷卷好后，一般每 10 卷包裹在一个经帙里，称为一帙。再用带子捆扎好，使经卷得到保护。为了使经帙有一定的硬度和厚度，结实耐用，古人做经帙时，里面一般都裱糊若干页的衬纸。这些衬纸一般是废弃文书，大多有文字内容，现在揭开后，就成了珍贵的历史文献。为此，英国国家图书馆对他们收藏的经帙，除个别没有完全打开，以保存原貌外，大都已经揭开并逐页分离出其中的文献。

---

① 关于经帙，可参见方广锠《敦煌经帙》，原载《敦煌学辑刊》1995 年第一辑，后收入《敦煌遗书散论》，上海古籍出版社，2010 年 12 月。

这件唐景云二年七月九日的诏敕就是从经帙中揭出来的。由于它被用作衬纸，犹如"珠隐鱼目"，反而使它得到保护，以至我们今天看起来，还是这样光艳如昔。这个文献的卷面情况是：纸张 42.6 厘米 × 30 厘米；文字 8 行。全卷首全尾残，左侧上下残缺；卷面折叠处多有裂纹。卷右边，是 4 行端庄严整的颜体楷书，每字直径 2.5 厘米左右。文意是：沙州刺史能昌仁，你派遣的使者主父童，已到达中书省。他报告你们请求朝廷额外派兵的事情，我们将另外答复。使者现已返回。这段文字后，也即残片中间，由唐睿宗书写的巨大、遒劲的行书"敕"字，高 27.5 厘米，十分醒目。但敕字上有一个 2 厘米 × 3 厘米的残洞。后来英国国家图书馆在有关敦煌遗书的宣传照片中，常把这个"敕"字作为代表性的图片。文书左边，有 3 行小楷，每字不足 1 厘米，是经手官员的落款。落款的官衔非常繁杂，这是唐朝的官职称呼烦琐所致。卷尾嵌有一枚 5.5 厘米 × 5.5 厘米的方形阳文朱印，印文为"中书省之印"。这件距今已近 1 300 年的皇帝敕书，也是墨笔书法佳品的真迹，能比较完好地保存至今，实属罕见。

这件诏敕文书的命运，让我联想到对藏经洞封闭原因的争议。广锠通过与敦煌遗书多年的"亲密"接触，以及对他所掌握材料、数据的研究，对此持"废弃说"，即认为这是一批因为种种原因当时被弃之不用、集中放置的遗书。但有的学者就认为，这么多珍贵的文献，怎么会是废弃物呢？其实如广锠文章里所说，这是由于"古今价值观念不同"。同样一件文献，在不同的时空情况下，会有完全不同，甚至是"死而复生"的价值转换。比如这件曾经的唐代中央官文书，上有皇帝亲笔的诏敕，若干年后却被当作"废物"，作为加固经帙用的衬纸；一千多年后又被我们视为珍宝。所以，曾经的废弃物历经千年的时空轮回，如今又成为珍贵宝藏，这两者之间，一点儿也不矛盾。

7 月 20 日（星期日，晴）

昨天早饭后，广锠问去哪里，我说不知道。看到又是一个太阳当头照的大晴天，我真不想出去了。随着年龄的增长，脸上的黄褐斑越来越厉害，晒太阳就会加重。大概女人都难免对自己的衰老敏感，我也是如此。但广锠坚持拉着我出去。

走到牛津街一个路口，他说我们走一条新路看看。一直向北，又到一个十字路口。他辨认后说："这条路去年我走过，离摄政公园已经不远了。"

走进摄政公园，又见大片的绿地、河水及鲜花，疲劳顿扫。不少英国人只穿内衣，躺在阳光下暴晒。真佩服他们对阳光的热爱。我们两人也在一片草地上躺下，不过是在树荫下。

身下柔软的青草散发着清香和凉意。我说："投入大地母亲的怀抱真好。"说话间，一个一两岁的孩子蹒跚走到我们附近，指着天上飞机掠过留下的白烟，喃喃说着什么。广锠掏出一个随身带的小挂件，塞到孩子手里。外出游玩时，他经常身带几个小礼物，看到可爱的小朋友，就当起给小朋友送礼物的圣诞老人。他说："女儿小时，有一次我带她到北京动物园玩，遇到一对老外夫妇，送给女儿一个塑料小玩意。孩子很高兴，我当时也很感动。现在有机会，也愿意做做中国的友好大使。"

躺了一个多小时后返回。在牛津街我们住处附近的地铁站，又发现了一个连锁超市，离我们的住处五六分钟路程，也即我们住处 10 分钟路程内，有 3 个超市。

昨晚吴芳思来电话，敲定了今天到她家做客之事，约定上午 11

点在她家附近的地铁站见。

今天，我们上午 10 点出门，坐 8 站地铁，往返每人 4 英镑。伦敦的交通费够贵的。看到周票是 11.9 英镑，他说涨价了，原来到吴家，往返 3.8 英镑，周票是 10 英镑。一起赴邀的还有中国社科院考古所在这里做项目的一个姓张的女孩，她今年 3 月来这里，要在英国待一年。她租的住处在二区，离英国国家图书馆大概四五站地，是个一居室，与别人合用厨房。她每天步行上班，今天又是步行来的，说大概要走三四站地。11 点，吴芳思开车来地铁站接我们，她穿一件宽大的天蓝色运动短衫、一条牛仔裤，很随意的家居打扮。

吴家住的地方在伦敦北面。伦敦泰晤士河南边以穷人居多，环境、治安也差些。北边富人多。吴住的地方，大都是一幢幢并排相连的小楼，按我们的说法，就是联排别墅。房子很古老，据说是维多利亚时代的，已有一百多年的历史；一般一家一个单元，从底层到顶楼全属这一家，后门出去是小花园。吴先带我们到附近的一个院子门前，这是广锱 1991 年第一次到伦敦曾经租住过的地方，吴芳思特意让他旧地重游。广锱回忆：当年刚到时，先与 4 个同在英国国家图书馆工作的中国人合租伦敦南区的一套四居室住房，每人一个房间。"那次是 4 月份来的，天气还十分阴冷。房中备了一床鸭绒被，但我不会盖，睡到半夜，被子中的鸭绒就全卷成一团，到了被子另一头。一床鸭绒被变成两层薄布，冻得浑身哆嗦。"后来英国国家图书馆又从中国聘请了两位图书修复人员，这样变成 6 个人住四居室，其中还有一位是女同志。有人提议原来的 4 个人可以两人合住一间，这样可以腾出两间。他觉得合住不方便，刚好研究生同学孙士海正在伦敦大学进修，就由孙士海帮助，另找住处，搬到了这里。吴问那时住在第几层，他答二层。吴问是英国的二层，还是中国的二层。方笑了，回复说："是中国的二层，英国的一层。"英国计算楼层，习惯把一楼称为底层，把二楼称为一层。吴芳思知道广锠不习惯英国的楼层计算法，所以特意询问。我给他在门口照相留念。

来到吴家门前，窗前竟有一丛茂密的竹子。吴说："这是林语堂的女儿带来种起来的。"吴芳思家底层有客厅、厨房兼餐厅，楼上是书房和卧室等，类似我们的复式结构住房。我们只在底层活动。一进门，看到墙上挂着与我家同款的来自陕西的十二生肖手工刺绣挂件。我们说话间，一只黑白相间的花猫大模大样地跑上餐桌，旁若无人地翻弄着桌上的物品。吴家有三只猫，都是普通品种。吴说如果养波斯猫那些高贵品种，不好养，看病都贵。客厅书架上，摆满了各种各样的陶瓷猫。走道墙上，也挂着不少猫的照片和图片。看来吴很喜欢猫。一会儿，吴的儿子埃勒蒙回来了。埃勒蒙是一个胖乎乎的小伙子，14岁，正在读初中，不太爱说话，据说是在条件比较好的学校上学。吴芳思对我们说："按照中国的十二生肖，埃勒蒙属龙，所以给他起了个中国名字，叫杨龙（谐音为'洋龙'）。"难怪她家的墙上、门口悬挂着几条中国龙。广锠送给埃勒蒙一本十二生肖邮票册。

大家一起聊天。广锠讲起吴芳思最近出版的书，该书认为马可·波罗并未到过中国。这个观点在中国引起很大的关注与争论。吴说，虽然西方很多人是通过《马可·波罗游记》知道中国的，但据她考证，游记中写的那些内容是马可·波罗道听途说来的，后人又有增补。只不过那时学术研究还不规范，一般不注明出处。吴芳思用《马可·波罗游记》各种版本的演变对自己的观点做了论证。不过目前中国赞同她观点的人还不多，反对的倒很多。特别是杨志玖先生从《永乐大典》中找到一条材料，说马可·波罗的确到过中国。杨先生的观点在中国影响很大。

吴讲起她 1975 到 1976 年在北京大学留学。尽管学校已经给了特殊照顾，如两个人住一个房间；可以到商品相对丰富的友谊商店购物；每周房间供应一小时热水，可以不到公共浴室洗澡等。但那时商品品种还是很少，买咖啡要去友谊商店。又讲起他们到天津吉士林吃西点，说天津、上海一些店里的老人会用半中半洋的语言和他们说话。还讲起她到中国一年多后，因为"开门办学"费衣服，带的衣服穿得差不多了，就开始穿中国衣服，许多中国人以为她是新疆人。有一次她到西安，要办什么证件，需要照相。有关单位先与照相馆联系好了，但她比约定的时间早到了一会儿。只见照相馆的人正在打扫卫生，说是外宾要来，要接待外宾。后来才知道这个外宾就是她，照相馆的人似乎觉得有点失望。

吴讲了以往的生活，又感慨现在中国变化真是很大。广锟说："1991 年我第一次到英国来，因为家中没有安装电话，给国内打电话时，必须计算好中国的上班时间，把电话打到办公室。因为有八小时时差，每次都是上好闹钟，半夜起来打电话。而现在，中国不但家庭安装了电话，连手机都非常普及了。这些年中国变化确实大。我们虽然工资不高，但中国商品价格相对便宜，在日常生活中已同国外没有太大差别。"

他们又聊到斯坦因第二次从敦煌弄回的 500 多号遗书的真伪问题。这批东西是斯坦因于 1914 年 3 月再次到中国，找"老朋友"王道士搞到的。《斯坦因西域考古记》里写道："王道士欢迎我有如老施主一般……王道士乘便将他的账目给我看，上面载明我所有施给寺院的银钱总数。"书中还记载了王道士向斯坦因出示了其募化和接受捐赠的所有款项的开支账目等细节。这次斯坦因又从王道士那里搞到一批敦煌遗书。1914 年 4 月 13 日，斯坦因在写给艾伦的信中写道，王道士"足够聪明，当转交北京的命令下达时，私自藏下了不少纪念品。从中，我获得整整四大箱文书"。此外，这次斯坦因还从民间收购了一些藏经洞流散出的卷子。他在自述中说："我第二次巡礼此地的结果，许我带走的还足足装满五大箱，有六百多卷佛经——自然，又得布施相当的数目。"吴芳思问："王道士是如何藏匿这些经卷的？"方回答说："这些经卷可能是原来被收藏在转经筒里的东西。"根据有关记载，藏经洞被发现后，王道士将一些经卷装在两个转经筒中，供香客转经做功德。但这两个转经筒中的经卷后来下落如何，未见到有关记载。由于斯坦因这次搞到的500多卷都是大卷子，而可以想见，当初装入转经筒的，一定是相对比较完整的卷子，不会是小残片。所以广锴认为，王道士此时给斯坦因的，很可能就是这批东西。吴芳思表示这个观点解决了她的一个疑点：为什么斯坦因在1914年还能得到这样完整的卷子。

两人所以讨论这个问题，是与日本敦煌学泰斗藤枝晃先生有关。藤枝晃先生曾到英国考察过这批东西，认为全部是赝品。他的这个观点引起轰动。1997年6月23日，英国《泰晤士报》刊登了《英国图书馆发现数百件敦煌赝品》一文，介绍了英国国家图书馆国际敦煌项目负责人苏珊博士转述的藤枝晃的上述观点，即，早在1911年，中国北京的官员李盛铎就开始制造伪敦煌写本。1937年李死后，他的后辈继续这种作伪活动。这种伪卷很早就流入敦煌。1911年以后到敦煌的日本大谷探险队、斯坦因、沙俄的奥登堡都曾买到了这些伪卷。

方说："藤枝晃先生1964年在日本曾经主持举办过敦煌学研究班，在日本敦煌学界地位很高，所以他的观点影响很大。有些日本学者私下也表示不同意他的观点，但公开反对的不多。"英国国家图书馆一向以收藏世界最精美、可靠的敦煌写本而自豪，现在竟然被指其中有几百卷赝品，不能不引起他们的重视。于是在 1997 年 6 月 30 日至 7 月 1 日，英国国家图书馆为这批东西专门召开了"20 世纪初叶的敦煌写本伪卷"研讨会，邀请了各国 20 多位敦煌学专家来伦敦专题讨论这个问题。藤枝晃先生虽然身体欠佳，依然来参加会议。广锠也应邀参加。会上，日本学者石塚晴通教授明确表示藤枝晃和他自己的看法：斯坦因 1907 年探险和伯希和 1908 年探险之后，各国探险队所买的写本一多半（约 80%）是假的。会议期间，英国国家图书馆向大家展出了这批卷子。参观时，俄罗斯的敦煌学家孟列夫问方的意见，方说："都是真的，没有问题。"孟列夫用手在自己脖子上比画了一下，说："如果是假的，就把我的头砍下来。"

方说他曾经同藤枝晃先生当面讨论过这件事，老先生很固执。1997 年 11 月，方到日本参加中日佛教学术会议第七次会议及国际电子佛典第三次会议，得知藤枝晃先生生病住院，便买了花篮，与苏珊一起去医院看望他。老先生只与苏珊说话，赌气不理方。后来，方到日本京都博物馆，看了"守屋特藏"，感觉藤枝晃先生可能因为看了这批有真有假的敦煌遗书，被误导了。吴认为方讲的这些看法有道理。两人还对石塚教授关于敦煌遗书中存在着末笔断句等观点进行了讨论。

喝完中国茶，开始吃午餐，是外国人通常待客的方式。每人一盘米饭，浇上一些鸡肉煮蘑菇，再加一些水煮青豌豆；饭后一小块甜点，是超市里买的菠萝派。盘里的食物吃完后，吴问我们要不要再添，我们都没好意思再要。

饭后，吴开车陪我们到附近一个贵族庄园参观，是免费的。据说这家人有多处房产，这一处是 1925 年交给国家的。房子不是很古老，主要是周围有很大一片丘陵，有树林、草坪与小河，所以现在实际成了国家的公园。房间墙上挂着很多主人收藏的油画，有请画家给家人画的，也有买的。最著名的是画家伦勃朗的两幅画作。看到广锠不时找凳子坐下休息，吴问他身体怎样，我说来英国前他因为骨质增生性腰疼，曾躺了近20天。吴劝他注意身体，要适当锻炼，说她自己每周都要游泳。广锠说能把敦煌遗书做完，死了也没有关系。我最不爱听他说这话，觉得他太自私。

参观完毕走出庄园，来到吴停车的马路边，见汽车被贴上了罚款的单子。吴仔细查看四周，才发现马路对面有一个不起眼的牌子，告诉此地不能停车。下午3点多，吴把我们送到地铁站附近后，自己开车回家了。

我们步行来到地铁站口，只见铁栅栏大门紧锁。一位工作人员在里面向来坐地铁的人解释着什么，来的人便纷纷向汽车站走去。这可糟了，由于今天来做客走的是比较熟悉的老路，我们就没有带地图。现在地铁停运，又不知道应该怎样乘公共汽车回去。原本同行的小张也已经步行离开了。由于语言不通，我们到附近的公共汽车站看了半天站牌，也没看明白。广锠正准备找地方再买一本地图，忽然发现地铁的大门又开了。我们喜出望外，赶紧坐地铁返回，算是有惊无险。他说伦敦地铁就是这样，说停就停。有一次，他乘坐地铁回住处，半路上地铁忽然停在隧道中不动了。广播里叽里咕噜一通英文，也听不懂，只听懂一个"Sorry"。知道无非是哪里出了故障，开不动了。这一停，停了两个多小时。车厢里又闷又热。刚开始，车上的英国人都还很"绅士"。过了一段时间，英国绅士们开始坐立不安，最后有个女士竟脱得只剩下内衣，真是把大家都热坏了。虽则如此，车厢里安安静静，没有人大声说话，也没人抱怨、吵闹。那时真的很佩服英国人的素养。伦敦的地铁是世界上最早修建的地下轨道交通，已有一百多年的历史。正因为老旧，也就容易出问题。

回到住处，我煮了半锅面条，每人吃了一大碗。

晚上聊天，广锠说："1997 年的伦敦会议，有两件事情我终生难忘。第一件事是 1997 年 7 月 1 日 0 点，是香港回归中国的时刻。香港与伦敦夏时制的时差为 7 个小时，伦敦是 6 月 30 日下午 5 点，正好是会议中间休息。会议室中有一台电视，5 点钟会议主席一说休息，我们几个中国人马上打开电视。电视正在现场直播主权交接仪式。我们眉飞色舞，兴高采烈。能够在英国伦敦观看中英两国政府香港主权交接仪式，也算是一种缘分。第二件事是开会时，因为我不懂英文，而会议用英文举行，吴芳思特意为我个人做翻译。会议室不大，20 多人围着一个长条桌。为了不妨碍会议进行，她凑在我耳边，用很小的声音翻译。我坐在椅子上，她站在椅子边，为了要凑在我耳边，必须一直弯着腰，很不舒服。她就干脆双腿跪在我椅子旁边的地毯上。我大吃一惊，让她起来，她不肯。我让她不要翻译了，她也不肯。她在那里跪着，而我坐在椅子上，真是'如坐针毡'。至今回想起当时的情形，都不知如何表达我的感激之情。"吴芳思对中国学者的关照，真是让人感动。

7 月 21 日（星期一，多云）

这段时间，因为要对敦煌遗书的情况做具体记载，对原件看得比过去深入了一步，感到很多有意思的素材可以写进原来我设想要写的《寻访敦煌遗书》中。这些天，我越写越有兴趣，觉得通过这部记叙体的书，可以比较通俗地介绍敦煌遗书这一历史宝藏，以及做《世界敦煌遗书总目录》的历史和文化价值。广锠同意我的想法，并提供了很多可写的线索，我也准备进一步了解和搜集这方面的资料。

今天，他在看斯 11287 号 P 时发现这是一件用来包裹经卷的纸质印花经帙，纸张尺寸 26.9 厘米 × 42.2 厘米，卷面残裂、碎损成多块，现代已托裱。棕红色的卷面上，印有黑色细线的规则菱形装饰花纹图案。广锠鉴定为吐蕃时期（即公元 8 至 9 世纪敦煌被吐蕃占领时期）的印刷品。这号我已经量过尺寸，当时没有太注意。轮到他著录时，他用 40 倍显微镜观察后，又递给我，问："你看这件东西是什么质地的？"因为东西已经被封在硬塑料片里，背面又被图书馆用纸托裱，观察起来不很方便。我看后说："是纸质的。"他说："确实是纸质的。这是一件很重要的东西。这些花纹如果印在丝绸上，那就没有什么了不起了。但印在纸上，就比较珍贵。原来只知道从山西应县木塔里发现了辽代印刷纹饰，受到研究者的重视。这件经帙将印刷纹饰的年代又大大提前了。"听到他说因为质地不同，这件东西的价值相差会这样大，我说："能肯定是纸的吗？"我生怕鉴定错了闹笑话。他递过显微镜让我再仔细观察。果然，显微镜下，纸张压制出来的杂乱无章的纤维清晰可见。我参观过纺织厂，也看过英国藏敦煌遗书中附着的一些丝织品，知道丝绸面料都是由经线和纬线一根压一根整齐排列织造出来的，与纸张纤维的这种排列特点完全不同。他将对这件东西的看法告诉了吴芳思，并希望得到照片。吴答应帮助联系他要的几张照片，并建议他专门写一篇文章，由吴芳思翻译后，登在英国国家图书馆的馆刊上。

7 月 22 日（星期二，晴转多云）

吃完早饭，照例提前出门到罗素公园小坐。广锠聊起 1991 年 7 月到苏联访问两周的经历。

他 1991 年到伦敦，吴芳思为他申请的是王宽诚基金。这个基金比较优厚，除每月 600 英镑的生活费外，还有两笔考察费：一是英国国内考察费 600 英镑；二是欧洲考察费 600 英镑。5 月 30 日至 6 月 9 日，他利用欧洲考察费去法国 10 天，主要是到法国国家图书馆考察敦煌遗书，顺便浏览了巴黎风光，还特意去看望了历史学家、北大教授张广达先生。

回到伦敦后，吴芳思主动提出，苏联列宁格勒（今圣彼得堡）收藏的敦煌遗书也比较多，以前中国人很少能够看到，建议广锠他们最好能够到苏联再考察一次，她可以帮助落实经费。广锠当然非常高兴，马上写信给以前在敦煌国际学术会议上认识的俄罗斯著名敦煌学家、俄罗斯科学院列宁格勒东方研究所孟列夫教授。孟列夫回信表示欢迎，并答应安排他们在苏联考察敦煌遗书的有关事宜。紧接着，吴芳思也为他与荣新江申请到每人 600 英镑的考察经费。

1991 年 7 月 13 日，广锠与荣新江两人从伦敦动身去列宁格勒。动身前，吴芳思提醒他们要办签证。但在广锠的印象中，《中苏友好条约》有规定，中苏两个社会主义国家，公务往来可以免签，于是两人便没有去办签证。飞机到达列宁格勒。只见整个机场只有一幢模样单调的三层楼，孤零零地矗立在空旷的场地上。他说："列宁格勒太有名了，我以为机场一定是一个非常豪华的地方，没想到这么简陋，还不如乌鲁木齐机场。"这是他对苏联的第一印象。

入境处，一个年轻的苏军小伙子检查他们的护照，发现没有签证，说不能入境。广锠中学及硕士生时期学过俄语，但已经忘得差不多了。这时搜肠刮肚，用还能记起来的那点俄语，结结巴巴地说：中国，苏联，两个社会主义国家，兄弟，友好，不要签证，等等。那个小伙子看来听懂了，拿着他们的护照走了，不知到什么地方去请示。

一会儿回来，二话没说，在护照上盖章放行。后来吴芳思几次跟广锠提到："你们没有签证就去苏联，那时我特别担心，怕你们不能入境。但又没有办法与你们联系，不知你们会发生什么事情。后来你们安全回来，我才放心。"她还感慨地说："你们胆子真大，没有签证敢到苏联去。"上周日到吴芳思家做客，她还提起当年这件让她担心了好一阵子的事情。

广锠说，当天他们出机场时已是晚上 9 点多钟。但因为是夏天，正是列宁格勒的"白夜"，天还没有黑。孟列夫的女儿及女儿的男朋友已在门口等候，开车把他们两人送到波罗的海旅馆。这是一个坐落在波罗的海海边的旅馆，属于列宁格勒涉外高级旅馆，只收外币，每天的住宿费为 20 美元。这个价格比起在伦敦来算是很便宜的，但在当时的苏联就非常贵了。尽管旅馆的价格一流，但管理、服务极差。房间闷热极了，没有空调，连窗户也打不开。卫生间水池和澡盆破旧、肮脏不说，还没有水塞，无法蓄水。两人还没有吃晚饭，但食堂已经下班，也没有地方可以买到食品。亏得路上还剩了点面包，但房中没有热水。去找服务员要热水，两位服务员正聊天聊得起劲，根本不理他们。这景象，就像是当时中国的旅馆和商店。广锠感慨地说："这就是大锅饭的结果。"最后他们只好用剩下的面包，草草填了肚子，在闷热的房间中凑合了一晚。

一晚没有睡好，他们觉得不能住在这里了。恰巧他的研究生同学朱明忠，当时正在列宁格勒大学进修，广锠还带着他的地址。第二天一早，他们走出旅馆拦了辆车。司机看了地址，提出要 3 美元。方觉得挺便宜，答应了。没想到，车开出五六百米，司机停车说到了。原来学校就在宾馆旁边。

进学校找到朱明忠，他还在睡觉。因为没想到广锠会来，大吃了一惊。通过朱帮助联系，广锠与荣新江当天就搬进了列宁格勒大学的学生宿舍。一人一个一居室的套间，尽管条件一般，但基本用品都有，还有电炉，可以自己做饭。每天租金才 1 美元，朱明忠还说贵了。

当时的苏联，不少方面与改革开放前的中国十分相似。副食店里空空荡荡，没有什么东西。最多的是罐头，像中国水果罐头那样的玻璃罐头，排满了货架，只不过满货架排的全是同一种罐头。罐头的价格倒是很便宜，一卢布一个，里面是调配好的，煮罗宋汤用的西红柿、圆白菜等蔬菜配料。他们买回一个打开一尝，说不上是什么味道，实在难以下咽，吃了一口就扔了。新鲜蔬菜就是胡萝卜、圆白菜、土豆、西红柿等几样，价格不贵，但个个歪瓜裂枣，卖相实在不怎么样。"小白桦"商店倒是物资丰富，样样都有，但价格贵好几倍。

广锠回忆说："当时苏联的副食虽然差点，但主食丰富。"他印象最深的，是苏联的面包店。门口一个售货员，进门是曲尺形的面包架。面包架类似我们的"百宝格"，两头通透，一面朝向面包作坊，一面朝向顾客。那头的作坊烤好面包，就塞进面包架，顾客马上可以拿到新出炉的喷香面包。架上放满了各种各样的面包，标着不同的价格。顾客顺着曲尺形面包架走过，挑选自己需要的面包放进袋子里，然后到门口向售货员交钱。广锠说："苏联人交钱时，并不打开袋子让售货员清点，售货员也不看，全凭顾客自己报。顾客报多少钱，售货员就收多少钱。我交款时，总要打开袋子让售货员看看，但人家根本不看。所以我的结论是：第一，苏联人素质高，没人偷拿面包；第二，苏联粮食充足，面包店也不在乎丢几个面包。"广锠详细地回忆起当时在苏联的情形。

我在列宁格勒期间，卢布与美元有四种比价：银行的官价1卢布可兑换1美元多；特供商店"小白桦"，1美元可折算八九个卢布；通过熟人兑换，1美元能兑换29个卢布。而当时的黑市价格，1美元可兑换40多个卢布。当然，银行是有价无市，黑市兑换则风险很大。朱明忠反复告诫我们，不能随便在黑市换钱。一是骗子多，各种骗技都有；二是警察要抓。列宁格勒大学有一帮越南留学生专干换外币的买卖，1美元换29卢布。在朱的帮助下，我把买机票后剩下的几百美元都换了卢布。怀揣着大把的卢布，顿时觉得自己一下子成了"富翁"，钱多得不知该怎么花。听说苏联的书便宜，外文书店里的中国书，比中国卖得还便宜。据说在芬兰的中国留学生，特意到列宁格勒来买书。不过我在外文书店实在找不到我用得着的书，只好空手出来。中国人喜欢买苏联的皮大衣与冰刀，又便宜，质量又好。我想，皮大衣体积太大，我还要回英国，无法拿。就给女儿及朋友的女儿各买了一副冰刀。也不知她们的脚到底多大，便瞎估摸着买了。两副冰刀，从列宁格勒扛到伦敦，再扛到北京。结果太大，她们无法穿，扔在角落无人理。最后，不管看得懂看不懂，买了几本俄文的敦煌学著作，又买了一堆世界著名画家的画册。苏联的书籍的确便宜，非常精美的画册，每本最多不过100卢布。最后实在没有什么可买的了，便买了一大堆各种各样的幻灯片，主要是俄罗斯风景与各种艺术品、文物等。这些幻灯片，因为没有幻灯机，所以买回来以后没有看过，至今仍在书房堆着。

在列宁格勒的时候，每天到东方研究所的一个会议室去看敦煌遗书。这些敦煌遗书由著名敦煌学家丘古耶夫斯基负责管理。丘古耶夫斯基出生在中国东北，中国话很流利。他研究敦煌世俗文书，出版过这方面的专著，得到大家的好评。我在那里第一周主要考察佛教经录与其他一些佛教文献，丘古耶夫斯基对我是有求必应。会议室中间的长条桌上铺着墨绿色的桌布，窗外就是墨绿色的涅瓦河。会议室中有一个柜子。每天早晨，丘古耶夫斯基把我们要看的卷子提出来，放进柜子。我们就一件一件在桌子上展开。我利用这个机会，拼命录文。特别是发现了《沙州乞经状》的新资料，可以补充原来研究的不足，非常高兴。工作期间，孟列夫常常会过来，与我们天南海北地聊天。我一方面很喜欢与他聊天，可以了解很多苏联敦煌学的情况；另一方面又为耽误时间而心疼。所以，他一进来，我的心情就很矛盾。不过，只要丘古耶夫斯基一来，孟列夫马上站起来走人。开始我还不在意，后来有一次，是个周一，孟列夫从乡下别墅回来，背了一大包食品之类的东西，刚坐下没聊几句，丘古耶夫斯基来了。我清楚地看到丘古耶夫斯基朝孟列夫瞪了一眼，孟列夫马上起身走人。我至今不明白他们之间到底是什么关系。

孟列夫的女儿在冬宫博物馆工作，他带我们去参观博物馆陈列的敦煌、西夏及其他中国文物。其中有一个木龛，供着昊天上帝的牌位，木龛两边是两扇红木小门，门上有一副螺钿镶嵌的五言篆书对联。孟的女儿问我们这副对联是什么意思。我和荣新江仔细看了又看，都知道上面是汉文，但就是不认识。有的字看起来像某个字，但上下文的意思又没法连贯，也就不敢说话。我当时的感觉是真丢人。我把字形描下来，回来后时常琢磨。有一天恍然大悟，原来那些字都是反写的。这副对联是："东壁图书府，西园翰墨林。"

孟列夫还请我们到他家做客。他房中摆满了书架，全是书，天下做学问的人都一样。他很健谈，拿出黑面包招待我们。以前中苏交恶，中国宣传说苏联人没饭吃，只能吃黑面包。所以在我心目中，黑面包一定是十分难以下咽的东西。这时才知道，黑面包是面包中的上品，专门招待客人的。吃起来带一点酸味，很筋道，很好吃。从此我喜欢吃黑面包，但中国很难买到地道的黑面包。

列宁格勒的确是个好地方，我在那里时间不长，但对它留下了非常深刻的印象。特别是贯穿列宁格勒的涅瓦河。东方研究所就在涅瓦河边，我每天都要路过那里，总要在河边停留一会儿。涅瓦河宽广深沉，清澈墨绿。绵延涌动的波浪，让人感受到苏联的力量。无论是伦敦的泰晤士河、巴黎的塞纳河还是上海的黄浦江，都无法与涅瓦河相比。

听朱明忠说，列宁格勒也有一日游，可以坐旅游车游遍市内各个名胜古迹。周末研究所闭馆，周六我来到冬宫附近的旅游车站。那里停了好几辆车，当时没有多想，就上了车。快开车时，一个导游上车，叽里咕噜说了一通俄语，我没有听懂。眼看着车子没在市内转，直接出了城，我心里有点慌，知道上错车了。结结巴巴向导游打听这是上哪里去，导游叽里咕噜解释半天，我还是不明白。最后，心一横，管它呢！跟着走。结果被拉到郊外一个园林，里面的宫殿非常豪华，风景尤其优美。有许多精美的雕像，还有专门捉弄人的喷泉：那是一段鹅卵石铺的路，其中暗藏机关。人走过时，如果踏上机关，顿时喷泉涌出，喷得你满身是水。游客一个一个嘻嘻哈哈地奋力向前冲。不管是喷到水的还是没喷到水的，过去以后就乐滋滋地站在旁边，幸灾乐祸地等着看下一个人的遭遇。我算幸运，没被喷上水。

我买了一本说明书，才知道这里原来是沙皇的夏宫。真是歪打正着，来对了。同游的大都是苏联人，只有一个老太太带了个十来岁的男孩，看来是亚裔。我问他们是哪里人，原来是苏联远东的朝鲜族人。他们不会中文，我也不会朝鲜话。但老太太曾经在日本统治时期的朝鲜生活过，会一点日语。于是我们就用日语对话。有个伴，可以交流，旅游起来也有点情趣。

列宁格勒景色虽好，但市容实在无法恭维。简单说就是四个字：破破烂烂。马路坑坑洼洼，路边的房屋年久失修，很多玻璃窗破了没有换补，就遮一块铁皮。公共汽车也是破破烂烂，开起来一路"哐当哐当"响，几乎全车没有不响的地方。但车票特别便宜，而且没有售票员。一般小店、报摊都卖公共汽车票，一买一沓，一张5戈比。公交车的车窗旁有一个打洞机，自己上去将一张5戈比的车票打个洞，就行了。我注意观察，也有上车不打票的，但没人管。地铁票也特别便宜，一张票10戈比，随便坐多少站，跟北京地铁原来一毛钱随便坐一样。听朱明忠说，原来地铁票也是5戈比，后来涨价了。但北京地铁当时只有两条线，而列宁格勒地铁四通八达。再就是不知是因为靠近大海，还是备战备荒，列宁格勒的地铁挖得特别深，上下要坐好长一段电梯。地铁车站也非常宽广高大，气魄雄伟，与伦敦地铁的小模小样比较起来，体现了俄罗斯民族的大气。不过，坦率说，也有点大而无当，这大概是苏联建筑的特点。

列宁格勒交通便利，各种费用便宜，体现了社会主义的优越性。但日常生活物资非常匮乏，特别是轻工业品奇缺。列宁格勒大学学生宿舍有电炉，有24小时热水，敞开用电，不收费。但是，灯泡坏了没处买，好多楼道黑乎乎的。因为物资紧缺，买什么东西都排队，与中国计划经济年代一样。一次在街上看到很多人正在排队，毫不夸张地说，队伍足有2公里长。我还以为卖什么，过去一看，是卖冰淇淋，俄语叫"玛鲁斯"。不过俄罗斯人的确喜欢吃"玛鲁斯"。我在新疆上中学时，班里有个女同学，是中俄混血儿，她讲起"玛鲁斯"是多么好吃，脸上显出的那种神往，我至今还记得。

物资匮乏，老百姓自然怨声载道。一天傍晚，我与朱明忠、荣新江三人在波罗的海海边散步，一位牛高马大的小伙子来到我们面前，苦苦哀求我们把他带出国去，说让他拎包、当马仔，干什么活都可以，在这里实在过不下去了。当时我们还觉得不可理解。我7月27日离开列宁格勒，不到一个月，苏联发生了"八一九事件"，此后不久苏联解体。回想起当时在苏联所经历的一切，就觉得后来发生那样的事件毫不奇怪。

荣新江待了一周先回英国。我继续留下，又用一周的时间考察黑水城汉文遗书。

以前不知道苏联还收藏这批资料，那次听孟列夫介绍才知道。孟列夫已经为它们编了目录，送了一本给我。我抽时间翻了翻，发现其中大量资料都是以前闻所未闻的。所以下决心多留一周，专门考察这批资料。我依然是一卷一卷地过，拼命地录文。但资料太多，时间太少，一周时间，只抄录了几万字。回国后，知道上海古籍出版社要到列宁格勒东方研究所拍摄敦煌遗书，我特意把当时要去做这项工作的李卫国、府宪展两位先生请到家中吃饭，介绍了这批西夏遗书的情况，建议他们如果可能，一定要把这批遗书的照片也搞回来出版。后来，上海古籍出版社果然与俄方达成协议，把这批珍贵资料全部出版了。

　　到了苏联，当然想去莫斯科，想到红场去拜谒列宁墓，看看克里姆林宫。于是我利用两周中间的周日，一大早跑去买了火车票，奔赴莫斯科"朝圣"。当时苏联同中国一样，内外有别，火车票的票价双轨制。我买一张列宁格勒到莫斯科的车票要一百多卢布，而听说苏联人只要二三十卢布。此外，还听人家说，不买票也可以，因为坐火车与坐公共汽车一样，都不检票。无票者，上车后找列车员补票就行。如果不要票（因为不检票，无票也没关系），价钱更便宜，因为那钱就成为列车员的"外快"。

　　从列宁格勒到莫斯科，一路上都是一望无际的草原、森林、湖泊，一片美丽富饶的景象。中学时学过一首俄语歌："看那田野，看那草原，一片美丽好风光，俄罗斯的大自然啊，这是我的故乡。"我曾经多次坐火车往返新疆与北京，一路所见，是茫茫戈壁，是地貌破碎的黄土高原。相比之下，真是感慨万分。从这里，我感受到的不但是苏联的辽阔美丽，还有优越的自然条件，这就是它的实力所在。所以，苏联解体后，一段时间俄罗斯经济下滑，国家实力大大下降，但我坚信那是暂时的。俄罗斯有高素质的人才，有优越的自然条件，一定会重整旗鼓，卷土重来。

　　红场名气很大，实地一看，只是一个花岗岩铺成的小广场，气势比天安门广场差远了。在红场排队等候拜谒列宁墓的人很多，其中很多是中国人。在国外碰上中国人，自然分外亲切。大家互称"老中"，边排队聊天，边观看定时换岗的护卫士兵那机械人一样的动作。伦敦白金汉宫换岗也是这样。各国的这种换岗仪式，都成为旅游一景。因为天气热，我把外衣脱下来搭在胳膊上。进了列宁墓的大门，沿着楼梯向下走，我正扭头与排在一起的中国人聊天，突然楼角站岗的苏联士兵一把抢走我搭在胳膊上的衣服，我还没反应过来，他已经"啪"一下又把衣服甩回我的胳膊上。动作的迅速、敏捷、干脆、利落，令人难以置信。我当时懵了一下，不知是怎么一回事。但人家已经把衣服还给我，又默默站回墙角，神情严肃，笔挺立正，一动不动，好像什么也没有发生过。我不好说什么，便继续向下走。瞻仰了列宁那看起来好像是蜡人一样的遗体，然后走出列宁墓。坦率地说，被抢走衣服时的震动，一直震撼着我。至今，想起列宁墓，我首先想起的不是水晶棺中列宁的形象怎样，而是那个士兵的利落动作。后来我推测，一定是那个士兵看我胳膊上搭着一件衣服，担心衣服下藏着什么炸药之类的危险物品，便突击进行搜查。说起来这也是他的职责所在，无可厚非。但一个中国人，至于千里迢迢跑来炸列宁墓吗？要检查，也可以人性化一点啊！

接着我又参观了斯大林墓。原以为赫鲁晓夫会如何糟蹋斯大林，看了才知道，那是克里姆林宫城墙下一块专门的地方，埋葬在那里的，都是苏联的大人物。所以，把斯大林从列宁墓那里迁出，葬在这里，的确降低了等级，但也不算什么太过分的事情。接着我参观了克里姆林宫的大炮、大钟、城堡等。我在常年燃烧着火炬的无名烈士墓前低头肃立，默哀了一阵，心里想了很多。

天色已晚，我到火车站乘车回列宁格勒。来时老老实实买了票，返程时想试试别人的话对不对，于是直接上车。果然，给列车员塞了几十卢布就解决问题，顺利返回。

离开列宁格勒回英国，还闹了点小插曲。我的行李在机场的安检机来回过了几次，就是通不过。他们让我开包检查。我心里嘀咕：没有什么违禁的东西啊！打开包，他们直指那些幻灯片，问：这是什么？我说是幻灯片，都是一些俄罗斯风景以及艺术品等。他们特意拿到旁边办公室，一一检查，过了好长时间才还给我。现在想起来，那一盒一盒的幻灯片，在安检机的 X 光中，大概很让人生疑。

7 月 24 日（星期四，多云）

一个多月来，每周一至周五我们准时到英国国家图书馆做目录。

因为我们工作的房间在阅览室靠里面，每天工作中途到洗手间时，都要穿过一排排的阅读座位。近百个座位，一般六七成都坐有读者，大多是欧洲人或印度人，偶尔有一两个日本人或中国人。大家都在静静地埋头阅读或摘记资料，偶尔说话的人也尽量压低声音，一片读书研究气氛。

大约我们来这里的前半个月，有一个 40 多岁模样的中国男子经常来查阅资料。他没有带笔记本电脑，都靠手工摘记。之所以肯定他是中国人，一是因为他那透着些朴实的气质，二是他经常穿一双"懒汉鞋"。这种价廉物美的布鞋，在中国很受欢迎。临来英国前，我刚花 15 元给广锴买了一双，在这里他几乎天天穿着。

前天（22 日）图书馆一开门，我们照例准时进来等候在电梯旁。那个穿"懒汉鞋"的中年人刚好也来到这里，与我们打了个照面。我看着他们两人笑着说："穿的都是'懒汉鞋'。"就这样对上了话。那人说自己来自中央党校，问广锴是哪个单位的。听说是中国社科院宗教所的，又接着问："知不知道有个叫方广锴的？"问得广锴一愣，说："我就是。"那人说："还记得 20 年前，我们曾在中央民族学院一起学藏文吗？"广锴说："你是小胡吧！"大家笑起来，都说这世界真小！

原来他叫胡岩。20 世纪 80 年代初，广锴硕士刚毕业不久，曾经跟从中央民族学院的李秉诠老师学习藏文。当时同学共 4 人：罗炤、任远、胡岩与广锴。当时胡岩正在中央民族学院读王辅仁先生的研究生。近 20 年没见了，没想到在伦敦竟见上了。

过了一会儿，胡岩到我们的工作间来，看到敦煌遗书，说："我看的那些资料是一百多年前的，已经觉得时间挺早的了。你们看的这些是上千年前的。"他又问："如果我要向他们借，可以吗？"广锴说："这里的规矩，任何人都可以借阅敦煌遗书。只不过对一般读者来说，每人每次限借 3 号，看完再借。"他们互相留了电话、地址，相约周三（23 日）晚到我们住处吃饭。

昨天下午 4 点半结束工作后，胡岩与我们一起来到我们住的房间。胡与我同岁，中央民族学院硕士毕业后，被分配到中央党校西藏班，现为副教授，讲民族宗教课程，曾到西藏支边两年。这次是他第二次公派来英国，在伦敦大学亚非学院进修。这个学院就在我们住处附近。他目前正在中国社科院读在职博士，这次到英国国家图书馆，是来查阅英国人 20 世纪 40 年代与西藏上层的有关通信，为他的博士论文收集资料。他租的房子在三区以外（类似北京的三四环外），居室是单间，厨房、卫生间公用，平时买周票或月票往返。因为前一天已约好，所以我已经买了一盒成品炸鸡腿，又拌了一盆什锦蔬菜沙拉，开了两个唐人街买的豆制品素罐头，切了酸黄瓜等，大家一起喝葡萄酒。胡也拿来了一瓶葡萄酒。他们回忆起当年学藏文的情况和几个同学的去向。广锴感叹自己把学的那些又都还给老师了，不像小胡现在还在用。

根据各人的经历，他们聊起西藏、新疆的民族、宗教政策。两人的不少观点都相同或相近。广锴说："好多事实际都是人同此心，心同此理，但落到实处难。"话说得投机，酒也喝得畅快，一瓶葡萄酒喝完，又开了第二瓶。不过起码多半是广锠自己喝的。晚上快 9 点时，胡离去。广锠说吃多了，肚子不舒服，我们便出去散步，又在罗素公园的喷泉旁坐下。喷涌的清泉在地灯的映照下，闪烁着柔和温馨的朦胧光芒。近 10 点，看天色渐暗，才返回。

因为买了包月上网，我们几乎天天晚上都要到网上浏览一圈。在国外上网，各种消息很多。看到感兴趣的内容，常常就成了散步或在罗素公园小坐的话题。近期广锠十分关注网上关于北大人事制度改革的消息。我们都认为现行制度必须改革，但也反感有些学校动不动就唱高调。经济基础、评价机制及各种复杂的利益关系，重重掣肘，阻碍着学科的发展、人才的培养。现在只能在现实的基础上，走一步算一步，只要能不断向前进就好。

7 月 25 日（星期五，阴雨）

下午从图书馆出来，我们又在罗素公园小坐，看到一个妇女带着一男一女两个两三岁的孩子，向正在喷涌的泉水走来。喷泉周围的环形地面都修有下水道，喷出的水很快就漏到地下，喷泉周围的地面只有浅浅的一层水。小女孩有心眼儿，走过来先一屁股坐在地下把鞋脱了。但她光着脚丫只是在水边徘徊，就是不敢下水。小男孩完全是另一种性格，穿着鞋径直走进水里，在喷泉中欢快地来回穿梭奔跑。我不禁想起前几天我俩坐在这里时，广锠曾说起科学家研究证明，由于男女的大脑构造不同，造成很多方面的能力和性格的差异。依这两个孩子的年龄，很难说有什么不同的社会环境和影响，性格差异却如此鲜明，是否也是男女大脑差异的一个证明？

此时，柔和的夕阳，透过公园里几棵百年梧桐巨大的枝干和树叶，在丝绒般的草坪上，留下斑驳闪烁的树影。一个身材高大魁梧的男子，一手推着婴儿车，一手牵着一个蹒跚学步的小姑娘，漫步在公园的林荫道上。小姑娘娇嫩幼小，比躺在车里的洋娃娃般的婴儿大不了多少，父女俩形成高低、刚柔的巨大反差。金色的夕阳，在他们周身罩上一层光晕，宛若一幅动人的图画，令人怦然心动。我不禁念出鲁迅的那句诗"怜子如何不丈夫"，广锠接着把诗念全："无情未必真豪杰，怜子如何不丈夫。知否兴风狂啸者，回眸时看小於菟。"两人又你几句、我几句地背了鲁迅的几首诗。我说："早年工作值夜班时，时间单调难熬，就抄了一些唐诗宋词、鲁迅诗词卡片装在口袋里用来背诵。鲁迅的几首诗，形象地表现了友情、亲情、爱憎、尴尬等人的不同情感，让人印象深刻。"

他说，回想起来，年轻时，鲁迅的作品对他影响很大，尤其是那些杂文。他就是看了鲁迅的杂文《牺牲膜》，通过鲁迅刻画的那个口唱冠冕堂皇高调、欺骗别人为自己利益牺牲的伪君子，开始对那些伪君子有了怀疑和警惕，并深恶痛绝的。

7月28日（星期一，晴）

上周五早晨，我们去图书馆的途中下起了雨。经过罗素公园时，时间还早。我们在一棵要几个人才能搂过来的大梧桐树下找了个稍微干些的靠椅，擦干后坐下。雨下得有些急，梧桐树浓密的枝叶仍然遮挡不住，我们把两把雨伞打开，靠坐在一起。雨点打在伞上沙沙作响，四周水雾迷蒙，绿树、草坪在雨中更加青翠，别有一番意境。

上午在图书馆，我俩正在工作间里探讨一件社会文书上的标记，忽然一个花白头发的女士过来，叽里咕噜地对我们说了一通。尽管不知她在讲什么，但估计她的意思，是嫌我们说话的声音大了，我们忙说"Sorry"。虽然我们自己觉得声音已经很低了，但看来还是干扰了别人。以后要注意。

前天周六，我们一起去唐人街。广锴觉得头发长了，便寻找理发店。先看见的一家男士理发的标价为17英镑，广锴觉得太贵。我开玩笑说："干脆尝试留3个月的长发。"走了一会儿，又见一家阁楼上的小店，标价7.5英镑，我们觉得还可以接受。原打算下周再来理发，但走出唐人街，他的胯又开始疼了。尽管街边摆有不少桌椅，但那都是咖啡店的，不买人家的咖啡，不好意思去坐。我建议，干脆返回唐人街去理发，也可坐下休息一会儿。

我们沿着狭窄的楼梯，来到位于二层的小理发店。店里有四五把理发椅，三四个店员正在忙着，店员和理发的都是中国人。我们找椅子坐下。一会儿，店里的小姑娘要给他洗头，他连忙推辞，说反正回去要洗。他要理发的小伙子把他的头发剪短些，因为回国前不会再理发了。毕竟两人每月才300英镑生活费，能省则省。

回到住处，我煮了花生米，切了两根从唐人街买的广式香肠，拌了一碗蔬菜沙拉，两人一起喝着红葡萄酒，很享受。

前天晚上，我感觉身上有些酸疼，没有在意。昨天，周身酸疼愈甚，似乎有些低热，可能是受凉感冒了，便吃了些自带的药。广锴要我躺下休息。今天，感觉好多了，我说可以去图书馆。他坚持不去，说图书馆空调太凉，又陪我在家休息了一天。

下午，我们到牛津街超市购物，看到附近一家卖手机的商店门口摆有大幅中文广告："为您提供最优惠的价格。"我们正驻足观看，一位说普通话、文质彬彬的中国小伙子迎了出来，问是否需要什么，可提供中文服务。我们连忙谢绝。广锴说："这次来伦敦，英国博物馆也有了中文说明书，街头亦有中文旅游书籍卖，这是以前没有的。看来中国人已越来越多地走向世界。"

8月2日（星期六，晴）

上周二我不发热了，却又不明原因地拉了几天肚子，这是以前没有过的。但好歹不影响工作。

昨天到图书馆，刚做了半个多小时的活儿，突然我的电脑发出警告，提示由于没有外接电源，目前电脑中电池的电已快用完。我这才发现，今天到图书馆工作后，电脑的外接电源就一直没有接通。广锠摆弄了半天，仍然不行。趁电池的电耗尽之前，他赶紧把我刚做的工作和新写的赴英记事，拷贝到外接硬盘上保存起来。他说，幸亏去年自己来时这台电脑没有出故障。因为当时还没有买外接硬盘和优盘，所有刚做的新资料都在电脑里，一旦电脑发生故障，资料被毁，真是致命的打击。由于早上我在家里用电脑时还是好好的，他怀疑是他收拾电脑准备上班时，拔接头太用力，这才出了故障。我们先打电话找葛汉帮忙。葛汉找了一个小伙子来看了看，问题没有解决。葛汉告诉我们，如果买或修，可到牛津街。剩下的时间，我们两人只好轮流做，速度一下子慢了下来。临下班前，广锠与胡岩约好，请他明天上午过来，一起到牛津街想办法。胡说正好他也顺便看看电脑，考虑是否买一台。

今天上午，我们一起先到 7 月 1 日花 59.95 英镑买电源适配器的店，向店员说明情况，希望他们帮助检测一下，是电脑的毛病，还是适配器的毛病。但我们犯了一个致命的错误，上次购买适配器后，没有开发票，因此无法证明我们是在这家店买的适配器。来店里时，我们曾抱着一线希望：一是买的时间不久；二是来买东西的中国人少，他们还会有印象，能够帮助解决问题。但我们的希望落空了。店员说，既没有对我们在此买东西的印象，我们又没有在这里买东西的证明，他们不能负责，也不能帮助测试适配器和电脑的好坏。人家说，适配器本可保修一年，但如果有问题，他们也要凭发票找厂家。这话自然说得有道理，该怪我们自己没有想着要发票。我们又说，不帮助测试，无法知道是电脑的毛病，还是适配器的毛病，我们不好决定是否再买适配器。他们答应可以帮助测试电脑，但要 10 英镑，说是耽误了他们的时间。看来什么"顾客是上帝"，也就是说说而已，一切因人而异。我们赌气离开，就不信牛津街上那么多电脑商店，再找不到第二家卖适配器的。

我们设想：先买个适配器。因为买后需要试用，自然就可以知道电脑是不是也有问题。如果电脑没问题，自然最好。如果电脑坏了，则顺便看看价格，咬咬牙买一台，总不能为此影响工作。

这下可把我们给转苦了。牛津街大大小小有一二十家电脑商店，我们逐个进去。多亏了胡岩，他耐心地一家家帮助打听。多数店家一拿过我们的电脑，就连连摇头。我用的这台中国台湾地区产的恒升电脑，确实也老掉牙了，很难找到相应的适配器。

我们顺便也看了这些商店里电脑的价格，最低档次的，加上税，也要六七百英镑；有两三百英镑的，但是二手电脑，总有些不放心。最后我们总算在一家商店找到了同样的适配器。店家态度很好，拆开一个适配器包装，接上我们的电脑反复试验，电源指示灯都没亮；又打开一个试验，还是不行。看来还是电脑的问题。我们对店家连连道谢，告别出门。

转了三个多小时，我都很累了，广钼也腰疼得厉害。我们坚持着走回住处，并把胡岩留下一起吃饭。我切了几根唐人街买的香肠，开了两盒素罐头，拌了蔬菜沙拉，拿出原来煮的花生米和冰镇啤酒，他们俩边吃边聊，我又煮了一锅鸡肉菜粥。

他们一起商量电脑怎么办，但两人都囊中羞涩。胡用的是教育部给的经费，每月 800 英镑。尽管已经比过去提高了不少，但依伦敦的消费水平，除去租房子、交通费、吃饭，也所剩不多。我们俩每月只有 300 英镑，自然更不必说。胡说："到底买不买，买新的，还是二手的？"他没有打定主意。广锠不想影响工作，但随后又想到软件问题，没带中文软件，买了电脑依旧不能干活。胡说到他进修的学校，找朋友帮忙问一问有无中文软件。

他也给侄子发了电子邮件，询问软件问题。

广锠早晨起来，就曾说浑身不舒服，胡走后，他便躺下睡觉。做敦煌遗书总目录，真好比是唐僧到西天取经，要让我们经历九九八十一难。

8 月 3 日（星期日，晴）

昨晚躺在床上，广锠计算着手头上的英镑，除去生活必需的，还有多少可动用；如果软件的问题能够解决，这些钱能买什么档次的电脑。他的倾向是既然买，还是买一台比较好些的，使用方便。何况我们还要一起来伦敦，做最后剩下的 2 000 号。这个恒升电脑带回去后，即使修好能用，下次也不敢再带来了。

这次来伦敦，他带来了去年英国国家图书馆支付路费和生活费后省下的 840 英镑；这次图书馆给的 3 个月生活费 900 英镑，加上他的机票估计能报销 500 英镑左右，总共有 2 240 英镑。来这里近两个月，花了 340 多英镑。其中，买电源适配器、书、交通卡等杂用花了近 140 英镑，花在吃饭上的约 200 英镑。为了俭省，我们都是自己做饭。到目前为止，没有在街上吃或喝过一次东西。购买食品时，我在保证营养的前提下，一般买比较便宜或降价的。附近几个超市里，几种我们常买的食品，诸如牛奶、面包、鸡肉、鸡蛋、西红柿黄豆罐头、面条、蔬菜等，价格各有千秋。尽管不过相差几个或几十个便士，我都尽量货比三家，精打细算。每天的两顿饭，早饭牛奶面包，晚餐一天汤面，一天菜粥。里面放的菜，大多用胡萝卜、土豆、圆白菜、洋葱、西红柿黄豆罐头或鸡蛋等几样来回调剂，有时加点鸡肉。一般每周买一次水果，也总是选最便宜的"中国柑橘"。周日改善一下，无非是拌个蔬菜沙拉（还是那几种菜），开个素食罐头，或加点花生米，切两根香肠，喝些葡萄酒或啤酒。可以说，我们在这里，住的是"富人"区的房子，过的是"穷人"的日子。当然这"穷"日子，比起国内的困难阶层，要好不知多少。尽管生活简单，但为了做项目方便，广锠在工具更新方面却是毫不吝啬。国内有电脑不久，他就开始使用，至今已更新了 4 台台式电脑、3 台笔记本电脑，而且每次都买性能比较好的。

我们还说到，这些年广锠反反复复地让他侄子帮助他设计、修改敦煌遗书数据库的软件。这次来，我看他经常是边试用，边请侄子帮助修改，几乎三两天就要给侄子发一个有修改意见的电子邮件。侄子从无怨言，只要他提出的要求，都尽量去做。为做敦煌遗书总目录，侄子也立下了汗马功劳。我原来在单位时，曾负责筹备建立工作信息的数据库，找软件公司谈设计软件的价格，动辄就几十万元。如果没有侄子的帮助，很难设想广锠能及时地处理这些数据资料。我说，尽管是家里人，但侄子付出了不少时间和精力，他应该有所表示。广锠说，侄子一直想买台笔记本电脑，但侄子因其父亲生病借的钱还没有还完，手头也不宽裕。回去后，考虑给他一些钱买台笔记本电脑，或者把这次买的送给他。我还建议：哪怕多花一些钱，尽量买小巧一些的，以后外出时携带方便。他现在腰有毛病，不能提重物。

我们商定买好一点的笔记本电脑，算算手中可以支出的钱在1 000英镑左右，似乎还是紧了点。今天，他又给女儿芳芳打电话，要她从日本来英国旅游时多带点日元。

8月4日（星期一，晴）

这里真不是生我养我的土地。在国内皮实少病的我，这段时间接连出毛病。

昨天上午还觉得精神很好，洗被子、吸地毯，为芳芳过些天来旅游做准备，下午忽然又浑身酸疼，好像又发烧了（这次忘记带体温计了）。下午吃了饭，尽管浑身酸疼，但想到一天没有出门，便拉着广锠到罗素公园坐了一会儿。天晴了两天，温度上升。喷泉边，一群玩水的孩子笑闹得正欢。两个七八岁的女孩儿，光着脊梁，只穿一条短裙，一会儿穿过喷涌的水柱，一会儿干脆坐在水柱上，全身淋得透湿。几个年龄小些的男孩、女孩，也模仿她俩的样子，在水中疯跑欢笑。而孩子们的家长并不干预。真是无忧无虑的幸福时光。一会儿，几个在旁边草地上晒太阳的年轻人，抬着他们的一个女同伴，要往水里扔。那个女孩子尖叫着、挣扎着，但无济于事，还是被扔进了喷泉，把周围靠椅上闲坐的人都逗笑了。

回到住处，广锠劝我躺下休息。因为病得奇怪，不知道原因，刚开始我不想吃药，但浑身酸疼，久久难以入眠，最后还是吃了一片百服宁。一两个小时后，出了汗，我感觉稍微轻松了一些，但一晚上睡得都不踏实。

今天早晨起来，身上的酸疼比昨天略好，但又拉起了肚子，与上周的发病过程几乎一样。他给我端来茶水，又张罗着要给我蒸鸡蛋羹，说可能是对奶制品不适应，就先不要吃了。我拦住他，让他忙自己的，准备上班。我反正在家休息。中午 11 点多，他和胡岩一起回来，说正好吴又给了余下的 400 英镑生活费，这样手头有 1 300 多英镑。随即，两人去牛津街买电脑。下午快 2 点，他们俩汗流浃背地回来了。说考虑到电脑软件的问题没有解决，只是看了看各种品牌的电脑，了解了一下电脑的价格、性能，没敢买。胡岩与朋友有约，先走了。广锱说还有些商店没来得及转，如果我的身体可以，就一起再出去看看，帮着出出主意。下午吃完饭后，我们又到牛津街，把他们没来得及看的商店都转了，看得眼花缭乱，也没拿定主意。回到家里，我又接连腹泻，心想明天再不敢吃奶制品了。

8 月 7 日（星期四，晴转多云）

周二（5 日），他自己去上班，我继续在家休息。下午 4 点多，他背着沉甸甸的书包，满身大汗、疲惫不堪地回来了。他说他和胡岩约好，明天 10 点在一个叫"电脑世界"的商店会合。因为担心找错地方耽误时间，今天回来先拐到那条街去把地方看好了。由于背着干活用的一书包东西，又走了远路，他的腰疼又加重了。

昨天中午，他们把电脑买回来，开机调试起来。广锱原来看中想买的两款轻便型电脑（一款是日本的，一款是韩国"三星"的，重量都不超过 2 千克，价格在 950—1 200 英镑之间），因为那两家商店的店员调试不出中文输入法，无法用中文工作，只好放弃。最终买的是一台韩国"三星"的奔腾Ⅳ 2.4 电脑。他对电脑配置比较满意，主要是内存较大（512 兆），速度较快，便于装载检索大量的资料数据。价格也很实惠，连税金共 815 英镑（估计可退税 120 英镑左右）。按照现在英镑和人民币的比价，约合人民币 9 000 元。从中文网上查阅，类似的配置，但硬盘比我们买的这台（20 G）大一倍的，国内卖到 17 000 多元。美中不足的是分量仍然不很轻便，重 3 千克，比来英国前买的"戴尔"要重。他顺利地装上了中文办公软件。胡岩吃了一碗鸡蛋面条匆匆走了。这次多亏了胡岩耐心帮助，顺利解决了电脑问题。我又有"武器"了。

连续一周晴天。昨天据说是伦敦 30 年来未遇的高温——34 摄氏度，坐在家里不动也开始冒汗，来这里后头一次晚上睡觉不盖棉被，还感觉热。开了一会儿卧室窗户，汽车噪声太大，只好又关上。晚上没有睡好，我早上 5 点多就起来了。

前一段时间在住处，我晚上大多时候不离开电脑。有时给他帮些忙，更多的时间是写东西，积累赴英记事的有关资料。临睡前看些他带来的敦煌学方面的书籍，但一般看不了多长时间就困了。这几天我在家里休息，没有了电脑，主要时间就用来看书。

虽然自认识他不久，就开始利用业余时间给他帮忙，但主要是对照着《敦煌宝藏》或缩微胶卷，做条记目录初稿。像这次大量地接触原件，我还是第一次。通过这段时间工作中的具体接触，我对敦煌遗书的感性认识和了解都增强了不少，看起相关的书来感觉很亲切。我先后看了宁可、郝春文的《敦煌的历史与文化》等，越看越有兴趣，深感敦煌遗书确实是人类的历史文化宝库，能为此尽一份力是很有意义的事情。

今天的温度虽然比昨天略低，但仍然动辄流汗。

昨晚偶然发现，新买电脑的电池没有电，也不能充电。不好意思再麻烦胡岩，广锠把几个关键单词查出来，写在纸上。上午，我们先去了电脑商店。他先后去过几次，那里两个接待过他的店员已经认识了。因为问题很明显：只要不接电源，电脑根本打不开，显然是电脑的电池有问题。店里给更换了电池，并当场试验，确认电脑能正常开机。10 点多，我们到达图书馆，终于恢复正常工作了。刚才在外面赶路走得汗流浃背，一到图书馆里便觉得空调的冷气袭人。我们俩都穿上了放在那里的毛衣，依然感觉有些凉意。可能这些天为买电脑跑多了路，他说坐着也开始腰疼。

8 月 8 日（星期五，晴）

今天又遭了一劫。这段时间，因为我用的电脑出故障已耽误了一个星期，本想今天可以正常工作了，但我们到图书馆后，广锱一打开电脑，前几天从网上自动进来的一个带有"微软"标志的软件又跳出来，提示已经安装到他的电脑上，建议他试着打开一下，可以给电脑的软件升级。他以为如果是不想要的东西，可以用这段时间他对付网上那些乱七八糟东西的办法，把电脑的时间改回到几天以前，就能去掉它。我们低估了对手，当广锱点击这东西后，电脑便开始发出嘎嘎的噪声。我听到这难听的声音，建议他赶紧停止，但已经来不及了。那软件原来是"微软"设计的打击盗版高手，打开后，一旦发现电脑装有盗版软件，便封杀你的全部系统。本来他新买的电脑，安装的是正版软件。但他用惯了老版本，嫌正版软件界面不友好，使用不方便，便让他侄子帮他卸掉电脑原装的正版软件，依旧安装老版本软件。这次被"微软"逮了个正着，电脑里安装的所有系统都被"封杀"了。好在他电脑的硬盘划分了 C、D、E 几个区，正在做和已经做好的工作文件保存在其他区里，不会受损。但电脑已完全瘫痪。这台电脑上网的设置以及下载的所有网址都丢失了，安装在电脑中的《四库全书》检索系统也被破坏。这些内容，家里的台式电脑里还有备份，但在英国期间是无法使用了。他只好返回住处，取来买"三星"时随机所带的 Windows 系统盘重新安装，但捣鼓了一天也没有成功。

由于上网的程序被破坏，他又不会安装，所有的网址也都丢失。考虑到还有一个月就回国了，我们准备提前退掉网络。

8 月 10 日（星期日，晴）

昨天起来，天气仍然炎热，早晨也不觉得凉快。

因为电脑出故障，几乎一周没正常工作，昨天虽是周六，决定还是到图书馆加班（图书馆周一至周六开门）。

周六早上 8 点多吃完早饭，提前出门，到罗素公园里坐了一会儿。因为是周末，人们多还在家里休息，一路行人稀少。公园里主要是一些中老年人，有的遛狗，有的闲坐。一对中年夫妇，带着一个三四岁的男孩。夫妇俩在喷泉旁的草坪上躺下来，孩子跑到喷泉边玩水。一会儿，孩子的汗衫短裤已经完全湿透，夫妇俩并不理会。只是父亲偶尔过来，同孩子玩上片刻。不久，夫妇俩牵着孩子离去，却任凭孩子依然贴身穿着湿衣服。我们俩议论：如果是中国的父母，一般要给孩子更多的"照顾"。可能会阻拦孩子在水里穿梭，防止把衣服打湿、着凉感冒；衣服如果湿透，父亲起码要把孩子的湿衣服换下来。传统中国父母给子女的这种细致关照，对孩子的成长到底是福还是祸？

太阳升高了，照到我们的座椅上，我们继续前行。因图书馆开馆时间未到，我们便走到前边的甘地公园里又找地方坐下。

广锠说印度人有给尊者上尊称的传统。他们给甘地的尊称是"大我"，这里的"我"与世界本源"梵"同格，就是把甘地看作世界本源的化身，前来人间拯救苦难中的人民，带有强烈的宗教色彩。中文翻译为"圣雄"，就把"大我"的原本含义完全过滤掉了。我俩随意聊天，从印度人、中国人、英国人、日本人的思维方式、处事态度，谈不同国家的不同文化，不同人的不同生活。

由此广锠又感叹道："真是一个人就是一个世界。每个人都是自成体系、相对独立的一个世界。人们在交往当中，有一部分相互交融。比如我和你，假如没有走到一起，我们就永远是两个世界。"这是他看了史蒂芬·霍金的《时间简史》后经常思考和感叹的问题。这次来英国，我们除了带些敦煌方面的书籍，他又带上已看过不止一遍的霍金的另一本书《果壳中的宇宙》。这个书名，出自莎士比亚的名剧《哈姆雷特》。哈姆雷特认为，即便把他关在果壳中，他仍然自以为是无限的空间之王。这个隐喻形象深刻。哈姆雷特几百年前所吟唱的处境，竟和人类今天的宇宙观可以比附。这要归功于莎士比亚敏锐的洞察力。在那个境界上，艺术和科学是相通的。从广义上看，粒子、生命和星体的处境，都和果壳相似。现代量子宇宙学认为，整个宇宙是由一个果壳状的瞬子演化而来。果壳上的量子皱纹，包含着宇宙中所有结构的密码。史蒂芬·霍金就是这一学说的开创者。这位被禁锢在轮椅上近 40 年、最富有创见的科学巨人，正在与许多理论物理学家一道寻求着处于宇宙内核的万物理论，从而站到了现代理论物理学的最前沿。广锠说：有个杂志早就向他约稿，他也想写一篇文章，题目就叫作"回答物理学家的挑战"。以前，哲学被看作是最高的学问，一切科学都笼罩在哲学当中。牛顿最重要的著作就叫《自然哲学的数学原理》，该书总结了他一生中的许多重要发现和研究成果，其中包括关于物体运动的定律。但随着现代科学的发展，学科细分，很多学科从哲学里分离出来。目前西方的现代哲学，虽然成果不少，但对哲学一些最基本的问题，却没有什么新的创见。比如物质是什么？世界是什么？人又是什么？传统哲学的一些说法，如今已经不能自圆其说。霍金在《时间简史》里就提出了这个问题。霍金用一套实验数据来论证他的理论，但毕竟和哲学家的思辨不同。列宁曾给物质下过一个定义，他的定义实际是二元的：第一，指出物质是不依赖于人的客观存在。这是从本体论的角度来定义的。第二，物质必须是能够被人认识的。这是从认识论的角度来定义的。后一条的确很重要，堵死了可能导向宗教唯心主义的道路。现代物理学家海森堡又提出测不准理论，认为观察者的观察活动会干扰观察对象。这就把主、客体进一步统一起来了。既然如此，物质又应该怎样定义？还有时间与空间的问题，它们到底是不是独立的存在？霍金认为实际上并没有独立的时间与空间。每个物质性存在体都有自己的空间，但空间是可以相融的，于是成为共同活动的空间。每个存在体都有自己的时间，各自的时间既不相同，也不相融。我们现在所谓的"时间"，不过是人类社会为了维护共同秩序而约定俗成地定义出来的东西。广锠说，如果有机会，他要写本书，专门谈谈对物质与宇宙、人与社会的一些想法。

到了图书馆，广锠总算安装好了中文办公软件，可以工作了，但运行不如以前顺畅。胡岩来看了说，他的一个同事曾经讲：电脑这东西，就是你怎么折腾它，它怎么折腾你。想想的确有道理。

原来计划这个周日，也就是今天再去一次伦敦利物浦街（Liverpool Street，以下简称利物浦街），买些便宜水果和蔬菜。但我担心广锠这段时间因折腾电脑的事情，腰已感觉不适，建议今天我们在家好好休息一天。他说也好。

今早起来，又是烈日当头，我们把壁橱里的电扇也搬了出来。他说这是多次来英国从未遇到过的。幸亏今天没有去利物浦街，否则真的晒得流油。我俩在沙发上，各自看书，写东西。

8 月 11 日（星期一，晴）

今天天气依然炎热。高温已持续了一周，大概有十多天没有下雨了。上下班经过罗素公园时，看到大片草坪开始枯黄，梧桐树也落下了不少黄叶，俨然一幅秋天的景色。这大概是英国很少有这样的高温和干旱，植物的耐旱性比较差的缘故吧。在图书馆遇到在这里工作的中国人徐小薇，她说昨天伦敦的气温已达 38 摄氏度，是她来英国十几年没有遇见过的。我想起上周的电视里，从中国香港的赌马文化讲到英国人有好打赌的习惯，老太太在路上遇到一个井盖坏了都会为此打赌；并说这次欧洲高温，英国已经有人就这个星期最高温度能否超过 38 摄氏度而打赌。当时还想伦敦不会这么热，赌超过 38 摄氏度的人恐怕要输，但现在看来他们赢了。

今天做的斯 11345 号，是唐宣宗的诏书，9 世纪写本。至今为止，在敦煌遗书中仅发现了两件唐王朝的诏敕。一件是前面提到的唐睿宗诏敕，一件就是这件唐宣宗诏敕。此件 32 厘米×28.1 厘米；1 纸；共 8 行；行 8 字。首尾均残。卷面有残洞 3 处，略有污迹。文字为楷书，书法甚佳。但由于原文书写时所用墨汁甚浓，故墨汁未能渗入纸纤维，而是干结在纤维上，并随着时光的流逝而磨损脱落，因而大多数字迹模糊难辨。背面左右骑缝处各有朱印半颗，可合为全印"尚书 × 部 / ×× 之印 /"，5.5 厘米×5.5 厘米。卷背有斯坦因聘用的师爷蒋孝琬朱笔所书苏州码子"1096"及墨笔写："印一颗，盖在封口，不明，难查名色。"

下面是该诏敕的内容：

（前残）

1. 达多等沙州郡敦煌

2. 平时三万余□是吾

3. 远祖□□□□□□

4. 之效（收？）□□□□□□

5. □欣（款？）平（？）□张议潮□

6. 知顺逆忠义之道携（？）

7. 图籍户口□僧俗□

8. 来归□可□□□唯（难？）

（后残）

广锠认为该诏敕是大中年间由唐王朝发布，以褒奖张议潮率众来归。

公元 755 年，唐朝爆发了由安禄山、史思明发动的叛乱。中央政府被迫调动包括敦煌在内的河西、陇右以及北庭、安西等西北各地的精锐部队支援中原，西北边防骤然削弱。此时，在青藏高原兴起不久的吐蕃乘机发起了大规模攻势，陇右、凉州、甘州、肃州乃至新疆南部先后被吐蕃占领。公元 776 年，吐蕃攻陷瓜州，并于当年八九月间包围了沙州城。敦煌军民在与中原失去联系，外无救援、内乏粮草的情况下，展开了长达 10 年之久艰苦卓绝的抗蕃斗争。最后敦煌城内矢尽粮竭，敦煌军民在得到吐蕃不将其迁往其他地区的承诺后与吐蕃结盟而降。对吐蕃占领敦煌的具体时间，学术界有各种说法，早到大历十二年（777），晚到贞元四年（788），至今尚未有统一说法。总之，敦煌自此进入了持续 60 多年的吐蕃统治时期。

吐蕃是中古时代我国青藏地区的藏族政权，在赞普松赞干布和唐太宗时期便建立了密切的政治经济关系。但唐蕃政权之间又不时发生战争。吐蕃占领敦煌后，在 13 乡推行其部落制度，还"置毒靴中"，暗杀了领导过抗蕃斗争的阎朝，并"屡发兵戈"镇压反抗。在吐蕃统治下，敦煌人虽然"胡服臣虏"，但"每岁时祀父祖，衣中国之服，

号恸而藏之"（《新唐书·吐蕃传》）。见到中原来人便："问天子安否，兵何日来？"（同上）

公元 842 年，吐蕃统治者发生内乱，其在河西的统治地位开始动摇。大中二年（848），沙州大族张议潮乘机率众起义，赶走吐蕃守将，收复了瓜州、沙州，结束了吐蕃在敦煌的统治，张议潮成了河西人民拥戴的英雄。夺取了瓜州、沙州政权以后，张议潮决心归顺唐朝。但因当时河西东部尚在吐蕃手中，阻碍着敦煌与中原的交通，张便派出 10 路使节携带同样的表文分道向朝廷报捷。其中一路于公元 851 年到达唐长安。公元 851 年，张议潮又派其兄张议谭入朝，将瓜州、沙州等河西、陇右十一州唐朝旧图进献天子，以表归顺之心。同年，唐王朝在沙州设归义军节度，授张议潮为节度使、十一州观察使，由此开始了敦煌近 200 年的归义军时期。由于归义军处在中原王朝"王命所不及"的西北一隅，因此在偏重记载中原历史的传统史料中，记载极为简单，有关的研究也就较难着手。而敦煌遗书的发现，为归义军史的研究又提供了不少新的史料，也丰富了研究这段历史的新视角。

由于敦煌在吐蕃统治时期及归义军时期与中央政权相对隔绝，这两个阶段敦煌的文化历史有比较鲜明的地域或异族文化（吐蕃）特点，并体现于敦煌遗书当中。根据这一实际情况，广锠在敦煌遗书的断代上，也将这一时期的敦煌遗书区分为 8 至 9 世纪吐蕃统治时期、9 至 10 世纪归义军时期等两个阶段。

广锠给我讲述了发现这件诏敕后，对上面的文字反复释读的经过：

1991 年 4 月到 10 月，我应邀在英国国家图书馆为斯 06981 号以后的敦煌佛教遗书残片编目，前 5 个月完成了斯 06981 号至斯 08400 号的草稿。最后利用不足一个月的时间，我将剩余的斯

08401 号至斯 13900 号全部浏览了一遍。浏览时发现了这一号。虽然大多数字的字迹模糊难辨，但从文献形态、文字内容、所用纸张、所钤印章看，都说明这是唐王朝的正式诏敕。其中"张议潮""图籍户口""来归"等关键词都可以辨认。所以肯定这是唐宣宗为褒奖张议潮抗蕃归唐所发的诏敕。当时恰好南开大学历史系张国刚先生来访，我请他一起辨识。吴芳思博士还特意领我们到英国博物馆利用 X 光机进一步释读。果然，在 X 光机下，字迹要清楚得多，遗憾的是只证实了我原来的释读成果，没有新的进展。1997 年 7 月我再次到伦敦查阅敦煌遗书时，在葛汉的帮助下又利用紫外线释读机再次辨识，效果与此前的 X 光机一样。尽管目前还有部分文字尚未辨认出来，但根据已辨认出的内容及印章等，已经可以得出上述结论。2000 年，我写了一篇文章，名为《宣宗关于归义军的诏敕》，发表在《敦煌研究》上。

今天广锠抽空修订 1991 年目录时，补充未收入《大正藏》的疑伪经《大慈教经》录文。此经是唐七八世纪写本。经文讲，看到这部经，如果不相信，就会始终在地狱里，"百千劫无有出日，钟声不救"。他说中国的寺院有敲钟的习俗，所谓"晨钟暮鼓"。这种习俗最早来源于印度。印度佛教把敲钟称为"犍椎"，但当时敲钟只是为了召集寺院僧人。而在中国，最迟唐朝时，已经附加上新的含义。唐朝著名高僧道宣的著作里，提到敲钟时，就有"有诸恶趣受苦众生，令得停息"的内容，即寺院敲钟，可以让那些在地狱里受苦的各种生灵，听到钟声后，略微得到休息。这样，寺院敲钟就有了救度地狱众生的含义。唐张继著名的《枫桥夜泊》诗称：

月落乌啼霜满天，江枫渔火对愁眠。

姑苏城外寒山寺，夜半钟声到客船。

一般都把它解释为一种"素雅高洁的美感"，所谓"最具诗意美的感觉印象"，而忽略了它内含的佛教意蕴。

8 月 15 日（星期五，晴）

昨天看斯 11456 号，是一件唐开元十三年（725）官府审理民事纠纷案件的记录，内容十分生动。对此，四川人民出版社《英藏敦煌文献》将该卷定名为"开元十三年苏先超娶妻案卷"。广锠经过反复研究其内容，认为原来所定的人物关系有误，应改名为"陈思娶李齐女纠纷案"。具体情况如下：

本件系英国国家图书馆从经帙里层揭出的衬纸，现断开为 B、C、D、E、F 等 5 件残片（顺序现按《英藏敦煌文献》）。行书。5 件残片的内容分别为：

B：13.6 厘米×28.8 厘米；共 4 行。录文：

（首残）

问：元下财物并却（？）领◇以（？）有（否？）？但李齐却□…□/

练及绯毡，见在行障，未送，马不是本马□…□，/

亦小弱，借食合伍是未还。被问，依实确（谨？）牒（？）宪/

问。开元十三年十一月一日前录事陈□…□/

（尾残）

（大意为：录事问陈："原来送李的物品是否退回？"陈答："李

退回了布料和毡子，现在放在'行障'，没有送来。马退了，但不是原来的，是另一匹瘦小的马。承您询问，我都如实回答。"）

C：13.6厘米×28.6厘米；1纸；共5行。录文：

（首残）

　　□苏先超等：陈思所下财物不具知，只见陈思家作／
　　人车敬领将，亦不记时日，其婢陈思身自唤将／
　　去，其婢在李长史家，经五六日。被问，依实／
　　谨辩。开元十三年十月　日苏先超、朱抱微等□…□／

（尾残）

（大意为：证人苏先超等说："陈思送什么财物，我不太清楚。只见到陈思家干活的名叫车敬的人领回了陈送的物品，也记不得具体时间了。陈送李的婢女，是陈自己叫走的，婢女在李长史家待了五六天。承您询问，我如实陈述。"）

D：13.5厘米×28厘米；1纸；共6行。录文：

（首残）

　　□…□障（？）一具绯◇／
　　毡一领，通计卅匹，数得不其。李齐云：多来／
　　多随女，少来少随女，终不留其夜。遂即送上／
　　件物数，并下函记。李齐称：女比无衣裳，／
　　容一两日装束。至明日即云：须看客。其时又／
　　送羊及米面造食。至十六日，见在军府判司／

（尾残）

（大意为：陈思说："一领毡等总共 30 匹物品，详细数量不清楚了。因为李齐说：'送来的彩礼，无论多少，将来都会随出嫁的女儿带走，不会留在我这里过夜。'所以送给他上述东西，并给他一份信函。但李又称：'女儿的衣装尚未备好，容我再准备一两天。'但到了第二天他又说：'还需要招待客人的东西。'于是我又送去了羊和米面等食品。"）

E：3.5 厘米×28.1 厘米；共 6 行。录文：

（首残）

  齐又称：所得俫（练？）并于南山买马来纳却，装／

  束成亦不迟。所日以（以日？）度一日，延别（拖延）至今。

所称练／

  一百匹、马及婢，并是虚诬。又至十月四日许，／

  闻成，亦更不能唤客。成了即行，谁能笑我／

  延。有人贷练借马，始得胜致。即有此无赖□…□／

（尾残）

（大意为：李齐又说："得到的练已经在南山买马时用掉了。等我准备好女儿的嫁妆，再嫁也不迟，所以一天又一天，拖延至今。陈思所说送给我一百匹练、马及婢女，都是谎话……我准备好了就让女儿出嫁，谁能笑话我拖延？有的人借了练、借了马，才办成事，还有这种无赖！"）

F：13.5 厘米×28.8 厘米；1 纸；共 6 行。录文：

（首残）

  乌缁父马一匹，婢两人，一梅花，一素月／

　　　五包罗彩，六礼羊酒。缘思历年经（？）/
　　　觅不办，逡巡淹行，直至于今，去◇/
　　　年八月初，更有余人欲得结亲其◇/
　　　思恐生改动，遂下小练二十二匹◇/
（尾残）

　　（大意为：李已收了陈一匹黑马、两个婢女、各种布料、羊酒等彩礼，但拖拖拉拉仍不嫁女，直至今日。去年八月，又有人去李家提亲，我恐怕发生变故，于是又送了小练二十二匹。）

　　从这5件残片遗留的内容看，这是1 270多年前，地方官审理民事纠纷案件时当庭的记录文书。虽有残缺，但大致可看出纠纷的主要情况。这当中，有原告（陈思）和被告（李齐）双方的陈述、辩解；证人苏先超、朱抱微等人的证词。讲原告陈思欲娶李齐女儿为妻，陈说已送了彩礼，但李却不嫁女。李说东西没拿那么多，拿了的，将来也作为嫁妆带走；未嫁女只是因为还有嫁妆没准备好，准备好了自然会嫁等。证人苏先超等则证实看到原告从被告处取回了所送的物品并叫回了送李的婢女。一千多年前原告、被告各方当庭的陈述及辩解情况，栩栩如生，跃然纸上。

　　今天看的是斯11459号C—H，与前两大看过的斯11453号H—L一样，原来都是纸质经帙里裱糊的衬纸。所以文献除按照经帙裱糊时的需要而裁剪所形成的残缺外，卷面情况尚好。

　　近几年，英国国家图书馆修整这批残片时，将一些纸质经帙揭开，把里面原来用于做裱衬纸中有文字的一一取出。其中的斯11453号H—L，荣新江所编《英国图书馆藏敦煌汉文非佛教文献残卷目录

（S.6981—13624）》（以下简称《荣目》）原定为"唐瀚海军典抄牒状文事目曆（历）"。今天广锚核对录文到斯 11459 号 G 时，其中首行有"兵曹司开元十五年（727）十二月印厯（历）"的文字，因此他将 11459 号 C—H 暂定名为"瀚海军兵曹司开元十五年印历"。

"瀚海军"为唐开元时期，唐玄宗为了确保西北地区的安全和领土完整，在当时的六大都护府之一——北庭都护府设立的节度使所统领的瀚海、天山、伊吾三军之一，其中瀚海军一万两千人就屯戍在北庭（现新疆的轮台）。

此文献为"瀚海军"使用公章"瀚海军之印"时的公文记录。由于斯 11459 号 C—H 与斯 11453 号 H—L 中的典吏姓名有相同者，孔目官的姓名均为乐阴，文献的纸张及形态亦基本相同（卷背两纸骑缝处都有墨笔花押，卷背两纸骑缝处有"瀚海 / 军之印"的阳文朱印）。由此推测：斯 11453 号 H—L 与斯 11459 号 C—H 应为同一文献。但中间有缺失，尚不能直接缀接。因斯 11459 号 C—H 为"瀚海军"开元十五年十二月印历，则斯 11453 号 H—L 虽然不一定是开元十五年十二月的印历，但两号相距时间应不会很长，可能同年，也可能相差几年。只是斯 11453 号 H—L 与斯 11459 号 C—H 原来是否为同一卷文书，需要进一步考证。

《荣目》谓斯 11453 号中的阴都护即景龙三年至四年（709—710）任北庭大都护的阴嗣监，主张斯 11453 号 H—L 距景龙三年或四年不远。这个时间与开元十五年前后相差十几年。看来斯 11453 号的具体时间尚需进一步考证。

8 月 18 日（星期一，多云）

持续了近 10 天的高温上周末终于结束，但依然干旱无雨。

由于伦敦的夏天一般凉爽多雨，英国人与我们对热的情感截然不同。门房的小伙子就对我们说，这个夏天，如此阳光灿烂，是英国最好的夏天。

上周二（12日）早晨，女儿芳芳从日本来伦敦旅游。广锠清晨5点多去希思罗机场接机，因两人等候的地点不一致，耽误了一个多小时，到住处已经9点多了。当天，芳芳在住处休息，我们去图书馆工作。

上周三，他陪芳芳去议会大厦一带及西敏寺，我自己去图书馆工作。

上周四，芳芳自己去英国国家美术馆；晚饭后，一起去罗素公园、牛津街超市。

上周五，我们先一起到图书馆。他带芳芳参观、照相后，芳芳自己回来逛牛津街，我们继续在图书馆工作。晚上，芳芳下厨做了口蘑意大利面条，味道不错。

上周六，我们三人一起去邱园（Kew Gardens）。地铁车费每人往返4.6英镑；门票每人7英镑，芳芳用国际学生证折后6英镑。据介绍，这座园林1631年由一位荷兰裔的伦敦商人始建；1759年开始由王妃造园，以后不断扩建，现占地300英亩（1英亩约等于6.07亩），有植物5万种。我们用了3小时左右，把园内的主要园区、温室基本看了一遍。从园林规模到景观设计，感觉一般。我在国内去过一些大型植物园，如西双版纳植物园、厦门植物园、香山植物园等，与之相比毫不逊色。原本计划回来时去维多利亚博物馆，但大家都感觉累了，便乘地铁直接返回。

周日（17日），根据上次到白金汉宫的时间，我们以为皇家卫队会在中午12点出来。上午，我们一起先到圣詹姆斯公园；途中路过鸽子广场旁的教堂，适逢礼拜仪式即将开始，便进去观摩。

教堂里，信徒不到百人，显得有些空旷。我们刚在后排的角落坐下，负责发放《圣经》的黑人胖大婶便过来问我们是否用书。出于礼貌，芳芳接过了一套。10 点，祈祷开始。安装在教堂高处的巨大管风琴奏出动人心魄的乐曲，气氛顿时肃穆神圣。众人起立，在一个女高音的带领下齐声歌唱。接着，又一起诵读了一些句子。中途，我们悄悄退出。

出来后我们沿着圣詹姆斯公园小河边的林荫道漫步，河中的大雁、鸭子等鸟禽时常旁若无人地跑上岸来。但高贵的黑天鹅却始终缩着脑袋躲在草丛里，不肯出来"接见"我们。我们只好把原来准备引诱它过来照相的面包慰劳了大雁。

11 点多我们到了白金汉宫前的广场。广场上依然是人潮涌动。等到快 12 点，仍不见骑警出来维持秩序，看来今天扑空了。我们又乘地铁到利物浦街购物，在露天摆摊卖百货的小街里穿梭，行走困难。摆摊卖货的大棚里也是人流拥挤。我们到露天卖食品的摊位，用 1.5 英镑买了 47 个苹果（城里超市用这些钱仅可买六七个苹果），又买了香蕉、花生米等，便懒得再往前行。返回时，广锟坐在马路边的石凳上休息，我和芳芳到附近的露天摊位买了些工艺品。下午快 4 点返回住处。

今天，芳芳自己再次去白金汉宫。她说看到了皇家卫队。一个骑士不小心从高头大马上掉了下来，出了点小洋相。她还去参观了圣保罗教堂，去了科芬园。

晚上，我们一起到住处楼下的餐馆吃英国的风味食品"鱼和薯条"。看到橱窗上宣传有日语服务，但芳芳说了日语后，服务员只是拿来了日语菜单，芳芳用手指点菜单后，服务员再对照手里的英文菜单记下来。我们每人要了一个中份的。所谓的"鱼和薯条"，原来不过是半边海鱼里上些面粉油炸，旁边再配上一些薯条、豌豆泥。调料是沙拉酱和西红柿沙司。吃后我们都感觉很一般。每份 7.95 英镑，加上每人一杯饮料，一共 32 英镑多。付给服务员 40 英镑，服务员用盘子端来了找给我们的零钱，广锠拿回了 5 英镑纸币，余下的 2 英镑多硬币留作小费。

8 月 19 日（星期二，晴）

这段时间，工作中遇到一些费时间的残片，进展缓慢。有的一个编号就有几十个残片；有的则字迹模糊难辨。广锠前后用了两天时间，才核对、补充完斯 11611 号至斯 11615 号。这是一件四分律戒本疏，由于内容与《大正藏》本不同，来英国前，我已将大部分勉强可识读的文字录了文。该经共有 9 000 多个密密麻麻、模糊不清的文字，他对照原件再次逐字核对，并尽量辨认补充我没有认出的文字，做起来十分耗时费力。

今天他做的斯 11627 号，是归义军时期粟特族康姓两兄弟之间的一封家信，内容基本完整。尽管只有几百字，但由于纸已磨损，并变为棕色，字迹十分模糊难辨。又因夹在硬塑料片中，反光厉害，增加了识读的困难。由于《荣目》中对这件文献没有录文，昨天我先录入了尚可识读的文字。今天广锠来后，便开始核对我的录文并进一步辨识难认的文字。他一手扶着一千多度的近视眼镜（便于用手调整眼镜的最佳距离），一手拿着夹在硬塑料片中的文献，横看、竖看、仰着头透过灯光看，花了约三个小时，终于辨识出了绝大部分文字，使信的内容基本连贯可读。这种基础性工作的烦琐和辛苦，若不亲力亲为，很难体会。现将此件有关内容摘录如下：

斯 11627 号：某年二月十六日兄康幸深书；43.1 厘米 × 30 厘米；1 纸；共 15 行。行楷。录文如下：

（首残）

　　报男胜全其少（沙?）泛（?）家母兄弟亲眷总得安泰，不∕

　　用忧烦，其兄幸深◇属弟胜全善伏得郎主，∕

　　莫抛身心，努力自身，莫交盗侣，即是□□。∕

　　已前件◇次◇◇◇一落凌涓（绫绢）并总领得。∕

　　有一色交错，是王□通手上◇。领得无◇∕

　　子紫绫子二尺三寸，◇绢六尺四寸。得后有∕

　　人来，好生发遣一字，即是◇◇。今因人使∕

　　押牙石进朵手上发遣剩褐二丈二尺，∕

　　又押牙罗何◇◇◇新斜褐褛裆◇◇，∕

　　内里纸拾□。已前物色，到日收领得不？∕

　　得，回◇一字，今因人往官付单书∕

　　◇母，委曲，省，∕

　　其书两处□∕

　　　　　　　　　　二月十六日兄康幸深∕

　　　　　沙（?）州弟康赐赐∕

（尾残）

　　由目前识读的文字可看出，这是一封兄弟之间叮咛嘱咐、问候寒暖、鼓励上进的普通家书。文字不多，但其中表现的手足之情，令人感动。

　　做这类字迹模糊难辨的敦煌遗书录文，是一项既非常重要，又吃力不讨好的工作。因为很多手书的文字，写得很不规范，再加上文献本身的残破不全、污迹遮盖、岁月磨损等，不少文字往往似是而非，只能根据上下文去猜测，既费工夫，也很容易发生错误。加上不同的人往往理解不同，录文常会有差异。广锠说：隔行如隔山。做自己佛教专业方面的内容，比较熟悉，录文也比较准确。而遇到非自己专业的文献，录文的错误可能会多一些。但做敦煌遗书总目录的目的，是给读者提供尽量多的研究信息，因此，即使是非自己专业的文献，也需要尽量录文。他说：

> 现在有一种不好的风气，自己不依据原卷或照片做录文，专从别人的录文中挑毛病；而且不是善意地指出，以期共同切磋探讨，而是处处贬低别人，以显示自己高明。因此，我们所编目录中的录文，将来肯定会受到别人的批评，包括善意的批评与恶意的嘲讽。虽则如此，我们现在能有机会接触到原卷，还是应该尽我们所能去做。任先生说："你做过的工作，不要让别人再做第二遍。"具体到录文，我肯定达不到任先生的要求。但我的录文，有错也罢，总能给别人一点参考。好歹我们是依据原卷做的。

所以，在工作中，广锠力求以读者使用方便为原则，凡是有文献出处或别人已经著录过的内容，都标明书名及页码、行数。没有查明出处且别人没有录文的，不管是否佛教内容，都原文照录，并反复对照查核，希望少出点错误。为此，他花费了不少时间。这使我切身体会到，同是做目录，做到什么程度，所付出的辛劳真是大不相同。

8 月 24 日（星期日，多云）

这些日子事杂，一直没有记日记，今天集中记一下。

因为芳芳来，周三（20 日），我们一起乘车外出游览。先到格林尼治天文台。车费为单程每人 2 英镑。因为地图提供的信息不清楚，去时我们多坐了一站（两站都有格林尼治的名称）。下车后，按照地图标识的路线，走了20多分钟也没有找到目标。一路行人稀少，越走越觉得不像旅游点的行进路线。广锠让芳芳几次问路，三人都听不懂，每次别人讲时，我们虽频频点头，但实际只是看人家的手往哪里指点，解决一个行进方向问题。广锠说他过去自己出国时在外问路，因为听不懂，所以只看人家往哪个方向指点。按照那个方向走一段，等不明白了，就再找人问，直至到达目的地。

在伦敦问路，但逢有求，英国"绅士们"都很热心，每次都絮絮叨叨、指手画脚地指点半天。我们虽如听天书，但每次别人讲时，便频频点头，口中不断"Thank you"。这次问路中，我终于听懂了三个单词："Enter the park"（进入公园）。前面逐渐上坡处，果然有大片草坪、绿树相间的园林。而格林尼治天文台，就在丘状园林的最高处。

半小时左右，我们终于到达了格林尼治天文台。芳芳去买票，刚好今天可免费参观，节省了20英镑（票价成人7英镑，学生6英镑）。进了格林尼治天文台的院子里，大家都在格林尼治子午线旁排队，轮番横跨东西两个半球照相。排队的人中，有几个东北口音的华人，也有似乎来自港台的华人家庭。

格林尼治天文台博物馆是一个铁栅栏环绕的小院子。大门旁的墙上，镶着一台1851年安装的24小时走字的大型标准钟，报告各国通用的世界标准时间，也就是格林尼治时间。天文台博物馆的院子中间的地面上，保留着一条混凝土嵌着铜条的线，旁边的大理石上刻着醒目的大字"格林尼治子午线"（本初子午线），表示地球从这里被分为东半球和西半球。

院子中央那座砖石修砌的小楼，就是诞生了世界标准时间的天文台。不大的展馆里，摆满了各个时期的计时钟表，从早期的计时沙漏，到最先进的原子射钟；陈列有天文学家进行研究用的天文仪器，如星盘、旧时使用的天文望远镜、地球仪、天象图谱等。

我们在纪念品商店买了几个小型的沙漏计时器，准备回去分送给家人朋友。但回去测试，发现用沙漏计时竟然并不准。想想也是，毕竟已经由标准计时器变成旅游纪念品了。

参观出来后，我们到院外天文台创始人的铜像下休息。此地是伦敦的高处。浩渺晴空下，远处的泰晤士河和绰号"小黄瓜"的蛋壳形玻璃幕墙的瑞士再保险公司大楼等清晰可见。

返回时，我们随着人流前行，约 10 分钟便到达了地铁、火车经过的车站。在自动售票机买票上车后，竟同来时下车一样，没有机器检票口，也没有人验票。下车时，广锠用早上没有检过的票出了站，留下一张打印有购买时间和日期，但没有使用痕迹的车票作为纪念。

按照计划，周三的第二个项目是游览伦敦塔（Tower of London）。广锠说："利用工作日来旅游，实在有点浪费时间。但芳芳后天就要回去，所以我们抓紧时间，多跑几个点。好在这次工作顺利，时间还算宽裕。"

伦敦塔位于伦敦泰晤士河北岸的塔山上，是一个占地 18 英亩，由城堡、炮台和箭楼等组成的庞大建筑群。

伦敦塔 1087 年开始动工兴建，13 世纪时，在其外围又陆续增建了 13 座塔楼，形成一圈环拱的卫城，使伦敦塔既是一座坚固的兵营城堡，又是富丽堂皇的宫殿，里面还有天文台、监狱、教堂、刑场、动物园、小码头等建筑，堪称英国中世纪城堡中的经典。

有历史学者认为，由威廉一世开启的诺曼底王朝，使英格兰出现了法律、政治甚至社会习俗上的变化；其中之一，就是诺曼人引入的

"土垒内庭式"城堡。"土垒"是一座土丘，人们将工事修建于土丘之上；"内庭"则是在土丘前筑起高大的城墙，将城堡环卫其中。伦敦塔正是这样一座城堡。这种城堡能帮助诺曼领主及其家族抵御侵扰，从侧面显示出当时英格兰被外族征服的事实。而此前，英格兰大多采取公众式防御，由城镇的外墙来保护全体居民的安全。

国王加冕前住在伦敦塔成为一种惯例。伦敦塔还是一座著名的监狱，英国历史上不少王公贵族和政界名人都曾被关押在这里，甚至被处死，使这里成为演绎宫廷阴谋和王室斗争的血雨腥风之地。在很长一段时间里，伦敦塔成为令人毛骨悚然的"死狱"，有着"死亡的前门"之称。

虽则如此，这里每年依然约有 250 万游客光顾。

伦敦塔的门票为成人 13.5 英镑，学生 12 英镑。因为游客众多，以至于从进大门，到参观各个展馆，都需排队进入。我们去时，便耐心地一次次排队进入一个个城堡门。一些螺旋形的楼梯狭窄陡峭，仅容一人通过。

伦敦塔最重要、最古老的建筑，是位于要塞中心的诺曼底塔楼，它是整个建筑群的主体，因其是用乳白色的石块建成，史称白塔（The White Tower）。楼高 32.6 米，共分三层，其顶部呈雉堞状，塔楼四角耸出四座高塔，三方一圆，在角隅设有螺旋楼梯，通达顶层。

虽然白塔曾是英格兰最高统治者的宫殿，但毕竟诞生于中世纪，其内的厅房住室，以现代人的眼光衡量，都属简陋。

进入中塔（Middle Tower）后一直前行，穿过钟塔，在水道巷（Water Lane）的右边是叛徒门。它于 1275—1279 年由爱德华一世下令修建，原是伦敦塔通向护城河的一个水上入口，因曾经涉嫌叛国的死刑犯们都是经由泰晤士河通过这扇门被押送入塔的，故而得名。

珠宝塔是伦敦塔的精华。英王的王冠（Imperial State Crown）与权杖都被展示在这座原来的兵营中。用于皇家仪式上的 12 尊王冠、佩剑、权杖、权球以及国王加冕时穿戴的衣饰等，依然光彩夺目。其中造于 1937 年的王冠据说镶嵌有 2 868 枚钻石和 1 颗 11 世纪的蓝宝石，异常绚丽璀璨。但游客们只能通过一条回旋的自动走道欣赏这些宝物，且禁止拍照。

白塔中的皇家军械库（Royal Armouries）收藏了大量的王室兵器，如盾牌、盔甲服、短剑、大刀、手枪、火枪、迫击炮和大炮等。

血腥塔（The Bloody Tower）曾用于关押身份最为显贵的囚犯。

皇家燧发枪团博物馆（The Royal Fusiliers Museum）展出了该团自 1685 年成立以来的种种功绩，展品包括勋章、绘画及制服等。

看着那些依然寒光闪烁的枪炮，不禁令人想起当年称霸一时的大英帝国的铁蹄曾经踏遍了世界。

从伦敦塔出来，坐在泰晤士河边休息。不远处，便是伦敦塔桥（Tower Bridge）。塔桥与伦敦塔风格协调，相映成趣。

伦敦塔桥为连接两座尖塔的一座可以开合的大桥，是伦敦乃至英国的一个标志性建筑。塔桥是泰晤士河上最著名也最壮观的吊桥，它临近泰晤士河的出海口。凡是从海上进入伦敦的船只都可看到塔桥的雄姿。塔桥的桥身能从中间斜拉升起，以方便高大的船只通过。

此桥完工于 1894 年，具有维多利亚时期的建筑风格。听说塔桥最初为木桥，后来改为石桥，桥基上建有两座高耸的方形主塔，两座主塔上，建有白色大理石屋顶和五个小尖塔，远看仿佛两顶王冠。桥身分为上、下两层：上层为宽阔的人行道，行人从桥上通过可以饱览泰晤士河两岸的美丽风光；下层可供车辆通行。

站在伦敦塔一侧的泰晤士河畔观望塔桥，双塔高耸，极为壮观。桥塔内设有楼梯，可供游人上下，内有博物馆、展览厅、商店、酒吧等。据说若遇上薄雾锁桥，景观又别有韵味，所以"雾锁塔桥"成为伦敦胜景之一。

我们正坐在泰晤士河边休息，忽然，见河边不少人停下来驻足观看，只见高大的塔桥慢慢从中间部分斜拉开为两段，并逐渐升高，呈"八"字形状。一艘高桅杆的大船缓缓从中间通过。数分钟后船驶过，桥又逐渐复原。

从桥边的河畔可以望见对岸不远处河上的"贝尔法斯特"号军舰。据说，这是英国保留得最完整的曾在二战中服役的军舰。沿河远眺，暮霭下的泰晤士河浩渺苍茫。

昨天周六（23 日）是这里每年例行的银行节，也即狂欢节。旅游书上介绍，狂欢节的周六、周日两天，在诺丁山一带有狂欢游行。前几天，我们就在地图上查位置，向这里的人打听有关活动，准备届时到诺丁山去观看。但问了几个人，都说知道有这个活动，却没有去看过。上午，我们沿着牛津街一直西行，经过海德公园，走了 6 站地，中午总算找到了要去的地方。

只见那一带街道不宽，但店铺、摊位林立，人头攒动，十分热闹。摊位上出售有各种特色工艺品及古玩等，包括中国的唐三彩、老太太裹小脚时穿的鞋等，场景与北京的潘家园市场近似。但就是没有见到狂欢的游行队伍，我们只好无功而返。昨晚看到电视新闻报道，原来游行是在今天。广锟问芳芳还有没有兴趣去看，芳芳说不去了。

今天，我们先步行到林肯法学院、最高法院等地照相。那一带有不少历史悠久、巍峨壮观的英国传统风格建筑。相形之下，旁边的一些现代建筑，显得外形单调、线条乏味。

我们原计划到这里参观一家贵族展览馆，但恰逢闭馆休息。广锠建议再去科芬园市场，每人雕刻一个头像留作纪念。上次去那里，见到一家店铺可以用机器在透明的方块玻璃中雕刻立体的头像。但看到雕刻一个最小的也要 45 英镑，芳芳说太贵，坚持不刻。在一个卖卡通玩具的商店，芳芳抱着一个大"Pooh"熊（55 英镑）和小矮人（25 英镑）爱不释手。我说："既然芳芳那么喜欢，就给她买一个吧，这是女孩子都喜欢的东西。"广锠让芳芳选一个，但芳芳犹豫再三，说回日本能买到比这价格便宜的，最终只选了两个卡通水杯，一共 15 英镑。

在科芬园里摆摊做生意的，不时见有中国人。有三四个摆地摊给人画像的，画一张 10—15 英镑；有给人看手相的，看一次 3 英镑；还有卖书法、绘画及一些手工艺品的。

8 月 26 日（星期二，阴）

昨天晚上 7 点，广锠乘地铁送芳芳到机场乘机返回日本。我送他们到地铁站。

昨天完成的斯 11606 号至斯 11609 号，广锠根据敦煌遗书上斯坦因的标记，说："这不是敦煌遗书，是吐鲁番的东西。"仔细审看以后，又说："这也不是古代的东西，应该是清代的。不知是斯坦因本人还是后来英国博物馆的整理者把它们混编到敦煌遗书中的。"

斯 11606 号背面有斯坦因钢笔注记"Kao，Ⅲ.0162"，注记中的"Kao"意为"高昌"，故知此文献为斯坦因从吐鲁番所得，混入敦煌遗书的。这是一件清朝民事纠纷的诉讼笔录文书，44.8 厘米×21.8 厘米；1 纸；共 19 行。首尾均残，卷面残破。录文为：

（首残）

具（？）□…□／

为胎（贪）生帕（怕）死，见（？）□…□／

有李栓，有吴玉贵，即□…□／

事，将小的儿子故（雇）上走了，欠狄□…□／

儿子吴玉贵故（雇）下，经管骆驼。吴玉贵两□…□／

说下，吴玉贵回来，事宿安勤顺患，小的儿子□…□／

来□进其（去？）了，小的要些工艮（银）也不个（给），进其（去）也不进其（去），／

不以小的儿子□□□，十月间骆（驮）煤来了，告驾（假）回来，找吴玉贵／

算账，叫吴玉贵自家进起（去）。吴玉贵罕帕（害怕）是乍（咋），不起（去）。／

吴玉贵自家言说，骆驼卖于小的。旦（但）要不买，小的儿子／

不进起（去），现（显）然反（犯）法的你（呢）。小的将吴玉贵骆驼买过，言定每只驾（价）艮（银）三十两。小的儿子／

工艮（银）每月一十二两，李栓有每月算过六两，吴玉贵每月／

六两。十月间算账，放过□…□月□（算？）了工艮（银）六十两。将六十两工艮（银）造（？）过，下剩／

三十两。□出艮（银）子，小的木（没）艮（银）子出。吴玉贵言说，将骆驼官驾（价）□。／

吴玉贵自家标宽（？）说了，九月、十一月、十二月、正月、二月，标过□…□／

玉贵叫小的上税。二月坏（？）过，小的将税上过了。不
□…□ /

子，吴玉贵言说骆驼不卖子（了）。吴玉贵□…□ /

告到　大老爷按（案）下，小的不得□…□ /

作主以正 /

（尾残）

斯 11608 号、斯 11609 号为初四、初五分发羊肉、羊油的记录。其
中斯 11608 号，35.3 厘米×16.4 厘米；1 纸；共 13 行。首尾均全，上
下边部分残缺。卷面残破。卷背有钢笔 "Kao，Ⅶ. 03" 注记。斯 11609
号，35.2 厘米×16.5 厘米；1 纸；共 12 行。首尾均全。卷面残破。卷背
有钢笔 "Kao，Ⅶ. 01；Kao，Ⅶ. 04；Kao，Ⅶ. 05" 的标记。从标记可知，
这两件都是吐鲁番相关文书；从内容看，它们并非古代遗书。

斯 11608 号与斯 11609 号缀接后，为记录初四、初五分发羊肉的
账历，共计 21 人，其中 16 人为穆斯林，3 人为汉人，2 人姓名残缺。
有 "初四""初五" 标记，并有 "出付迪化买羊" 云云。从钢笔注记
及内容看，应为当时的实用账历，混入发掘文物中。"迪化"，即乌
鲁木齐，为清代、民国时期使用的地名。从账目记录文字看，所有人
都只领了羊肉，少的一二斤，多的三四斤。与其他人明显不同的，是
"海子巴盖"，初四账目他的姓名旁边注有 "巴海（？）通事办（？）"，
知其为翻译，领羊肉 3 斤，羊油 7 斤；初五又记录 "海子巴盖" 领羊
油 5 斤，不知是否为同一人。

还有斯 11607 号，也是分发羊肉历，38.2 厘米×36.8 厘米；1
纸；共 14 行。首尾均全。卷面残破污损。文字为纸上下对折后分别
书写。行书。本件共记录了 14 人领取羊肉的数量，各人数量不等，

少的四五斤，多的十几斤，最多的是"毛拉阿布哈工"，取羊肉 16 斤。从名字看，这 14 人均为穆斯林。首部有"初六日"云云。从所存钢笔"Kao, 065"注记看，也是吐鲁番相关文献；从内容看，也系与斯坦因同时代的实用账历，混入发掘的古代文物当中。

广锴颇疑斯 11607 号、斯 11608 号、斯 11609 号等 3 号是斯坦因雇用当地人做事后，给他们分发羊肉时所用的账历。

8 月 27 日（星期三，阴）

今天做到斯 11564 号，为《敕河西节度兵部尚书张公德政之碑》残片，是从斯 03329 号中间脱落下来的一块小残片，3 行 9 字，现已与斯 03329 号缀接。本号与伯 2762 号、斯 03329 号、斯 06161 号、斯 06973 号原为同一遗书。目前发现的这 5 个编号 6 个残片缀合成一篇文献后，虽然首尾仍残，但该碑的主要文字已连贯起来。

此件系《张淮深碑》残存的抄本，其原石碑早已不知所在。其中法国国家图书馆所藏伯 2762 号写本存字较多。早在 1926 年，由伯希和与日本学者羽田亨录入的《敦煌遗书》活字本第一集，拟其名为"张氏勋德记"。1957 年，翟理斯在所编《英国博物馆藏敦煌汉文写本注记目录》里，指出斯 03329 号后接伯 2762 号。1964 年，日本著名的敦煌学者藤枝晃先生，将所残全文校录出来，由于该碑文主要赞颂归义军的第二任领袖、张议潮的侄子张淮深，故拟名为"张淮深碑"。此后，香港大学的饶宗颐教授据原件校订了藤枝晃录文的部分文字。1990 年，北图的唐耕耦先生又做了录文。1991 年，荣新江在英国国家图书馆编目期间，发现斯 11564 号残片，正好是从斯 03329 号第 12—15 行中间脱落的，虽仅有 9 个字，却使上下文句连成一气。1996 年 11 月，上海古籍出版社出版的荣新江《归义军史研究》附录中，刊登了《敦煌写本〈敕河西节度兵部尚书张公德政之碑〉校考》，据原卷对该文加以重新校录。

英国国家图书馆已将收藏的这4个编号的5个残片缀接后，装裱为一个卷轴。所有断裂部位、四周边缘，都用纸纤维进行了细致的粘连；文献正背面的文字、原纸张的卷面、边缘状况等都清晰可见，丝毫不影响原来的卷面效果。千年古残卷经过如此修整，既焕发出特殊的光彩，又保持了原来的沧桑、古朴，真正做到整旧如旧。装裱后卷子的卷尾有细木轴，可安放在一个直径六七厘米的粗木套中，文献卷在粗木套上，既利于保护，也方便阅读。卷轴外面，用杉木做了一个可以上下开启的木盒，完全用细致的木榫衔接，里面有放置卷轴的木槽；盒盖扣上后，由于衔接严密又恰到好处，既可以不费力地打开，又可以盒盖朝下而不脱落。木盒外面，还有一个硬纸板做的盒子，套在木盒外面加以保护。这是英国国家图书馆对部分比较珍贵的敦煌遗书所采用的一种最为讲究的修整保护方式。广锠把这种方式称为"豪华装"，说可看出英国国家图书馆在保护古籍文献上，的确下了很大的功夫。他说，在北图善本部工作时，见到库中收藏的装善本书的木盒比这个还要讲究：一是采用楠木等防虫、不变形的好木料；二是做工细致，接合严密，拿到手里，必须仔细观察，才知道哪一面是盖子；三是据说整个盒子浸到水里，水不会渗进木盒。当然，到底是否完全不进水，他没有做过实验。但现在一般难以找到能做这么细致的木工活的细木匠了。

今天做的斯11633号A、B两件，是公元9—10世纪归义军时期民间艺人精心制作的两个立体剪纸。情况分别为：

斯11633号A，12.5厘米×13厘米。此件为七层纸由小到大、上下粘贴而成的立体花纹图案。最上面第一层为圆形花心，1厘米×

1 厘米；第二层为 4 瓣镂空花瓣，3.4 厘米×3.4 厘米，纸色为褐色；第三层至第六层为由小到大的 4 瓣实心花瓣，纸色较浅。其中第三、四两层的纸张与花心纸张相同，颜色也相同，均为浅黄色。第五层为土灰色，第六层为深黄色。这四层的大小分别为 4.3 厘米×4.3 厘米、5.1 厘米×5.1 厘米、6 厘米×6 厘米、7.3 厘米×7.3 厘米。第七层为四组对称的镂空花草纹图案，纸色与第二层相同，但有许多灰色纤维斑点，与上层各纸形成明暗反差，12.5 厘米×13 厘米。卷背有墨笔标记"◇无"。

斯 11633 号 B，10.4 厘米×11 厘米。此件剪纸为五层纸由小到大、上下粘贴而成的立体花纹图案。最上面第一层为圆形花心，纸色已污，1.5 厘米×1.5 厘米；第二层为四组对称镂空花瓣，左下角残缺，纸色暗红，4.2 厘米×4.2 厘米；第三层为四组对称实心花瓣，右边残缺，纸色粉红，残存 3 厘米×6.6 厘米；第四层为四组对称实心花瓣，纸为黄色，完好，6.7 厘米×6.7 厘米；第五层为四组对称镂空花纹图案，左边、下边大部分残缺，纸为棕色，有水痕污迹，残存 10.4 厘米×11 厘米。近年已修整，用宣纸按照残留部分的图案将第五层剪纸复原完整，12.5 厘米×12.5 厘米。卷背中心处粘有一块似葫芦瓢样的木质残片，1.8 厘米×2.7 厘米；中间钻有一个直径 0.3 厘米小孔，可以转动。不知是否用来插在什么地方作为装饰？后来发现在《敦煌莫高窟北区石窟》（第一卷）第 103 页记载，在北区第 40 窟出土一块葫芦片，上刻西夏文"步（行？）"，证明敦煌有用葫芦片制作物件的传统。

8 月 30 日（星期六，晴）

伦敦少有的晴天已持续了一个多月。我们每天上班路过的罗素公园里大片的草地因为干旱而枯黄，上面落了密密的一层黄色梧桐树叶，显出几分秋天的萧瑟。前天终于天阴下雨。今早路过，草坪经过断断续续一天的小雨，似乎青翠了一些。

昨天下午 4 点半，我们终于做到了斯 12000 号，完成了这次计划要做的 2 000 号。他说要庆祝一下，我们到超市买了一份 750 克的西红柿鸡翅（3.49 英镑）和红葡萄酒等。

晚饭边吃边聊。他说自 1984 年开始做敦煌遗书目录，到现在已近 20 年，总算看到曙光了。如果抓紧剩下的工作，顺利的话，再用 5 年时间，即在他 60 岁前，应该能完成这个项目。

我说："这个项目，应该是你这一生费力最多，也是最有价值的事情了。我这次在英国国家图书馆和你一起做目录三个月，增加了对敦煌遗书的了解和兴趣，更加感到做好这件事情的重要和不容易。等回国后你到国图核对敦煌遗书目录时，我尽量跟你一起去，既可以给你帮忙，也可以再多搜集一些敦煌遗书的各种形态以及在国内流转的资料，进一步丰富《寻访敦煌遗书》的内容。这几年，我多抽一些时间，帮你尽快完成这个大工程。"他说："想想这么多上千年的文物，能够让我们一饱眼福，能够经过我们的手把它整理、编辑出来，也是福气啊！"

这两天，遇到的大多是赴英前已经在《大正藏》中查明出处，做起来比较简单的小残片，进度大大加快。最快时，一天可以完成上百号。而前一阶段因为难点多，进度慢，曾打算最后这两个周六加班。昨天，广锠看已经完成计划的数量，说："今天不干了，去维多利亚博物馆。"我因为看到了曙光而兴奋起来，建议赶早不赶晚，今天还是干活。他说："也好。这两次来，好像都有些不顺利，不知道吴芳思是否遇到了什么难处。很难讲今后会遇到什么事情。我们尽量往前赶，明年如果来，可以多一些机动时间，核对做过的部分，解决遗留问题。"

9 月 6 日（星期六，阴雨）

又一周没有记日记了。

本周开始，做斯 12000 号以后的部分。本来这次做的目录，有的还应该再核对一遍。以前做过的部分，也有一些遗留问题需要解决。但广锠考虑后决定，剩下的时间，还是继续做需要依据原件才能做的基础工作。凡回国后可以依据照片做的核对工作，一律回去再做，不占用在英国的工作时间。

来伦敦之前，我们通过缩微胶卷用电脑检索过残片内容、做过初稿的，到斯 12240 号。斯 12240 号以后的部分，就先在这里对照原件记载有关文物的基础数据，回去后，再根据缩微胶卷检索补充残片的文献内容。他说：把做过的目录输入数据库整理后，能发现不少问题。但前一段时间电脑出故障，数据库也被破坏，无法进行这项工作了。所以，不如先继续往下做，回去后通过数据库把问题都理出来，明年来时，集中核对及解决遗留问题，避免重复劳动。

周三（3 日）、周四（4 日）两天，做斯 11628 号。这一号广锠曾去要了几次，都说找不到。他只好求助葛汉。最后还是葛汉从修复部找到了。葛汉的中文水平还不错，与我们交流基本没问题。只是有时一些用词是英国习惯。比如他说修复部是"坏孩子"，拿这件时没有登记，时间一长就忘记了，所以开始没有找到。

广锠说："在库房里找不到的遗书，一般都能在修复部找到。有的原来几个残片裱糊在一起，其中有的残片文字、图案被遮盖，就拿到修复部去揭开，以发现更多的信息资料；有的是通过研究，发现放在不同硬塑料片中的残片实际可以缀接，便拿到修复部去，拆开硬塑料片，把这些残片缀接起来。因为经常流转使用，交接手续上略微疏漏，有时就会找不到。去年来时就有一件，怎么也没找到，吴芳思都着急了。最终还是在修复部找到的。"

斯 11628 号装在一个硬纸盒里，里面又用信封分别装了 28 个小残片。每个残片和装残片的信封上，都用铅笔标明是从哪一号敦煌遗书上取下的，可见修复部的工作非常规范、严谨。从这些小残片的形态看，有的是从敦煌遗书上剪下的小纸片，有的显然是遗书上残断或粘贴的一部分，都没有文字。其中，有若干个纸片被剪掉了一厘米见方的小方块。盒子里有一张残片编号的清单，在多数编号后面，都标明了大致的年代。根据这些情况，广锠分析说应该是英国国家图书馆为了检测纸张年代，从敦煌遗书上所取的纸样。上次到吴芳思家时，她曾说起图书馆要从敦煌遗书上取纸样，用仪器进行检测研究。她表示反对这样做，说"太可怕了"。广锠亦说："这样从敦煌遗书上直接剪取纸样，在中国国家图书馆是不可能的。谁也不敢做这种对文物带有破坏性的取样决定，甚至不敢提这种建议。在中国，没有人敢拍这个板，负这个责任。"

这 28 个小残片，年代最久远的，是南北朝时期的（公元 5—6 世纪）；加工最精细的，是公元七八世纪唐代制作的研光上蜡的经黄纸。我拿起一片三四厘米大小的经黄纸仔细端详，只见它们的质地十分细密平滑，纸面泛着晶莹沉着的黄色，用手轻轻一弹，啪啪有声，既挺拔平展，又柔韧耐磨，历经一千二三百年的沧桑，风采依旧，似乎时间老人对它们也奈何不得，让我们不得不对古代国人的造纸技术叹为观止。广锠认为照这种状态，只要妥善收藏，这些古籍文献可以世世代代保存下去。最近 20 年来，广锠为编撰《世界敦煌遗书总目录》，已直接看过两三万件敦煌遗书的原件。根据这些遗书的纸张特征、文字风格、书写形态、文献内容等，逐渐形成了一套鉴别敦煌遗书真伪、判别其年代的经验。这次，他又认真对每一件纸样进行了观察，又用袖珍量纸仪测量了每张纸的厚度，薄的 0.06 毫米，厚的 0.3 毫米。他先对着每张纸作鉴定，记载该纸的大致年代，随后又与图书馆标记的年代进行了比照，结果大部分一致，但也有个别有差异。

周五（5 日）上班前我们又在罗素公园小坐，讨论起回国后如何做好相关准备工作，充分利用明年来英国的机会，不仅完成英国藏敦煌遗书的目录，而且争取研究一些问题等事情。我提起他曾想进一步研究的蒋孝琬题记的问题。

他认为王道士发现藏经洞后，洞中遗书虽有流散，但数量不大。斯坦因是第一个从藏经洞大批获得遗书的人，而且他是成包成包地搬，当时的"包"，大体上应该是藏经洞发现时的原状。所以，英藏的卷子大多保留了藏经洞发现时的原貌。这对研究藏经洞封闭时敦煌遗书的原始状态以及相关的信息具有重要意义。一年后伯希和得以进洞挑选敦煌遗书，但此时斯坦因已经拿走了一部分，伯希和所见已非原貌。而且伯希和开包挑选，彻底打乱了藏经洞敦煌遗书原来的收藏状态。国图等收藏的，更是在敦煌遗书几经劫难之后的遗存。所以，只有斯坦因所得的敦煌遗书，最接近这些文献的原始状态。但斯坦因关于敦煌遗书最初情况的描述，在已翻译成中文的他的《斯坦因西域考古记》等书中介绍得不很详细。斯坦因得到敦煌遗书后，曾让他聘请的师爷蒋孝琬进行过简单的登记整理。英国国家图书馆的不少敦煌遗书上都留下了蒋孝琬用红色毛笔标注的苏州码子和他的墨笔题记，如"破烂不堪经一捆等"。由于蒋的题记是后人所书，无论是刊有英国图书馆前 6 000 多号照片的《敦煌宝藏》，还是图书馆对后 7 000 多号拍摄的缩微胶卷，有些写在卷正面的墨笔字，能够看得到；有些写在卷背的，则未拍摄。而且书上的照片和缩微胶卷都是黑白的，蒋写的红色苏州码子也看不清楚。广锠曾设想，通过集中整理研究蒋的题记，可以对斯坦因所得敦煌遗书的最初状态增加了解。为此，我们在国内利用缩微胶卷编撰英国国家图书馆后 7 000 多号的目录初稿时，对凡是能够看到的蒋孝琬的题记都做了记载。但前 6 000 多号的目录，由于《敦煌宝藏》图册有的照片不清楚，有的又未拍摄或看不清这个内容，就难以全面著录。而敦煌遗书这种原始的保存状态，又是分析研究藏经洞封闭原因的重要线索。

关于藏经洞的封闭原因，一直有废弃说和避难说两大争论观点，是敦煌学者关注研究的问题之一。广锠的观点是废弃说，即认为藏经洞里的遗书，是寺庙使用后损坏不用的废弃佛经。因为古人有"敬惜字纸"的传统和对佛教文献的尊敬，把废弃的文献纸张等封存到藏经洞里。避难说则认为是古代躲避战乱，为了保护这些文献，而把它们秘密藏在藏经洞中。能否搞清这个问题，对深入研究敦煌遗书的有关内容有重要意义。我问："能否明年来把前 6 000 多号蒋的题记查核一遍？"他回答说："这 6 000 多号都是长卷，一个卷子一个号。图书馆每人一次只能借两个卷子，明年来，不可能有时间把前 6 000 多号的卷子都提出来看一遍。回去后，我用《敦煌宝藏》核对前 6 000 多号的目录时，也注意记录《敦煌宝藏》中能看到的蒋的题记。在此基础上，再考虑下次来时有重点地提出需要研究的卷子。"

9 月 5 日、6 日，广锠专门提出了斯 05665 号，用了两天时间，对这个编号中 70 多片敦煌遗书的文字和形态做了初步研究，得出了一个令他兴奋的结论：武则天时代（公元 7—8 世纪）就已经有了经折装。此前，人们所知时间最早的古代墨栏经折装是晚唐五代时期的（9—10 世纪），分别收藏在国图和上海博物馆。他的这一发现，将经折装出现的时间提前了 200 年。

经折装是我国古代书籍的一种装帧形式。其基本形态是：将若干张纸依次粘接起来，然后等距离正反折叠，形成像手风琴风箱似的一叠。经折装，一般在它的首端和尾端加一个纸壳作为保护。为了抄写整齐，往往画有界栏。经折装克服了卷轴装展卷收卷不便的缺点，故颇受人们欢迎。古代，我国的刻本佛经大体都采用这种装帧。直到近代，一些手本、手藏仍然有采用这种装帧形式的。

虽然经折装在古代曾广泛流传，但人们对它的认识有一个过程。从现有资料看，明朝不少人把这种装帧形式混同于从印度传入的梵夹装。如明代的著名僧人紫柏等人在木刻大藏疏文中，把以往的经折装佛经称为梵夹装。这一错误称谓，从紫柏之后，一直被书史学家沿用。近年来，虽有多位学者指出应予正名，但时常看到，还有人用梵夹装来称呼经折装。近几十年来，已有不少中国、日本的学者对经折装进行了认真研究。但上述研究，对经折装还有几个问题没有解决：第一，经折装是什么时候产生的；第二，经折装和卷轴装、梵夹装、粘页装、缝缋装是什么关系。这次通过对英国国家图书馆藏斯 05665号等一系列朱栏写本的研究，证实了最迟在唐武周时期经折装已经出现。这个新发现，是广锠多年来关注、研究朱栏残片所取得的成果。

古人正规地抄写文书时，为了整齐，大都先在纸上打上格子。这种格子大多是用细墨线画的，也有折叠的。用墨线画的黑色格子，称为"墨栏"；用红色颜料画的格子，则称为"朱栏"，但早期的文献朱栏比较少见。1991 年广锠到英国国家图书馆编写敦煌遗书目录时，在斯 07000 号以后的遗书里，见到有朱栏的残片。后来·次开会时，与法国敦煌学者戴仁聊天，戴曾非常肯定地说敦煌遗书中没有朱栏的文献，如果有，就是假的。广锠听后吃了一惊，由此对朱栏比较留意。

前几天工作中，他遇到了几个朱栏的残片，纸张、字体都差不多，引起了他的注意。这些残片都为长方形写本，其长度一般在20—30厘米，宽度为8—9厘米；双层厚纸粘贴，硬实挺拔；有单面书写，也有双面书写。敦煌出土的梵夹装，为了便于翻阅，往往把两张纸粘贴起来，以加强纸张的硬度。粗看之下，很像是无孔梵夹。但是，这次看到的这一类敦煌遗书，均为朱栏，与以往所见的梵夹装全然不同。另外，这类敦煌遗书偶尔出现两页连在一起的形态，这不符合条状梵夹的形态。由于它的正反两面有时抄写不同的经典，即使抄写同一部经典，文字也不能连贯。这也不符合叠状梵夹的特点。这些特征让人不由得猜测，这可能是另一种装帧形式，有可能是经折装。还有一点值得注意的是，这批残片中有不少武周新字（武则天时期推行使用的一些文字，如"地"写为"埊"等），而且使用周遍（即凡遇有武周新字的都使用；如果有的用、有的不用，即不周遍，说明是武则天以后年代的），说明它们产生于武周时期。他便琢磨这些残片到底是什么装帧形式。

在早期编目时，他并没有太注意书籍的装帧问题。到北图工作后，负责编辑馆藏敦煌遗书目录时，因为所写的序言里涉及敦煌遗书的几种装帧形式，遂开始研究书籍装帧的历史。前一段时间，他曾写了关于粘页装的文章，可总觉得经折装的年代问题还没有搞清楚。而这次先看到的朱栏残片，都只是单片或两片相连的，其装帧形式到底是梵夹装，还是经折装，尚不能肯定。只有找到有三页以上相连接的文献，才能确定。

上周，做到斯11928号（待考佛经），这又是一件朱栏的残片，且纸张、朱栏和整个形态都与斯06981号至斯13900号中带朱栏的敦煌遗书一致。这个残片虽然只是从写本上横着剪下的小纸条，但可看出是几个折叠在一起，成为 7.3 厘米 × 1.8 厘米的小截，从现存状态判断，应该超出两页。但已封在了硬塑料片里，无法把它展开。经过与葛汉联系，将本号从硬塑料片中取出。因修整人员有其他事，仅做了初步的简单处理，未能将粘贴处完全揭开。但从已经揭开的部分可以清楚看到，本号是一个 21.9 厘米 × 1.8 厘米的长条，原来折为三页（即原来文献的上部边缘处），其中两页横幅完整，一页横幅被剪断。正反面书写，正、背面 6 个半页，每页一面 5 行，正面 13 行，背面 13 行，共 26 行。从两页相接处，明显可见有旧折痕。即在背面有一空行，但该空行并非写经的正规空行，而是经折装的版心。由于本号折为三页，较为充分地反映了经折装的特点。也就是说，最迟在武周时期，经折装已经出现。但这个残片毕竟还只是一个局部，广锠又考虑是否还能在英藏敦煌遗书中找到更完整的经折装写本。正因为他对类似的残片比较注意，这些敦煌遗书的书写风格和卷面形态在他脑子里留下了比较深的印象，便凭着感觉到图书馆的《敦煌宝藏》后部分里翻找。当翻到第三本，果然在里面找到了类似形态的斯 05665 号。因《敦煌宝藏》是黑白照片，看不出朱栏。所以他昨天提出了要看原件。

斯 05665 号装在一个大纸盒里，里面用一张纸包了一大包规格、纸张差不多的残片。其中大部分残片都是朱栏的。但这些残片秩序混乱。两天中，广锠对照《敦煌宝藏》逐页编号，排好顺序，进行登记研究。发现《敦煌宝藏》中有的照片排错了顺序。如编号"6"的左半部与"7"原本是连接的整体，书中一页拍不下，分为两页拍也不注明；另一个原来写本是两页连接的，书中本来一页完全可以拍得下，却分成了两页，错得莫名其妙。如果仅看《敦煌宝藏》的图片，不对照原件，根本搞不清楚这些文献的正确顺序。

功夫不负有心人。在这些残片里，广锠终于发现了两件 4 页或 5

页相连的写本，而且从折痕可以明显看出原来不同的折叠方向，完全可以断定是经折装。通过有武周新字可肯定其为武则天时代之后，他又通过找避讳字（即避讳当代皇帝的姓名），想看看有无年代更早的。后发现一残片对叶字（繁体叶字中有"世"字）有的避讳有的不避讳，说明这件是李世民以后的东西。由于在英国的时间有限，无法再做更深入的研究，只好先告一段落。广锠打算回国后，再对照《敦煌宝藏》对这件文献的文字内容做进一步的研究考证，在进一步确定文献内容的基础上（回国后根据残片原有题名或通过文献检索查核，已知道了大部分文献的内容），看哪些是可以缀接的，以进一步恢复文献原来的面貌。

下面是我后来对广锠研究斯 05665 号所写日记，现附在此。

2004 年 2 月 15 日，星期日，晴

一个星期以来，他都在撰写对英藏斯 05665 号的研究文章。今天终于完成了，有 3 万余字。他说对这一类残片装帧形式的研究兴趣，是从 1997 年开始的。当时他利用到英国开会的机会，到英国国家图书馆翻看斯 07000 号以后的残片。翻看中，其中几个朱栏的残片引起了他的注意，从其形态特征看像是经折装。但那几个残片大多只有一二页，去年我们到英国做敦煌遗书目录时，他又通过翻看《敦煌宝藏》里的照片，借阅了从中发现的类似形态的斯 05665 号，并对有关情况做了记载。这次所写的文章，便是通过此件对与其的装帧形式等有关情况所做的深入研究。

斯 05665 号共有页数不等的 56 段残片。经过对其文字内容缀合或归于同件文献后，可确定分别是 24 个经折装。去年在英国看这些残片原件时，根据一些残片中的武周新字，他推断起码

在中唐武周时期（公元六七世纪）就已有了经折装。这个时间比原来有物证的晚唐时期（公元八九世纪）已经有经折装的观点提前了100年左右。这次通过详细研究，发现其中的一件，在纸背面杂写的是《优婆塞五戒威仪经》。从其使用武周新字周遍的情况，可断定这是武周时期抄写的。由此可推论正面抄写的《大宝积经》第112卷至少应早于武周时期。又通过对《大宝积经》所写文字的分析，发现其中的叶（繁体字为"葉"）、弃（繁体字为"棄"）及"世"等，凡是有唐太宗李世民的"世"字的，都按照当时的规矩予以避讳，并且没有武周新字。类似情况的《大宝积经》还有多件。另外，从所有残片的形制看，无论是纸张的双页粘贴，还是朱栏的描画，都很规整、统一，这说明当时经折装的形态已很成熟。

通过这些文献实物，不仅可以证明经折装在初唐（公元 6 世纪）已经存在，使经折装的实物例证年代又向前提了几十年，而且根据其形态的成熟情况，可推测《装订源流和补遗》一书中登载的1950年张铿夫《中国书装源流》一文所说"卷轴之书，读者卷舒为劳，于是将长卷折叠为折，伸缩较易，名为折本。此制始于佛经，六朝时已有之"的观点也是有可能的。

他为这一新的发现十分欣喜。兴之所至，他又准备抽时间把这些年来做敦煌遗书所得的"副产品"——对古代书籍装帧的各种形式的研究成果写成一本小书。

昨天，我又发现斯 12885 号小残片也为朱栏写经。但这件写本的书写形态、纸张与斯 05665 号不同。字大，书品、纸张俱佳，他看后说是卷轴装。这种朱栏的卷轴装很少见。

9月5日晚，我们应邀到布朗·玉英家去做客。她是台湾人，因会日文，原在东方与印度事务部的日本组工作，不久前退休。现在图书馆仍聘她做有关日文佛经的编目工作。她的工作间就在我们后面的一间。因为都是玻璃房间，大家的一举一动一目了然。

玉英一般一周只来两三次，而且常在下午快闭馆的时候来。不知是否图书馆的人可以在这里加班。她的小工作间很有特点，墙上挂着十二生肖的动物日历，桌子上杂七杂八地放了不少小工艺品。她60岁左右，但身材苗条，打扮入时，性格活泼。大概是在国外待久了，她中国话说得还不如英语或日语流利，加上她的工艺品里有不少日本的东西，开始我还以为她是日本人。因为广锠多次来，且大家又都是中国人，每次见面，她都会热情地同我们打招呼，有时也中文夹杂日文地聊上几句。几周前，她就约我们9月5日到她家里做客。昨天下午她来后，又给广锠详细写了她家的地址，并告诉我们她还邀请了韦陀夫妇及敦煌研究院的谢成水先生和她的侄子侄女。

韦陀目前在伦敦大学任教。广锠说现在英国敦煌研究方面的权威就是他了。韦陀主要是研究绢画、织物等敦煌文物，主编出版了敦煌流散到英国的艺术品的精美画册。他们1997年开会时曾经有过一面之缘，但后来没有什么来往。

我们前几天聊天时，曾谈到藏经洞的封闭原因。广锠曾与持避难说的荣新江都举了斯坦因所得敦煌文物中一些佛教丝织品的例子。方认为是残破的，也是废弃物；荣说很精美，不可能被废弃。荣还列举了斯坦因照片中经卷都是一卷卷捆放的例子，认为那是精心收藏的证明，不可能是废弃物。广锠虽然过去到维多利亚博物馆看过部分斯坦因从敦煌带回的绢画，但因时间有限，未做详细记载，也没有看全。为此，他说可以借这次在玉英家见面的机会，问问韦陀这些绢画的情况，以及斯坦因照片中的那些包裹成捆经卷的帙皮或包裹皮现在哪里；我们在图书馆做目录时，只看到很少几件经帙。

晚上6点，我们准时赴约。玉英家距离我们的住处不远，步行约20分钟。她的住处是一幢五六层的公寓楼。到楼下通过对讲门铃与她先生通报了姓名后，我们乘电梯来到她三层的住处。

胖胖的布朗先生给我们开了门。他头发雪白，满面红光，衬衣上庄重地系着领带，行动略显迟缓。看到家里铺满了地毯，主人都未穿鞋，我们也连忙脱鞋，一起到客厅（约15平方米）坐下。穿过门廊时，只见经过的卧室、厨房以及我们落座的客厅，到处都摆放着各种别致的工艺品或装饰性很强的家居用品，东方风格突出，也夹杂着现代艺术，如客厅墙上装饰的两个黑底白画的骨架式鸟类图案。几大盆茂盛的观叶植物，各个角落里精致的工艺落地灯或射灯，都显示出主人的精心营造和生活情趣。

我们送给他们一本精装的《水浒传》的信笺，玉英高兴地赞叹起来。寒暄了几句后，玉英到厨房去忙。我们因为与布朗先生语言不通，有些冷场。好在几分钟后，门铃接连响起，其他几位先后到达。

韦陀身穿红衬衣、米色裤子，一派绅士风度。夫人朴淑英是韩国人，身穿棕色高领针织套头衫、米黄色裙子，打扮朴素。他们夫妇与主人家显然很熟，夫人不时帮主人搭把手，韦陀也自取所需的物品。

同来的敦煌研究院的谢成水到英国有一年时间，主要随韦陀研究有关艺术品，临摹顾恺之的画等。

玉英的侄子、侄女来自台中。侄子叫晏启华，长得文质彬彬，到英国读系统工程专业的硕士、博士学位。玉英说本来7年的课程，他只用4年就完成了，读得很辛苦。今天刚拿到了博士学位，特此庆贺。难怪玉英早早就选定了今天这个日子。侄女曾到日本学习服装设计专业，如今做服装贸易，说到过几次北京。我问小伙子是否到过大陆，他说因为职业关系，不能到大陆。但父亲是苏北人，去年曾回过故乡。

布朗先生给我们每人斟了杯香槟，茶几上摆了炸土豆片、煮毛豆等佐酒小吃，大家随意聊天。广锠借机向韦陀询问了他关心的几个问题：

1. 英国现藏的绢画到底是一开始就给英国的，还是后来又从印度拿过来的？

韦说：由于斯坦因的经费是印度给五分之三，英国博物馆给五分之二，因此印度得到了一万多件，包括壁画，说是跟印度佛教石窟有关。拿到英国的主要是文书。英国拿到了400多件绢画。

印度的东西曾有人做了一个目录，有20本，但一直没有出版。那个目录是按照出土地点，即按照斯坦因的目录编的。韦陀去印度时，看到现在新德里博物馆有个年轻人正在重新编目，是按照东西的类别编的，打乱了原来的编号，韦对此很不以为然。说这个小伙子把有的地方搞错了，如把伏羲女娲绢画上的太阳当成了法轮。韦指出来，他还不高兴。韦对他的工作态度也颇有微词。说他每天10点才上班，先喝茶，东西让别人去拿，一天只能做三四件，不知何时才能搞完，还不给别人看。

2. 关于绢画的残破问题。

韦说：绢画还是好的，但那么多年前的东西，总是会有损坏。也有好的，发现有公元980年的画，离藏经洞封闭只有20多年。要看好的绢画可以到法国去看。因为伯希和第二年去，王道士胆子大了，伯希和给的钱也多，所以给了他好的东西。不过法国得到的绢画有的不一定是藏经洞的，还有伯希和在其他地方得到的。因伯希和带了摄影师，拍了一批照片，伯希和编号就是按照摄影师的洞窟编号，是从上到下，跳跃式的，与敦煌研究院的编号不同。在一个照片的背景上可以看到一个庙，庙里挂的那幅画现在就在法国。他的 3 本书把英国的东西都收进去了，日本秋山光和的书把法国的画都收进去了。

3. 帙皮到哪里去了？

韦说：英国没有，可能在印度。因为斯坦因所得的藏品，当时按照印度、英国出钱比例分配，所以需要给印度一万多号。分配的人为了凑数，好的拿到了英国，差的就给了印度。

方提出希望韦陀把斯坦因所得藏品的流转过程写下来，但韦表示不感兴趣，不是他研究的东西。方谈到韦陀的 3 本书北京没有，谢提出是否可以翻译成中文，韦陀说可以考虑。韦主动提出社科院没有，他可以给社科院送一套。

谈话间，主人陆续给每人端来晚餐。第一道菜是每人半边茄子，大概是用微波炉做熟的，上面浇了日本酱类的调料。饮料又换成了红葡萄酒。没有餐桌，每人一个木质托盘，放在膝盖上就餐。我小心翼翼，担心不慎会弄脏主人漂亮的地毯。第二道是正餐，每人一盘米饭，上面一些绿菜花，两根肉菜串。第三道是什锦水果，红的草莓，黄的芒果，紫色的小浆果，色彩鲜艳。第四道是甜点，草莓派一类的点心。然后每人一杯茶水。此时距我们进屋已三四个小时，口干舌燥，如饮甘泉。

吃饭中，大家随意聊天。朴淑英通过晏启华的翻译，与方聊起韩国发现的刻本《无垢净光陀罗尼经》。方说："对该《无垢净光陀罗尼经》的刻印，现在有两种不同观点：一是在中国印制后流传到韩国的；还有一种观点，是在韩国刻印的。"方的这句话晏刚翻译完，朴就拍起手来。方说："我的观点，有可能是在中国印制的。但要考察原件，特别是考察纸张，才能下结论。"大家说话时提到"大英图书馆"，朴立即反对说，什么"大英"，是"英国"。这不仅让人联想到韩国人很强的民族意识。与方讨论中，朴因为一时无人帮助翻译，着急起来。她朝韦陀望去，希望他能帮忙，但韦陀正和别人说话。她便把手放在嘴边，"咕咕"地学了两声鸟叫。不知这是不是他们夫妇间的"信号"，韦陀听到后马上转过脸，也朝她回应了两声"咕咕"，很有意思。

喝完茶已快晚上 10 点，玉英拿出我们送的信笺，又让每人留言。书写时，大家互相观摩，欢声笑语，气氛活跃起来。谢成水写的是"他乡遇故知"；韦陀用中文写的是"四海皆兄弟"；我写的是"朋友相聚，年轻十岁"；方写的是"如坐春风"；晏启华写的是"衣锦还乡，荣归故里，感谢姑婆，多年照顾"。朴淑英写的是朝鲜文。方给玉英写赠言时，她让广锠把她先生的名字也写上。方连忙抱歉说失礼。琢磨了一阵，方把她先生的英文姓名音译为步维尔。晚上 10 点半，众人告别主人，分别离开。看到朴淑英和玉英告别时，行的是贴面礼。看来她们之间很熟悉。

9 月 9 日（星期二，多云）

从前一个周日开始，我们就上街采购回去送人的礼品。但上午快 11 点出门时，牛津街的很多店铺还没有开门，街上也静悄悄的，少有行人。买了些小礼物，但还没有给广锠的嫂子和我父母选到合适的东西。给中老年人的礼物最难挑选。

接受之前的教训，这个周日我们中午 12 点出门。街上的店铺刚刚开门，顾客还不是很多。看来伦敦的周六、周日是从中午开始。在一家商店，看到一种质地柔软的呢绒帽，20 英镑一顶。广锠说这挺适合老年人戴的，可以给我父母每人买一顶。我感觉这个主意不错。

挑了两顶不同颜色的帽子，送给老人一对"情侣帽"。他也给嫂子买了一条苏格兰围巾，14.95 英镑。他又买了不少小礼品，有三四十份，准备回去送给学生和单位的同事。

走到牛津街地铁站十字路口，南边的马路临时封住成了步行商业街，大做旅游宣传。沿街搭起了一个个棚子或摊位，有"BBC"搭建的舞台，请了乐队和歌手表演；有警察的亲民活动，一字排开的警车、摩托车，游人、小朋友可随意上下，有笑容可掬的警察帮助讲解。旁边立有一幅警察抓小偷的大型漫画，两个警察和他们抓住的小偷脸部被挖空，孩子们纷纷把小脸放在上面拍照。更多的是卖各种特色商品和举办游艺活动的摊位，热闹异常，像是又一个狂欢节到来。路过一家迪士尼玩具店，生意兴隆。我们也走了进去。只见货架上各种可爱的卡通动物摇头晃脑，仿如一条微型的动物王国商业街，有卖首饰的猩猩、染布的狗熊、卖蔬菜水果的兔子……各个活灵活现，憨态可爱。广锠也发了童心，买了两个透明胶皮球在街边拆开包装兴致勃勃地玩了起来，引得两个孩子也凑过来和他一起玩。

9 月 10 日（星期三，小雨转阴）

今天，广锠与吴芳思谈了有关工作的事情，我记录如下：

前天下午广锠给吴芳思打电话，约她面谈一次。但昨天她没有露面。今天上午广锠给葛汉打电话。葛汉来到后说吴芳思在参加图书馆的招聘面试，特别忙。广锠讲了一下工作的情况。葛汉说，有关工作的问题最好还是与吴芳思谈。葛汉说吃午饭时吴芳思应该会回来，他跟吴芳思讲一下。应广锠的要求，葛汉帮助我们复印了东方与印度事务部所藏藏文卷子背后的汉文写卷的目录。

下午，吴芳思与葛汉来了。然后一起到他们办公室。广锠谈了如下几点：

第一，三个月来的工作情况。

斯 10000 号至斯 12000 号草目已经按照计划完成。回去以后，利用数据库进行整理。如果有需要查核的，明年再来查核，最后定稿。今年完成的工作量比较大，大约有 800 页。

第二，关于明年的工作。

方先介绍了关于英国藏敦煌遗书目录的设想，即对斯 06980 号以前的部分，做一个简目。因为翟理斯目录是 50 年前做的，现在需要修订。而斯 06980 号以后部分，则按照目前的体例详细做。所以最后的目录，将包括英国所藏的全部敦煌遗书。为此，明年工作量比较大，包括对斯 08401 号至斯 12000 号部分的核对，斯 12000 号以后目录的编纂，斯 06980 号以前部分简目的定稿，还有木刻部分与藏文卷子中的汉文写卷等。广锠计划在明年 5 月下旬到 9 月下旬来英国，因为有学生要在 5 月上旬进行毕业答辩。吴芳思做了记录。

广锠特别说明，明年还是两个人来。吴芳思一口答应。说只要我同意，没有问题。（后来此行因故推迟至 2005 年夏季）

第三，几个问题。

（一）广锠谈到英国的藏品因为是第一批离开藏经洞的，所以，蒋师爷的最早著录对于藏经洞原状的恢复十分重要。广锠询问蒋师爷的目录，吴芳思说没有目录，只有编号。我提到苏州码子，吴芳思说她注意到了苏州码子，已经抄录了部分，现在苏珊那里，准备输入 IDP。吴同意方的观点，并说年内抓紧把苏州码子调查完毕，交给方。

（二）广锠提到经帙，吴说："织物均留给了英国博物馆。英国国家图书馆的部分，似翟理斯以为是写卷的，便拿过来了。"广锠又提到纸质经帙，吴怀疑在 20 世纪 20 年代被英国博物馆的人当作废物扔了。没有证据，就是怀疑。因为她一直没有见过。至于织物经帙，也许在英国博物馆的哪个地下室放着。

（三）广锠提到经折装及英国藏品在中国书史中的研究价值，并说明年打算把这个问题作为考查内容，希望得到支持。吴表示，明年可以入库看，方便一点。并将经折装出现于武周时期的观点做了记录。

（四）广锠提出希望吴写一篇文章，将斯坦因藏品辗转收藏的来龙去脉介绍一下，将来收入目录。吴答应了，并说还要写一下修整的情况。

（五）吴主动讲，广锠提出要的照片刚刚开始准备，这次来不及了，但今年 10 月，她要参加故宫的一个学术会议，届时可以带上。

（六）广锠问："1914 年，斯坦因第二次到敦煌得到的 500 个卷子，编为哪些号？"吴说："翟理斯编号，是先编大卷子，然后编小卷子与残片等。跟在残片后面的大卷子大概有 500 多个，就是斯坦因第二次到敦煌所得。这个在库里一看原卷就非常明白了。"她明天就可以给方卷号。

吴说我们回国时，她要送我们到机场或地铁站。广锠说不用，并说如果明年来还在今年的地方，不用接，自己可以找到。吴说这个月 17 日将要去中国参加中国国家图书馆的会，20 日（周六）应邀到国图做一个讲座。方请她到中国后来家里做客。

广锠对吴表示感谢。吴说："要感谢你。"广锠说："这是共同的工作。"

广锠回来后，说起刚才到吴芳思他们办公室谈工作的情况。东方与印度事务部是一间大办公室，各个组再用半截的隔板分成小间。吴所在的中文组现在就吴与葛汉两人。他就是在中文组的办公室同吴谈的，葛汉也在。

他说吴与葛汉的性格截然不同。吴有些大大咧咧，葛则比较循规蹈矩。本来按照图书馆的规定，他作为读者是不能进入办公室的，工作人员进办公室也要求戴胸牌。所以今天吴来请他到办公室去时，葛汉担心如果图书馆负责安全检查的人看到会不好办。但吴还是让他进了办公室。谈完出来，葛汉说，幸亏检查的人没有来。他们没有别的事情，就是专门干这个的。

广锠原来也曾提到两人不同性格的表现。吴芳思每次给他生活费时，从来不让他再点钱，但有时还真会忙中出错，比如这次给他的报销机票款，就比她说的及信封上写的数字差 20 英镑。而葛汉给他钱时，必会请他当面点清才罢休。

近一段时间里，总有两三个日本人也在这里的大阅览室看敦煌遗书。广锠说他们大多是看于阗文的卷子。

附：2012 年 8 月 7 日日记中有关蒋师爷著录的后续研究情况

方今天告诉我，他用数据库排列了目前已做目录部分有蒋师爷编号的 40 号，发现一些很有意思的现象。如斯号编为 ABC 的连续的三块残片，其中一块有蒋题破烂经三块，说明原来包在一起。斯 00886 号，有蒋题包内为大般若经卷 431、432、436，而卷 431、436 编为 AB 号，而卷 432 现编为斯 00887 号，因通卷托裱，背面已看不到字，应为原来的 C。这证明了他的废弃说观点，即藏经洞内经帙所包裹的写经并非是荣新江所说的经帙合一，而是作为废弃的文献随意包裹的。

9 月 11 日（星期四，多云转阴）

今天是中国传统的中秋节，也是美国"9·11"恐怖袭击事件两周年，还是我们这次在英国工作的最后一天。

下午 2 点，我们完成了 99 号夹的斯 13891 号。至此，斯 12001 号以后的初步著录工作已经基本完成。斯 13892 号至斯 13900 号因另外存放，这次来不及找了。广锠说那里边应该有鸟粪，只有留待下次了。

英国藏敦煌遗书的 7 000 余号残片共 99 夹。91 号夹之后，残片越来越碎。91 号至 95 号夹，每个硬塑料片里夹十几个小残片，每夹一两百个小残片，最多的 93 号夹有 260 个小残片。这些小残片，每件长宽不过几厘米，多的几个字，少的一两个字，甚至没有完整的字，每个小残片给一个编号。96 号、97 号夹里是更小的碎纸屑，小的长宽不足一厘米。每个硬塑料片里夹 10 至 20 个小残片，只给一个号。著录时不能打乱原编号，于是我们逐一给予下位号。

虽然这些残片很小，但也许可以补上某残卷上的某残字。又因为英国国家图书馆已给了编号，作为敦煌遗书的完整目录，必须予以著录，所以仍然要逐个量尺寸，做记录。由于我们想这次把所有的编号都初步完成，下次来再核对，广锠也一起量尺寸，做记录。第 98 号夹里主要为素纸。第 99 号夹里为各种织物，有残绢片、缥带，还有一块折叠起来的布料。因为这些布料夹在硬塑料片里，不知具体形状和大小，似比包裹皮要大，广锠怀疑这是僧人的袈裟残落下来的布片。

小残片的基础工作完成后，看还有些时间，广锠又通过翻阅《敦煌宝藏》挑选了几件斯 06800 号以前的敦煌遗书察看，希望在古代书籍装帧方面有一些新的发现。短短几个小时，难有超过前几天经折装的新发现，但他说开卷有益，还是很有收获的。

斯 05765 号是又一件武周时期的经折装。31.8 厘米×26 厘米；首半页 7.9 厘米，其余 3 个半页 8 厘米，共 4 个半页；每半页 5 行；正反面共 40 行（空 14 行），行 30 字左右不等。朱栏。有尾题："佛藏经卷第四。"

斯 05603 号，经折装。归义军时期写本。220 页，440 面。乌丝栏。卷面有一个全书贯通的小洞。他说由此可以看出梵夹装向经折装的过渡。

斯 05668 号，是一件比通常的梵夹装大而宽的文献，共 11 片。古人用毛笔在卷面上编写了顺序号码。一般的梵夹装都是长条状，而这件接近方形。他说这种形状还是第一次见到，看来是印度的梵夹装流传到中国后改造的。

这个写本上抄的是三阶教的文献。三阶教是一个已经灭亡的宗教，有关资料很宝贵。从写本上的藏文编号，可以判断是吐蕃时期的写本，说明这个时期三阶教在敦煌还很流行。这个情况正好可以写进广锠正在撰写的《敦煌佛教史》。他说敦煌遗书真是一座宝库。如果有条件仔细研究原件，会有很多新的发现。因为编写斯 06800 号以后的 7 000 件残片目录，连翻阅带登记，前后已过了两遍。将来核对，还要再过第三遍。但好东西主要是在前 6 800 号。像装帧形式、卷面状况等很多情况，仅靠看《敦煌宝藏》的照片是不行的，还是要看原件研究。

广锠用带过来的移动硬盘检索他以前编辑的《藏外佛教文献》，原来日本学者对此件已做过研究。但今天他又看出了问题。这件写本中的 11 片里的 3 片与另外 8 片从文字、内容上看不像一个文献。再仔细看，卷面中穿绳子的穿孔，这 3 片与那 8 片也不一致。不知是前人错当为一个文献编写了号码，还是另有一个近似形态的文献，互相放错了位置？他又说："当然，写本的个性化较强，这个问题现在还不能做结论，还要再研究。"

斯 05791 号，是他有意为我提的。该号是唐李百药化度寺故僧邕禅师舍利塔铭拓本。广锠说现宋拓本都很珍贵，唐拓本更少见。国图最早的拓本是宋代的，国内没听说有唐拓本。这件拓本每行宽 2 厘米，每字 1.5 厘米左右；每面 4 行，20 字左右，共 10 面，约 200 字。古人装裱成每页 4 行的小书形式，欧阳询的书法风格。由于是唐当代的拓本，字迹十分清晰，雕刻也很好地体现了原书写特点，是一件书法拓本的精品。

斯 05957 号原为册子装，但到底是粘页装，还是缝缀装，从《敦煌宝藏》上看，不能肯定。看过提出的原卷之后，广锠说可以肯定是粘页装。现图书馆重新装裱为书册形式，把原来的形态完全破坏了。他说这是破坏性的保护。

下午 4 点 20 分，看时间快到了，我们送还了敦煌遗书，收拾干净了小工作间，准备离开图书馆。

广锠到前台还卷子时，遇到阅览室的负责人，广锠用有限的几个英语单词告诉这位负责人，我们已经完成了这次的工作，明天回国，并向他们表示感谢。广锠说那人听后叽里咕噜说了半天，他便点头回应，但实际一句没有听懂。我大笑不止，说真不简单，这几个单词还能凑对了。他说今天临场发挥得好。这些年来，不会英语却去了几个国家，已经习惯了。去年他自己来时，拿着地址找住处，虽费了些劲，但找到了。我想起前两天他找门房小伙子结算电话费，因为沟通困难，请小伙子告诉他的中国妻子回来后再帮助翻译，着急中把"妻子"这一单词说成了"丈夫"。我们这代人，脑子好时赶上"文革"，没能学好外语；中年时虽补学过语言，却记忆力衰退，效果不好。没能学好外语，成为终生遗憾。

从我们这次在伦敦三个月的消费看，除了买电脑，电话费是最大的开支之一，147.89 英镑，主要是我们图方便，都在房间里打的长途电话。

晚上回来洗了衣服；准备明天再收拾东西，下午 4 点钟离开，乘地铁去机场坐晚上 8 点 20 分的飞机回北京。

9 月 14 日（星期日，早上 5 点）

9 月 12 日伦敦时间下午 4 点（北京时间晚上 11 点），我们离开住处，乘地铁前往机场。由于来时除了衣物，还带了不少与工作有关的书籍资料，行李比较多。两个准备托运的箱子，一个 29 公斤，一个近 20 公斤。由于担心行李超重，两个箱子之外，还要手提三台笔记本电脑（因带的一台出故障，又买了一台），一台数码相机，以及十来本书籍。我们每人拉一个箱子，广锠再背一台电脑，提一口袋书；我背两台电脑、相机及几本书。我们一起前往地铁站。

广锠的腰病不能提重物，我担心他犯病，同他争了半天，他坚持拉大箱子。从我们的住处到附近的地铁站，尽管只有六七分钟路程，但感觉格外漫长，越走越吃力。走到半路时，我真是哭的心都有。

好不容易进了地铁站，尽管多数上下的地方都有电梯，但也有一小段台阶。我正费力地往台阶下挪动行李时，一位年轻女士要过来帮我。这时广锠在前边放下东西，赶过来帮我把东西搬下了台阶。

正好赶上周末，不少人下班早，乘地铁的人格外多。约一小时后，我们到达机场。

托运行李时，办手续的工作人员说大箱子超重，在箱子上挂了29 公斤的标牌。我们指指小箱子，说我们两人是一起的，工作人员总算放行，没有加收行李费。接着广锠去办买电脑退税的事情，排了半天队，费了不少时间，还没有办成。在入关口外的退税处，他又排了半个多小时队，轮到时却告诉他因为钱多（应退 120 英镑），入关后再办。但入关后再去办，工作人员仅在退税单上盖了个章，证明我们已经出关，叫我们把退税单寄给商店索要。

过安检门时，看到除机器检查行李外，对少数男女乘客，要做搜身检查，从上身摸到脚下，还要抬脚看看鞋底。我忽然想起来，说："糟糕，有一把瑞士军刀放在装电脑和相机的背包里，忘记放入箱子里托运了。"来英国时，我就忽略了这点，在首都机场，过安检仪器时就引起怀疑，检查人员让开包检查，我因为根本没有想起这把刀，坦然打开书包，检查者没有看到什么就放我过关了。这次我想再逃不过了，准备上缴吧。但那背包在检查人员的观察下停顿了一会儿，竟然顺利通过了。看来国内外机场的安全检查都有漏洞。

伦敦时间晚 9 点，飞机起飞。我们乘坐的"空中客车"已经基本满员，再不会有来时的"卧铺"了。飞机上大部分是中国人。中国人动与不动，多动与少动，世界会多少有些不一样。

三个月的时间一晃而过。我们忙忙碌碌，过得既充实，又很有收获。我对敦煌遗书的了解和感受，有了质的飞跃，甚至对它有了一些感情。为它付出的同时，我也得到了回报，像是新学了一门有意思的功课。为有意义的事情付出和获得是快乐的。

第二部分

———

2005 年伦敦记事

6 月 14 日（星期二，晴）

2003 年夏天一起到英国时，原计划 2004 年再赴伦敦，完成剩下的工作。但前年从伦敦回国后，广锠先是忙于工作调动（他于 2004 年调至上海师范大学）、搬家（我们于同年搬至京郊），赶交《中华大典》的稿件等，一直没有空暇。

去年因任继愈先生的努力，国图申请到财政部拨付的专项资金，用以出版国图馆藏的敦煌遗书图录，于是广锠又开始在过去已做初稿的基础上，做国图图录的定稿，因此最终与吴芳思联系决定，来伦敦的时间推迟一年。前段时间，他经常起早贪黑，一天工作十多个小时，一直忙到临走的前一天，才完成了交给出版社的第一批 4 000 号国图图录稿。

2005 年 6 月 13 日早晨 8 点 20 分，我们从通州住处出发，9 点 20 分到达首都机场。

在机场办理出关手续时，我在前边先过。一个年约 30 岁的男警察看看护照问我："到英国去做什么？"我答："跟我爱人去英国国家图书馆做敦煌遗书的研究项目。"他问："他是搞什么学科的？"我答："佛教。"他说："研究佛教应该到印度。"看来他不知道敦煌遗书，但总算知道佛教源于印度。我说："英国国家图书馆有一万多件当年斯坦因从中国搞走的敦煌遗书，里面大部分是佛教内容啊。"广锠在一米等候线外以为我受阻，帮着答话。小伙子放我过关。

11点半，我们乘坐的BA038号英航班机起飞。我们买的往返机票连税每人为6500元。这趟航班只卖出了一半左右的票，领登机牌时便隔号给座位。我俩是靠窗的三个座位。他把里边两个座位之间的扶手掀起，让我坐得舒服些。一路上，我在里面两个座椅上或半靠，或蜷腿侧躺。但因时间长，依然感觉不适。想他一个姿势久坐，更不好受，几次要与他换位休息，他坚持不肯。途中供应两餐，第一次有中餐，还有小瓶的免费葡萄酒及啤酒。第二次只给了个热狗，而中间竟相隔8个小时！邻座的英国小伙子不停地去找空姐要吃的。广锠等不及晚餐，也去要了几样点心和饮料。看包装袋上的文字，还是中国机场生产的食品。机上的旅客有不少中国人。乘务员中有一位可讲中文的亚裔空姐。广播通知也有中文的。广锠说1991年第一次乘英航时，飞机上只有他一个中国人。

北京时间晚上9点半，伦敦时间下午2点半，经过10个小时的飞行，飞机抵达希思罗机场。时隔两年，我们再次一起来到伦敦。

走到伦敦希思罗机场的入关验证口，接待我们的中年女士满面笑容。广锠虽告诉她不会英文，她仍耐心反复询问。我们从勉强听出的几个单词，猜测她的问题，如在英国待多长时间，做什么工作，旅馆地址，等等。他拿出吴芳思的邀请信指给她看，或蹦几个单词出来，总算结束了这场吃力的国际对话。

按照吴芳思的安排，我们在机场出口很快找到了手举"Dr Fang"（方博士）牌子的出租车司机。途中，小伙子开始还试图用英语和我们聊几句，但很快便不得不放弃了他的努力。

傍晚近5点，到达图书馆为我们预订的旅馆，竟然是2002年广锠来伦敦时住过的那家。葛汉已微笑地等在门口。来前，广锠曾收到吴芳思的中文电邮，告之已安排出租车接我们到旅馆。尔后，吴在电邮中又写道："还有个汗，还有我在旅馆。"让我俩百思不得其解。后来还是女儿脑瓜儿灵活，分析这可能是个人名，顿时令我们恍然大悟！那"个汗"，一定是葛汉的音译了。

葛汉把我们送到预订的1号房间后离开。住处有一间卧室，另有卫生间及一个放有餐桌的小厨房，条件不如2003年为我们租的那种两居室。但距离图书馆很近，步行不超过10分钟。

因准备明天就开始工作，今天上午，我们一起到超市买了够一周吃的牛奶、面包、黄油、米、面、菜及电话卡等。我看到两年前来时常走的牛津街、唐人街面目依旧，似乎感受不到时光的流逝。因冰箱太小，放不下多少食品，我只好把买回的9个降价鸡腿（1.99英镑）煮了满满一锅，一时整个房间乃至门外的走廊都肉香四溢。

6月16日（星期四，阵雨）

昨天上午，我们按约定9点半到达图书馆。吴芳思已等候在大厅。广锠将送给她及中文组几个人的礼品——汉画像拓片、邮票册等都交给她，还送给她一卷国图敦煌遗书的仿制品。吴芳思说英国国家图书馆也准备仿效做一些。

一起到中义组，工作的地方还是前年来给我们用的那个小房间。广锠向吴谈了这次来的工作计划，除完成7 000号小残片的扫尾工作外，还要有目的地看一批前7 000号的卷子。吴表示尽力支持，并答应本周五就带我们到库里去看一下。吴还主动提出目前为我们租的房子太小，是因为听错了我们到达的时间，以为是 16 日。因此先在此住 3 天，然后搬家。

昨天上午一到图书馆，广锠便向工作人员递交了我们要看的几个卷号。但直到中午才陆续拿来一部分，主要是刻本。

首先拿来的 P.1 号为《故圆鉴大师二十四孝押座文》，五代刻本，94.6 厘米 × 27 厘米，3 纸，56 行，行 14—16 字。首尾均全。卷上边有残缺破损。纸厚 0.15 毫米，厚薄不匀，有帘纹，不甚清晰。现已修整，通卷托裱，装潢精致。但因图书馆托裱时在卷子上下边各伸展出 1 厘米左右宽度的纸边，用量纸仪测量纸张厚度很不方便，但卷面修整后基本保持了原貌。卷首、尾部接出了护首及拖尾。护首装配有半圆形木质天竿，拖尾后配木轴，还配有木盒，长 41 厘米，宽 12.3厘米，高 11.6 厘米。木盒外又套硬纸盒。做工精细。

这次来，我们还是像前年那样，每天吃早晚两顿饭，每天从图书馆上午 9 点半开门，连续工作至下午 5 点阅览室收回文献。

从今天起，我们带了一个保温杯放到楼底层存包的柜子里，以便中间喝些热茶。我中间下楼喝了两次，每次只喝几口，舍不得多喝，给广锠留了半杯，也借机活动一下腿脚。图书馆虽有可直接饮用的凉水，但我们还是不习惯。

干活到下午三四点时，我感觉挺累，看东西看得头昏。毕竟已连续工作了六七个小时。但广锠除去偶尔上厕所，连乘电梯下楼喝水的时间都舍不得。

目前伦敦的天气十分凉爽舒适。我们的时差还未适应，晚上七八点就困得睁不开眼了。但如果睡早了，第二天清晨三四点就会醒来，白天又头昏脑胀。昨晚本打算坚持到晚些时候再睡，但还是没有熬过8 点。

6 月 17 日（星期五，晴）

本周广锠主要复核前年我们来英时做过初稿的小残片，我做英藏敦煌遗书中的印刷品部分。

P.03、P.04、P.05、P.15、P.16、P.20 共 6 号，为同一木刻版片刷印的木刻本单叶"文殊师利菩萨像"，9—10 世纪归义军时期刻本。

类似的形态还有 P.08 号毗沙门天王像、P.09 号观世音菩萨像、P.14 号阿弥陀佛像。一般尺寸在 20 厘米 × 30 厘米左右，分为上下两栏。上栏为线描刻像，下栏为发愿文，多为墨色。其中只有 P.09 号观世音菩萨像为墨印后敷彩。发愿文的内容大同小异。

如 P.14 号《阿弥陀佛像》的卷面四周有双墨线子母边框。其中部用 1 条细墨线将整个画面分为上下两栏。上栏中间印有阿弥陀佛结跏趺坐在莲花座上的白描画像，通肩袈裟，背有火焰形背光、项光等多层光圈。两边有劝持文，分别写在双墨线边框中，右边为"四十八愿阿弥陀佛"，左边为"普劝供养受持"。劝持文下有莲花形基台。

其下栏的发愿文为：

夫欲念佛修行，求生净国者，先于净/
处置此尊像，随分香花，以为供养。/
每至尊前，冥心合掌，离诸散动，专注/
一缘，称名礼敬。/
南无极乐世界四十八愿大慈大悲/
阿弥陀佛，愿共诸众生，一心归命礼。十拜。/
南无极乐世界大慈大悲诸尊菩萨/
一切贤圣。一拜。/

> 然后正坐，一心专注念阿弥陀佛。或万或千 /
>
> 观世音、大势至诸尊菩萨，各一百八。念巳称云：/
>
> 以此称杨（扬）念佛功德，资益法界一切 /
>
> 含生。愿承是善声，同得正念，往生无 /
>
> 量寿国。更礼三拜，即出道场。/

有的发愿文后，如 P.09 号还有雕印人刻的题记"匠人雷延美"。

看来归义军时期，雕印散发了不少类似文书，用于信徒供养。这反映出不仅当时敦煌的统治者——曹元忠家族是虔诚的佛教信徒，而且信众也很广泛。其中 P.09 号观世音菩萨像，纸张磨损，油污变色，四周又用其他文书纸张进行了包边裱补，可看出供养人对其十分重视和珍惜。从艺术和审美的角度看，这些雕印品图像工艺一般，书法较差，明显为民间匠人所刻。但从 P.11 号文献的题记可看出，这位叫"雷延美"的匠人还有个"押衙"的官衔。

学者苏莹辉 1983 年著的《敦煌论集续编》中提到，从有关敦煌文献中可见，雷在公元 947 年为刻字匠人，"越三年（950），竟拥有'雕版押衙'头衔，可见当日敦煌雕版之风炽盛"。

但当时押衙的官衔到底有多大？财富几何？高国藩的《敦煌民俗学》一书中，提到斯 1946 号"宋淳化二年（991）押衙韩愿定卖妮子契"，28 岁的少女墉胜被身为押衙的父亲卖给寺院中的常住百姓朱愿松为奴婢，身价只有生熟绢 5 匹。如若此解释能够成立，这押衙还要出卖自己的亲生女儿，似乎并不富裕。

而姜伯勤刊载在敦煌文物研究所《敦煌研究》1981 年第 1 期第 51 页的文章，亦为对斯 1946 号的考证，但定名为"宋淳化二年（991）常住百姓朱愿松妻买家妮子契"。并认为："'家妮子'即婢女，契中名叫尴胜的婢女，原系押衙韩愿定的家婢。'押衙'本是节度使的僚佐，职在亲从近卫，但在沙州又是归义军时期一般富户常带的衔称。'常住百姓朱愿松、妻、男'是该家妮子的买主，即朱愿松、其妻、其子成为婢女的新主人。"这样看来，两人的考证结果又完全不同。

斯 13931 号是一种少见的"粘页装"与"蝴蝶装"混合的书籍装帧形态。此件包括 3 个文献：（1）《金刚经前仪》，12 行。（2）《金刚般若波罗蜜经》（木刻三十二分本），22 行。（3）《金刚经经末咒》（拟），15 行。存首尾两版，中间部分残失。每版四个半叶，每半叶（即书的大小）10.3 厘米 × 14 厘米。单面印刷，半叶之间有单边框。其装帧方式为，无字一面对折，成四个半叶后，将第二个半叶与第三个半叶无字一面的边缘粘接，第一个半叶的书口与前一版第四个半叶的书口粘接，第四个半叶的书口与后一版的第一个半叶的书口粘接。从整体看，类似蝴蝶装。但蝴蝶装一纸两个半叶有文字，而本文献一纸四个半叶有文字。第二个半叶与第三个半叶由同一张纸折叠而成，且有框线，形成黑口。现存放在特制的书套中。敦煌遗书中丰富的书籍装帧形态以及这种混合的装帧形式，体现出唐代曾经出现过一个多种书籍装帧形式并存的时代，并为我们研究中国书籍装帧的历史留下了丰富的资料。

此件末尾有题记 5 行："弟子归义军节度使特进检校 / 太傅兼御史大夫谯郡开国侯 / 曹元忠普施受持。/ 天福十五年己酉岁（949）五月十五日记。/ 雕版押衙雷延美。/"

斯 13930 号为中和二年剑南西川成都府樊赏家具注历日①，是

---

① 具注历日，略相当于现在的黄历。上面对各种节庆或禁忌的日子均有标注。

882 年唐刻本。

　　下午，IDP 项目聘用的匈牙利籍人高奕睿，领来一位在华盛顿大学教书的日裔女教授，向广锠请教敦煌遗书中的疑伪经问题，广锠向她做了介绍，并留了电子邮件地址。

　　本周三与吴芳思见面时，吴说周五带我们到地库看卷子。广锠也着急通过吴开通网络，以便收发电子邮件。但时至中午，吴仍未露面，他打电话过去，吴马上过来了，但说电邮因为图书馆电脑系统出了故障暂时无法收发。

　　广锠忙碌了一天，又没舍得花时间到楼下存包处喝几口我们放在那里的热茶，只在中间上洗手间时喝了些可饮用的凉水。我的肠胃还是对黄油面包不适应，一天都在叽里咕噜地叫，口渴了也不敢贸然喝凉水，只是两次到存包处抿几口带来的热茶润润嗓子。

6 月 20 日（星期一，阵雨）

　　上周六、周日两天，广锠说有 3 篇稿子要赶。白天他写稿，完成了给韩国研讨会的论文和一篇序言。还有一篇应《佛教文化》原编辑宋立道之邀写的关于印度佛教的文章。因宋最近将调到贵州大学，这是最后一次向他约稿，他说想写得好些。但仅开了个头，没有完成。

　　我继续做书证（即把他人研究敦煌遗书的文献号及书籍或论文用电脑记录下来，便于在编撰总目录时进行检索及加以标注）或看书。

　　傍晚，两人外出散步一小时左右，返回后一起看了会儿带来的光盘。像去年一样，我对英国的黄油面包及水土仍不适应，肚子经常叽里咕噜的，牙龈也上火肿痛。

今天到图书馆不久，日本创价大学的教授辛岛静志与前两天来过的日裔女教授一起过来看望我们。辛岛曾经在北京大学留学，师从季羡林先生学习梵文，与广锠是老朋友了。辛岛说他们一年给 IDP 一万英镑，进行敦煌遗书中梵文部分的研究，条件是他们要优先一年发表研究成果。

6 月 23 日（星期四，晴）

这次来英一开始我就不顺。上周末开始牙龈肿痛，吃了自带的牛黄解毒片后有所好转。周一（20 日）照常上图书馆，途中艳阳高照，几分钟的路走得身上冒汗。在图书馆坐定，过凉的空调又让我不得不穿上毛衣，随即左耳后部开始一阵阵的神经疼，坚持到下午 2 点多，实在难受，我先回旅馆休息。

过去偶尔也有过神经疼，多与劳累或冷热突变有关，一般持续时间不长。没想到这次一直不愈，今已是第 4 天。前天半夜，疼得难以入眠，有一阵甚至难以忍受。据了解，在英国要生活半年以上才能有免费医疗，如自费看病，英镑自不会少。我们每月的区区 300 英镑怎能承受？何况我们又语言不通。我想这次的起因似乎与劳累、休息无关，是在牙龈肿痛之后，会不会与牙龈炎症有关？前晚开始按照说明书的最高剂量吃消炎药，昨天略有好转，晚上睡得很沉，清晨醒来想可以去图书馆了。没想到起床后又疼痛加剧，我只好继续在家休息。这几天，都是广锠自己去图书馆工作。白天，窗外工人维修附近房屋的敲击声、电锯声不绝于耳，嘈杂异常。

周二（21 日）晚，广锠请辛岛来喝啤酒。平常广锠尽量节省，到超市时虽常常看看酒的价格，但一直不舍得买。为请辛岛，他一下买了 8 罐啤酒，花了 7.6 英镑。

辛岛今年 47 岁，中等身材，面皮白净，一副书生模样。他曾在英国留学多年，在北大跟季羡林先生读博士 3 年，娶了中国妻子，目前是创价大学教授。他很有语言天赋，曾说理想是能听懂多少种语言，能讲多少种语言。他的梵文水平在国际上数得着，中、英文也都很流利，因此交流起来没有任何障碍。他们两人聊天中谈到一些国际问题，观点也都一致。

广锠谈到去年在灵隐寺发现贝叶经题记的情况。辛岛说原来从广锠发给他的几张照片上看，认为此经的文献价值不大，但进一步看到有关题记后，这些题记增加了这部贝叶经的研究价值。

喝得差不多时，我又用中国打卤面的方式，做了些意大利面条。看到碗里的黄花菜、木耳卤汁，辛岛显然很熟悉，由此聊到中、日的物价和工资。我说："1996 年到日本时，一般日本人一天的工资约等于中国人一个月的，现在大概还有 10 倍的差距。"辛岛讲没有那么多。他目前的年收入是一千万日元（折合人民币约 70 万元），但要交三分之一的税。而且日本的物价很贵，如西红柿一般会论个买。因他在中国、日本都有住处，广锠开玩笑说："那你就在日本领了工资到中国花嘛！"

6 月 25 日（星期六，阴雨）

我的神经疼仍然时好时坏，令人十分烦躁。昨天开始改吃带来的另一种消炎药。

昨天广锠让我还是在家休息。上午我曾去图书馆干了一会儿，做了 P.13 号。但还是觉得不舒服，又回旅馆睡觉。

在图书馆期间，辛岛专门过来找我道别，礼貌周到。回来我问方他的项目谈得如何，方说他很满意。IDP 同意用 3 年时间将所有梵文敦煌遗书（4 000 多号）拍摄成照片，供日方出版，双方上网。日方每年给 IDP 资助 15 000 英镑。辛岛说："如果单买照片版权，每张照片要 20 英镑。而按照目前商定的方式折算，每张只用 10 英镑。"还说："做完英国的，还准备做旅顺博物馆的和俄国藏的。"方说："这几年你把梵文的做出来，我把汉文的完成了，藏文的已经有人做过了，英藏敦煌遗书的基础工作就完整了。这真是好事情。"

几经努力，昨天总算在图书馆解决了上网问题，既方便，又省了一笔费用。看着图书馆几天没解决，我们也曾想过多种办法。街上的网吧，每小时一二英镑，但我们语言、软件都不通；找旅馆开通房间线路，每小时五六英镑，又因我们没有信用卡办不成。最后还是吴芳思交代给葛汉，上网的事情办成了。

我们到伦敦后即到唐人街花 12 英镑买了一张 20 英镑的电话卡，两周来打了十余次国际长途，仅用了不到 4 英镑，比国内还便宜。

6 月 26 日（星期日，阴）

凌晨 4 点不到，我的神经又疼起来。真郁闷！已吃了几天药，如再不好就只有找医生了。想此时正是北京中午 11 点，起床到旅馆大厅打电话向原是医生的母亲咨询，原来怕她担心一直没有告诉她。母亲根据我讲的情况，同意我的判断，是牙龈炎引发的神经疼。她有时也有这个毛病，说不容易好。我只有继续吃消炎药。

9 点，广锠吃罢饭，提议带电脑和书到附近的甘地公园。我们坐在公园花丛旁的木椅上，一起打开各自的电脑做事。他的电脑同时还播放着小提琴协奏曲《梁祝》。无奈气温偏低，我穿着两件衣服还觉得凉飕飕的，但旁边漫步的英国老头却穿着短裤！一会儿，广锠担心我受凉加重病情，一起返回旅馆。他开玩笑说："从昨晚开始，你的神经疼已经转移到我的眼眶上了，所以你该好啦！"原来他的眼眶又开始疼了。我说："谢天谢地，还是大家都太平吧。"

6月29日（星期三，晴）

神经疼一直时好时坏，很是烦人。新的消炎药吃到第6天，已吃完了。明天药停了看看如何。

本周广锠让我把已翻译出的部分翟理斯目录的电子稿逐号粘贴到我们做的英藏敦煌遗书草目里，作为下步做前7000号的参考资料。因为此工作用电脑即可，这几天都是他独自去图书馆，我便留在住处工作。工作时，可靠在沙发上，又可以喝水、吃东西等，空调也不像图书馆那么冷，自是舒服多了。

今早8点多，广锠坐在窗前吃早餐，外边维修的工人已经上班。一个工人到窗前干活，与广锠打了个照面，连忙向他说"Sorry"。这几天我白天在旅馆，每天窗外都有工人干活。我拉着纱帘观察，工人大多是当地的白人，都穿着工作服和荧光背心，戴着安全帽。我说："怎么没见外籍工人？报上不是介绍留学生可以打工吗？在牛津街上发中国餐馆广告的中国人看起来像是农民工，为什么没有做这种工作的？"广锠说："搞维修的属于正式工作，与临时打工不同。一般英国对正式工作，都是优先使用本地人。以前来时就听说，这里招工，要先公开登广告。只有本国人录用后还有空余职位，才能录用外籍人。"

前年到英国时留下不少硬币零钱，最近上超市买东西我总想尽量用掉。今天我买鸡蛋和香皂时，算好是1.68英镑，便准备好一把硬币给收银员。收银员一脸不高兴，我连忙说"Sorry"，她依然嘟嘟囔囔了半天。反正我也听不懂。到另一个超市，买了牛奶、面包、苹果等，3.89 英镑，这下零钱不够了，我便给女售货员 10 英镑，女售货员又嘟嘟囔囔，大概是问我有无零钱，我又只好还是说"Sorry"。

这次图书馆给租的住处房间比前年小，厨房和冰箱更小，也没有洗衣机和微波炉。但服务员每周给换一次卧具和毛巾。因为小冰箱没有专门的冷冻室，我买过一次降价鸡腿，只好一次煮熟，连吃了两天，至今想起都倒胃口。面包和牛奶也只能一次各买一袋和一桶，一般吃两天。冰箱小，也就没有必要像前年那样，两人来回花 6.2 英镑乘地铁上利物浦街去买便宜的肉和水果、蔬菜了。记得在那里一英镑可买三四十个苹果，城里超市的苹果，一般五六个就要一英镑多。即使赶上降价，一次买两袋可以便宜到 2 英镑，每袋七八个小苹果。不过算起来这里的牛奶、面包和黄油并不贵，最便宜的面包和北京馒头的价钱差不多。以这里的收入，填饱肚子不是难事。

这次我们来，带了不少腐竹、木耳、蘑菇、紫菜等干菜。依然是每天早餐吃面包抹黄油或西红柿酱，喝牛奶咖啡。下午从图书馆回来，一天吃菜粥，一天吃意大利面条。每天下午的饭，必放洋葱、胡萝卜、土豆、鸡蛋，再配以洋白菜或芹菜、生菜，有时再加上香肠或黄豆罐头、蘑菇、木耳等。虽然都是这里相对比较便宜的食品，也算比较丰富了。即便如此，也无法与国内我俩每天能敞开肚子大盘吃菜和随意吃水果相比。

7 月 4 日（星期一）

6 月 29 日，我已吃完了带来的消炎药。当天上午，仍然神经疼了一阵。虽已不太严重，但犹豫是否继续吃其他西药。既担心牙龈炎症没有好彻底，停药后卷土重来，又担心已吃了较好的西药，再吃其他消炎药作用不大。幸运的是，停药两天后，基本不疼了。

上周六，我的神经疼已好，目前电邮收到的广锠的学生王侃翻译的部分翟理斯目录也粘贴完毕，便同他一起到图书馆工作。他正在进行英国 7 000 号残片的最后一遍核对工作。目前字数已达 900 万。此前，我做过部分初稿，他对照原件核对过一遍，张桂元又检索过其中的文献对照项，因此他的核对已是"过"第四遍。仅他核对原件就是第二遍。核完原件后，他还要把这些内容用数据库反复检查错误，统一格式。他说："这些残片，从文献的角度来看，尽管多数价值不大，但既然做，就要尽量做好。"

核对中，广锠发现了一些他人已定名的道教文献或社会文书中的错误。广锠说："这么大的量，自己做的也会有不少错误，要准备让人家挑三拣四。"

如果顺利，本周可基本结束 7 000 号残片的目录工作。广锠准备用剩下的时间，尽可能地多看前 7 000 号的原件，毕竟机会难得。也只有多看原件，才能发现更多的研究信息。

伦敦天气凉爽，晚上还要盖棉被。大概因为凉快，到这里后我们晚上睡眠时间一般都在七八个小时。而据说北京正在近 40 摄氏度的高温之中。老天爷真不公平。

昨天早晨醒来后我突然感觉小腹疼痛，又一阵眩晕，头上直冒冷汗。他说认识我后一直认为我身体很好，这次是怎么回事？他让我躺下休息，进厨房刷洗了锅碗。还好，数小时后我好了。

于是，我们又带着电脑到甘地公园干活。一会儿，对面座椅上一位看书的白发老者到我们面前搭话，只听明白问我们是中国人还是日本人。广锠告诉他我们是中国人后，又用那句"Sorry! I don't speak English"（抱歉，我不会讲英文）来以不变应万变。我们俩在这里真像是聋子和哑巴。

一个半小时后，我电脑的电池用完，回房间取了本书来。一会儿，广锟提议走走，我们便绕到不远处的博物馆。在东方馆浏览了一下，发现换了不少展品。一位老师正在给一群华人学生讲解，说这里的中国文物有 18 000 多件，并说是买来的或捐献的。果真都是如此吗？像斯坦因那样用几个马蹄银骗取大量敦煌遗书的手段，别的人就没有吗？我不信那些展品的来路都那么正当。

今天上午吴芳思果然像她上周说的，每周一送钱来，又给了 150 英镑。如此，她这个月就给我们 600 英镑了。上周一吴来送钱时，广锟担心搞错，曾提醒过吴。看来是给我们的生活费提高了。

7 月 7 日（星期四，晴）

真没想到，我们今天竟一度成了伦敦街头的"流浪汉"！而且不知何时才能返回近在咫尺的旅馆。

今晨吃罢早餐，9 点 15 分，我们像往常一样提着电脑去图书馆工作。图书馆 9 点半开门，虽然不用 10 分钟便可走到，但只要不下雨，我们都会提前几分钟出门，到图书馆前的广场上坐一会儿，呼吸一下新鲜空气。

伦敦经过几天断断续续的阴天阵雨，天气终于放晴。蓝天白云，风和日丽。此时正值上班时间，路上车水马龙，熙熙攘攘，多是匆忙赶路的上班族。我们从旅馆门前的马路向北一两分钟，便是一个十字路口。

路口的东南角，有一座古希腊建筑风格的教堂，巨大的石柱门廊下，一个流浪汉还在蒙头酣睡，把街上的喧闹置之度外。

路的西北角，是可以换乘火车或地铁的尤斯顿车站。

我们穿过红绿灯到路北，继续向东行，前方数百米外，就是英国国家图书馆，它与旁边造型俊俏优美的国王十字（King's Cross）车站比肩而立。

这时，只见自红绿灯开始，往图书馆方向的北半边马路，几个警察正在拉警戒带，禁止车辆通行。后来得知，国王十字车站一列开往罗素广场站（两站相距约一公里）的地铁列车在 8 点 56 分发生了爆炸，造成隧道坍塌，数十人死亡。

戒严刚开始，警察还不多。旁边小巷里时常有几辆民用汽车拐出来开到已警戒的马路上。

看到警察拦路，我们当时还不知是为什么，觉得好奇，便站在图书馆门前看了一阵儿。只见马路上的行人一如往常，不像有什么严重的事情发生。伦敦的治安不错，这些年多次来伦敦，从没遇到过什么麻烦。我们还议论昨天伦敦申办 2012 年奥运会成功，也没感觉街上有什么明显的喜庆气氛，便进到图书馆工作。

进入我们每天工作的阅览室里，人们像往常一样，安静地翻阅图书资料。我们从这一天起，开始做敦煌遗书中藏文文献背面有汉文的卷子。我们先领到了一个装有十余件藏文文献的盒子，还是由我先做前期比较简单的具体工作，然后交给广锢补充核对。这部分文献日本人曾做过一个简单目录，但因为文献曾经由多人整理、著录，所以每个卷子几乎都有几种编号并存，其含义和相互关系令人费解。为了不遗漏内容，他拿着这些敦煌遗书仔细琢磨编号。

我们正专注于工作，在英国国家图书馆工作的华裔工作人员陈宝和过来说葛汉来电话让他转告方，本来今天应过来帮助方找文献的，但因为附近地铁发生爆炸导致停运，他上午来不了，可能今天都来不了了。

我们恍然大悟：难怪刚才路上警戒。但以为不过是局部事件，并未太当回事。

第一盒藏文卷子中只有 3 件背面有汉文，11 点多我负责的部分便做完了。广锴到我的电脑上做后续工作，我便用他的电脑上网看新闻。上网一看，已有不少有关伦敦爆炸的消息。说从早上起，伦敦有多处地铁和公共汽车相继发生爆炸，其中提到的国王十字车站、罗素广场站等，都是我们比较熟悉的地方，离我们的住处不远。刚开始，地铁管理部门还分析可能是电力发生问题，认为不像恐怖活动。

伦敦的地铁，已有一百多年历史，13 条线路，密如蛛网，四通八达。不管在伦敦哪里，走路不超过 10 分钟，就会有地铁车站。通往各处的线路，用红、黄、绿、蓝、黑等多种颜色醒目地标示，各地铁站还有免费的线路和车站地图，即使像我们这样英语不好的，也可按图索骥，乘坐出行，十分方便。由于地铁不堵车，快捷方便，票价比公共汽车又贵不了多少，更多的人似乎愿意乘坐地铁，因此路上行驶的公共汽车一般都有座位，而地铁里常显得比较拥挤。但伦敦的地铁历史悠久，线路老化，出些故障也是常事，英国人已见多不怪。

随着爆炸接连发生，后来网上的消息便说是有预谋的恐怖爆炸了。还有分析说是爱尔兰共和军干的。一会儿，陈宝和又过来告诉我们，他刚出去到附近观察了一下，往罗素广场方向的路戒严了，走不过去。但他分析，到下午四五点钟下班的时候，怎么也该放行了。他讲前些年伦敦时有爆炸发生，因为爱尔兰共和军搞恐怖活动的人常往垃圾箱里放炸弹，一度街上的垃圾箱都收了起来。这几年好些，街上才又放了垃圾箱。他嘱咐我们，还是多加注意，少往人多的地方去。但他讲这些时，神情轻松，像是在说件普通的热闹事儿。

由于地铁停运，来图书馆的人少多了。我们所在的阅览室显得空荡荡的，更加安静。中午时分，一位女士来逐个告诉读者，暂时不要出门。一会儿，广播里又通知了一遍，似乎增加了一些紧张气氛。我们第一盒的工作完成后，又领了第二盒。这一盒里藏文背面有中文的卷子近十个。我俩埋头紧张工作，爆炸的事儿似乎已远离我们。

下午3点多，图书馆广播通知今天提前到4点闭馆。因为知道我们的英文不好，华裔工作人员徐小薇还特意来告诉我们，并说不知明天还开不开馆。

我们收拾好东西。临离开时，我看了一眼放在工作间的两件毛衣，迟疑了一下想：顶多明天不开馆，外面冷不到哪里去，便没有拿。下午3点45分，我们离开图书馆。

下面是广锠对事发当天的记录——《我们遭遇了伦敦大爆炸》：

> 7月7日，对中国人来说是一个特殊的日子，1937年7月7日，卢沟桥事变爆发，中华民族从此进入全民抗战。7月7日，对我个人来说也是个特殊的日子，1948年7月7日，是我的"母难"之日。而2005年7月7日，对我们夫妻来说又成为特殊的日子，我们遭遇了伦敦大爆炸。
>
> 我们于6月13日抵达伦敦，这是我第五次到英国。从1991年第一次到英国至今，已经15年。15年来5次赴英，目的只有一个——为英国国家图书馆所藏敦煌遗书编目。妻子张丽自退休后，一直给我当助手。前年我们一起在英国国家图书馆工作了3个月，今年又一起来到伦敦。
>
> 英国国家图书馆中文组吴芳思博士提前为我们安排的住处，是位于乌波沃本路（Upper Woburn Place）24号的一个旅馆。我对这一带很熟，2002年来伦敦，就住在这个旅馆。2003年来伦

敦，住在英国博物馆旁边的一个旅馆，每天去英国国家图书馆，都要从乌泼沃本路走过。

乌泼沃本路不长，在尤斯顿车站十字路口的南段。尤斯顿车站是一个火车、地铁联运的交通枢纽，位于十字路的西北角，整天人来人往，喧喧嚷嚷。十字路的东南角是一个仿照希腊阿西娜神庙风格的基督教堂，但比阿西娜神庙多了一座塔楼。

从教堂穿过马路沿着乌泼沃本路向南走，不足百米就是我们居住的旅馆。因为英国国家图书馆在尤斯顿车站东面约数百米处，所以从旅馆到英国国家图书馆，不到一公里，步行最多 10 分钟。英国国家图书馆上午 9 点 30 分开馆，我们一般 9 点 15 分出门。

旅馆的斜对面，向南约 40 米开外是英国医学会（British Medical Association）。这是一座下白上红的古老建筑，正门左右的石柱上挂着铜制的铭牌。旁边有个蓝色的边门，平时不开。边门旁的墙上，镶着一块圆牌。这一带属于伦敦著名的布鲁姆斯伯里区，是文化、经济中心区，许多名人曾经在这里居住。人们为了纪念他们，便在他们曾经居住的房子外墙上镶一块圆牌，记载这些名人的行止。我国的老舍先生曾经在这一带居住过，前两年英国人为他的故居镶了这样一块圆牌。而镶在英国医学会外墙上的圆牌告诉我们，一个叫查尔斯·狄更斯的，曾于 1851 年到 1860 年在这里居住，不知道是否就是那位著名的小说家。

英国医学会的斜对面，是塔维斯托克广场（Tavistock Square）。这个"广场"，实际是个大树参天的小公园。我们夫妻给这个塔维斯托克广场另起了个名字，叫"甘地公园"。因为在广场中央，有一座甘地像。老甘地一身苦行僧的打扮，肩搭一条毛巾，双腿盘坐在一个外形类似桑奇大塔的半弧形的基座上，垂眉禅定。基座上写着"MAHATMAN GANDHI"。这里的"ATMAN"，我一般翻译成"阿特曼"，就是印度宗教哲学追求的"最高我"。印度人尊称甘地为"MAHATMAN"，可直译为"大我"或"伟大的我"，不知何人把这个词汉译为"圣雄"。虽然更加好听，但丧失了这个词原有的浓重的印度宗教风味，丧失了印度民众把甘地当作救世主的宗教情怀。这个问题当然与我这篇文章的主题没有关系。不过，从1991年第一次发现这个公园，我就很佩服英国人的雅量。你想，甘地带领印度人民，摘下了印度这一英国女王王冠上最大的"宝珠"。而英国人，却在首都市中心的公园中，为这位印度的民族英雄立像。

甘地公园不大，但很幽静。因为与我们居住的旅馆仅几步之遥，也就成为我们一个月来去得最多的公园。就在上个星期天，7月3日上午，我们还一人提一台笔记本电脑，在甘地像旁一直工作到电池没电。谁能想到，几天之后，就在甘地公园的东北角，英国医学会名人圆牌前，会发生巴士爆炸。

从甘地公园继续向南，约几百米便是著名的罗素广场。罗素广场不大，掩映在法国梧桐的绿荫中。这些法国梧桐，少说也有近百年，树干瘤结凸生，绿白斑驳。中央是个喷泉，四周放了一些供游人休息的长椅。公园四周是英国博物馆、伦敦大学、罗素饭店、罗素广场地铁站等。市中心能有这样一个公园，自然大受欢迎。2003年，我们夫妻俩每天傍晚从英国国家图书馆回旅馆，路过罗素广场，总要在长椅上坐一会儿。看鸽子在这里啄食、飞翔，看孩子在喷泉嬉戏，看流浪汉在垃圾桶中翻捡。这次，罗素广场地铁站也遭了殃。

7月7日上午9点15分，我们按平时习惯，背着电脑离开旅馆。走到尤斯顿车站十字路口时，发现几名警察正在用塑料带拉着警戒线，拦阻前往英国国家图书馆方向的半条马路。我一看，明白出事了。但哪里出事了？出什么事了？一概不知。我们两个不通英文，也无从询问与打听。后来才知道，一辆地铁从英国国家图书馆东面的国王十字车站开往罗素广场站，8点56分在地下爆炸。而几分钟前，8点51分，另一辆地铁在离开利物浦车站开往某某站，在地下爆炸。在我们过马路时，大约9点17分，另一个炸弹在尤斯顿路西边一个地铁站爆炸。

当时，我们还什么都不知道。我想，昨天英国人还在为2012年的申奥成功而欢呼，今天竟然就出了事？感到很奇怪。反正被拦阻的是车行马路，人行道依然可以通行。我们便照旧向图书馆走。路上看到不少人向国王十字车站方向眺望，心想，也许那里出事了。

进入东方与印度事务部阅览室，很快沉入工作。今天提出原存印度事务部图书馆的藏文敦煌遗书，为夹杂在其中的汉文文献编目。按惯例，先由张丽按照著录体例写成初稿，然后由我审核定稿。我正在定稿，张丽告诉我，伦敦几个地铁站发生炸弹爆炸。原来她不放心，刚才上网，从网上得到消息。张丽说："网上还说可能是爱尔兰共和军搞的。"我说："新芬党不是早就议和了吗？这种连环爆炸的手法，很像基地组织的风格。"

一会儿，在图书馆工作的中国人陈宝和过来说："就在你们旅馆附近，也发生了爆炸。"

原来，我们进入图书馆没多久，9点47分，一辆公共汽车在距离我们旅馆40来米的英国医学会门前爆炸。

但当时我们正在阅览室里，沉浸在千年前的敦煌遗书中。

今天阅览室中读者少得出奇。平时总能上个七八成座，今天只有稀稀拉拉几个人。我去交回编完目录的卷子，领取新的卷子时，工作人员（一个英俊的小伙子）认真地对我讲了一大通话。我一句也听不懂，只好请他给在英国国家图书馆工作的两个中国人陈宝和或徐小薇说。我不懂英文，每逢遇到这种场合，就请在英国国家图书馆工作的中国人当翻译。小伙子便给徐小薇打电话。一会儿徐小薇来告诉我说："工作人员的意思是，外边危险，不要外出。中午饭也不能出去吃。"我说："没关系，反正我们不吃午饭。"英国国家图书馆开馆迟，闭馆早。为了在有限的时间里尽量多看几个写卷，我每次来伦敦，都是早饭吃饱点，中午不吃饭，也不休息，下班回去赶紧吃晚饭。这两年张丽同来，也采用这种生活方式。有她同行，我生活上舒服多了。

下午，陈宝和来，说："我中午出去转了一下，好多地方都封锁了。你们旅馆周围也封锁了。不过，到下午，应该可以解禁了吧。即使不解禁，你们有旅馆的房牌，应该可以通过。"我当时心想，回旅馆会有问题？不至于吧。

广播宣布，今天图书馆闭馆时间提前到下午4点。3点45分，我们走出图书馆大门。门前尤斯顿路上平时车水马龙，现在空荡荡一片，就像非典时期的北京。行人倒有不少，个个行色匆匆。往东看，国王十字车站已经被封锁。我们顺着尤斯顿路西行回旅馆，只见警戒的塑料带从南面教堂越过尤斯顿路，一直拉到北边的人行道上。整条尤斯顿路，连马路带人行道，全部被封锁。那可是我们回旅馆的必经之路。我按照陈宝和提示的，手拿旅馆房牌，用结结巴巴的英语，向警戒在马路南面人行道的一个中年男警察表示："I go to hotel（我去旅馆）。"警察回答了一大段话，我一句也听不懂。但从他的神色，明白答案是"NO"。我无法用英语进一步解释与申诉，只好苦笑。我们俩退到一边，商议了一下，号牌上没有旅馆的具体地址。如果警察知道我们旅馆的地址，知道我们必须从这里通过，大概会放行吧。可旅馆地址是什么？平时根本没有记，现在自然说不出。正在着急，忽然想起来，电脑中有我们来英国前吴芳思给我的电子邮件，邮件中有旅馆地址。我连忙打开电脑，找出邮件。

这次我换到马路北边人行道警戒线，一个年轻女警察守卫在这里。不少路人想要通过，她一只手拿着地图，耐心给他们解释，另一只手比比画画，指示行人应如何绕道。我看这姑娘心善，应该好说话。便捧着电脑过去，把电脑中的地址给她看，比画着，结结巴巴地表示我的旅馆在那边，我要回去，必须从这里通过。那女警察显然明白了，也很同情，不过态度很坚决，还是不放行。她对我叽里咕噜讲了一通话，但是我听不懂。亏得旁边有个中国女孩帮助翻译，原来年轻女警察说，今天肯定不能放行。明天大概可以，建议我今晚另找旅馆。

这下可麻烦了。今天出门，我身上只带了 20 英镑，张丽身上一个子儿没带。还有，我们的护照都放在旅馆里。一没有护照，二没有钱，怎么另找旅馆？——要是回不了旅馆，到哪里过夜？

　　张丽大概有点肚子饿，主张找个饭馆，先吃点饭，也好有个地方落落脚，坐一坐，免得在马路上逛荡。我想起附近有个中国餐馆，便建议去那里。没想到那个餐馆大门紧闭。我们两人坐在尤斯顿路边酒吧门外的长凳上，未免有点丧气。好在口袋里还有20英镑，晚饭总是够了。张丽说，万一所有的店都关门，今晚还得饿肚子。我说，放心，有24小时店。但她还是不放心。我说："那边有个店，你要想吃什么自己去买。"她进店转了一圈，空手出来，说里面只有饮料。

　　坐了一会儿，张丽说想上厕所。虽然还可以忍一会儿，但最好能够找地方解决掉。平时，在伦敦上厕所不成问题，隔不了多远就有地铁站，站里一般都有厕所。街上还有公共厕所及简易厕所。但英国国家图书馆附近都是机关、公司，没有公共厕所，又碰上今天这一特别的日子，哪里去找厕所？突然想起几个门面外，就是我们天天路过的中国旅行社，里面都是中国人，应该好说话。连忙过去，橱窗已经关闭，幸好门还开着。我进去，说："小姐，对不起。我们住的旅馆被封锁了，回不去。"里面的人都愣愣地看着我。一位女士问我："你的问题是什么？"我说："想借用你们的厕所方便一下。"满房子七八个人都笑了。那位女士说："没问题，跟我来。"她把我们领到后面。张丽说："你那样说，人家还以为你来借宿呢。"

　　方便完，道谢后，走出旅行社，又来到马路上。那位年轻女警察已经不在那里，换了一个中年女警察。我抱着侥幸心理又过去，把抄在纸上的旅馆地址及房牌递过去。结果依然被拒绝。

　　怎么办？到哪里去？我突然想到尤斯顿车站，不知是否关闭。如果没有关闭，是个休息的好地方。拐过弯，来到尤斯顿车站西边的维勒斯霍特路，这条路与我们旅馆所在的乌泼沃本路，实际是一条路，一南一北搭在尤斯顿路上，形成一个十字路。现在警戒的塑料带把维勒斯霍特路拦腰截断，把整个十字路口都拦在里面。站在警戒带前向南看，可以看到乌泼沃本路上的情况，但距离有 100 多米，看不清，只看到警戒区中晃动着一个又一个穿黄背心的警察的身影。塑料警戒带前全是一帮一帮的记者，架着各种各样的装着像炮筒一样望远镜头的相机，正在拍摄对面乌泼沃本路的动静。尤斯顿车站则人进人出，果然没有关闭。

张丽赶紧解决吃的问题。我们在车站食品店买了一盒三明治、一袋香蕉。张丽坐在车站广场的长凳上吃三明治，我到车站里观察了一下，人来人往，与往常一样，只是商店大多关门。

回到广场，我说，现在的关键是语言不通，否则总能讲清。因为没有不让我们回旅馆的道理。我设想两个方案：第一个方案，硬闯。警察肯定要拦阻。我就闹，闹出个中文翻译来，就好说了。张丽说："你硬闯，警察抓你去坐牢。"我说："那今晚的住处就解决了。"第二个方案，打个出租车去吴芳思家。特殊情况，她会留宿的。张丽说："打出租车？哪里有出租车？"看看马路上，的确没有出租车。再说，吴芳思家的门牌我也记不清了。不过，只要到那里，我能认出来。张丽说："打出租车，钱都不够。"我说："没关系，到了那里请吴芳思垫。"张丽的方案是在车站的椅子上过夜。我不赞同，这么大年龄，恐怕受不了。但真的走投无路时，也只好那样。看来第一个方案最好。

张丽说："我去观察观察。"溜了一圈，回来说，车站前绿地有长椅，可以休息。靠警戒线也近，便于观察。于是我们来到绿地。

坐在椅子上，打开电脑，想继续工作，但毕竟心里有事，不能安心做下去。我看十字路口西北角有些人，有的坐在砖栏上，有的与警察说着什么。那是离我们旅馆最近的地方，不到100米。我便过去。是两位中年女警察在警戒。又是女警察，是否今天警力紧张，把办公室中所有的女警察都派出来了？后来网上说，为了这次八国峰会，英国把警力都调到苏格兰，伦敦成了空当，让恐怖分子钻了空子。看来有点道理。

我向警察再次提出要求，再次遭到拒绝。这一拒绝，已经在我预料之中了。女警察向我说了一番话，我听不懂。但从她们比画的手势，明白让我打电话。她们在我写旅馆地址的纸上写了一个英文词，又写了一个118118。我回来，打开电脑，调出翻译软件，弄明白那个英文词的意思是"大使馆"。原来让我找中国大使馆。那个118118，想必是电话号码查询台了。可我不会英文，又如何向查询台服务人员查询中国大使馆的电话？我更加坚定采取第一个方案的决心。张丽则坚持她的观点：这么不大不小的事，值得找大使馆？算了吧。不如在车站待一夜。

执行第一个方案，必须是哀兵，才能占理。第一，时间要拖得长，越长我越有理。第二，我必须始终在警察的视野中，让他们知道有这个人一直在等着。想到这两点，我便也坐在十字路口西北角的砖栏上。

过了一会儿，那个我曾经打过交道的年轻女警察，不知怎么也来到这里。我迎上去。先前的中年女警察向她介绍了我的情况，年轻女警察点头表示已经知道了。她又对我说了一番话，我大致理解是今天不行，不能通过。我做出睡觉的姿势，表示要回去休息。年轻女警察露出为难的神色，又说了一大番话。中年女警察很不耐烦，向年轻女警察叽里咕噜一阵，我只听懂一个"中国"，一个"大使馆"，看来她让年轻女警察别管我，让我去找中国大使馆。

我耐心地等着，不时有人过来，有的按照警察的指点去绕道，有的向警察叽里咕噜，比比画画之后，跟我一样，顽强地坚持在这里。我猛然醒悟：嘿！坚持留在这里的，应该都是住在我们那个旅馆的旅客。这下好了，人多势众。

这时已经是下午6点多了。我们已经在马路上转了2个多小时了。伦敦的下午6点多，天还很亮，但一团乌云正卷过来，好像要下雨。我心中暗暗担心：今天出门，没有带雨伞。

又过了一会儿，看到一个貌似中国人的老年妇女在与警察说什么，我凑上去问："你是中国人吗？"我想让她为我当翻译。她看来听不懂，但看到我手中的旅馆地址，便来了劲，指着我不停地向警察说什么。后来，警察向她说了些什么，她便招呼我及另外一个小伙子，让我们跟她走。我糊里糊涂跟她走了几步。这时，一直坐在长椅上向这边观察的张丽向我喊起来："那个红脸老头就是旅馆的。"回过头，旅馆看门的老头正从警戒线里穿出来。前此已经有两批人，由警察陪同，从警戒线里出来。看样子都是在警戒区上班的人，下班回家。这个老头看来也是回家。这时，等在这里的我们旅馆的人把老头围了起来，纷纷打招呼并诉说着。我也上去，我们天天早晨去图书馆，都是这个老头在门口值班，都会相互说一声"morning"（早上好）。老头看我们这么多人回不了旅馆，自然不能自顾自回家。便与警察交谈起来，无非说明我们的身份。警察说了些什么，老头走了，一会儿又回来。

一会儿，一个妇女从乌泼沃本路方向过来，警察拉起警戒带，放一个小伙子过去。那个妇女搂着小伙子，一起返回乌泼沃本路。看来是住在警戒区的居民，母亲来接无法回家的儿子。围在十字路口西北角的人们，看到这一场景，都骚动起来，七嘴八舌向警察说什么。我也向年轻女警察又做了个睡觉的姿势。她回答："Ten minutes。"这下我听懂了，她让我再等10分钟。

果然，不多一会儿，只见我们旅馆的一个工作人员，穿着工作服，从马路对面过来。等待的人群欢呼起来。警察提起警戒带让我们钻过，前面旅馆工作人员带路，后面警察监护，穿过空空荡荡的尤斯顿路。

离爆炸地点越来越近，马路上横一条、竖一条，不知拉了多少警戒带。一辆蓝色的大货车停在我们旅馆面前，后面停了好几辆大大小小的汽车，而三四十米开外，就是那辆挨炸的公共汽车。那是一辆上下双层巴士，后屁股完全炸开，车顶也被炸飞，可以看到蓝色的座椅。几个穿白衣服的人，正在车边忙碌着。（直到第二天早晨，那些穿白衣服的人还在忙碌。张丽趁在旅馆大门外执勤的警察不留意，躲在警察背后向那个方向偷拍了一张照片。后来我再去拍，被警察发现，把我的相机拿去，一张一张检查，把与爆炸有关的照片全部删除了。亏得张丽刚才照的那张已经拷贝下来。后来英国国家图书馆的一位先生看到这张照片，说如卖给报社，可卖多少英镑。但我们当然不会那样做。）

后来知道，爆炸的是一辆30路公交车。它顺着乌泼沃本路的北口向南开，经过我们旅馆门口几秒钟后，在英国医学会门口爆炸。看来炸弹的威力不是很大，起码我们旅馆的玻璃没有被震碎。

回到房间，我们连忙打开电视。电视上红色大幅标题"LONDON BOMBS"（伦敦爆炸），触目惊心。画面不断转换几个被炸现场，其中乌波沃本路成为最瞩目的焦点。英国医学会墙上，包括那块名人铭牌，满是血污。想必其他几个爆炸点都在地下，唯有这个爆炸点在地面，更引人注目。画面反映公交车被炸后人们抢救、互救的场面，其中一个场景是一个警察在疾走，赫然就是那位年轻女警察。

窗外，雨开始渐渐沥沥地下起来。我们庆幸已经回到房间。我拿出昨天准备的红酒，一边看电视哀悼无辜的死者，一边纪念我57岁生日。

生老病死，本来是生命的常规。但恐怖主义任意掠夺人们的生命，打破了常规。我从来认为：一个人，到了不得不用自己的生命来向施暴者抗争的地步，总是值得同情的、值得尊重的。那是弱者最后的权利，最后的宣言。它宣布人的生命是平等的，任何人无权任意施暴于他人；它控诉这个社会的法治出了问题，不能真正维护社会正义。全社会应该在这样的壮举面前反省自己的缺失。但恐怖主义不同，恐怖主义不是把自己的生命投向施暴者，而是投向无辜者；不是诉诸社会正义，而是制造社会恐怖。无论如何，不尊重别人生命的人，也不会得到别人的尊重。冤有头，债有主，杀人偿命，欠债还钱，这都是天经地义的事情。但无论有多少理由，只要采用恐怖主义手法，就永远不能得到我的认同。

晚 6:45 分，我们终于结束了 3 小时的"流浪"，回到了温暖的"家"。7 点，北京时间深夜 2 点，女儿从北京打来电话询问平安，说她看到伦敦爆炸的消息后，已往旅馆打过多次电话，总是无人接听，正在为我们担心。

打开房间的电视，全是血淋淋的爆炸画面。我们旅馆附近那辆被炸烂的红色公交车更是成了代表性的镜头。原来第一个炸点就在图书馆旁的国王十字车站，爆炸时间为 8:56 分，死亡 20 多人。而那时我们还在旅馆，尚未出发。而我们住处附近的公交车的爆炸时间是 9:47 分，死亡 7 人。最后一次爆炸发生在 11:18 分。共 7 处爆炸，死亡 37 人，受伤数百人。也即我们去图书馆前 25 分钟，旁边的车站发生爆炸；我们离开旅馆半小时，附近的公交车爆炸。这些血淋淋的恐怖爆炸，竟然都与我们近在咫尺！

昨天上超市时，广锠拿了一盒鸡翅，说今天要喝酒，还要吃面条。开始我没有回过味儿来。此时，他告诉我今天是他的生日。啊！真是惭愧。

我赶紧热鸡翅、切香肠、煮意大利面条，他打开了葡萄酒，生日宴延时但如日举行。这真是一个难忘的生日！

7 月 9 日（星期六，晴）

8 日早打开电视，里面依然不断滚动着"LONDON BOMBS"的专题。

8 点多，我拿着相机到旅馆门口观察。斜对面的马路上，被炸的汽车还在，一些穿白衣的人正在旁边忙碌。马路中间，站着一位执勤的警察。见旅馆门口有个石柱，我以它稍作遮挡，朝被炸汽车方向匆忙拍了张照片。因担心被警察发现阻拦，我赶快返回房间。广锠把照片输入电脑里观看，只见拉近的镜头里，一群身穿白色衣裤、戴长筒手套的工作人员，正在路对面医学会大楼的门前收拾现场。大楼白色花岗岩的墙壁上，斑斑血迹清晰可见。我说可惜汽车没照到。他说他再去。一会儿，他回来了，说当着警察的面，镇静地照了一张。警察虽然出面阻止了，也没把他怎样。我说太好了，连忙打开看。结果他的镜头没对准要拍的地方，只照到了旁边停的一辆完好的公共汽车，还是虚的。

因不知图书馆是否开馆，我们打算还是出去看看。9点20分左右来到旅馆门厅，那里已等候着四五个准备外出的人。其中有一位自称来自马来西亚的年轻妇女，会讲几句带广东口音的普通话，说她公公是广东人。

昨天帮我们联系回旅馆的那位红脸老人已来上班，让我们再等候20分钟。一会儿，来了一个警察带领我们穿越警戒线。只见路北方向，已用约一层楼高的白布遮挡得严严实实，把我们的住处也遮挡在白布里面。警戒线外，辟出了专门的媒体报道区域。但从电视"LONDON BOMBS"专题节目所见的主持人身后，看到的依然只是那面巨大的白布，还有路两侧我们熟悉的教堂、楼宇。无论如何，他们也无法拍摄到我的独家照片。

警察领我们从路东侧的小巷出去。大街上除了警察多了些，与平常没什么两样。图书馆大门虽然开了，但要逐人开包检查物品。中文组的门未开，有几个读者正在等候着。10点多，中文组开了门。我继续做头天未完成的一盒文献。陈与葛汉先后过来，向广锠询问昨天的情况。下午，吴芳思也来了，给广锠一份她为我们写的路条。一会儿，陈又来告诉我们：今、明两天，图书馆都是上午10点至下午2点半开门。

下午 3 点离开图书馆，街上已恢复了车水马龙的喧闹。走到国王十字车站，看到路边贴了一些寻人启事。凭借吴的路条，我们顺利返回旅馆。

电视里开始滚动播放寻人启事。布莱尔召开了记者会，女王也发表了讲话，查尔斯王子去医院探望了伤员。晚上，广锠提议我们分别记录这次遭遇。为免相互影响与重复，写完再相互交换阅读。我觉得挺有意思，像是过去在学校写作文。我们俩写到晚上 11 点半。

9 日，电视里滚动 "LONDON BOMBS" 少了，但更多地开始播放寻人启事。妻子寻丈夫，父母寻儿女……满是泪眼。公布的死亡人数增加到 49 人，伤 700 人，失踪 20 人。事发地附近的民众开始向亡者敬献鲜花。

上午依然如昨由旅馆侧门而出。向公交车爆炸的方向望去，有两个执勤警察，汽车还在。

10 点到图书馆，阅览室常客依旧。从网上看到消息，国王十字车站往罗素站的列车爆炸造成隧道坍塌，挖掘受阻，估计车厢中有数十乘客已无生还希望。13 条地铁线路昨天通了 5 条。

下午返回途中，图书馆旁边的一条小街正举行什么活动。爆炸前街道上空已开始悬挂彩旗等装饰，看来是原计划不变。路两旁有不少游艺设施和各种土特产摊位，还有居民在卖自家不用的旧物，有衣服、日用品、玩具等，五花八门，其乐融融，与举国下半旗志哀的气氛截然两样。广锠说："真所谓'亲戚或余悲，他人亦已歌。死去何所道，托体同山阿'。"只是警察不时穿梭其间，使人想起爆炸的嫌疑犯尚未归案。

走到住处附近的路口，我看到教堂前面的空地处依然有不少记者在拍摄。尤斯顿车站前，还有媒体租了长臂吊车，把记者举上半空往爆炸的方向拍摄。我们到超市买东西后，试图从原路返回住处。执勤的警察看了我们的路条，耐心解释，告诉我们新的走法，还拿出笔要画示意图。我们明白他的意思，大意是说只有东边那一个口能返回旅馆。

再经过教堂路口，见到两位三四十岁的华裔模样的记者正在那里制作节目，男的在摄像，女的是主持人。广锔问那位女士是哪里的，答是台湾东森电视台的，今天刚到，正发愁因大幕遮挡，什么也拍不到。听说我们住在里面，希望广锔能把他们带进去拍摄。广锔向她说明："我们出入时需拿房间钥匙验证，且有警察执勤不允许拍摄。"

穿过警戒线，进入白色幕布里面，那辆汽车还在，仍然有穿白衣的人在周围忙碌。有人把爆炸点附近停的小汽车弄到旅馆旁边用高压水龙头冲洗。我说今天网上讲要复原公共汽车以判断炸点。广锔说那麻烦了，这个地段的警戒短时间内还撤销不了。

7 月 11 日（星期一，晴）

昨天休息，10 点多吃罢早饭，近 12 点一起外出。

旅馆门口穿白衣的人还在用高压水龙头清洗一辆小汽车。马路对面的警戒路口，有一男一女两个执勤警察。

我们先到国王十字车站。车站看样子已部分开通，但乘客不多，警察不少。站外东边一个角落摆满了悼念的鲜花、小国旗、气球等；旁边聚集了不少拍摄的记者；偶尔可见胸前挂满勋章，来参加二战60 周年纪念活动的老兵。

我们沿着住处附近的甘地公园、罗素车站等街道行走，只见这里所有通向罗素车站的路口都用白布遮挡得严严实实。网上消息，开往罗素车站的那列爆炸的地铁至今还没有挖掘到乘客，估计有数十个冤魂被掩埋其中。

罗素公园并未封闭，旁边的英国博物馆也照常开放。

公园一边，几十个男女在一个老头和一个妇女的弦乐伴奏下，哼哼呀呀，又唱又跳，一会儿又加上红鼓的敲打。参与者以亚洲人居多，音律、舞姿都十分单调，不像是艺术活动。广锠认为是小型教团的活动。

我们坐在公园的靠椅上休息。中心喷泉旁边，一群孩子依然无忧无虑地戏水。一会儿阳光晒过来，我们又转移到草坪上。

下午近 4 点返回旅馆。还是中午出门时的那两个警察值班。他们数小时地站在那里，也够辛苦。他们两人还记得我们，相互微笑地打了招呼。这些天，与伦敦的警察频繁打交道，感觉他们不仅办事认真，而且文明礼貌。

今天继续上图书馆。天上仍不时有直升飞机盘旋，这几天都是如此。早上出门时遇到旅馆的李小姐，她说爆炸那天，她在办公室听到一声巨响，很可怕；听去过现场的人讲残肢断臂很恐怖，没敢过去看。

新拿了一盒藏文文献，里面近 10 件背面有汉文。其中有《临圹文》（下葬时念的仪式性佛教文本）等几个文书需要录文，它们大都字迹十分模糊，一直到下午快 4 点半，我仍未完成，只好先归还。

上网看新闻，得知罗素车站还未挖出遗体；目前死亡人数 49 人，失踪 31 人。

返回时经过旅馆门口，发现那里停了一辆大货车，上面拉了两辆小汽车。早晨开进来的那辆黄色大吊车正高悬吊臂，在旅馆南边的高层墙壁那里不知做什么。那边离爆炸点近，大概在搜寻爆炸遗留物吧。

7 月 13 日（星期三，晴）

转眼来伦敦整整一个月了。除了周日，每天上图书馆，觉得时间过得很快。

早上出门时，吊车还在我们对面楼房墙壁上下工作，公共汽车周围的车辆已清理完。

今天网上说，伦敦警方初步断定了爆炸嫌疑犯，他们有可能已随爆炸身亡，不知是否又是宗教的力量。如情况属实，英国警察的破案效率够高的，目前距案发还不足一周。

今天阅览室那个黑肤色高个子的小伙子一下给了 3 盒文献。广锴说："这个小伙子给文献总是这么痛快。"其中一件反复提到《尚书》的斋文，行书字似是而非，很难辨认，我录文花了很长时间。葛汉来带我们上修复部看印刷品 2 号时，我一盒还没完成。

下午 3 点，我们随葛汉到一楼大厅办了临时出入牌，然后到楼上修复部。在一个房门外，葛汉说，他的工作证也进不了这个门。打了走廊里的电话后，里面出来人带我们进去。

修复部是一个一百平方米左右的大房间，中间、两边沿墙都有工作台，一边还有水池。沿墙挂了一排修裱中国书画的工具排刷、棕刷等。年约五六十岁、来自香港的黄先生正在一边工作台前修复一件西夏文的残文书。他在这里已工作了 10 年。他还是用英国国家图书馆的老办法去修复，把残片展平后，放入透明硬塑料片里夹住，边沿用线缝上。

修复部的负责人马克拿来我们要看的文献，即那件卷首有扉画、卷尾有唐咸通九年（868）题记的《金刚般若波罗蜜经》刻本。这件刻本是世界上目前已知的最早的有确切纪年的雕版印刷品，十分珍贵。

这件刻本的扉画约有一本杂志大小，上面刻印的是释迦牟尼在舍卫国讲经说法的场面。画面上有各种人物 20 余人，图案复杂，人物生动、线条流畅，刻印水平较高，标志着我国雕版印刷技术的成熟。经文是仿写经的款式，行 17 字，但刻工较为粗劣，是一个叫王玠的信徒为父母刻印的。我问方："为何扉画和经文的刻印水平如此悬殊？"他说："据研究，扉画是专门的经坊刻的，而经文是自己找刻经人刻的。"

这个卷子的纸张不同于一般的写经纸，长 72 至 77 厘米，每纸 50 行左右（写经纸一般长 46 至 50 厘米居多，抄写经文 28 行），纸面也较粗糙。图书馆已对这个卷子进行过多次修裱，目前纸张的厚度、硬度都已失去原来的面目。他对黄先生说："这件文献 1991 年来时我曾看过，这次看感觉纸张颜色有变化。"黄说："可能是因为展览时灯光照射和多次修裱造成的。"黄又说："对这个卷子，下步如何修复，还未确定。"

马克亲自卷卷子，我们逐纸量了长度，核对了行数、卷首的真言、卷尾的题记等。①

看罢卷子，广锠与黄先生聊起英国对敦煌遗书的修复。说到图书馆早期在一部分藏文文献上粘贴的丝网（后来发现早期用这种方法修复的敦煌遗书还有不少汉文文献），黄带我们到他的工作台边，从

---

① 据吴芳思介绍：马克从 1987 年进入英国国家图书馆修复部工作以后，就下决心将来要修复这件《金刚经》。20 多年来，他无时不为这件事情筹划着各种细节，从 2004 年到 2009 年，马克终于将这个卷子修复完毕。马克对我们讲，他很喜欢这个工作。单为修复扉画，他就做了五天的准备工作。

台下的一个纸盒里拿出一些用过的与没用过的丝网边角余料给我们看，并送给广锠一小团用过的。丝网很柔软，黄讲是丝质的，认为丝网本身不会对文献造成损害。但因为软，不易粘住，修复时需要刷很多糨糊。而这正是中国装裱所忌讳的。黄还拿出一些牛皮纸样子的残纸头，有的上面还残留有文献号码，说是这里修复卷子用过的纸，太厚，且硬。我想起正在做的藏文文献中，一些用丝网加固过的，有些原来的经黄纸，修复后虽然很平展，但原来的纸性已完全丢失，纸面也乌蒙蒙的，有些像老百姓做鞋用旧布打的那种硬袼褙。广锠又同黄讲起硬塑料片夹残片的不足，水分在里面蒸发不掉，说曾向吴芳思提过。黄说不知道。

聊天中，黄说夏天是英国最好的季节，而冬天则较难过。冬天日照时间很短，上午 9 点多天还没完全亮，而下午三四点天就暗下来了。

下午 4 点多，黄打电话喊来葛汉带我们回到阅览室。临走时，葛汉收回了给我们办的临时证件。

今天在阅览室还遇到了华东师范大学历史系一位研究清史的老师，50 岁左右，已来英国 20 天。为了省钱，他住在牛津，每天住宿费 10 多英镑，但每天地铁往返要花 3 个小时。广锠说："中国学者出趟国，经费有限，真不容易。"

7 月 14 日（星期四，晴）

今天继续做藏文背面的汉文文献目录。

据 2001 年 5 月辽宁出版社出版的《敦煌文献论集》第 635 页高田时雄《有关吐蕃期敦煌写经事业的藏文资料》一文记载：吐蕃统治

敦煌的末期，由吐蕃赞普亲自发愿，展开了大规模的写经活动。写经的对象主要是汉蕃两文的《无量寿宗要经》和《大般若经》。除了上述两种经典，还有规模较小的吐蕃时期写经，即《金有陀罗尼经》。敦煌的汉族部落人民或被迫，或自愿参加此写经活动，不仅从事汉文经卷的抄写，而且还担当了藏文经卷的抄写工作。写经人来自汉人的3个部落（曷骨萨部落、悉董萨部落、宁宗部落）。写经工作由每个部落与每一"将"（吐蕃时期设置的一级组织）负责，设监督来催促。有惩罚规定，不能达到目标时，监督与里正均受处分。写经有规定的程序，交付写经纸张时，必须记录；抄写结束交纳时，也必须记录；抄写完的经卷，除了保存在沙州佛寺，有时还供应给瓜州等地方。敦煌汉族居民获得藏语的能力，估计和这次写经活动也有一定的关系。藏文的影响一直延续到归义军时期，当时藏语没有被废除，还在一定范围内继续使用。由于这次大规模的写经活动，现在敦煌遗书中保留了一批汉、藏文的《无量寿宗要经》。其中有些是接连重复抄写三四遍，甚至五六遍，不少卷尾有抄经人的题名。由于数量相对较多，以至于有些反复出现的抄经人题名我们已经十分熟悉，例如王瀚、张略没藏、宋良升等。

前几天，一位姓董的中国人与广锱联系，说伦敦有一家拍卖公司至今还存有敦煌遗书。董先生认识那家拍卖公司的人，说哪天可以带他去看看。广锱自然答应。

今天上午 11 点，董先生打电话喊广锱出去，两人打出租车到一个古董商店，看了 6 件敦煌遗书，下午快 2 点返回。

昨天网上说今天中午 12 点，伦敦默哀悼念 7 月 7 号爆炸死难者。晚上还要在鸽子广场进行烛光悼念活动。快 12 点，图书馆广播响了两次，我看周围看书的人没什么动静，我也就继续干活。本想晚上去鸽子广场看看，广锠说太远（估计要走 30 至 40 分钟），不想去，我也只好作罢。

吴芳思提前打招呼，说她下午 5 点过来，带我们上修复部看斯 13698 号残片。这次去依然如原来同吴芳思上修复部一样，没办什么手续，她直接带我们坐电梯到 6 楼，用门口的电话叫出了马克。

斯 13698 号是断为两块的残片，为粘页装，残破较甚，其中一纸有一大一小两个残洞，纸张较厚，变色严重，基本呈褐色，文字模糊。仔细辨认，可见"身行章""蒙行章"等文字，广锠看后说这不是佛教文献。通过"四库全书"检索，也没有相关文字。广锠想起说："可能是敦煌特有的文献'百行章'。"我们用电脑检索，查出英藏、法藏、俄藏文献中都有此类文献，他把英藏的几个号码抄给了吴。吴交代马克拍照后把照片给广锠，可以提供给专门研究的人。

回旅馆过警戒线时，旅馆好像已经开始接待新客人，毕竟案情已基本明了。但被炸的公共汽车周围还用布遮挡着，旁边还搭建了一个帐篷，不知在忙什么。打开电视，正直播鸽子广场的悼念活动，人都站满了。

7 月 18 日（星期一，晴）

昨天早饭后，我们两人提着电脑去罗素公园。路过旁边被炸的公共汽车处，遮挡的白布自上周六起向内收缩了数十米，旅馆门口已在警戒线外，工作人员还冲洗了附近的地面。

在公园只工作了约半小时，便因园内要举办活动被清场离开。我们只好又转移到尤斯顿车站前的绿地靠椅上。广锠说来伦敦后大概受英国人影响，不想在房间待着。

一队从车站出来讲普通话的中学生走了过来。广锠同一个约十四五岁的男孩打招呼，问他们是哪里的，男孩说他们是从台湾来游学的，并很自然地问了句："你们是大陆的？"孩子们过去后，我们议论："男孩毫不犹豫地称我们为'大陆'，而没说'中国'，说明一般台湾民众心目中还是一个中国的概念。"下午3点，我们返回旅馆。

最近在图书馆做藏文背后的汉文献进展十分缓慢。主要是中文组的工作人员对这些文献的编号都不太熟悉，只好顺着藏文编号去提取，有些编号又找不到；有时提出来了，但背面却没有汉文。因此耽误了不少时间。

上周五、周六，我一边等待找藏文中有汉文的卷子，一边继续做日本东洋文库的敦煌遗书书证。周六只做了两件，一件为原未编号的杂写；另一件为C94号，是一件缝缋装、抄有斋文及小乘三科等6个文献的小册子。因新的文献还未找出，时间充裕，这些都录了文。

自7月6日起，12天时间里，136号藏文背后的汉文献只做了30多件。按此进度，这个月很难完成。而剩下的时间，想按原计划看前6 980号就更紧张了。

今天到图书馆后，广锠又递了5个索书单，但都没有找到。只好采用笨办法，开始要所有藏文（三千多号）的缩微胶片，逐个查看哪件藏文遗书中有汉文。但第一次递了10个胶卷号，只给了一个，说其他没有。广锠很着急，打电话给吴芳思。吴来后，先从搞研究的部门那里拿来了10个胶卷，让他看到第5个时再找她拿。快下班时，他看完后打电话给吴，她很快又拿来了一大口袋缩微胶卷。做英藏敦煌遗书真是多亏了吴芳思，如果没有她帮助解决各种困难，不知要耽误多少事情。

广锠着急赶进度，在缩微阅读机上把胶卷摇得飞快，胶卷上的藏文在显示板上跑成了一条线。下午结束时，他无精打采，说头晕、恶心、冒冷汗。我说："大概是看流动的胶卷时间长了造成的反应。"

下午回旅馆时，原来遮挡公共汽车的白布还在，还有警察警戒。饭后我去超市，发现遮挡的白布已经撤掉，爆炸地点已经空旷无物，医学会门口已允许行人通过。但附近路口还有几个警察看守，不知是否限行车辆。今天距爆炸已整 10 天，看来面上的清理已告一段落。但看网上的警方分析，4 个随炸弹一起死的凶手，出行时交了停车费，而且买的是往返车票，所以怀疑他们是被欺骗的，以为放炸弹后可以离开，但实际的设计是连他们一起灭口。爆炸的很多幕后真相还是扑朔迷离。

7 月 21 日（星期四）

为彻底搞清藏文背后的汉文情况，广锠从周一起连摇了 3 天缩微胶卷，共 56 个。但也只查到了原已知的 138 个有汉文编号中的 80 多号。昨天吴芳思说，除了还知道的 5 个外，目前她是找不到了。藏文卷子归属印度部管理，而以前印度部不属于英国国家图书馆，与图书馆的中文组合并后仍然是各管其事，所以吴对这批卷子的具体情况也不清楚，只知道他们把以前斯坦因的编号打乱了又重新编号。所以那些短缺的胶卷到底是没找到，还是搬家时弄丢了，现在还说不清。吴说："印度部负责藏文卷子的人到西藏去了，要一个月后回来。实在找不到就只有等他们回来再问。"

昨天，我继续做 C117 号"相书"的录文。这是件归义军时期抄写的汉朝许负等 12 人撰写的相书，首全尾残，有 4 纸 92 行。纸张灰白粗糙，但书法上乘。他说："现在流传的是麻衣相术，许负的相书已经失传，目前所知只有敦煌遗书中有几件，应该有人研究过。但这次未带此资料，这里也没有。"因这批藏文卷子过去只有英国人出版的目录，里面附了日本人的汉文献目录，注意的人不多。为保险起见，我用将近一天时间录了文。虽然字数不是很多，约有两千字，但异体字、生僻字较多，有时为一个字要在字库里反复找，耽误了不少时间。

昨天下午近 2 点，我做完录文后，换广锠来核对，我继续看他未看完的 6 个胶卷，用了一个多小时才看完。尽管采用他后来遮挡一边眼睛的办法看，但直到晚饭后，我还是觉得头晕乎乎的，真难为他 3 天连续摇了近 50 个。我算了下，一般一个胶卷要摇 200 圈左右，每个看后还要倒回来收好，就是 400 圈左右，50 个就要摇 2 万圈。他真不容易。

我利用这段休息的零碎时间，做了国图 03715 号《佛说提谓五戒经并威仪卷下》的录文，字数有 6 900 多。该经讲了佛教的戒律，对各种日常生活琐事、待人接物，甚至洗漱、上厕所等，都有十分具体烦琐的要求。他说此经是南北朝时的文献，是目前所知的孤本，准备校订后用于《藏外佛教文献》。

7 月 22 日（星期五，阴）

昨天下午 2 点半，我正在做书证，广锠发电子邮件时看到网上说伦敦中午又发生爆炸的消息，连忙喊我过去看。下午，我们比往常提前一刻钟离开图书馆。因封闭了部分地铁站，街上公共汽车明显拥挤，车站候车的人增加了许多。

饭后外出散步，我们往伦敦大学医院方向走，周围马路封闭，很多行人不得不绕路而行，往日人烟稀少的社区马路上都是行人，不少乘车不便的人大概又要步行回家了。

今早出门，路上行驶的公共汽车内显然空旷多了。进图书馆大门的安检比以往更加仔细，要求我把书包的夹层也打开。此前每次也要我把书包里装电源插座等物品的塑料袋拿出来查看。昨天，因广锟拿着两台笔记本电脑在另外一边检查，而所有的电线、插座都放在了我的包里，检查我的女士对我为什么会有这么多的电线、插座表示疑问。我连忙喊广锟过来，让她看了两台电脑才予以放行。

今天做 C093《大乘中宗见解义别行本》，首残尾全。5 纸；127 行，近 3 000 字。广锟说："这个卷子过去没有人研究过。本身的内容虽不很深，但反映出吐蕃时期敦煌地区佛教发展的一些重要信息，如禅宗的影响。卷尾提到讲解此经的吴和尚，不知是否是僧人法成，很重要。"我录了全文。我下午 2 点半做完，他核对了近一个半小时。晚饭后，他又打开电脑对这件文献逐句进行校勘，准备用于《藏外佛教文献》。前边大部分还比较顺利，后边部分大概当初抄写时有错漏，一些句子怎么也读不通，又难以判断错漏的具体内容，使上下文无法连贯，费了不少时间也未完成。①

临下班前，华东师范大学研究清史的那位老师与广锟打招呼。刚好吴芳思也路过，3 人一起聊天。吴说她 7 日原准备上街给儿子买鞋，因发生爆炸未去；21 日准备下午去买，结果又发生爆炸未买成。那老师说他上午到档案馆查资料，发现了很多新资料，如袁世凯当时与英国人的来往信件等，很兴奋，并拍了照片，说根据这些资料，可以补充甚至改写不少历史细节。

---

① 回国后广锟做英藏敦煌遗书目录定稿时，经过再次研究，终于搞清了此件的文字内容。该遗书实际抄写了两个文献，《大乘中宗见解义别行本》是其中第二个文献，仅为此文献的最后 10 行。目前在他掌握的敦煌遗书资料中，这个文献共存有 4 号。

7月25日（星期一，小雨转阴）

因最近查找藏文卷子不顺利耽误了不少时间，我们上周六便到图书馆继续工作。有两件藏文卷子系用多个汉文写经粘接后，利用其背面抄写而成。其中一个是用4个卷子粘接的，有3个是唐代写经，还有一个是南北朝时期的《大方等大集经》。而这种情况在缩微胶卷阅读机上是看不出来的。这样又找出了几个以前不知在哪个藏文号上的汉文献。这一天完成了10件。

看网上消息，21日的爆炸仍然是4起，但似乎都没有成功，只引爆了雷管，没有伤人，但给伦敦人的心理冲击是巨大的。网上说，市民乘坐地铁时，对背背包的人充满了怀疑。大家似乎都认为可能会有第三次，甚至更多次爆炸发生。22日，伦敦警方还击毙了一个疑似逃跑的男青年（为巴西青年，今天警方已承认是误杀）。电视里也反复播放部分警察持枪的图像，而此前伦敦警察值勤时一般是不带枪的。

昨天下午，雨停后我俩外出散步，旅馆南边一带又被警察封锁，不知是不是警察发现了什么疑点，但我们返回时又撤销了。我说："我们语言不通，以后出门不要再背那个双肩背包，如遇警察，也不要躲闪跑动，免得被神经高度紧张的警察当成'恐怖分子'。"不过这两次爆炸后，英国警方的工作效率确实可以，第一次一周即破案，第二次警方在次日就公布了4个嫌疑犯的录像、照片。

今天提卷子又不顺利，前后递了若干索书单，只找到一件《合部金光明经》。此件首尾均全，有20纸，是唐代的经黄打纸写经，大部分卷面完好。前11纸卷背有吐蕃时抄写的藏文。等待期间，我只好利用阅览室的图书资料继续做敦煌遗书书证。目前已做了20多本，但有很多重复的，有的文献前后有四五个人做。敦煌遗书研究中真是各自为战，有太多的重复劳动。

7 月 27 日（星期三，小雨）

昨天只拿到 3 个有汉文的卷子，都是大藏经里有的普通佛经，我很快就完成了，便又开始了无奈的等待。大概阅览室的工作人员见我们总是不停地递交索书单，又常着急催促，便向吴芳思反映了情况，吴来时告诉我们："现在阅览室人手紧张，最好提前一天把要用的号码交给他们，以方便准备。"并直接帮我们一下提了 6 盒文献。但我们打开一盒，发现是出土的木简残片。因为吴也不熟悉这批藏文，只提供给我们文献的阿拉伯数字号码，而未注明英文的分类号码。广锠只好打电话找吴。吴一会儿过来说明天要接待一个清史研究的团，本周没有时间了，准备下周一带我们下库寻找文献。

晚上我们俩用光盘看了几集《康熙帝国》后躺在床上聊起工作进度，都为这一段进展缓慢着急。

今天到图书馆后，昨天递的 8 张索书单一件也未拿来。中午好不容易到了 2 盒，是原来已做过的，因为从缩微胶卷上看，有一件未做，便又要了一次。可打开寻找，并无那件文献，只好退回，继续等待。广锠开始做要重点查阅的前 7 000 号中文献的准备工作。

上午吴芳思接待的清史研究团来到中文组，路过阅览室，有七八个人。谈完后从办公室出来时，其中一人还到我们的小工作间打了招呼。

7 月 28 日（星期四，阴雨）

这段时间，阴雨多，晴天少，气温在 20 摄氏度上下。连我们也开始盼望艳阳高照的天气了。广锠说这是伦敦夏季的正常天气。

今天拿到了 4 件汉文，但都是卷面仅有几个字的杂写，原来编目的人认为不重要而未编入。我们很快完成。广锠说目前知道号码的卷子已经提完，只有等了。

我继续做书证，他继续对照《敦煌宝藏》看原来我们在家时做的前 7 000 号目录初稿，为下一步有目的地提原件做准备。他从昨天下午开始此项工作，说看了 150 号，其中的 30 件左右需要提原件。我估算，按照这个 20% 的比例，7 000 号就得提 1 400 号原件。如果按照目前这种逐件提取的方式和速度，时间远不够用，只能尽力而为。

广锠说在准备工作中，我做的书证很有用。用电子表格按照卷号排序后，各种研究成果便一目了然；他人的研究成果中，绝大多数都属于非佛教部分，这正好弥补了他的不足。他感叹："敦煌学经过几十年的研究与发展，硕果累累，现在做《世界敦煌遗书总目录》，真是适逢其时。"

7 月 30 日（星期六，多云）

自这周四把藏文背后汉文中知道号码的卷子提完后，广锠开始对照《敦煌宝藏》整理前 7 000 号目录初稿，一般每天看 300 号左右，我则继续做书证。

昨天，他凌晨 3 点左右就醒了。为保证白天工作有精力，他又吃了一片安眠药再睡。早 8 点半多，我问他是否起来，他精神不佳，说眼眶疼。我说可能药劲未过，劝他再睡一会儿。但他还是起来了，比往常少吃了一片面包，也没有抹黄油和西红柿酱。我知他是舍不得时间休息。

到图书馆后，我们俩埋头工作。中午，我干得有些心烦，到图书馆门口溜达了片刻。回来问他感觉如何，他说还好，一忙起来，就感觉不到了。

晚上，我们俩就着头天买的鸡翅喝酒。他来英国不久即开始馋酒，为了节省，一直控制，只买过啤酒和葡萄酒各一次。但喝后说度数太低，没劲。逛超市时，他不时在高度酒柜前流连，却一直未舍得买。我劝他想喝就买一瓶。前天一起到超市，我买了 1.03 英镑（900克）的便宜鸡翅，他买了一瓶高度酒里最便宜的威士忌——12.99 英镑，还有一瓶 2.99 英镑的红酒。

两人品酒聊天，他说："今天看前 7 000 号目录时在想，这初稿还是我们认识不久时，你对着《敦煌宝藏》做的，这些年你真帮了不少忙。"他感叹人与人不一样。我说："这是基于两点：欣赏你的为人和理解你事业的意义。基于这种想法，不可能看着你忙而只顾自己潇洒，能帮你早日完成敦煌遗书目录的编制是我最大的心愿。"

21 日再次发生爆炸以来，电视上反复播放 4 个嫌疑人的图像及每一阶段的破案进展。今天从网上看到，自 27 日抓获一个参加 21 日爆炸的嫌疑人后，至 29 日，4 名嫌疑犯都被抓获。这真像是一部破案连续剧。这两次爆炸破案，英国的监控摄像设施功不可没。据介绍，抓获的第一个嫌疑人就是其邻居根据电视播放的监控图像确认后向警方报案的，由此案情取得重大突破。21 日爆炸后，不到 24 小时，警方便公布了 4 名嫌疑人的监控图像。据说英国全境有 420 万个闭路电视摄像头，仅伦敦公交系统就有 6 000 个，准备到 2010 年再增至 9 000 个。对此曾引起过争论，说公共场所摄像头太多，有侵犯个人隐私之嫌。但经过这两次爆炸及其在破案中发挥的重要作用，恐怕反对的人会大大减少。毕竟人们需要的是安全感。

今天他一鼓作气完成了 500 号目录的前期准备工作。他说对照《敦煌宝藏》看一遍后，对那些需要看原件的卷子，心里有底了。

7 月 31 日（星期日，多云）

早饭后，我们一起外出逛街，没有什么明确的目的。周日的伦敦，上午快 10 点钟了，街上还少有行人，店铺也未开门。

我们先到罗素地铁站。周四来时，车站外边还封闭着，今天已开通，但车站内空无一人。门口设了悼念台，摆有鲜花、蜡烛、绒布小熊和纪念签字本。我拍了几张照片，正准备离开，广锠又返回，在纪念本上写下了两行字："反对战争和恐怖主义，人类要和平进步。中国上海师范大学方广锠。"我们对近几年发生在美、英等国的恐怖袭击都感到心情复杂，一方面，同情受伤害的无辜百姓；另一方面，对美、英依仗自己实力强大称霸世界，为其本国利益强词夺理攻打伊拉克等国又愤愤不平。

转到唐人街，也是人迹稀少，但满街弥漫着厨房做饭的油烟味，街面也让人感觉拉杂。广东人、温州人经营的中餐馆林立，是各国唐人街的普遍风景。

到了鸽子广场，天空浓云遮日，凉风阵阵，广场似乎比前年来时冷清，不知是否与伦敦两次爆炸影响了旅游和市民出行有关。我们进入旁边的英国国家美术馆。与前年来不同的是，这里也增加了进门安全检查，不仅要打开书包，还要像登机那样，掏出口袋里的钥匙等物品过安全门。

在各展室浏览时，广锠又找到了那幅令他印象最深刻的写实油画，并在它面前久久驻足，随后他花 5 英镑买了一幅复制的小画，说回去要配个画框。

这幅名为《简·格雷的处刑》的油画，艺术地再现了当年在伦敦塔处决"九日女皇"简·格雷（Jane Grey，1537—1554 年）的情景。该画作于 1833 年，讲述的是曾任英国女王的简·格雷被推上断头台这一事件。画家 H·保罗·德拉罗什（Hippolyte-Paul Delaroche）用精湛的艺术语言，把这一美与善被毁灭的悲剧演绎得栩栩如生，令人震撼。

时光荏苒，转眼简·格雷的悲剧已过去了近 500 年。人类在物质及科技上的发展，也远非昔日可比。但这位花季少女离世前，关于人类对自己的同胞"施以仁爱"的期望，依然不断地被血腥的杀戮淹没……

这幅油画固然艺术精湛、令人震撼，但我实在不愿多欣赏这种人类的血腥与凶残。藏品中还有一些表现战争或杀戮场面的作品，都令我心情压抑。这就是人类，从诞生到今日，乃至今后，总是善良与血腥并行。

各展厅作品中最令我赏心悦目的，还是印象派大师莫奈和梵高的几幅风景画，画面色彩斑斓，生趣盎然，意境超脱，能让人暂时忘却人世的冷酷与沉重。过去在西洋油画中，我也喜欢印象派，但今天在真迹前久久观赏，更有一种动人心魄的力量。既然在科技飞速发展的现代社会，人类依然摆脱不了贪婪与野蛮，多一些对美好景物的憧憬与欣赏总非坏事。

我花 10.5 英镑买了 3 小张两位大师的风景画印刷品，准备回国后分送画友。还有一张梵高画有房子的乡野小景，既有色彩，又有线条，与我喜欢的中国乡村小景及国画山水有异曲同工之妙，让人难以忘怀，于是我又给自己买了一张。

走出美术馆不远，我们偶然发现路边一处古老建筑的门上挂着中英文招牌的"查宁阁图书馆"。进去一看，竟然别有洞天。底层是卖书的，中英文都有；二层是英文阅览室；三层则是中文阅览室，书刊还不少，有桌椅、电脑，十多个中国人在安静地看书、上网。墙上贴有中文"欢迎阅览借阅"。我们选了几本香港杂志和书籍坐下翻看。广锠想再看看所选的几本书，去打听如何借阅，答复是需居住 6 个月以上。下午 3 点钟，我感觉肚子饿了，看他还有兴致，又坚持了约半小时，提议离开，以后周日还可再来。

8 月 1 日（星期一）

昨天路走多了，我们俩都累了。广锠晚上 8 点多就睡了。我写日记到 10 点，怕影响他休息，也熄灯躺下，但许久没有睡意。白天在美术馆，那些巨幅油画中，战胜者手提血淋淋人头的恐怖画面总在我眼前浮现，真担心那些血腥的画面会跟到我的梦里来。还好，没有再与它们相见。

今天到图书馆后，我们刚打开电脑，吴芳思如约前来。她身穿一件蓝色粗布中式大褂，越发显得红光满面。我夸这衣服漂亮，问她在哪里买的，她说：中国。这两次到伦敦，不时会在街上看到穿粗布中式衣服的老外，有姑娘，有绅士，也有老人。广锠曾说如今这已是最时髦的衣服并评论："在英国，越是中产阶级，越穿戴得随意、休闲，讲究舒适。那些西服革履装束的人，倒往往是下层职员。这也合我的胃口，最不愿穿那些规规矩矩的衣服。只是国内市场上格调简约典雅的中式布衣太少。"

我问："是否可与你们同去地库？"广锠跟了一句："如果方便的话。"吴答："当然。"

吴是图书馆的老资格，她带领我俩乘电梯下地库时，除了在入口值班处填了个单子，其他三四道门，都是用她身上的专用钥匙或卡片打开，畅通无阻。

我们先到了地库里的一个大厅，有工作人员在电脑前操作，也有缓缓移动的自动传送书籍装置，周围还有不少门和通道。广锠说："这种传送带国图也有，但放书、取书还是人工，不知这里如何。不过这个地库好像比国图大多了。"出了此厅，我们至少又进了两道门，才到达专门存放敦煌遗书的库中库。这与国图敦煌遗书库的情况类似。这个房间约有四五十平方米，除了人行通道，沿墙及房屋中间都摆满了棕红色油漆的玻璃门木柜。由这些玻璃柜门可见到里边一层层的木隔板上平放着各种包装形式的敦煌遗书。

吴向我们简单介绍了敦煌遗书的放置情况，随后用身上的钥匙打开了四五个可能有我们要找的文献的柜门，说她要帮日本人查几个卷子，便自己到柜子另一边忙去了。

柜子里有斯坦因几次到中国西北考古带回的文献，包括一些写有片言只语古文字的木头棒子或渣子样的残片。还有半截人腿那么粗的一段桩子，广锠说可能是骆驼骨头。还有一对完整的木质书信瓢和盖子，上面还保留着拇指大的完整封泥。

广锠对照他带的编号，我们从中找出了 8 盒要做目录的文献，还发现了两件斯 14600 号以后的新藏品。吴说好像是十多年前新买的，具体记不清了，要回去查一下。广锠建议她为英藏目录写序言时，把这些新的故事都写上。

两件新藏品中，一件是我们前年来时在 7 000 号残片里见过的多层厚纸粘贴的刻花；还有一件是唐代首尾完整的《善恶因果经》，尾题下有一枚朱色阳文印章，上刻"吴士鉴珍藏 / 敦煌莫高窟 / 石室北

朝唐 / 人写经卷子"。① 广锠分析，此人既然专门刻了六朝唐人写经的印章，想必他收藏的敦煌遗书还有一些，看来民间的敦煌遗书还有不少。吴芳思用自己的签名做索书单，让我们先把这两件带上去，其余的她找个小车一会儿交给阅览室的工作人员。

12 点多，吴带我们返回阅览室后，很快便把其余的文献都拿了上来。她客气地说："希望能今天完成，最好在工作人员对面的珍稀藏品工作台那里做。"又问广锠："是做完一件再换一件，还是一次都拿来。"广锠看她既然如此讲，便说："就一次拿一件吧。"

我俩抓紧流水作业。还算顺利，除一件经确认没有汉文的外，共完成 9 件。他说首尾完整的《善恶因果经》不多，又对照《大正藏》的本子逐句校勘了一遍，以备今后研究之用。校过后他说这个本子不好，漏抄了一大段。我说："漏一句、一行比较常见。大段短缺会不会反映文献的一些发展过程？"他说："要回去后再找几个版本对照研究一下。"

网上消息，英国警察 28、31 两日又荷枪实弹忙了一通，说是恐怖分子原计划搞第 3 次爆炸。

8 月 4 日（星期四，晴）

昨天下班后，我们按照前几天旅馆李小姐的通知，由旅馆底层 1

① 经查，吴士鉴（1868—1934），近代金石学家、藏书家。字絅斋，号公詧，一号含嘉，别署式溪居士。仁和（今浙江杭州）人。清光绪十八年（1892）进士，榜眼。官至翰林院侍读学士、江西学政。入民国后任资政院议员、清史馆纂修。以评骘金石、考订碑板、精研史籍而名重一时。其书画、文章俱佳。他与其父吴庆坻笃志藏书。民国初因得商钟 9 件，遂以"九钟精舍"名其书室。早岁其家还有书屋名"含嘉室"。著有《含嘉室日记》40 册，续记 2 册。日记中对金石、碑帖、古籍，悉加考证，旁及读书札记、宫廷轶事、戊戌变法、义和团起义，记载详细。目录学有《补晋书经籍志》4 卷。著有《清宫词》《商周彝器例》《九钟精舍金石跋尾》《含嘉室诗文集》等多种著作。可惜吴士鉴的儿子是个赌徒，将父亲留下的东西一一输尽。

号，搬到 3 层（实为国内 4 层）315 号房间。李说因为我们住的时间比较长，换到楼上干净一些。当初定房间时，只有楼下有空房间，所以定在楼下。楼上果然光线、透气情况要好，房间格局一样，但似乎稍大些；冰箱也略大；没有了烤箱，但配备了微波炉。因为已经知道我们怕临街的噪音，房间仍在背街的一面，还算安静，窗外的视野也开阔了些。

广锠这两天一边提一些后 7 000 号残片中个别还需要核对的卷子，一边继续准备前 7 000 号。昨天他借出的一个残片夹子中，有两号被取出另用，放了说明的条子在里边。因刚好不是他需要核对的，也就没有在意。看完后，他把夹子还回。中午，吴芳思来告诉他那夹子里取出的两件残片已经归还。阅览室的工作人员知道他的英语不行，便打电话告诉了吴，请她帮助转告。吴以为是我们反复寻找的藏文背后的汉文，连忙过来告诉我们。看来她也很为我们着急。广锠告诉她："这只是部分核对的残片，不用了。"吴说："阅览室的人很关心你呀。"

确实，我们多次来英国国家图书馆做项目，每次来，便从上班时间干到下班，与这里的不少工作人员都是老相识了。几位懂中文的中、英裔工作人员自不必说，那些不懂中文的英籍工作人员的服务也同样认真热情。印象较深的有几位：一是那位浅棕色皮肤，身材魁梧，总剃个光头的小伙子。别人通常都是循规蹈矩地每次给一个文献，他知道我们希望多给些，以节省借还的时间，总是很爽快地一次给我们几件，有时甚至主动多给，所以我们每次借文献时最希望遇到他。二是一个像是印巴裔的披肩卷发女孩儿，身材娇小玲珑，浓眉大眼，脸上永远荡漾着迷人的微笑，走路、办事都动作敏捷。别说男士，我每见到她也觉得赏心悦目。最主要的是她除了有靓丽的外貌外，还有她那温婉勤谨的风度和服务，真令人如沐春风。还有一位满脸、满手长着黄豆甚至花生大小粉色肉瘤的中年女士，浅棕色皮肤，花白的卷曲短发。多年前广锠来图书馆工作时她就在此，我这两次来她也都在。她总是腰间横跨一个鼓鼓囊囊的小腰包，每天在借书台里面忙忙碌碌。见她如此日复一日地辛勤奔忙，我不由得肃然起敬。

昨天广锠收到在日本留学的女儿转来的电邮，说日本东京国际佛教大学院大学的落合俊典教授 8 月 13 日至 19 日来英国国家图书馆，住在罗素广场附近。广锠与他因学术交往多年，已成为好朋友，今春曾请他到上海师范大学做讲座，此次他们伦敦相逢，又免不了要对酌了。

今天又是"恐怖"的星期四。早晨一打开电视，几日不见的画面又比比皆是：街上荷枪实弹的警察四处巡查，高度戒备……空中巡逻的直升机也似乎更频繁了。不过往图书馆的路上，我觉得并无太多异样，满街依然是行色匆匆的上班族。

8 月 6 日（星期六，多云）

早晨，我们照例 9 点多出旅馆。周六的街上，人烟稀少。但图书馆门外，依然排起了数十人的长队，等候进馆时的安全检查。看来，像我们一样周六也照常来图书馆的人还挺多。不过，与平时相比，人还是略少了些。

10 点半，馆内广播了一个通知。几分钟后，刺耳的警报响了起来，同前年来时一样，又赶上了紧急情况时的疏散演习。我正想把电脑从阅览室搬进我们的小工作间，但工作人员来催促我抓紧离开，并示意我电脑不用动。我们随着工作人员的引导，从后门鱼贯而出，来到图书馆后面的内部停车场。被领到这里的人不多，不超过一百人。

一个工作人员还用小本子逐个登记我们读者证上的姓名。不过看他写得很简单，只分别记下了我俩的姓。10 多分钟后，又领着我们到正门旁的一个夹道等候。图书馆大门口停了一辆消防车，广场两边还等候有不少从前门疏散的读者。10 点 50 分，广播通知工作人员开始入馆。20 分钟后，允许读者进大门。但到 3 楼阅览室门口，又让我们在门外等候了近 10 分钟，工作人员都安顿好了，才终于放行。回到阅览室已 11 点 20 分。

我们在每天下午临离开图书馆前，都上网浏览下新闻；一般只看标题，有兴趣的内容，将内容下载后晚上回旅馆再详看。除了一些新闻网站外，我们常看的还有"学术批评网"。

昨日在图书馆，我正在阅览室通道旁的座位上做书证，电脑旁摆了几本正用的《敦煌学论集》。瞥见旁边书架那里，吴芳思正同一位 40 岁上下、戴眼镜的中国人讲话。他们说完，那人从我身边经过。一会儿，他到广锠干活的小房间，两人又聊了好一会儿。后来广锠告诉我，他是北大的陈明，也搞敦煌研究，所以认识。陈明是用王宽诚基金的经费来的，每月 900 英镑，来此一年，现已待了半年了。他租的房子离这里不远，原来每月房租 600 多英镑，最近因为爱人带着孩子来，换了间大些的，增加到 700 多英镑。方第一次来英时，即是由吴芳思帮助申请的王宽诚基金，当时每月 650 英镑。陈还问方："那个女的在看敦煌的书，你是否认识？"方答："那是我爱人。"

8 月 11 日（星期四，晴）

7 日（周日），我独自到牛津街，买了一条围巾，5 英镑。广锠在房间工作，反复斟酌英藏目录如何做索引，说有分类和综合两种办法，各有利弊。我建议如各有利弊，则选择工作量小的方式。

8 日中午，广锠与吴芳思谈下步核对前 7 000 号方式的设想。他主要说明时间紧，工作量大，又不愿意这项工作拖延太长时间；可采取除必须看原件的之外，一部分通过较清晰的缩微胶卷照片拿回去做的办法；并把前 1 500 号中需照片的 69 号目录交给了吴，说如需的钱多可自己出。吴痛快答应，说钱她想办法，并讲可抽时间带我们用整天时间下库查卷。但下周不行，她要出去旅游。广锠说下库时间全听吴的安排。

9 日返回旅馆的路上，广锠感叹道："敦煌遗书多年来已有很多研究成果，但有些人不注意搜集和利用这些研究资料，对别人已有的研究不知道，又重新做或发生错误。如英国翟理斯的目录，虽是英文版，但已对各卷中的题记做了中文录文，而国内有些人又通过缩微胶卷或《敦煌宝藏》重新录文，一些看不清的文字只好用'□'表示。日本的矢吹庆辉 1927 年就研究了敦煌遗书中有关三阶教的文献，出版了专著《三阶教之研究》。但 20 世纪 80 年代台湾出的《敦煌宝藏》中对这些文献还标注不知名佛经。"

10 日早上我们在图书馆排队等待进门检查时，遇见了昨天从日本到伦敦的高田、落合教授。他们一共来了 4 人，其中两位是女助手，宫井和本井。宫井约 40 岁，会一点中文。广锠说 1991 年他到日本参加研究班时她也在。本井年轻漂亮，说在日本见过广锠。4 人是为查"佛藏经"而来。广锠告诉他们国图也发现了一件，并说了号码。他们取了在这里要的卷子，准备逐页量尺寸。广锠见正是前年他来时专门研究并逐页量过尺寸的那件，便把资料从电脑拷贝给他们。广锠说请他们晚上一起吃中餐，高田则坚持要他们做东。

晚 6 点半，我们一行 6 人在罗素广场附近一家印度餐馆吃饭。要了 3 份双人套餐。第一道，每人一个烤鸡腿，半块饼；第二道，几小盆糊状的菜肴和一些米饭；第三道甜食和红茶或咖啡。菜实在没什么味道。高田和广锠每人喝了两大杯啤酒。落合说因患有痛风，戒酒了。他果真只饮白水。高田刷卡付账，144 英镑，落合又给了 10 英镑小费。

　　席间高田活跃善谈，落合则斯文客气。高田任职的日本京都大学是类似北大、清华的公立名校，实力雄厚。他所在的人文科学研究所图书资料齐全。落合已办理了年底邀请广锠到他所在的大学讲学的有关手续。广锠说年底到东京后，希望能有半个月时间去高田那里看书、查资料。高田说最好提前两个月通知他，帮他办一个访问学者的邀请，可以直接到库里去看。聊到退休年龄。落合所在的私立大学是 75 岁退休，他和广锠同年，比广锠大几个月。高田比广锠小一岁，是 65 岁退休。高开玩笑说，可以退休后再到佛教大学干 10 年。他们 13 日下午离开伦敦，去德国国家图书馆。广锠又约他们周五一起吃中餐。返回住处时，我们到附近的潘记中餐馆定了周五晚餐的位置，计划用 150 至 200 英镑。还说起如果这次吴未给增加钱就不请了。广锠讲起他小时候，曾在玩沙子时捡到一块指甲盖大小的沙金，被一个大孩子抢走。母亲带着他到那男孩家要，那家人说丢了，母亲便带他离去。母亲回家后讲：钱这东西，生不带来，死不带去。他从此记住了这话。自从与广锠走到一起，最欣赏他的优点之一，便是有钱没钱都不把钱当回事儿。

　　今天，陈明又来图书馆，说递了 30 多个卷号的敦煌遗书，只找到十几个，其余的找不到。并问广锠是否他们不想给。广锠认为不会，可能是有什么原因找不到。下午，匈牙利的高奕睿来找广锠问《华严经》的问题。

　　本来今天吴芳思约我们下午进库看卷，早晨我们专门做了准备，抄清了要查的文献号码。但中午吴和日本人一起吃饭耽误了时间，没有如约前来。

今天我做书证时，看到 1985 年《敦煌研究》第 2 期（总第 4 期）梁尉英一文，谈到据敦煌遗书及有关史籍考证，认为东汉擅长草书、有"草圣"之称的张芝籍贯为敦煌县。伯 2005 号"沙州都督府图经残卷"便载有张芝墨池一项。伯 3929 号"敦煌二十咏"之十三为墨池咏：

> 昔人精篆素，尽妙许张芝。
> 草圣雄千古，芳名冠一时。
> 舒笺行鸟迹，研墨染鱼缁。
> 长想临池处，兴来聊咏诗。

看到敦煌遗书竟与书圣有关，更增亲切。

8 月 13 日（星期六，多云）

昨天在阅览室看敦煌遗书的人扎了堆儿。落合等 4 个日本人、匈牙利的高奕睿还有北大的陈明。广锚说陈明在研究敦煌遗书佛经中与治病有关的内容，他昨天还拿来一件密教的卷子给广锚看。

广锚计划在吴芳思休假这段时间看完《敦煌宝藏》中前 6 890 号的图片，然后开始提原件。现在余下未看的卷子还有 3 000 多号，每天要看 400 余号才能完成。他每天除了上厕所，便在小屋里紧张工作，连放在储藏室的热茶也不去喝了。但昨天因遇到一些复杂情况，一天只看了 200 多号。

广锚上 IDP 的网站从斯 06890 号往前查起，但发现大量遗书都没有上网，他要查的近百件遗书中，仅有一件上网，并发现该件卷背有文字。他又查《敦煌宝藏》及《英国图书馆藏敦煌遗书目录（斯 06981 号—斯 08400 号）》，两书中该件的照片均无卷背的内容。他说这下麻烦了。本来为节省时间，便先看图录中的照片，有需要看内容的，才准备提原件。但现在看来，此前看过的图录未必能够完整、准确地反映该卷的真实面貌，比如像这样漏拍背面文献的，不知道还有没有。但这次时间有限，又来不及看更多的原卷。恐怕只能对看过原件的情况加以说明了。

晚上我们在潘记中餐馆请落合等 4 人吃饭。约百多平方米的餐厅，吃饭者不过三五桌，难怪前天向老板娘订座位，老板娘说没有问题。一般的热菜七八英镑一盘，我们点了五柳鱼块、豆豉白鳝、椒盐排骨、咖喱羊肉煲及几样青菜等 10 个凉、热菜，以及一些面点、啤酒，共 123.4 英镑，另给了 10 英镑小费。席间高田问我们是否常来吃，广锠告诉他是头一次，平时我们都是在旅馆自己做饭（当时我们两人在伦敦为节省从没有在外吃过饭）。他们始知这里有可做饭的旅馆。广锠谈起现在日本年轻学者研究敦煌和中国佛教的少了。高田说也有一些。宫井胃口很好，喜吃排骨、饺子，还喝了两大杯啤酒。餐后相互告别。

今早去图书馆的路上，又见到那位天天来图书馆，周六也不放弃的白发老者。广锠说依老人这把年纪，日复一日跑图书馆查资料、搞研究，一定是位很有成就的学者了。

8 月 14 日（星期日，多云转阵雨）

广锠这段时间一直在用《敦煌宝藏》图录核对前 6 890 号目录的初稿，一般要同时摊开几本书做参考。为此图书馆提供的小房间的桌子上、椅子上，总是摆得满满的。为了让广锠宽松一点，我便让出地方，每天在大阅览室对着他工作间门口的座位做书证。昨天，我听见他那边不时传来"唉，唉"的叹息声，知道他又遇到很多不顺利的地方，心里也不由得随着他的叹息声阵阵紧缩。他工作得太紧张了！

前年一起来英国时，本来已把后 7 000 多号残片目录的初稿基本完成，这次设想用一个月左右的时间再核对一遍，并完成藏文卷背的一百多号汉文目录。剩下两个半至三个月的时间，便用来有重点地看前 6 890 号卷子原件。

为了能充分利用在这里的时间，看卷子有针对性，他曾计划来英前尽量做些准备，在家里先翻一遍《敦煌宝藏》英藏前 6 890 号的图录，挑出要看的卷子。但去年先是忙于办调动、搬家，赶交《中华大典》的稿件等，后又开始做国图的敦煌遗书出版图录的定稿，一直忙到临走的前一天，实在是抽不出时间再做来这里前的准备工作，只好来伦敦后再抓紧时间。

尽管每天只要图书馆一开门我们便开始工作，午饭也不吃，他甚至舍不得花时间下楼喝几口我们放在储藏柜里的热茶水，但总觉得时间不够用。前几天，他扳着手指头计算："以每天看《敦煌宝藏》400 号的速度，可以在下周吴芳思休假结束时，把《敦煌宝藏》中前 6 890 号基本过一遍。按照约 5% 左右需看原件的比例，剩下 7 周多的时间，争取看完三四百个卷子，心里就比较有底了。"但这两天接连遇到复杂情况，不仅两天只看了 400 多号，而且看后记下来需要看原件的比例也大大增加。在昨天看的 200 多号中，就记下了 40 多个需要看原件的卷子，所以很可能这次的时间不够用。晚上躺在床上，我们俩还在一起琢磨到底怎么办。

他说："实在做不完，就只有回国后花钱复制前 6 890 号的缩微胶卷或放大小样继续做。但因为都是黑白的，卷子上原来的朱笔字和朱笔符号可能还是看不清。"

　　我说英国前 6 890 号之后的这 7 000 多号残片因为没有人做过目录,吴芳思帮助解决经费,使他能先后 5 次来英国。对他工作中遇到的问题,也都尽力解决。这已经非常不容易了。前 6 890 号毕竟翟理斯已经做过目录,不好再以此为理由增加时间。要想效率高,只有多下库,直接取原件做。可是吴芳思很忙,陪我们下库的时间有限。如能找个图书馆的人,天天带我们下库就好了。

　　他说:"图书馆里的人是各管各的事。中文组一共就吴芳思和葛汉两个人,吴只调得动葛汉一人。葛汉又不可能天天陪我们。"我们俩左思右想,苦无良策。

　　我不愿意他总是因为做事追求完美而增加烦恼和压力,劝他:"敦煌遗书总目录这么浩大的工程,依我们的微薄之力,只要尽力而为就行了。"

　　他说:"这种烦琐的工作,难免出错,不可能完美。以后肯定会有人挑出不少错误。当年唐耕耦先生仅靠缩微胶卷洗印的照片做了 4 大本敦煌遗书的社会文书录文,真不容易。我也很佩服日本的矢吹庆辉。他 20 世纪 20 年代到伦敦和巴黎等地,拍了大量敦煌遗书的照片带回日本,仔细研究,写了那么厚一本《三阶教之研究》。而过去这方面流传下来的资料很少,很多已经失传,大家是通过他的书才知道了这些资料。后来日本做的新编《大正藏》第 85 卷,很多内容都是他研究整理敦煌遗书的成果。他做了多少工作啊!"

　　回忆起往事,广锠说:"第一次来英国,就在吴芳思的办公室工作,每天她帮我拿来一堆卷子,还可以随便照相。但那时我只有个低档傻瓜胶卷相机,不能近距离拍摄文献。现在鸟枪换炮,有了高档数码相机和电脑,图书馆却制度严格,照不成相了。"我劝他:"事情往往就是这样阴差阳错，不能尽如人意。能做成什么样算什么样，留下的事情给后人继续做吧！"

昨天广锠收到电邮，《敦煌吐鲁番研究》第 10 期要他在 8 月底前交一篇稿件。今天早起，他把英藏斯 08401 号—斯 13952 号（斯 06891 号—斯 08400 号目录他已整理出版过）共 5 300 多号（其中有 200 个空号）的简目整理出来，准备作为稿件明天发过去。仅这 5 300 多号残片，每件一个编号和名称，不算标点和空格，就有 10 万字。如算上标点和空格，则有 13 万字。可以想见，他计划要做的《世界敦煌遗书总目录》共有五六万号，会有多大的篇幅！更可以想见，这些经过反复核对、斟酌了几遍的文字，凝结着他多少心血啊！

中午，我们一起去牛津街附近的商店，买了回去做小礼品的裁纸刀 10 把，共 29.9 英镑。返回时到唐人街拿了免费的《英中时报》《华商报》等。又买了 3 本香港出版的书，共 50 英镑。真好，又有书看了！回来后，我拌了一大盆蔬菜沙拉，切了几根带来的香肠，他边喝酒吃菜，边抱着刚买的书看，显得十分知足的样子。

8 月 15 日（星期一，晴）

我做的书证今日暂告一段落，共查阅了 309 本书籍杂志，做书证 8 152 条。现在我又开始做前 6 890 号中需录文的部分。下午录完斯 02037 号和斯 02059 号两件。广锠说这是一些亡佚的经典，录文后可用来检索其他残片，还可用于他编辑的丛书《藏外佛教文献》。

斯 02059 号及斯 02681 号均为《摩利支天经》，但前者有经序。有意思的是，斯 02059 号的经序实际是抄写人张俅写的题记。文中生动地记录了他的一段遇险经历及抄经缘由：

□…□陀罗尼经序／

□…□州山阴县人张俅，字恩训。因游紫塞，于灵□…□／

□…□内见此经，便于白绢上写得其咒，发心顶戴□…□／

载咸通元年十一月内，其年大风，因有缘事，将□…□／

北岸。其日冒风步行，出朔方北碾门，更与一□…□／

粗心，不识冻凌之病，投入龙河。同人一行，先□…□／

便入冻孔，俅见前人陷冰，抽身便回。不逾一□…□／

凌，亦寻陷身。且不没脚，下如有人，提其双□…□／

□溺，须臾得岸，乃自踊身上得凌床。因□…□／

□縻官河右，以凉州新复，军粮不充，蒙　张□…□／

□武发运使，后送粮驮五千余石，至姑藏□…□／

□时有省使五人，在凉州见俅进发，本欲□…□／

贾竖王严斗合，称俅儒者，前路遇贼，渠□…□／

且留勿去。其人果停，至来日乃发。俅所同般□…□／

百余人，安乐得达雄关。省使般次来日，还至俅前日／

宿处，地名沙沟。前日余火，尚犹未灭。其夜被横过／

吐蕃贼打破般次，省使被煞，诸余损伤，不可尽说。／

自后入奏，又得对见　龙颜于思政殿。所蒙锡赉，秉受／

宪官。及至归回，往返贼路前后三、二十出，不曾输□…□／

此皆　菩萨加持力也。固为此序，将劝后人唯除□说也。／

在序后抄写的经文中，张还把其中经文中常用的套话"弟子某甲"，改为"弟子张俅"。

这段时间我在做书证中，先后翻阅、登记了300多本敦煌遗书的研究录文书籍或杂志。敦煌遗书中那些非佛经的社会文书包括一些佛经后面的题记，大都反复有人录文研究过。而我检索的这些书证中，却无人著录研究这条题记。大概因为是张俅用经序做首题，研究者中佛教学者较少，便无人问津吧。

后来广锟在《中国敦煌遗书与日本奈良平安写经》一文中阐述了他对此经的进一步研究：

> 最近，我在随同落合俊典先生考察日本大阪天野山金刚寺一切经的时候，看到一件《摩利支天经》。内容大体为：有一个摩利支天，能隐身不现，又神通广大。若有人能够知道它的名字，便可以受到它的护佑，诸如"行路中护我，非路中护我，夜中护我，昼日护我，贼难护我，病难护我，水难护我，火难护我，于恶冤家护我"等。为了能够得到它的护佑，人应该如此发愿祈求"我某甲知彼摩梨支天名"云云。经中强调："若有书写读诵受持，著发中。著衣中。随身而行者。一切诸恶，悉皆退散，无敢当者。是故汝等应当勤心流布此经。"
>
> 该《摩利支天经》在《大正藏》中已经收入四种异本：第一种失译人名，附梁录。第二种收在《陀罗尼经》卷十中，为唐天竺三藏阿地瞿多译。第三种、第四种据说都是唐不空所译，但《高丽藏》本与《嘉兴藏》本区别较大，所以《大正藏》把它们一并收入。金刚寺本与上述四种异本基本内容虽然相同，但行文差异很大，显然形成一种新的异本。从行文看，金刚寺本应该是由失译本及不空译本摘抄改编而成。那么，是什么人，出于什么目的，编纂了这一新的《摩利支天经》呢？该《摩利支天经》在当时人们的心目中到底占据什么样的地位呢？
>
> 敦煌遗书为我们解答这一问题提供了钥匙。

大体相同的写本，我在敦煌遗书中发现了17号。其中特别值得注意的是斯02059号《佛说摩利支天菩萨陀罗尼经》，该号有一篇序文。

......①

序文作者为张俅。上述序文虽然文字有残缺，但大意很清楚。张俅曾经两次奉命出使，由于书写并随身携带《摩利支天经》的缘故，得到摩利支天的护佑，两次在路途得免大难：一次免于冰凌陷身，一次免于盗贼杀害。其后多次出使，"往返贼路前后三二十出"，都平安无事。所以对这部经典虔心信仰，特意再次抄写此经，并撰写序言，希望这部经典能够广为流传。

按照《摩利支天经》的正文，有人若发愿祈求摩利支天护佑，应当说："我某甲②知彼摩梨支天名……"斯02059号把这一句改写成："弟子张俅知摩利……"云云，充分反映了张俅感恩、虔敬的心情。类似的发愿祈求还可见斯05391号，敦煌一个名叫胜富的人，也把自己的名字写入自己抄写的《摩利支天经》中："弟子胜富娑婆诃，告诸比丘……"

在古代，敦煌能够得到发展，得益于它位于丝绸之路的要冲。因此，交通的顺畅与安全，是敦煌是否能够顺利发展的关键。而安史之乱以后，相当长的时间中，敦煌与内地的交通较为困难。所以，我们不断可以在敦煌遗书的写经题记中看到祈求"王路开通"之类的祝词。归义军初期，敦煌地方政权为了保

---

① 该序文内容与本书207页同，此处略。

② 按照佛教传统，此处之"某甲"为统称，实际使用时，需换成信众自己的名字。张俅与下文"胜富"均按照佛教传统处理，这自然也反映了他们对摩利支天的虔诚信仰。——广锠注

护交通，还曾经派出大军，讨伐吐蕃。《摩利支天经》宣称可以"行路中护我，非路中护我，夜中护我，昼日护我，贼难护我"，对于古代敦煌的人们，特别对张俅这样经常出使的人自然具有较大的吸引力。

由此我们可以明白，金刚寺所写《摩利支天经》的底本来自中国，是古代中国人为了祈求摩利支天的护佑而依据大藏经本改编的。

斯 02037、02095 号为同一人抄写的《消灾除横灌顶延命真言经》。斯 02476 号为《四意止经》。广錩说后者在道安的经录里有其经名，但内容已亡佚。在敦煌遗书里目前只发现了这一件。

下午 3 点 40 分，忽见广錩坐在小房间里，身体后仰，不住地揉胸，表情很痛苦（现在看亦可能是他的心脏不适。这些年类似情况时有发生，都是靠服用随身携带的速效救心丸得以缓解）。我连忙跑过去。我说可能是低头伏案时间过长，胃酸倒流所致，因我也有过这种情况。我劝他不要太拼命，注意间隔休息。过了片刻，他感觉好些，又开始工作。

8 月 18 日（星期四，晴）

今天是伦敦难得的"高温"天气。

昨天我开始做《佛名经》（20 卷本）的录文，这也是目前无人系统研究过的。今天上午完成了第一卷。该卷首残尾全，有 9 000 多字。但大部分内容《大正藏》里的 12 卷本卷一、日本《七寺古佚经》中的 16 卷本卷一中都有，不过是内容有多有少或组合方式不同而已。

我在电脑里检索拷贝后，再逐字核对调整即可。我问广锠为什么有这么多的佛名经，且里面大部分内容是烦琐重复的佛名，他说这正是信仰性佛教的一种形态。这些是信徒用来抄写念诵供养的经典，主要不是为了学习研究佛教义理，而是为了做功德、求福报。

昨天他核对了 500 余号做过的目录。

8 月 19 日（星期五，阴雨）

今天上午，我依《敦煌宝藏》国图 552（冬 56）号完成了《佛名经》（20 卷本）卷二录文，共 8 400 余字。卷前部分佛名，与《大正藏》12 卷本《佛名经》卷一几乎完全相同，后面部分的忏悔文则与 30 卷本《佛名经》卷二后部内容基本相同。录文中，我把这些不同版本之间的异同处做了标记，想广锠会从中看出些问题。昨天回旅馆的路上，我同他说起这个情况，他说曾花费不少时间对这几种版本的《佛名经》做过研究，写过论文。现在我录文中的这些情况，证实了他原来的判断。

我做佛经录文时，常见佛经中为了劝说人们信佛行善，多有对西方极乐世界的美好和地狱的恐怖的描述。我曾对他戏言："佛教的宣传手法，一个是用美好的前景诱惑人，另一个就是用恐怖的地狱吓唬人。"今天所录的忏悔文最后，即是关于地狱的形象描述，可以说对其可怕惨痛极尽渲染，令人毛骨悚然。兹拷贝其中的一段如下：

大乘莲花宝达菩萨问答报应沙门经

宝达即便入地狱中，上高楼头四顾望视，见罪人等各从四门号叫而入宝达前。入铁车、铁马、铁牛、铁驴。此四小地狱并为一地狱。云何名曰铁车、铁马、铁牛、铁驴地狱？此地狱方圆纵广十五由旬，其中铁城高一由旬。猛火辉赫，烧其车铁，作炎赫炽然。中有铁牛，其身亦然，头角毛尾，皆如锋铦，毛中火然，烟焰俱出。其铁马者，身毛骏尾，利如刀锋，毛火然烟炎俱出。其铁驴者，亦复如是。其地狱中，有铁蒺藜，利如锋铦，铁锵缭乱，遍布其地，其锵火然，猛炽于前。

尔时北门之中有五百沙门，咩声哮叫，眼口中火出。唱如是言："云何我今受如此苦？"狱卒夜叉、马头罗刹，手捉三钻铁叉，望背而撞，胸前而出。复有铁索，来缠其臂，其索火然，烧罪人臂。复有铁枷，枷罪人咽，其枷八方，利如锋铦。烟火猛炽，烧罪人颈。尔时罪人宛转倒地而不肯前。马头罗刹手捉铁棒，望头而打。罪人身体，碎如微尘。复有饿鬼来食其肉，复有饿狗来饮其血。马头罗刹蹴地言："活！"罪人即活。尔时铁牛吼唤跑（刨）地，其牛吼唤，来向罪人。罪人迫迮，宛转于地。马头罗刹手捉铁叉，叉着车上。罪人跳踉，复堕牛上。牛毛仰刺，从腹而入，背上而出。（牛）复跳踉，复堕马上。马毛仰刺，亦如锋铦。马尾掉之，身即碎烂。须臾还活。尔时铁马举脚连蹴，身碎如尘。须臾还活，复骑铁驴。驴即跳踉，罪人堕地，驴便大瞋，举脚连踏，须臾（便死。须臾）还活。一日一夜，受罪无量。宝达问马头罗刹曰："此诸沙门云何如是？"罗刹答曰："此诸沙门，受佛禁戒。不慎将来，但取现在。违犯净戒，故作恶业，畜不净财。乘车骑马走驴治，心无慈善，不护威仪，受人信施。恶因缘故，堕此地狱百千万劫。若得为人，身不具足，聋盲闭塞。不见三宝，不闻正法。"宝达闻之，悲泣叹曰：

"云何沙门，应出三界。

云何恶业，受如是罪。"

宝达扪泪，悲泣而去。

复又录 Д x 1591 号。它是一件《般若波罗蜜多心经》《救苦观世音经》《续命经》的合抄本。3 部经才 540 余字。

广锠说按照佛教的传统，只有佛所说的，才能被称为"经"。不是佛所说的，最多只能称为"论"。比如《瑜伽师地论》，据说是印度佛教著名论师无著每天晚上上升到兜率天听弥勒菩萨所说，白天再记录下来的作品。弥勒菩萨的身份是未来佛，凡是未来佛，都先在兜率天居住，到了应该降世的时候，降世为佛。释迦牟尼也是如此。但不管怎样，起码目前弥勒还没有降世成佛，他的身份还是"菩萨"，所以无著只能把他听来的弥勒所说，命名为"论"。但有些人自己明明不是佛，胆敢编造一些东西，称之为"经"，这就是"伪经"，必须坚决予以禁止。但世界上佛经太多，有时候遇到一些"经"，到底是佛说的，还是其他人任意编造的，一时难以分辨，所以称之为"疑经"，即感觉可疑，但真伪难辨。问题在于，如果对这样的经也予以禁止，万一它真的是佛经，当然就犯下"谤法"的大错。但如果它是伪经，不予禁止，让它流通，自然也是错误的，这就很难办。古代的佛教经录称对它们是"取舍兼怀"，就是到底应该禁止，还是应该让它们流通，很难决定。历史上，正统佛教徒对"疑经"的态度是先搁置一边，不准流通，以后搞明白再说。因此，疑经与伪经虽然性质不同，但由于疑经的实际待遇与伪经一样，都不准流通，因此人们往往将疑伪经放在一起论述。

正统僧人虽然禁绝疑伪经流通，但实际上在中国佛教史上，疑伪经从来没有被真正禁绝过，它们始终在民间流传。由于一直以民间方式流传，因此很容易在传抄过程中产生变异，形成种种异本。这反映了佛典写本的特点之一，即流变性。很有意思。

中午时，他说又发现了好东西，斯 04494 号是一件南北朝时的佛教仪轨。他根据佛教传入中国后的一些情况，总觉得在南北朝时期就应该有佛教仪轨，但此前只见过唐代的仪轨文献，现在终于发现仪轨文献的南北朝写本。特别是其中提到东晋沙门刘萨诃创造的一种礼拜法，非常有研究价值。一是因为刘萨诃这个人在古代很有名，他可以被称为中国信仰层面佛教的代表性人物，他的礼拜法掺杂了许多中国文化的元素。二是因为他提倡的这种礼拜法虽然被高僧们排斥，但一直在民间流传，直到现代，还有人印刷、传播。广锠就收集了好几种。

看来沙里淘金虽不容易，但功夫下到一定时候，老天必有回报。我复又做此号的录文。

取此件时，葛汉专门来讲："这件是刚从修复部取回的。"并告诉广锠，已递了条子的另一件，如果今天能取出交给阅览室，明天可看。因他明天不上班，如果来不及拿，就只好周一再看。由此看来，似乎前 6 890 号卷子因为属于比较重要的藏品，只有吴与葛才能取出。

广锠做敦煌遗书目录 30 多年来，通过大量经手和积累第一手资料，对这个问题形成了自己的看法。他认为，历史上不仅有印度佛教影响中国文化的问题，同样也有中国文化回流印度，影响印度佛教乃至文化的问题。2013 年他的一篇论文《试论佛教发展中的文化汇流——从〈刘师礼文〉谈起》，谈了他对这个问题的看法：

> 宗教是一种社会文化形态。任何一种社会文化形态都是历史现象。历史在一定的时间与空间中活动，文化的发展也离不开时间与空间……佛教从印度传到中国，又从中国传到周边各国，乃

至近代走向世界的历史过程中，在不同的时间与空间中，不断地吸收不同文化的营养，依据不同的条件，变换着自己的形态……从古代印度传入，在古代中国成长、发育的中国佛教，理所当然地是印度文化、中国文化共同孕育的产物……宗教在不同国家与地区的传播，其实质是文化在流通。文化的流通从来都具有双向性，并非单行道。那么，在印度佛教传到中国、印度的佛教文化影响中国的同时，中国的传统文化是否也影响印度，又是怎样作用于印度佛教的呢？上述问题或者可以改换一个提问方式：当佛教从印度传到中亚、传到中国、传遍整个亚洲的同时，中亚文化、中国文化、亚洲其他文化怎样介入佛教这一文化形态，并在佛教的发展过程中对其施加影响？

他用斯04494号中的《刘师礼文》做了例证。认为：

> 这个"刘师"，应是早期中国信仰性佛教的代表人物——刘萨诃……依据道宣的实地考察，从南北朝晚期直到初唐，刘萨诃在民间深受崇奉……《刘师礼文》，它的形态其实很简单，仅仅要求修持者在特定月份的某个特定日子的特定时辰，向某个特定的方向，礼拜特定的次数。认为这样的礼拜，均可减除特定的罪孽；坚持三年，则能得道，所得遂愿。

> 在此首先需要考察的是，这种礼拜法，是否符合印度佛教的传统？据文献记载，释迦牟尼并不赞同这种六方礼拜法。在初期佛教，乃至早期部派佛教中，也没有发现曾经流行这种礼拜法……那么，《刘师礼文》提倡的这种礼拜法，缘于何处呢？如果翻阅《白虎通义》，看看王充《论衡》及早期的道教经典，就

可以明白，这种将某一特定方向，赋予某种神秘含义的思想，正来自中国的传统文化……中国传统认为，前半月为阳月，后半月为阴月，阳月礼拜，功德更大。由此可知，《刘师礼文》中每月礼拜日的选择，深受中国传统文化的影响……（其他举例略）因此，我曾经撰文说："佛教的产生虽然得益于印度文化的孕育，而佛教的发展则得益于印度文化、中国文化乃至其他地区文化的汇流。"……在此必须正视中国文化西传，与中亚文化、印度文化汇流，共同创造新的佛教形态，而又回传中国的问题……这显然可以成为我们佛教研究中的又一个制高点，一个新的学术增长点。

8 月 23 日（星期二，晴）

周六（20 日），我做斯 04494 号录文。里面除忏悔法外，还有多个不同的咒文，里面有很多生僻字，直到下午 3 点半才录完，交广锠核对。后来他说："这件文献很重要，里面反映出佛教早期在中国流传中与中国文化融汇的很多信息，如对中国天干地支记时的使用，梵文转写咒语的发音等，过去没有人研究过。回去后可请懂梵文的人通过发音标注，把咒文的汉字再转写为梵文，看是什么意思。"

周六结束工作后，我去超市买了个火鸡腿，0.97 英镑，回到住处用带来的调料卤好，并加入蘑菇、海带等；照例又拌了一大盆土豆、胡萝卜、芹菜和苹果组合的沙拉，给两人分别酌上了威士忌和红葡萄酒，开始吃喝，此时已 7 点半。广锠连说这样在肉汤里煮出的海带好吃，回国后还要我这样做。9 点吃喝完，我在厨房收拾餐具，他开始滔滔不绝地发表感慨。看来又是酒精引起的兴奋。我俩东拉西扯，聊到快 11 点。我说："你喝了酒就成'话痨'啦！"他说："那你以后想听我说话就给我拿酒来！"

周日，按计划陪他到唐人街理发。仍是前年去过的那家小店，连理发的小伙子也没变，但价格已由 7 英镑涨到 9 英镑。

上海师范大学的 4 个宗教专业研究生通过电邮发来这学期的作业——每人一篇小论文。他分别给了 80 至 90 分。其中有一个女生表示拟选他的佛教专业。他回信建议她学习佛教文献学，可做疑伪经的研究，并为她开列了阅读书目，要求她以后每两周用电邮汇报一次学习情况。以前他在中国社科院带研究生，也是这样要求的。这其实是当初他当任继愈先生的研究生时，任先生对他的要求。他说："掌握学生的学习情况，才能有的放矢地指导。"但他的学生们很少兑现。不知这次结果如何。

周六结束工作时，广锠初步核对的前 6 890 号还剩 600 号。因吴芳思一周前许诺自本周开始带我们下库阅卷，昨天来图书馆前他提前做好了各种资料和用品准备。临近中午，我见吴在阅览室我前边一排座位上查阅资料，就告诉了他。他等候了一阵，便去约吴到他的小房间。由于他 1991 年所编目录《英国图书馆藏敦煌遗书目录（斯 06981 号—斯 08400 号）》（宗教文化出版社，2000 年 6 月）前此已经交给吴芳思，所以他将这些年完成的从斯 08401 号到斯 14144 号目录初稿的光盘交给吴，吴很高兴。谈到下库，吴说要等到周四、周五。吴确实总是忙忙碌碌，没有办法。广锠说他也只有尽力而为了。我继续做《佛名经》卷三的录文。

昨天吴芳思说这两天无法下库后，广锠向阅览室递了两个前 6 890 号的条子，说好今天用。但今天下午取时，还未拿出。不知是否因吴、葛两人没空取？如取卷这样费劲，下库时间又少，进度则要大受影响。他说大部分卷子其实只需打开看一下原来从照片上看不清的地方，不过是几分钟的事情，所以下库看最合适。如果靠递条子看，阅览室管库人员费了半天劲取来，他这里看一下就结束交还，面对阅览室的人，自己都会觉得别扭。

广锠收到邮件，得知周绍良先生去世，非常难受，说起周先生对他的种种关照。不久前启功先生也去世了，老一代国学家健在的已越来越少。

8 月 25 日（星期四，多云）

昨天陈宝和又来给我们送图书馆的报纸看。广锠问陈前 6 890 号卷子是否只能由吴芳思和葛汉取出，陈说是。这部分作为收藏的珍贵文献只能由他们两人取。如此情况，吴芳思又忙，看来只能看多少算多少了。他想起郝春文当年来英回国后，曾说起取这部分卷子的困难。郝春文提出取卷难以满足工作需求后，英方有关人员还专门为此事开会研究讨论解决办法。而我们受图书馆经济资助的后 7 000 多号残片任务已经完成，对广锠提出的工作方面的需求，吴芳思一直竭尽全力给予关照。所以，我们也不好意思再提更多的要求。广锠说："随缘吧！"遂自昨天开始，从英藏首号起做定稿，一天完成了 60 余号。他说："这是在没有遇到什么难题的情况下的。"我说："如按此速度，前 6 890 号定稿就需 100 多天。"他回答："就得需要这么多时间。"

我继续做 20 卷本《佛名经》，这些天基本每天完成一卷。昨天做到第五卷，今天开始做第六卷。每卷一般八九千字，基本在《大正藏》12 卷本或 30 卷本里可以找到类似的内容。因此只要检索后拷贝过来，再逐字核对即可。从这些卷本的对照，可看出一些佛名相互间的沿袭关系。有些是相互抄袭，略加修改变化；有些佛名则反复重复，或似编造凑数；还有些佛名，似相近文字抄错后，以讹传讹。如今天做的第六卷中"南无威德光尽佛"，12 卷本中是"南无威德无尽佛"。卷中前后其他佛名完全相同，此处却差了一个字，意思完全不同，可能是"光"与"无"字形相近误抄。还有 12 卷本中"南无宝光明佛"，20 卷本中抄为"南无宝光眼佛"；"南无无创佛"抄为"南无天创佛"，这里不知是否故意把"无"改为"天"字。这类情况很多。昨晚我同广锠讲起这个情况，他说："过去就有人认为《佛名经》抄得很乱，重复内容多，不应该入藏。《大正藏》中的 30 卷本是韩国人根据《高丽藏》整理的。整理人最后有个题记，说这个经虽然入藏价值不大，但高丽信奉此经的人很多，所以我还是整理入藏。"他还讲："《金瓶梅》里有一段，写西门庆和一帮公子哥吃喝完后，看着眼前的一片狼藉，说：吃了个'净光王佛'，也反映了部分中国人的宗教观念。"

中午近 12 点，吴芳思说可以带我们下库了。广锠对吴说，一会儿如果她有事或需要吃午饭，可以把我们锁到库里。吴的意思是这不好办，并指指自己手里提的鼓鼓囊囊的提包说，她带了要干的活。

到库里后，我们每告诉一个需看的卷号，吴便用身上的钥匙，打开放那个卷子的玻璃柜门，取出交给我们。看完交还后，她再取下一个。我们看卷子时，她便坐在临时拿来的圆凳上做自己的事情。中途，几次有其他工作人员进来取或送还其他文献。看来这个房间其他人还有钥匙，只是放前 6 890 号卷子的木柜只有吴和葛有钥匙。

这些双扇玻璃门的柜子里面，间隔大约 10 厘米有一个横木格板，上下有一些等距离的凹槽，可根据卷子的大小，用插在凹槽里的玻璃条将卷子逐个隔开。每个卷子下面的隔板上都贴了卷号，还用红、绿等颜色的圆形不粘胶纸做了记号。吴对广锠说："那些贴红色纸签的卷子，是更为重要或破损较严重的卷子，一般不拿给读者看。但你还是可以看的。"每当她取到这类卷子时，都会叮嘱一声"小心"。广锟看了几个这类卷子，认为从文献的角度，倒是没有什么特别之处，只是破损更严重些。吴说："这些还是以前修复的，目前有些需要重新修复。"方说："这样子做标记是个好办法，以后可以建议国图把一些容易损坏的卷子，在木盒上做个标记。"

广锟前段时间根据图录初步核对后，记下了有疑点卷子的号码及需核对的内容，从斯坦因编号前部看起。其中多数看不清楚之处属题记、杂写或卷背裱补纸上的内容，都对照原件做了订正。个别几件需要花费较多时间大量录文的，记下了号码，准备以后到阅览室要来再做。

斯 00530 号正背面都有文字。正面是墓志铭，背面是斋仪文书。因背面斋仪文书旁边有一行"大唐元和七年六月，慰唁语"的朱笔字，以前对此件注录时都据此定名为"元和七年吊唁文"，还收入了《大正藏》。但打开原件一看，这行朱笔字的字体与正背面文献都不同，是我们已经熟悉的常在卷子背面批字的蒋师爷的字。旁边还有同样字体的几个字："闲时再查。"看来蒋对此年代也没有最后确定。广锟自言自语道："蒋是根据什么定的这个年代？"便在卷子文字中寻找。我一下看到墓志铭的文字中间有一行上画了一处红杠，上面正是"元和七年"几个字。他又用放大镜与卷背的题字做了对比，确定两处的红色用的是同一种颜料。原来是蒋看到这个时间后，做的标记和题字。他说，从文中看，元和七年是墓志铭所写的"索法律"这个人去世的时间。但敦煌遗书里同样内容的墓志铭有 3 件，法藏敦煌遗书里的一件说明是悟真写的。悟真是归义军时期的一个著名僧人。此件从纸张、书法等特点看，也是归义军时期的文献。但原来我未看原件时，就弄不清大唐元和七年这行字是怎么回事。很多人从缩微胶卷或照片上也看不清楚，便受了蒋师爷的误导。今天看的卷子背面，有不少蒋的题记和用来计数的苏州码子。真是不看原件，无法做好目录。

　　吴芳思讲她还有些事要办，建议到 4 点半结束。她说以后可以再抽时间下库，并约好明天中午再来。连续站了 4 个半小时，我们都腰酸腿疼。今天看了前 900 号中有疑问的卷子共 44 个。

8 月 29 日（星期一，晴）

　　上周五（26 日）下午 1 点半到 4 点半，我们第二次随吴芳思下库。很巧，又看了 44 个卷子，到斯 01700 号。吴讲："下周再抽时间下库。"广锠说："就你的时间。"

　　下库前，陈宝和来送中文报纸，约我们周一统一假日时与来伦敦开会的首都师范大学教授郝春文一起到他那里吃饭。

　　斯 00082 号为 6 件血书写经断片，图录和缩微胶卷都难看清文字。赴英前聘请帮忙做英藏初稿的张桂元著录为 5 片，并查出了其中 4 片的内容。广锠用带的电脑在《大正藏》里检索出了 2 片原未查清的内容并加以著录。回旅馆的路上，他还在琢磨：那些血书写经，尾部都有空行，似没有写完的兑废经形态。但是血经那么宝贵也会兑废吗？说以后还要再仔细看一下。

　　上周六（27 日），他取来斯 00082 号再次细看。在库里看时，他见其都是只有一纸的不完整经文，有的结尾还有空行，像是兑废经的样子，曾疑惑血书比较宝贵，是否也会兑废。这次取出后，他先逐件将上面的经文与《大正藏》做了核对，看是否在内容上与其形态有关。结果，所有内容都与《大正藏》基本相同。而其中 3 件是首全尾脱（即尾纸从粘接处脱开），都是整张的抄经纸，虽然个别文字有修改痕迹，但尚不明显，且尾行不空。看来是因为粘接处脱开而内容残缺。而另 3 件则都是卷首脱开，纸从中间被裁断，卷尾有空行，或在抄错经文处因过度刮改造成残破；或在空行处多有污渍，显然是因为卷面污损而兑废的。这样，总算解决了以前留下的疑惑。

他因头一天晚上失眠，27 日这一天都头昏脑胀，十分难受，晚上 8 点吃了 2 片安定后便躺下。可能因长期服用安眠药，加上距离晚饭时间不长，药效受到影响，他翻来覆去，久久难眠。第二天早上他说他 12 点后才睡着，睡不好觉太痛苦了。

周日（28 日），他说懒得动，但我还是拉着他去了趟唐人街和超市，取了些免费报纸，也希望他在户外活动一下。

8 月 31 日（星期三，晴）

连续几日晴天，伦敦气温升高，有了夏天的样子。

周一上午 10 点半，按约定到图书馆门口等陈宝和来接我们去他的住处。郝春文、北大段晴带的梵文博士生小叶、上海大学哲学系教授沈海燕等一同前往。他们都是来伦敦参加一个佛教会议的。陈因路上堵车，10 点 45 分才到。因沈海燕系郝邀请临时加入的，陈不知道，他开的小车坐不下，沈去乘公共汽车。

陈开的红色丰田是花 250 英镑从熟人手里买的二手车，办各种税费又花了 500 英镑。他说伦敦买二手车的人很多。但即便有车，他每天上下班也都乘公共汽车，因为图书馆没有停车位。据他讲，即使像吴芳思这样的老资格，在图书馆停车场也没有车位。

不到半小时，我们到了陈位于 3 区的住处。那一带多是一幢幢显得比较局促的二三层连排小楼，看样子建筑年头不短，整体不如吴芳思居住的小区住房讲究，但社区环境整洁清静。陈说因为是休息日，平常上班时会嘈杂一些。他和一个留学生合租了楼下一套 2 室 1 厅。

房间虽然不很宽敞，但陈的房间窗外就是后院的小花园，五六十平方米。小花园有柔软细密的草坪，沿木栅栏墙边有一圈半人多高的各色玫瑰，显然经常有人养护，一派生机盎然，令人转瞬从喧闹的都市回归田园。这种连排小楼尽管左右两边比较紧凑，但前后楼间的距离较宽，所以在院子里感觉还算敞亮安静。陈说房主是位华裔老中医，另外还有住处，一般每周要回来照看房子和花园，不像英国人，出租后就全交给你了。

陈按照中国人怕少不怕剩的习惯，准备了几大盒调料腌制过的羊肉串、鸡翅和肉肠等，在院子里架起了烤肉的木炭炉。我帮他用西红柿、黄瓜、生菜、苹果拌了一大盆蔬菜沙拉。

拌沙拉时，小叶站在旁边帮忙，我问起他本科的专业。原来他16 岁从河南考上中央美术学院附中，后从中央美院国画山水专业毕业，因为兴趣读硕士时改学梵文，现正读博士。我感到吃惊。中央美院乃画界最高学府，高考竞争激烈，半路改行，实在可惜。叶说，画画基本功打好后很难突破，有时会长时间止步不前。他强调他是出于对梵文的兴趣才改的专业，但又讲现在学梵文也学得很痛苦，大量内容要学要背，像高考或考研时的紧张备考，可那毕竟时间短暂，现在则是遥遥无期。专业学画曾是我童年时的梦想，却也有入"围城"之人，千辛万苦进去又想出来。看来体验到艺术的宝塔虽可攀登但难达高端的痛苦的人，不在少数。

大家在树荫下的花丛旁一边吃喝，一边海阔天空地神聊。

我问陈宝和："总说西欧是福利社会，为什么英国街头常见流浪汉乞讨，有的还是白人小伙儿。"陈说："英国对没有工作和住处的人，可凭身份证件去登记领取生活费用。如果有孩子，政府可能还会帮助其租房居住。如果是一个懒汉，即使政府给钱租下住处，但他不讲卫生，又臭又脏，房主也不肯。北欧国家的高福利政策，助长了一些懒汉，加重了社会负担。有些国家个人交税占到收入的50%。我现在交税也占收入的40%。对这种高福利政策，现在也有反对意见。"

我们聊起不久前希思罗机场约千名英航地勤人员罢工，抗议美国航空用餐供应公司盖特食品公司解雇其在机场的670名英籍膳食工人事件。陈说，由于各国立法不同，工会权力有差别。相比而言，英国的工会比美国厉害。这次罢工，源于这家工厂的部分员工为增加工资曾在英航罢工之前先举行了罢工，后被公司开除。这些工人遂要求罢工声援，得到机场工会的支持。但食品公司的美国老板坚持美国式的强硬办法，拒绝恢复被解雇工人的工作，理由是公司经营状况不佳，今年亏损预计将达2 500万英镑，已濒临破产。陈认为，在工会的压力下可能会使机场不用这个厂家，最终导致美商妥协。陈说："当年铁娘子撒切尔改革税收政策时过于自信，对人口多的低收入阶层不利，因此造成社会冲突。保守党领导层趁其出访欧洲时改选党魁，迫使其下台。"讲到布莱尔紧跟美国的政策，陈认为可以理解。依现在的世界格局和英国的文化传统，英国与法、德等有隔阂，只有跟同语种的美国靠近对自己有利。对帮助美国打伊拉克，英国人多数反对（报载占57%）。但在道德和国家利益的选择中，英国民众还是选择了布莱尔。

晚上7点，陈又开车送我们返回。郝和叶到亚非学院参加会议组织的活动。

回去后，广锠开始看郝带来让他帮助核校的敦煌遗书录文中有关佛教的内容，其中有些是我们刚下库核对过原件的。广锠发现有二三处文字与我们的录文不同，为慎重起见，他抄下这几件的号码，准备下库时再核。

晚上 9 点多，忽然有人敲门。原来是郝与叶带了广锴读研究生时的同学胡海燕来串门。她是与其丈夫一起来参加会议的。他们那届研究生中绝大部分原是学外语的，胡大学时学的是德语，研究生毕业后去德国弗莱堡大学读博士，现在该大学东方学系教汉语。她说第一年教会学生 400 汉字，毕业时到 2 000 汉字。她还约我们哪天一起吃晚饭。

周二（30 日）下午 1 点多第 3 次随吴下库，看到斯 02400 号。

9 月 2 日（星期五，多云）

这段时间下午在地库看卷子，多数卷子中的问题比较简单，广锴就当时解决并用电脑记录在该号目录中；遇到问题比较复杂、需要多花时间研究的，则挑出来。这部分卷子吴芳思通常以她自己使用的名义填写借用单。离开地库时，她把我们挑出的卷子拿到她的办公室锁起来，待次日上班后再取出交给我们使用。这样破例取出的卷子，因为没有通过阅览室办理借阅手续，便不受借阅数量的限制，大大提高了我们的工作效率。用完后，我们再直接还给吴芳思，由她还回地库。

周三（31 日）吴因有事不能来，便提前告诉我们她可多取些卷子上来，由葛汉交给我们。广锴便要了 8 个卷子，这 8 个卷子问题较多，看起来比较费时间。葛汉中午来告诉我们下午他也有事。因 8 个卷子中有 3 个未在阅览室办手续，如被发现就是违规，只能先收回地库，等周四他们来后再拿。

广锠看斯 05541 号小本缝缋装与斯 01156 号进奏院状。后者卷背骑缝处盖有两枚阳文朱色印章，隐约可见"河西……之印"，卷尾亦有半枚此印。但查《敦煌学大辞典》，里面没有介绍过此印，目前用电脑查现有的资料亦无有关此印的记载。

晚上回到旅馆，我刚煮上稀饭，胡海燕委托小叶来请吃晚饭。

我们走到附近的亚非学院，见到胡的先生、在美国某大学教书的杨扬，法国远东学院的郭丽英，日本的辛岛等。胡与郭都开朗健谈，一起往唐人街的路上，不停询问我们的工作和生活情况。

我们在"利口福"店就餐，店里坐了约小半客人。胡与郭一起张罗着谈价点菜，点的有清蒸鱼、西红柿虾仁、溜牛肉片、冷切酱鸭、豆腐、蚝油生菜、烧茄子、米饭及 12 杯啤酒（每小杯 2.3 英镑）等，9 人计 150 多英镑。胡说他们已商量好，除我们两人和小叶外，他们 6 人 AA 制，每人 25 英镑。我们拿出钱一再申请加入也未被应允。

席间，由胡做翻译，她先生与方谈起 2011 年国际佛教学会能否在中国召开一次国际佛教会议的问题，并说会议须按 300 人准备。此次英国会议每人交 180 英镑，其中 100 英镑为会议费，其余为餐费。住宿、路费、其他餐费自理。在中国开，大体也如此。并说此次会上已确定下次会议 2008 年在美国亚特兰大召开，美方早在 2003 年就开始筹备。如到中国开会，国际佛教学会方面也需提前办理各种手续。方说，在中国开这样较大规模的国际会议，估计审批程序比较麻烦。像中国社科院这样的省部级单位，只能自己批准召开 50 人以下的国际会议。所以需要胡先提供有关国际佛教学会及关于这一会议的有关背景资料，然后上报审批。

周四（9 月 1 日）上午，广锠看了提出的 5 个原件；下午第 4 次下库，又看了 32 个卷子，看到斯 02956 号。

今天上午他看吴帮助提出的 6 个卷子；下午 2 点第 5 次下库，看到斯 03687 号。

这段时间，因为暑假，阅览室明显增加了不少国外学者，以日本人最多。这两天我们在地库工作时，不时有工作人员带人进来参观。昨天，就遇到了收到美国加利福尼亚大学电邮邀请参加明年国际敦煌研究会议的小姑娘和她的老师，还有日本研究梵文文献的学者等。与他们相比，我们能在地库直接取卷子工作真是享受了特殊待遇。

这段时间接连下库工作，看到头发花白、身材胖胖的吴芳思每次都提着一大口袋沉重的书籍，带我们穿过长长的走道，陪我们在阴凉的地库里连续工作数小时，佝偻着腰为我们一次次地取放卷子，我们内心真有说不出的感激与感慨。吴为支持广锠的工作，可以说是尽了最大的努力，超出了常规。没有吴这么多年不厌其烦的热心帮助与支持，广锠在英国的工作不可能顺利和成功。今天他对吴说："真是十分过意不去，给你添了这么多麻烦。"吴却说："没有你，我们也做不好这样的研究工作。"

9 月 5 日（星期一，阴）

4 日中午，郝春文、小叶、辛岛来我们住处吃午饭。郝讲起这次争取 2008 年在中国开国际佛教学会会议未果之事，说来前已跟上海师范大学俞立中校长打过招呼，俞校长表示支持。这次开会期间，也与会议有关负责人沟通过。餐后，郝和叶乘地铁去机场回国。

5 日早到图书馆，门口不再安全检查。近 12 点，郭丽英来了。郭因打电话给苏珊，没有人接听，便请吴芳思帮助找下苏珊。吴去办公室转告，讲苏答应一会儿即来。郭便在广锠的小工作间等候，两人聊了会儿做敦煌目录之事。广锠以前与郭只是一起参加过两三次会议，接触有限。但大概都是中国人的缘故，聊起来挺亲切。郭听说广锠打算后年去巴黎研究敦煌遗书①，对申请经费等热心地帮助出主意。下午 1 点 40 分，吴来带我们下库。苏珊仍未来。吴伸出一只手做向下抓东西状说："没办法，我又不能把她抓来！"随后又解释："她确实很忙。"

今天是第 6 次下库，做到斯 04359 号。斯 04359 号背有僧人用朱笔写的韵文，生动描述了敦煌当年进行佛教论议的景象。但因颜色原因，《敦煌宝藏》和《英国图书馆藏敦煌遗书目录（斯 06981 号—斯 08400 号）》都看不清楚，过去只有徐俊录了前边 2 句，没有其他人做过研究。这次我们对照原件，做了录文。

9 月 7 日（星期三，晴）

昨天下午 1 点，我们第 7 次下库，看到斯 05451 号。斯 05430号以后，连续是归义军时期的各种小册子。为了搞清楚每个册子具体是哪种装帧形式，及一些残断文献内容间的关系，广锠对凡是从图录上能看出是册页或认为有可能是册页的，都提出原件仔细察看。

不同装帧形式的文献册子，一旦散开后，一张纸上正、背面 4 个半叶文字内容的关系会有不同。粘页装的册子，是一张纸对折后，沿折线的外部（书脊部分）边沿与另一纸折线的外部边沿粘连，如此顺延下去形成册子。所以粘页装每张纸正、背 4 个半叶的文字是连贯的。而缝缀装的册子，一般是三四张纸重叠后，从中间对折，在对折处缝缀为一个单元，若干单元连接缝缀为一个册子。再按照缝缀后的

---

① 此计划成行时已是 13 年后。

顺序抄写文字。所以，缝缋装的文字，只有在一个单元完整的情况下，其各叶的内容才能连贯。一旦缝线脱断，各纸散开，除了每个单元最中间那张纸之外，其他每张纸上 2 个半叶的文字是不连接的。如为这种情况，在这张纸的照片上便反映出 2 个半叶的文字不能连接。但在实际情况中，到底原本就是经文节抄，还是缝缋装脱页所致，就只能通过看原件的纸张形态或细微特征来进行分析判断，有时也要依据文献内容分析。因为即使是散页文献，只要仔细观察分辨，一般能够找到原来的装帧痕迹，再辅之以对文字内容、特点的检索和分析，即可判断到底是一个文献缺页，还是两个文献。

由于英国人对中国古代装帧形式了解有限，当年拍摄英藏敦煌遗书缩微胶卷时，就把一些缝线脱断，把实际原为一个单元的缝缋装册页，散开来拍摄，造成这些文献内容次序的错乱。后来台湾地区根据此胶卷出的影印本《敦煌宝藏》也以讹传讹，这便对凭借《敦煌宝藏》做研究的人造成了误导。帮助广锱做目录初稿十余年、对佛教主要文献已比较熟悉的张桂元，在遇到此类情况时也只能"依样画葫芦"，按图版顺序注录为多个文献。即使是广锱本人，如果不看原件，也搞不清这其中的原委。这既说明了看原件的重要，也反映出做研究工作需要有多方面的知识储备。

正是由于多年研究敦煌遗书，促使广锱同时也在研究中国书籍装帧的历史。而对书籍装帧史的研究，又帮助和促进了他对敦煌文献的研究。

还有一种情况是现代修复装裱造成的信息误导。如斯 05540 号，从图录照片上看形态是一个册子，但提出原件观察后才发现是不同的残页，被图书馆修复时装裱在了一个册子上。内容有《百行章》《燕子赋》《长安词》《山花子词》《天成四年十月五日百姓姚义盈残契》，还有两片搞不清内容的小残片。

我测量了每个册子的尺寸。由于手工操作随意性大，这些册子的大小、形状各异。小的高、宽不足 10 厘米；大的高有 20 多厘米，类似现在的杂志大小；形状有长方形、长条形的，也有接近正方形的，但多数是长方形、十多厘米大小的。内容有佛教的，有非佛教的，非常杂乱。

这些小册子的装帧形式，有缝缋装、粘页装、包背装、梵夹装等，还有的是几种形式的混合装帧，反映出这一阶段装帧形式处于发展变化时期的特点。几本《开蒙要训》或《千字文》，字体稚拙生涩，有的还有使用者的题名。广锠说当时一些寺庙开有学堂，教人读书识字，成为当地的文化中心。其中读书的孩子，称为"学士郎"。这些字体生涩的，有些就是这些"学士郎"写的。看到《季布变文》内容的小册子，他自己琢磨："用小册子抄写佛经，是为了随身携带，经常诵读方便。那抄写《季布变文》之类的东西，为什么也采用小册子呢？"我说："是不是也作为学习文化时用的课本？小孩带着方便？"他说需要研究。

昨天吴说今天下午有会，不能下库，可以多提一些卷子上来看。广锠便要了 10 个卷子。今天他对其中两个混合装帧形式的册子又做了仔细研究。我做了其中 5 件的录文。

斯 04296 号是个佛教主要名相的图解，他说很有意思。

斯 05391 号也是一件《摩利支天经》，内容与以前做过的两件大同小异，在经文"弟子"后也添加了抄经人"胜富"的名字。

昨天上午，辛岛到广锠的工作间聊了一会儿后告别回国。离开图书馆前，广锠曾与一位在此研究吐鲁番出土梵文残片已十多天的日本学者话别。这位学者约 40 岁，中等魁梧身材，总是衣冠楚楚，每天也是开门即来，闭馆才走，做学问同他的穿戴一样一丝不苟。可能是辛岛曾向他介绍了方，昨天出馆时，他特意等在门口与广锠打招呼。他是东京国际佛教大学院大学的教授，说已听说广锠年底要去他所在学校讲学。①

9 月 10 日（星期六，阴雨）

8 日下午，我们第 8 次下库，看到斯 05580 号，仍然是连续看各种册子。斯 05574 号是敦煌遗书中仅有的一件围棋棋经。广锠说当年第一次看到时觉得十分珍贵，曾给陈祖德②写信告诉他这一信息，并表示可以提供资料。陈回信说已经有了这个文献的副本，并感谢他对围棋事业的关心。

9 日上午吴取来斯 05478 号，是粘页装的《文心雕龙》，抄写到"谐隐"篇，共 12 纸 22 页。其纸张均匀细腻，厚实柔韧，不见帘纹，厚度 0.9 毫米至 1.13 毫米；书籍制作精致，11.8 厘米 × 16.8 厘米；每页 10 至 11 行（粘接页 10 行，折叠页 11 行），画有墨栏；行草小字如豆，流畅俊美，章草风格明显，功力不凡，过眼真是赏心悦目。广锠查避讳字，判断年代。查出该经避唐高宗"渊"、太宗"世""民"等的讳。但玄宗"隆基"、睿宗等以后皇帝的名字不避讳。由此可断定为唐太宗或稍后时期的写本。广锠说以前见过最早的粘页装为晚唐时期的，此件将这种装帧形式又提前了 120 年。③

9 日下午，我们第 9 次下库，看到斯 05646 号。吴芳思来叫我们

---

① 广锠已受邀于 2005 年 11 月到这所大学讲学 3 个月。
② 陈祖德（1944.2—2012.11），中国围棋职业九段棋手。
③ 后来他写了一篇文章《现存最早的粘页装书籍——〈文心雕龙〉》，专门介绍这件遗书，可参看《文献》2016 年第 3 期。

时，我见她没有穿通常下库时的那件蓝土布中式夹外套，只穿了件蓝布短袖圆领衫，问她是否穿得太少，要不要加衣服。她说忘记带外衣了，但没有关系。

地库里的温度大概在 20 摄氏度左右，连续工作几个小时，我们更觉得阴凉，每次都要穿上毛衣或夹外套。想必吴这样回答是不愿意耽误我们的工作，我们真是十分过意不去。

去地库的路上，吴问广锠下一步是否准备去法国做敦煌遗书目录。他答准备后年去法国。吴说现在法国负责敦煌遗书的科恩夫人今年年底就要退休了。广锠以为吴建议他要赶在科恩退休前去法国，便说："那怎么也来不及了。明年还要集中时间做国图的工作，只能争取后年去。"想不到吴告诉他科恩不大愿意让人去看敦煌遗书。吴也不理解科恩为什么要这样，建议广锠要和接任科恩的人交朋友，以方便下一步的工作。

今早去图书馆的路上，我们聊起这事，广锠回忆起 1991 年去法国看敦煌遗书的情况：去阅览室前，也要先办出入卡，但不像英国国家图书馆是免费的，要按天打孔交费，好像一天十多法郎，还规定一般读者一天只能看 3 件敦煌遗书。对研究者放宽，可每次看 3 件，每天不限次数。虽则如此，因为要一次次递交需看的文献号码，再下库提取，十分耽误时间，一天看不了多少。像广锠这样，都是有备而来，事先研究过图录，做了目录草稿，提原件只是针对图录中一些不清楚之处或疑点做查询，有些看到原件很快便可解决问题。而一次次地分散办理借阅手续，中间来回要耽误很多时间。吴芳思带我们直接下库看卷子的最大便利便是免去了中间环节，大大提高了工作效率。

我说："吴建议我们去法国以后要和负责敦煌遗书的工作人员交朋友，方便工作。可实际恐怕很难再遇到像吴这样对敦煌遗书的研究者这么热心诚恳的大好人了，即使在国内博物馆或图书馆也很难遇到。不知是由于她父辈传下的图书馆工作理念，还是长期研究中国历史文献的责任感，抑或是她的中国情结？"广锠说："为《英国图书馆藏敦煌遗书目录（斯 06981 号—斯 08400 号）》写前言时，一定要把吴的支持和作用写充分。"

昨天看的一件小册子，其中年代题记的时间为"后唐清泰三年"。广锠觉得这种表述法挺奇怪。因为一般当代人题写年款时，不用这种说法。我们仔细观察，发现"后唐"两字，挤在上面的纸边上，较下面的字要小，字体也有些不同。我说："看来又是蒋师爷干的好事。"广锠回答："蒋孝琬缺乏起码的文物保护观念，在敦煌遗书上随意题字，既损坏了文物，也给后来没有经验的研究者造成误导，真是害人不浅。"

昨天看的文献，形式五花八门，除了各种装帧和大小不等的册子，还有十几厘米高的小卷轴，绘有精致彩色工笔图画的观世音经册页等。其中有几件朱栏的经折装，但多被剪断为单页，一个号往往有一二十张断页，甚至各页正背面的内容也不连接。当初我和张桂元做目录时最头疼遇到这种情况，要逐页检索对照项，经常是一个号码的条记目录里文献首尾的对照项，就密密麻麻地排列了一大片。这次下库，为了能尽量理清这些断片间的关系，广锠只能先记下每件首尾的起止字，回去再对照图录核对。他通过对一些断页卷面特征的分析，认为是已经粘接好的经折装，在抄写中发生错误，又剪下兑废。尽管这些兑废的断片多是一般文献，研究价值不大。但做目录，需要逐页把它们的内容和相互关系都搞清楚，要花费很多时间。

今天下班时，赶上下雨，便到图书馆办的展览室去看展出的几件敦煌遗书。其中有一件基本完整的是吐蕃时期的经折装，但每页中间也打有梵夹装那样的孔洞。广锠开始百思不得其解：经折装为何有孔？如果穿上绳子，又怎样打开？后来他恍然大悟，兴奋地说，终于搞明白经折装的发展由来了。

9 月 13 日（星期二，晴）

这次来伦敦，广锠常感到很累，每天回到房间便不想再动，周日也不愿出门。看他没兴趣，有时周日我只好自己到牛津街转转。因为记不得路，怕迷失方向，也不敢走远。再说一个人出门，实在也没什么意思。转眼在英国只有最后一个月了。我想吴芳思安排的项目已接近尾声，想到以后难得再来，本希望再看些远处的景点，但他说没有兴趣。如果我提地方，他会陪我一起去。看他兴致不高，我也扫兴，加之想要做的工作还有很多，我只提议去个当天来回的景点——温莎城堡。

上周吴即告诉我们，她这周要去柏林参加欧洲几国图书馆中国文献部工作人员的一个会议。广锠说可以利用吴外出的时间，参加"欧美嘉"旅行社周二出发去温莎的旅游团，有中文导游（每人车费和导游费 38 英镑）。上周六下午去唐人街询问，旅行社的值班小姐让下周一上班再来。昨天一早再次赶去，又说已经满员。昨天在图书馆向陈宝和打听自己如何乘车去温莎城堡，他说去过的人都讲没太大意思。被他这么一说，弄得我也没了兴致。

昨天下午第 10 次下库，看到斯 06322 号。粗略计算，目前共看了 400 多件。

昨天看的斯 05915 号，虽已被剪为断片，但从几个断片上面留下的各 8 个规则缝线小孔，可判断是朱栏的缝缋装。广锠从纸张、字体、朱栏等特征分析，认为与那几件盛唐时期的朱栏经折装为同一时期的文献。如果此判断正确，这次看到的粘页装、缝缋装等几种形式，在盛唐时期都已存在，比以前知道的晚唐时期，时间上都提前了一两百年。这也说明那一时期书籍装帧的形式已经十分丰富了。

斯 05719 号是一件东晋南北朝时期的帛书残片，丝绢纤细匀密，薄如蝉翼，存有经文 8 行，隶书古朴秀丽，十分精美。此种写经国内尚未发现，英国仅此一件。吴说记得法国还有一件。

斯 06349 号，有研究者写论文称是"旋风装"。因残破比较严重，为了保持原来的形态，目前还没有修复。从照片看，与古籍记载的"旋风装"形态不同，为了研究其装帧形式，广锟前段时间曾向吴提出过想看这一号经。今天在库中看到此号，他又提出想考察一下。吴芳思说为了保护这件文献，规定只有修复部的人才能动。并让广锟等修复部修复以后再看。这是广锟在吴处少有的"碰壁"。

广锟曾向吴提出，希望利用吴外出的时间做未完成的藏文背后的汉文献。去书库的路上，吴告知已交代给葛汉，说藏文组的文献常变换号码，不好找，她找不到就着急。葛汉很有耐心，会帮助广锟找到的。

葛汉为找这些文献真是下了功夫。昨天上午，他先通过上 IDP 网站，查出了一批新的号码，打印了厚厚的一叠，让我们今天先试一下。早上一进馆，广锟就递了 10 个号。中午，阅览室的人找不到，又把葛汉叫来。葛帮助再找，按照号码拿出一个大盒子，但里面都是梵文残片。看来号码有重复的。葛汉把苏珊喊来，埋怨她扫描文献时搞乱了号码，并让广锟以后再找不到就找苏珊。但一会儿葛还是按照苏珊告诉的办法又打印了几张有号码的表格，让广锟再用这个号码要一下。临下班前，广锟又向阅览室递交了明天要的 11 个号。到目前为止，藏文背后的汉文献已经有了 5 种号码，搞得云里雾里的，让人难以弄清。

昨天，方问吴复印的文献怎样了，她说可能没有那么快。我们是想在这里利用复印件与原件对照，描清楚模糊之处，便于回去录文。如果离开前再拿到，也就没有用了。我们对此真是无可奈何。

9 月 15 日（星期四，阴雨）

昨日，前一天递交的号码仍然不对，广锠只好找苏珊。苏珊安排了一个在 IDP 打工的瘦高个英国小伙子蒙安泰帮忙。小伙子汉语说得熟练标准，也十分有耐心，来回多次，用好几种号码试着查找，但一天下来仍然无果。

今天到图书馆后，总算从头一天递交的新号码中找到了 3 件。原来这些文献在于阗文献的卷背。我们做这些文献时才发现这 3 件占了6 个号码，如其中一件《无量寿宗要经》，卷背有个僧人的借据草稿及一些杂写，又分别编了 2 个号，顺序还相连。再递新的号码，却又取不出了。小伙子只得再回办公室从电脑里逐件查找广锠所要敦煌遗书的编号，打印出一叠目录，并说新的号码不行，还是要用广锠原来通过缩微胶卷查出的索书号来找。

下午，葛汉前来询问查找情况，说有些文献可能放在工作人员办公室了，待他们来后帮忙问问。前天向陈宝和打听我要去温莎的方法时，陈曾告诉葛汉。前天葛汉来时向我们推荐了他的一个朋友，说可以开车拉我们去温莎，往返一百多英镑。因听陈说温莎没什么好玩的，我们已没有多少兴趣了，今天葛汉来时特意问起我们是否决定去。广锠说还没决定。葛汉又提到唐人街有旅行社。广锠说已去咨询过。葛汉问每人多少钱？广锠答每人 38 英镑。葛汉说，两人也近 80镑了，还是租车去好。广锠只好一笑了之。"专车"固然好，只是我们还没有如此潇洒的经济水平。

9 月 17 日（星期六，晴）

前日一天阴雨，气温骤降，顿时有了秋天的感觉。

昨天上午在图书馆，我们所递的号码被退回来一叠，仍然找不到所需的文献。广锠有些烦躁，说明天不来了。中午，葛汉过来，我们告诉他最新的查找情况：于阗文献背后的有文献的一批在修复部，还有一批已入库，可以递条子了。一会儿，葛汉帮助从修复部拿来 10 号 15 个文献，确实正在修复当中，都夹在硬塑料片里，有些还未封口。葛汉说他今天想早些下班，希望我们抓紧。我们连忙分头行动。我做的几件内容都是佛经。

广锠又到服务台查看，服务台先给了 2 盒敦煌遗书。广锠拿回来后发现不对，同样是"C"号，文献却不止一种，给查找文献增加了难度。他随后又去取回了 2 盒，临下班前完成一件，另外一盒梵夹装为于阗文献中有 3 个编号的汉文文献。这些文献掺杂在厚厚的于阗文献中，其中有 2 号 2 页为朱笔经文杂抄，实为一人所写。另一号为 8 页两面抄写的《四分律》经抄。因摘抄了多卷的不同段落，需逐行辨析内容，查找对照项，很耽误时间，下班前仅做了首页。

今早来即接着做昨天未完的工作。下午 2 点半完成后广锠说下班。回旅馆放下电脑，我们去了唐人街。在唐人街，我们花 3.5 英镑买了一张 5 英镑的电话卡，准备明天分头给家人打电话问候中秋。在英国买打折电话卡打国际长途比国内便宜，给家人打几分钟的电话，不过三五十个便士。唐人街熙熙攘攘，悬挂了不少彩色纸灯笼，一派过节气氛。我们顺便拿了几种免费的中文报纸。

9 月 20 日（星期二，多云）

上个星期天（18 日）是中秋节，阴天。10 点多我们步行去白金汉宫。听说白金汉宫每年有两个月时间对外开放，这段时间正在卖参观票。约半小时后，我们走到白金汉宫宫外的通道，前边响起了皇家卫队的羊皮鼓声，鼓点类似少先队的队鼓。周围的游客加快步伐向那边走去。我们到达皇宫前的广场时，红衣卫队已从旁边的通道进入皇宫前边的院子。

铁栅栏院墙外，里三层外三层地挤满了翘首而望，高举相机、摄像机的各国游客。数个骑着高头大马的男女警察巡游于路口，维持秩序。我走到近旁，从高举的相机取景框里，也只能看见卫队士兵毛茸茸的黑色高帽；只听里面传来阵阵口令声和皮靴整齐的踢踏声，片刻后，又响起悠扬的管弦乐曲声。广锠让我在此观看等候，他去找卖票的地方。约半小时后，仪式完毕，院子的大铁门打开，卫队分别从广场的左右通道列队离去，骑马的警察尾随而行。游客也渐渐离开广场。又过了一会儿，广锠回来了，说买当日参观皇宫票的队伍很长，不知何时才能排到，便买了人不多的下周日 10 点参观的预售票，两张票共 27 英镑。

我们穿过旁边的圣詹姆斯公园，准备顺路从相邻的海德公园出去，到牛津街购物。在两个公园之间，有一座凯旋门式的石雕建筑，只见建筑的侧门边排起了长长的队伍。我们走到近前一看，原来是伦敦一些公共建筑免费开放日的项目之一，我们也紧跟其后。因为室内空间有限，一个小伙子坐在参观入口处，每隔几分钟放入几人。队列安静有序，缓慢前行。约等了二三十分钟，轮到我们进入。进门后沿窄石梯攀援而上，上下几间不大的展室，无非是当初修造此门及上面铜铸雕塑时的一些图片、文字介绍及局部模型。高层开放了两个方向的平台，可凭栏远眺。附近的皇家园林、海德公园等郁郁葱葱，远处的大本钟及泰晤士河边的大观览车隐约可见。我们也算是领略了伦敦的一项公众活动。在建筑出口的小卖部售有 10 英镑一条的羊毛披肩，与其他商店相比还算价廉物美，我们一下买了 4 条，准备分送给几个小辈。

随后我们来到海德公园。公园里绿绒般的草坪一望无际，枝干粗大的法国梧桐树冠如屋，让人顿时有一种回归自然、身心熨帖的惬意。林荫道上，一些年轻人，甚至中年人，潇洒地滑着旱冰，不时摆出各种姿势，穿梭往复。公园里留有土路马道，不时有训练有素的骏马迈着优美矫健的步子载着骑手或拉着马车踢踏而过。

这一带接连有好几个大型公园，尽管附近的闹市车水马龙，喧闹嘈杂，但公园里寂静人稀，完全是另一番天地。我们正一前一后地漫步于草坪，忽然，树上轻盈地跳下一只小松鼠，竟大胆地跑到广锟面前，小眼睛骨碌碌地不住朝他打量，不肯离开。广锟忽然想起手中塑料袋里有半包奶油夹心饼干，忙拿了一块出来，蹲下递给小家伙。它毫不客气，欢快地叼着饼干跳到一旁，立起毛茸茸的身体和大尾巴，用前边两个小爪子抱着饼干满意地啃了起来。一边吃，小眼睛还一边滴溜溜地观察着我们。我给它连拍了数张照片，它也毫不介意，照吃不误。真是太可爱了！大概受这小家伙的口福诱惑，旁边树上又下来一只松鼠，在旁边观察。我从广锟手里要过一块饼干，招呼那小东西过来。它却只在三五米开外瞅着，不敢再往前靠。我把饼干丢在它附近，它开始跃跃欲试。但我刚想和它靠近些照个相，它却一溜烟蹿到旁边树上，再不下来。这两个小家伙的性格真是差得太远，一个大胆主动，一个胆小猜疑，不知是个性差异，还是前一个饿急了眼？

下午 2 点左右，我们从海德公园靠近牛津街的大门出来，门口一带每周日都有人讲演的"演讲角"（Speakers' Corner）正值高潮。近十个讲演人分布在附近，站在自带的铝制三角梯上慷慨激昂地招揽听众。但大多是惨淡经营，听众寥寥无几。有的干脆就独自站在那里等待"知音"。最火爆的一个黑肤色的人周围，听众约有二三十个，不时有人喝彩。一个衣冠楚楚的白人老者，一手高举一杆以色列旗帜，一手抱着一本很厚的精装书，周围却总无人驻足，显得格外冷清。一个 30 多岁、戴着眼镜，像是华人的小伙子，也站在梯子上起劲地演说。开始有几个记者在他旁边又是举话筒录音，又是摄像，招来了数人围观。一会儿，记者转到别处，他也几乎成了自说自话。

演讲角在海德公园东北角靠近大理石拱门处。与此处相隔一条马路的便是伦敦著名的商业大街牛津街。这里据说曾是伦敦历史上的泰伯恩刑场，那些即将被处决的人被允许在这里自由发表行刑前的最后演讲。这个传统便一直延续至今。当年，马克思和列宁都曾经在海德公园演讲角发表过演讲。

看网上介绍，海德公园最具特色的"演讲角"，在某种程度上已经成为英国抑或西方民主及言论自由的一个象征。

每逢星期天的上午（实际是接近中午时间），演讲角便会聚集各种演说家，他们可以在这里自由地发表任何内容的演说。由于过去这些人很多都是站在自备的肥皂箱之类的东西上演讲，因此他们也被称作"肥皂箱上的演说家"。而现在，演说家们的"讲台"也与时俱进，即为轻便的金属铝梯。

我看到在演讲角不远处，有两名执勤的警察正轻松地与一个少年聊天，例行公事地履行着他们的职责。

从演讲角走出海德公园，便进入了牛津街。我们俩开始寻觅回国送人的礼品。广锠选了一种带伦敦风景和开瓶起子的金属铃铛，一个 2.99 英镑。他一下拿了 20 个，总计 59.8 英镑。英国商店里，标价时经常有一次多买可以优惠的标示，但优惠幅度有限。为此广锠试着和商店的小伙子砍价。尽管他英语不太好，但在特定的语境里小伙子马上明白了他的意思。小伙子说可以 55 英镑，他又提出 50 英镑。小伙子开始摇头，但看他坚持，降到 53 英镑，表示不能再少了。他"OK"一声付款，小伙子也笑了，嘴里还嘟嘟囔囔，大概是表达给他优惠了很多。一个围巾商店有标价 43 英镑的羊毛披肩，我们一下子选了 5 条，准备分送给他嫂子、姐姐及我母亲和两个女儿。还买了 2 条标价 8 英镑的围脖，准备给他姐夫和我父亲。受到刚才砍价成功的鼓舞，我们再次尝试。店员小伙子拿出计算器，十分认真地先用原价算出是 231 英镑。我们正纳闷买这么多他还没有通融余地时，小伙子又讲了几句，在计算器上摁出 220 英镑。广锠摁出 210 英镑。小伙子似乎不同意。我已准备接受小伙子讲的价格，并开始掏钱。广锠在计算器上又摁了个 200 英镑，意思说本来希望能更便宜，但最终还是付给了小伙子 220 英镑的整票子。没想到，小伙子又找给他 10 英镑。出了店门，我们为意外的收获乐个不停。估计小伙子看他又提出了 200 英镑的价格，便答应了开始不认可的 210 英镑。这两次砍价，共少支出了约 27 英镑，对我们来说真是少有。在国内买东西，我俩都不会砍价，买同样的东西，常比别人价格高。尤其是他，一般都不砍价，老说那些小商贩不容易，没想到来伦敦这么能砍价了。

19 日，我们提出了两件于阗文献卷背的汉文献。阅览室的工作人员工作态度不一，原本取或还卷子时，他们都应在本子上登记，但有的工作人员不执行。昨天就出现做过的三个卷子又给了我们，或已经归还的卷子因未注销又向广锠索要的情况。吴芳思中午来说，下午有事不便下库，广锠便将其考证的几件英藏印刷品的文章交给吴①，又催问了复印文献之事。

今天上午，完成了昨天未做及今天新取的 3 个文献。有 7 个背后有汉文的于阗文献已递交了索书号，但没有拿到。另外还有 20 多个背后有汉文的藏文文献未拿到。为了查找这一百多个卷子，真耽误了我们太多的时间。

下午，我们第 11 次下库，看了 20 余件，完成了广锠所列这批单子上的 400 多个文献。还有 110 夹斯 08400 号以后的残片，他希望有机会再到库里翻看记录一下修复前的形态，以研究其内容上的相互关系。

最近准备出版的《敦煌吐鲁番文献研究》刊物发来一篇让广锠审核的稿件，这篇稿件是敦煌研究院李正宇先生写的关于当年敦煌僧人可以娶妻的文章，528 号文献是李的引证文献之一。李文最后认为，后人对此问题的两种观点：一是认为应准许僧人娶妻，以此促使佛教灭亡；二是认为不应准许僧人娶妻，否则会促使佛教灭亡的看法。这两种看法都不能成立。文献证明当年的敦煌僧人可以娶妻，而佛教依然兴盛。所以佛教兴衰并不取决于是否允许僧人娶妻。广锠看后认为对敦煌僧人娶妻的事实，学术界没有疑问，而对此看法的讨论有些敏感。这次编委中有在北大执教的僧人湛如，他还就此文给每个编委发了电邮，表示希望撤下这篇稿件。广锠也收到了这封电邮。他给编委会及湛如回信，表示学术研究应该不设禁区。但对于李所引证的 528 号录文，有唐耕耦、郝春文等几个不同的录文版本，各有差异，造成对文意理解的不一致。

这次下库，广锠专门提取了斯 528 号，对以前做过录文的卷背

---

① 见本篇日记末所附《英国图书馆藏敦煌遗书中新发现四件中国早期印刷品》一文。

"僧人状"进行了仔细核对,把李引用的录文仔细核对了两遍,其中几个录文不同的关键字又让我来帮助辨认。我看了这个文献后,感叹难怪人们对一些文字辨认不一。这件文书写在另一个文献的卷背,不仅墨色较淡,而且字迹潦草,一些文字笔画出现"飞白",有的地方模糊不清。国内学者一般又是通过《敦煌宝藏》的照片或缩微胶卷录文,就更难看清。如文献前部一个"婢"字,最后的三笔变成一笔连写,我开始也和李的录文一样,认作"甥"字,但再看文献后部一处对照上下文意可肯定是"婢"的字,与此写法完全一样,且文意也能通顺。再一个"又"字,第一横的起笔与落笔处因为停顿色重、中间色淡,猛一看更像"父"字。但在放大镜下仔细观察,这个地方墨色虽有轻重,但笔痕连贯流畅,明显是个"又"字。还有几个类似的字,虽然模糊色淡,但在近处仔细观察理解笔意,还是可以辨认的。广锠说对类似这样几处的关键字辨认录文的不同,便造成对文意及人物关系解释的很大差异。由此说明对这类字迹难辨的文献录文,对照原件尤为重要。当晚,他又对此录文及标点反复琢磨了一遍,准备次日用电邮发给李先生,供他研究参考。

附:方广锠给吴芳思的考证文章

英国图书馆藏敦煌遗书中新发现四件中国早期印刷品 [①]

方广锠

众所周知,印刷术是中国贡献给世界的重大发明。敦煌藏经洞保存的唐咸通九年(868)《金刚经》以及归义军时代的一些木刻历

[①] 此文后在中国发表,参见《英国图书馆藏敦煌遗书中新发现四件早期中国印刷品》,载《转型期的敦煌学》,上海古籍出版社,2007 年 11 月。收入本书时有修改。

日、佛教版画、版印佛教典籍等，为我们研究中国早期印刷史提供了重要的实物资料。但中国文化"重道不重器"，中国传世典籍没有留下关于印刷术的最早发明者及其时代的记载，也没有人刻意保留早期的印刷品。留存至今的中国早期印刷品的实物屈指可数，对我们研究中国印刷术史造成很大的困惑。这些年，我在整理英国国家图书馆藏敦煌遗书的过程中，新发现几件早期印刷品实物，特介绍如下，以飨读者。

一、印花经帙

经帙是用来包裹佛经的包皮，用锦、绢、布、竹、纸等各种不同质地的材料制成。关于经帙的各种形态、具体作用、使用方法，我曾经撰写《敦煌经帙》①做专门研究，这里不再详细介绍。以前发现的经帙，无论用什么质地制成，上面的图案都是织锦或者手绘，而这次在英国国家图书馆所藏敦煌遗书中意外发现了一块印花经帙。

该经帙编号为斯 11287 号，由多层纸粘贴而成。前些年修整时揭开，整个经帙共揭为 17 纸，另有 7 块小残片。现 17 纸分别编为斯 11287 号 A 到斯 11287 号 Q 等 17 号，7 块小残片则合编为斯 11287 号 R，全部夹于硬塑料片中。原附一根竹制天竿，长 26.9 厘米，一并夹于硬塑料片中。这 20 多张纸，大部分是过时的军事文书。此外还有著名的《景云二年（711）七月九日赐沙州刺史能昌仁敕》，这是由当时中央政府的中书省发出的诏敕。本文拟论述的印花经帙则被编为斯 11287 号 P。《英藏敦煌文献》②第 13 册公布了该经帙诸纸的图

① 方广锠：《敦煌经帙》，载《敦煌学辑刊》第一辑，1995 年。该文后收入《敦煌吐鲁番研究论集》，书目文献出版社，1996 年。
② 《英藏敦煌文献》，1—14 册，四川人民出版社，1990—1995 年。

版，只是图版编号与现馆藏实物编号略有参差。①

斯 11287 号 P 虽然被编为 "P" 号，但它原本却是粘贴在该经帙的最上层，作为经帙的表面装饰所用。现存高 26.9 厘米，长 42.2 厘米。首残尾断，已经残破。上下边多残裂，右上角残缺。卷面残裂、碎损成多块，今已托裱。《英藏敦煌文献》图版下方标注它为 "菱花绢"，把它判定为丝织物，这是错误的。我用高倍放大镜仔细观察了它的纤维与组织形态，可以肯定，这一贴在经帙最上层的装饰物的质地是纸张，不是丝织品。

关于该印花经帙，它的表面印着由黑色线条形成的有规则的装饰性图案。图案为四叶攒心，外形成为菱形。每片叶子也为菱形，叶中心有一道叶脉，使每片小叶成为两个对称的三角形。这些菱形图案，横竖错落，排列整齐，竖向共有 17 个，横向因已残断，未予记数。

敦煌遗书中存在一种木捺佛像，是用木质的佛像印章在白纸上逐排捺印，从而形成的一排排、一列列佛像图案。上述经帙的菱形图案也成排成列，是否也是用菱形印章捺印而成的呢？

仔细观察木捺佛像，可以发现那些佛像虽然排列大体整齐，但由于是逐个捺印而成，佛像难免欹侧不正，间距难免参差不一，墨色难免浓淡不同。而该印花经帙的每个菱形纹饰排列整齐，不欹不侧，间距相等，颜色均匀。由此可知它们并非如木捺佛像那样用印章逐一捺印上去，而是印刷上版。所以我将它定名为 "印花经帙"。如前所述，该 "印花经帙" 实际是经帙表面的装饰品，里层另粘衬纸。从衬纸所用的过时唐军事文书及唐景云二年诏敕判断，木经帙的制作年代应在吐蕃统治时期。

---

① 该印花经帙的现馆藏编号为斯 11287 号 P，但《英藏敦煌文献》将它编作斯 11287 号 Q。

我们知道，由于人们对某些书籍需求的增大，从而导致印刷术的发明。因此，前此已经发现的唐代早期印刷品，几乎都集中在历日、陀罗尼以及《金刚经》之类流通量较大的书类上。印花经帙本身并非书类，仅是一种装饰品，这说明当时人们对印刷品的需求已经从书籍扩展到装饰图案一类的实用工艺品，所以佛教徒有可能利用这种印刷品来装饰佛教经帙的封面。印刷术从印刷书类发展到印刷装饰图案，应是印刷术史上一个重要的发展阶段。

在敦煌遗书中，这样的印花经帙至今仅发现一件。它究竟是从内地传入，还是在敦煌当地刻版印刷，目前难以断定。经帙本身的制作年代为吐蕃统治时期，作为表面装饰的印刷品的产生年代，应该比它略早，或与它同时。如果它是在敦煌刻版印刷的，它出现的时间不会晚于 9 世纪上半叶。如果它是在内地刻版印刷的，则考虑到吐蕃统治时期敦煌与内地的交通隔绝情况，这一印刷装饰品很可能早在 8 世纪中期吐蕃统治敦煌以前就已经传入。考虑到该印花经帙图案的构成已经比较成熟、规范，可以推测，最迟到 8 世纪上半叶，中国的印刷术已开始进入实用工艺领域。本号作为目前发现的我国最早的专门用于装饰的印刷品，丰富了我们对中国早期印刷史的认识。

二、版印年画

古代中国，农业是立国的基础。农业生产讲究岁时节气，所以古代中国人特别注重各种年节。"年"，古代写作"秊"，上禾下千，表达了中国人希望农业丰收的愿望。新年，在中国人的心目中是一岁之首，万象更新。人们希望在新的一年中风调雨顺、五谷丰登、六畜兴旺、添丁进口、家庭安泰。这种种愿望都会表达在新年的各种民俗活动中，其中包括年画。

年画是新年张贴的点缀节日气氛的画种。有学者认为，最早的年画，起源于驱灾御凶的门神。其后年画的题材逐渐扩展，增加了诸如祈福迎祥、寓意吉庆的内容。在任何社会，统治阶级的思想就是统治的思想，儒家的教化思想自然也浸透到年画这一艺术形式中。由此，年画在题材方面逐渐形成驱邪避灾、祈福迎祥及人伦教化等诸多特点。①

年画最早产生在什么时候，目前还缺乏足够的证据。研究者一般认为，这一画种最早可能出现在唐代。无论如何，宋代它已经相当普及。宋孟元老的《东京梦华录》写道："近岁节，市井皆印卖门神、钟馗、桃枝、桃符及财神、钝驴、回头鹿马、天行帖子。"当时还出现一些以画年画出名的画匠。如宋邓椿《画继》卷六载："刘宗道，京师人。作《照盆孩儿》，以水指影，影亦相指，形影自分。每作一扇，必画数百本，然后出货。即日流布，实恐他人传模之先也。"看来这个刘宗道的年画并没有刻版，为了保护自己独创的《照盆孩儿》的知识产权，他一次画好几百张《照盆孩儿》同时出售，以免别人模仿。《画继》卷六又载："杜孩儿，京师人。在政和间，其笔盛行。而不遭遇，流落辇下。画院众工必转求之，以应宫禁之须（需）。"②这个画家，因画小儿年画出名，得个诨名叫"杜孩儿"。

由于市场需求量大，版印年画开始出现。我国的版印年画，最早出现在什么时候？以前未见有人论述。现在看来，英国国家图书馆斯坦因特藏中新发现的版印年画，很可能是我国现存最早的版印年画实物。

---

① 关于年画，可参见《中国美术全集·绘画编》第二十一卷《民间年画》，人民美术出版社，1985年；《中国民间美术全集》第九卷《装饰编·年画卷》，山东教育出版社、山东友谊出版社，1995年。
② 本段《东京梦华录》《画继》之引文均据电子版《四库全书》本。

该版印年画编号为斯09498号。原为4张纸折叠粘贴在一起，1989年修整时揭开，分编为斯09498号A、斯09498号B、斯09498号C、斯09498号D等四号。

斯09498号中，A号为底衬，纸张厚而挺拔，一面画有朱栏，并书写藏文6行，另一面空白。故该底衬显然利用废弃藏文文献做成。中间的B、C两号均为较为绵薄的素纸，用来作为夹衬，以增加原件的厚度。A号书写有藏文的一面涂有糨糊，与B号相粘贴。D号为表面，即版印年画本身。由于D号下面就是C号，两纸紧紧相挨，因此现C号上留有从D号沁印的年画墨痕。《英藏敦煌文献》第12册刊有C、D两号的图版，可以看到D号上的年画及C号上的沁印。《英藏敦煌文献》把这两号定名为"纹饰"。

该年画（斯09498号D）长24厘米，高3.2厘米，1纸，仅一长条，可见有云纹、花瓣纹、圆珠等图案，形成装饰性纹样。又可见儿童两个。一个头顶为三绺发型（可见右边、头顶两绺），存耳朵、眼睛、眉毛、肩部、手部下垂（手掌不见），脚部抬起，脚掌上翻。一个仅可见头部右边一绺头发及扬起的一只手。从整体形态看，这两个儿童也是整个装饰性纹样的组成部分。由此，现存图案应为原版画边框的装饰性纹样的残存部分，版画主体已经不存。按照中国的传统，以儿童为主题，乃至为边框纹饰，均系吉祥图画的特征。由此，我认为该版画应是年画。

年画中儿童的形象为三绺发型，从敦煌壁画的人物形象可知，这种三绺发型，应为胡人的标志。但是，年画上的人物是儿童，而我国后代以儿童为主题的年画，如《百子图》等，其中儿童的发型，既有朝天髻、双髻、三髻、四髻，也有头顶一个毛盖、左右双绺、左中右三绺等，五花八门，不一而足。由此，认为该敦煌遗书年画中的儿童一定是胡人，似嫌证据不足。

　　不过，如果我们仔细考察斯 09498 号，则可以肯定，这幅年画一定是在敦煌印刷的。理由何在呢？如前所述，斯 09498 号共由 A、B、C、D 等 4 张纸组合而成。D 是年画本身；A 是较为厚实挺拔的底衬，上有朱栏与藏文；夹在 A、D 中间的 B、C 则是两张较为绵软的素纸。最下面的底衬厚而硬，可以起到保护作用；中间的夹纸绵而软，可以保证印刷质量。由于夹纸绵而软，因此原本印刷在 D 纸的年画，被沁到第二层 C 纸上。这种沁印现象的出现，雄辩地证明了斯 09498 号 4 张纸的现存组合，是印刷前就形成，而不是印刷后装裱的。既然这种组合是印刷前形成的，而底衬又是被废弃的藏文文献，则该年画自然应该是在敦煌印刷的。既然年画是在敦煌印刷的，那么，虽然不能排除该印版是内地刻好后流入敦煌的，但它在敦煌刻成的可能性显然更大。在 9、10 世纪敦煌的归义军统治时期，敦煌地区已经流行刻版印刷，这已有若干实物为证。

　　我们知道，敦煌是汉胡杂居之地。如果这幅年画的印版的确在敦煌刻成，那前面所说年画中儿童为胡人的可能性也就大大增强了。我们知道，敦煌当地生活着不少粟特人，敦煌的文化中夹杂着浓厚的粟特文化因素，年画中的儿童，会不会就是粟特儿童的形象呢？如果这个推测可以成立，则敦煌遗书中保存的这幅年画残片，不仅是现存最早的年画，而且可能是少数民族画家创作的年画作品。

　　我认为，虽然后代《百子图》中儿童的发式有左右两绺、左中右三绺等形态，但追根溯源，那些发式来自一人，是毫无疑义的。那么，后代《百子图》中的那些儿童的一人发式，是否来源于敦煌一类边地的少数民族画家所创作的年画呢？这是一个需要进一步研究的问题。

　　本年画线条娴熟流畅，儿童形态生动，有较高的艺术价值。综合上述种种因素，其刊刻年代，大约在敦煌的归义军统治时期，亦即公元9、10世纪。

三、木刻护首经名签

护首是人们为了保护卷轴装的书籍，特意在卷首接出的一张白纸。为了舒卷、收藏之方便，人们往往在护首上安装天竿，系上缥带。写经用护首包起来之后，它的内容难以一眼识别。所以，人们便在护首端头写上经名、卷次，有的还写上帙号、收藏单位或所有者的姓名等。较为讲究的经典，经名卷次不是直接写在护首上，而是写在一张长方形的纸签上，然后贴在护首左侧边缘处。更加讲究的经典，则用土黄纸或绀青纸作经名签，用金粉、银粉书写经名卷次。用绀青纸做经名签时，往往还在四周画上边框。有的是单框，有的是子母双框。敦煌遗书中就保存有多号土黄纸金字经名签、绀青纸金字经名签。

上述护首经名签，无论如何讲究，仍然是手写的，边框也是手画的。但我在英藏敦煌遗书中发现了一个带有木刻框线与装饰图案的护首经名签。

该经名签粘贴在一个护首上。护首的编号为斯10979号，23.4厘米×26.6厘米；1纸。首全尾残，下边中间残缺。卷面有污迹，多裂纹。有竹制天竿，长26.4厘米。有浅黄色缥带残根，长2厘米。护首上并有阳文朱印，3.4厘米×4.3厘米；印文为"瓜沙州大王印"。

经名签本身长13.3厘米，宽2.2厘米，四边单框，分为两个部分。上部为1.9厘米的一个小单元，小单元中间有四瓣攒花图案，花瓣为心形，向心部分空心，空心的部分形状也为心形。下部为一长方形框边，中为经名、卷次。两部分之间用两横线区隔。经名用毛笔填写，作"大乘密严经卷中，丝"，经名上有经名号，这里的"丝"是千字文帙号。《英藏敦煌文献》第 13 册有本号图版，定名为"经帙注记（丝）（有瓜沙州大王印）"，可以参看。

这个经名签的特点是上部装饰性图案与四周的框线为木刻，而书写经名卷次的部分留空，由写经生填写。这一特点，正好符合写本藏经的修造过程。

就写本藏经而言，一般情况下，一次只修造一部藏经，最多不会超过两三部。每部藏经中的每部经、每卷经一般都是唯一的。人们不太可能仅为一卷经而刻一个专用的经名签刻版。于是，斯 10979 号这样的空白木刻经名签便应运而生。它只有装饰性图案与框线，没有经名，可以贴在任何一部佛教典籍上，然后由写经生按照需要，填写相关的经名卷次及帙号等。这样，一部乃至几部写本藏经，只要刻一个经名签刻版便足够应付。

刻本藏经则不然，刻本藏经的版片可以反复使用，每卷经都会被刷印多次，这些经都需要有经名签；而且同一卷经典，所需的经名签也完全相同。人们既然已经下功夫刊刻了整部大藏经，自然不会再为每部经一一手写经名签。因为手写经名签，既麻烦，又难以完全整齐划一，会影响整部大藏经的美观，于是便为每卷经各刻一个专用的经名签条。至今金陵刻经处仍存有许多这样的经名签刻版。根据上面的分析，我们可以肯定斯 10979 号经名签原用于敦煌的一部写本大藏经。

斯 10979 号签条的经名卷次为"大乘密严经卷中"，千字文帙号为"墨悲丝染"的"丝"。这个帙号，与附帙号后的《开元入藏录》正好相符，证明这部写本藏经是按照《开元入藏录》组织的。我曾经撰文证明，敦煌地区的佛教大藏经，直到晚唐都依据《大唐内典录》组织。进入五代以后，才依据《开元入藏录》组织。在粘贴本经名签的护首上，同时有"瓜沙州大王印"，而经名签上的千字文帙号又与

《开元入藏录》完全相符，这再一次证明了我的上述论断。①

当然，这里有一个问题。本文前面提到，敦煌存在一种木捺佛印，即刻在木头上的佛像印章，然后逐一捺印在纸上，以为功德。现在的木刻经名签的刷印方式也是捺印，那么它与木捺佛印有什么区别？由此印成的经名签到底应该归入印章类，还是归入印刷品？这个问题，我想应由印刷史研究专家来回答。

这一签条刻版，显然是敦煌当地刊刻的，时代也是归义军统治时期。也就是说，五代时，敦煌曾经有过一次造"藏"活动。当时按照《开元入藏录》修造的大藏经，全部配有木刻经名签条。但是，我们现在在藏经洞中只发现斯 10979 号一号附有木刻经名签，护首残破。那么，这部藏经的其他经典到哪里去了呢？问题又回到我主张的敦煌遗书"废弃说"。藏经洞中收藏的，都是被古代敦煌人废弃的遗书。那些贴有木刻经名签的整部藏经，因为还比较完好，还能够使用，所以没有放进藏经洞。

四、木刻经折装佛经

至今为止，人们发现的中国早期刻本佛经，均为卷轴装。此次在英国国家图书馆斯坦因特藏中发现一件经折装刻经，令人惊讶。

该刻经编号为斯 11645 号。其主体为经折装护首的芯纸，黄色，11.3 厘米×27.6 厘米。首尾均断，上边残损。卷面残裂破损，有竖向断裂与残洞。芯纸外面原来包裹绀青纸，现绀青纸已残破失落，但芯纸的正、背两面均存有绀青纸残渣。芯纸内侧两边有折边，右折边1.6 厘米，左折边 2.1 厘米。护首的左下角粘有木刻佛经残片，原件

---

① 参见方广锠《八—十世纪佛教大藏经史》(中国社会科学出版社，1991 年) 的有关章节。

字面朝里，从纸背可看到有木刻"得"字、其他字痕及界栏。我考察时，这件遗书已经被封存在硬塑料片中。经我要求，修复部拆开硬塑片，将左下角所粘刻经残片揭下展开，情况如下：

揭开后，可见刻本佛经残片共有三小块。

1. 上面一块（今编为 A），0.8 厘米×4.3 厘米，有残字 3 个："□…□伽人非□…□。/"

2. 中间一块（今编为 B），0.8 厘米×1.6 厘米，未完全揭开，上有残字痕，无法辨认。

3. 下面一块（今编为 C），2.5 厘米×3.7 厘米，有残字 2 行 2 个："□…□真 / □…□得。/"并有下栏。

从形态看，A 纸的三个残字与 C 纸的"得"字，似乎原为同一行。修复部将木刻佛经揭开后，将文字向外，粘贴在原处，夹于硬塑料片中。

我尝试用计算机检索，结果是含有"伽人非"的佛教典籍有 400 多部，同时含有"伽人非"与"得"的佛典也有近 40 部。故至今尚未能确定这到底是什么经典，尚待将来继续努力。

按照我国学者以往的一般观点，经折装最早出现在晚唐。但根据我最近的研究，这一观点是错误的。早在盛唐时期，经折装已经出现。① 但这里的经折装，指的是写本。而现在敦煌遗书中竟出现刻本经折装佛经，由此便产生一系列问题：

第一，传统认为刻本经折装佛经出现在北宋晚期。北宋晚期的经折装刻本佛藏，如《崇宁藏》《毗卢藏》，往往用绀青纸装饰封面。今斯 11645 号上也有绀青纸残渣，与传统观点相符。如果该刻本经折装的确

---

① 参见方广锠《敦煌遗书斯 5665 号与经折装》，载《文史》第一辑，2005 年，中华书局。

是北宋晚期的印刷品，是否说明藏经洞的封闭时间要大大推迟了呢？

第二，如果我们坚持藏经洞的封闭年代仍在 1002 年到 1014 年之间，由于在敦煌遗书中发现了刻本经折装，是否说明，在藏经洞封闭前，刻本经折装佛教典籍已经传到敦煌。如果这个猜测能够成立，则刻本经折装佛经的产生年代将大大提前，传统观点将被否定。

第三，我们知道，由于种种原因，英国国家图书馆编号为 OR.8210 的敦煌遗书中混入了一些非藏经洞敦煌遗书，乃至非敦煌出土的其他遗书。那么，这里是否有这种可能，即这件编号为 OR.8210/ 斯 11645 号的刻本经折装佛经并非出于藏经洞，甚至并非出于敦煌呢？

这个问题有待将来进一步研究。

2005 年 9 月于伦敦

9 月 26 日（星期一，晴）

上周三（21 日），吴芳思说下午有事，不下库了，并送来 9 个前日广锠提出要细看或录文的文献。其中 4 个广锠进一步研究了装帧形式，5 个给我录文。另从阅览室取出 5 个梵文卷背的汉文卷子，都是一般的佛经。完成后广锠准备提取头天递交的另一批号码，工作人员说还没有去取。我们只好等待。

22 日上午，我们完成了取出的 5 个梵文卷背的汉文献录文。至此，梵文卷背的文献还有最后一个没有取出。下午 2 点，我们第 12 次下库，翻看了 55 夹斯 08401 号以后的残片。对其中 70 余号有修复记录的文献做了记载。之所以如此，源自广锠对目录如何能够编纂得更为科学合理、能够充分反映所需研究信息的思考。

敦煌遗书以写本为主，书写人及书写情况千差万别。广锠称之为"唯一性"，即任何一件敦煌遗书都是唯一的。有的写卷前后或正、背面抄写了多个文献，情况十分复杂。有的一个卷子上抄写的几个文献，内容上相互有所联系，似乎是为同一目的或相关事项而抄写在一起的，如为做某功德或佛事；或是出于学习或研究目的，对同类经典进行摘抄汇集。还有些内容相互没有任何关联，好像仅仅是对有空余的纸张或者正、背面的节约利用。过去，对一个编号有多个文献的，广锠区分为两类情况：对一个卷子上抄写多个文献的，则按照正、背面分别依次编号；如果是抄写在不同纸上的多个文献，则用英文字母依次编 A、B、C 等号。开始他只是客观著录，随着目录容量的增加，他发现有些文献与前边所著录的文献有内在联系，所以希望通过自己的目录尽可能地予以反映。由此他想到已完成目录初稿的斯 08401 号至斯 13900 号残片，有些存有修复部对该文献揭裱前形态的记录，有可能反映出原来文献间的关系，但因原来我们工作中并未对此做专门的记录，遂这次下库又把这些夹子翻看了一遍。

这部分残片中，一部分是由原来多层粘裱在一起的文献揭开的。这类情况，保存有修复部对该文献揭开前形态的记录，主要是在一张白纸上，用不同颜色的笔，描画出各层纸的形状与原来粘裱的位置。有的原是两三层纸粘裱在一起，也有三四层，甚至四五层粘裱在一起的。揭开后，分别编为该文献的 A、B、C 等号。从形态看，有的像是对破旧卷子的裱补；也有的像是利用多层破旧卷子或文书粘裱的经帙。还有一些，因为残片很小，难以判断原来的情况。一旦真翻看起来，发现情况并非都能判断清楚。广锠在国图对照原件核对目录时，曾遇到过古人裱补残破卷子的不同情况。有用整张纸裱补的，也有用多张纸反复裱补的。而这些曾经粘裱在一起的文献，少数从形状大小及有纸条包边加固的情况，可以判断原来是用作经帙的。还有些明显有一个较大篇幅的主体文献，其他较小的则裱补于文献背面的破损处，可确定是与主题文献内容没有关系的裱补纸。但还有一些则因为残片较小，残破严重，又多层交错粘贴，很难判断原来是用于经帙的加固，或是经卷的裱补纸。我们只有先记载下来再进行斟酌。

离开库房前，广锠交给吴一个单子，上面列出了 5 项希望离开英国前能做的工作：

1. 斯 13699～13878 号，共 180 号；

   斯 13892～13895 号，共 4 号。

   以上共 184 号取不出，不知是空号，还是其他情况。

2. IOL. 编号的藏文文献卷背汉文还有 30 号没有看到，大部分在修复部。

3. 还有一些存于修复部的文献没有看到。

4. 想看旋风装，经折梵夹混合装（在展览），以及斯 13698 号百行章、斯 13900 号刷子。

5. 400 多号复印件与原件的复核。

这次做藏文、梵文卷背的 130 多号汉文献，从 7 月 7 日起即着手，直到现在还差 30 号。因为目录杂乱，查找费劲，耽误了太多的宝贵时间。且前几日做的文献里，有一件编了 3 个号码，汉文一个，梵文一个，卷边几个字的杂写又编了一个。而前面做的 C59 号，则是 4 个文献编了一个号码，情况复杂多样。晚饭后去超市的路上，我们又聊起应如何更好地编纂敦煌遗书目录。广锠说："日本人对藏文及梵文文献卷背汉文的编目，与陈垣一样，都是按文献的分类进行。陈对一件遗书上多个文献的，只编一个号，其他则在备注里说明。不同的编目方法，各有其利弊，还要进一步思考研究。"

23 日下午 1 点半，我们第 13 次下库。由于这两次下库看的是封在透明硬塑料片里的残片，且只是翻看过，吴打开柜子让我们自己拿取和还回。下午 2 点半，我见广锠忽然眉头紧锁，问是为何，他说饿得心慌。我想，可能是他上下不停搬动文献夹子，增加了体力消耗的缘故。即便如此，因为吴芳思难得抽出时间陪同我们下库，他也舍不得提前回去吃饭，只有坚持忍耐。下午 4 点多，终于看完了 110 夹的后 55 夹。

24 日，我们准备去做前日（即 22 日）上午在阅览室递的 5 个准备录文的卷号，可一直等到中午仍未取出。12 点多，广锠心情烦躁地收起东西，跟我说："不干了！"

周末的伦敦，蓝天白云，秋高气爽，街头满是购物的人。我们去唐人街取了免费报纸，到超市买了鸡腿等食品，回旅馆又幸福地加菜小酌。

25 日早 9 点 5 分，我们匆匆赶往白金汉宫参观。到达白金汉宫南门刚好 10 点整。在入口处的安检非常仔细，毕竟这是正在使用中的皇宫。进入前每人可免费领取一副讲解耳机，有日文，但没有中文。好在我们买了一本 4.95 英镑、图文兼备的中文说明书。

开放参观的只是皇宫中娱乐休息或举行公共活动的部分场所，用栏杆围出了参观线路。所有房间和通道都站有穿着红领蓝衣的工作人员。我们随参观队伍缓缓行进。游客们对照着眼前的景物，安静地收听耳机里的讲解。

白金汉宫几经翻修扩建形成现在的规模格局，并正式为皇家使用，只是 20 世纪初期的事情，距今不足百年。建筑的石质外观庄重大方，室内既高大排场，又精雕细琢，以金、红、白三色为主调，装饰得流金溢彩，富丽堂皇。感觉整个风格与色调，与我曾看过的法国凡尔赛宫大同小异。印象较深的，是一条数十米长的画廊，两边高低错落挂满了王室收藏的名画。还有每年 11 月女王用来招待各国使节的大宴会厅，巨大的管风琴占据了几乎一侧墙壁，想必演奏起来有着震撼人心的效果。在皇宫的纪念品商店，我们买了些有皇家标记的纪念品。

从西边的后门出来，是有着广阔草坪的皇家园林。伦敦的公园都是以青翠柔软的大面积草坪为主要特色。这些年，国内不少城市把西方国家这一景观也照搬学来。但伦敦的气候多雨温润，有利于娇弱花草的自然生长。而由于国内北方的气候，干旱天寒，维护这种草坪要花费高昂的代价。近年已有专家呼吁此景观不可简单照搬。

我正沿着草坪边的小路漫步，选景照相时，一位白人老者看到，主动上前为我们拍了合影。广锠问："你知道他姓什么？他姓'雷'。"我会意而答："对，他是英国的老'雷锋'。"

穿过草坪，是一片自然状态的园林。树木花草，参差错落，小河木桥，天然朴拙。不时有三两只游禽飞鸟徜徉其间，安详自得，充满了乡间野趣。这种简洁自然、不刻意雕琢的田园风格，也是伦敦不少公园的特点。不似中国的皇家或官宦大户人家的园林，以设计巧妙、精工细作的亭台楼阁，巧夺天工的奇石花木、通幽曲径取胜。如著名的苏州园林，讲究的是"以景借景""景中有景""一步一景"等。两相比较，也算是各有千秋。

走出皇家花园，往回去的东南方向，又经过与白金汉宫广场相接的圣詹姆斯公园。此园的经典之处，是一条清澈流淌的小河贯穿其间。河中及两岸，像是游禽飞鸟的乐园。天鹅、大雁、野鸭、海鸥等，在闪烁着银光的水面上，或成群结队悠闲荡漾，或扎猛子捕鱼捉虾，扑腾得水花四溅；或在随风摇曳的芦苇丛旁，怡然自得地安卧打盹；还有的与草丛中的鸽子、松鼠一起，争抢游人喂撒的食物。公园里处处充盈着大自然的自由、安详与欢乐，与周围高耸入云，犹如水泥丛林般的现代化建筑形成巨大反差，令人流连忘返。

　　途经鸽子广场，只见其间搭起了数个帆布帐篷，里面一些年轻人正在绷好的画布上用油彩临摹作画。但每幅画都是看不出内容的抽象色块。仔细观察，只见每人的画板背面都写有号码，可与广场正中刚矗立起来的巨幅白色板面上一个个方格里的号码相对应。将要出现的巨幅画作原来是这样诞生的。这就像是一次集体的拼图"游戏"。广场前方的巨型画框上，即将拼接出的巨幅名画《蒙娜丽莎》已赫然在目。

　　位于伦敦市中心的鸽子广场，也即特拉法加广场是 19 世纪初为纪念著名的特拉法加海战而修建的，广场也因此而命名。因为总是鸽子云集，也被称为"鸽子广场"。

　　广场的中央，耸立着一座高达 50 多米的圆柱，柱顶上是高 3.6 米（亦有说高 5 米）的纳尔逊将军铜像。他因在 1805 年特拉法加海战中指挥英国军队打败了法兰西联合舰队，被英国人民尊崇为民族英雄。当这场海战胜利结束时，纳尔逊将军却中流弹牺牲。据说纳尔逊的铜像，是用特拉法加海战中缴获的铜炮铸成的。石柱底下石座的四壁镶嵌着表现这位海军上将所指挥的四次著名海战的铜制浮雕。最底层台阶的四角，安放着四只 1847 年设计建造的巨大铜狮，精美而壮观。海战的胜利，挫败了拿破仑占领英国本土的企图，也确立了英国的海上霸权地位，反映了英国历史上的辉煌。当年，船坚炮利的英国海军打下了世界上四分之一的江山，其中也有我们中华民族的历史伤痛。

　　鸽子广场中的大型喷泉水池，是人们休息闲坐的好去处。

　　鸽子广场也是伦敦举行各种庆典或示威游行活动的传统地点。每年伦敦的新春庆典等重要活动都把特拉法加广场列为重要中心。广场上也经常会有各种群众性的团体活动或个人的"行为艺术"展示。

　　鸽子广场的面积虽然不大，但它体现着伦敦乃至英国的自由、个性以及多元文化色彩。

又路过广场旁边那家中文图书馆，我们两人又进去翻阅了近期的中文杂志。

9 月 30 日（星期五，阴雨）

这周一开始，吴芳思接连来了几次，索取方还需要的文献号码，与 IDP 和修复部联系去看的时间。她说争取本周四或周五去看。其实这些号码已给过她。看来吴年纪大了，和我们一样经常找不到东西。

周一，广锠请吴带上来两个下库看后还需细致研究、记录装帧形式的文献。一件是朱栏缝缋装的多片散页。从其纸张、字体风格等看，与武周时期的那几件经折装相近，但因内容是佛经，文字不避讳，所以还没有找出确切的年代证据。

还有一件是下库时曾看过的，归义军时期一位 80 多岁老人为做功德用唐代写经改装的粘页装方形小册子，英藏中有多件。其中有的卷尾残留题记，提到"八十二老人"或"八十三老人"。广锠要研究的这件，是一张接近方形、粘接处完全脱开的完整折叠页。盛唐时期的纸张保存完好，纸的正面是抄写工整漂亮的佛经（见到的几件有《妙法莲华经》《华严经》等）。该纸经过上下对折，有字的一面被折叠在内，空白的背面再对折为 4 个半叶，然后抄写佛经。因为原来的唐写经纸质地细腻、光洁挺括，改装后的小册子也比用归义军时期那些粗糙纸张做的册子平整漂亮。这大概也是这位老人选用此纸改装小册子的用意。我这段时间做敦煌遗书《佛名经》20 卷本的录文时，见到每卷的结尾都有一段《大乘莲华宝达菩萨问答报应沙门经》。其中分别列举了违犯戒律、对佛不恭等，死后将入地狱受酷刑报应的种种行为，也包括对佛经的不恭敬行为。而这位老人为了自己做功德，把保存完好的唐代卷轴装写经裁断成一段段，原抄写的佛经因折叠朝里而废弃不用，这不也是一种对佛经的不恭行为吗？因而我不大理解这位本身信奉佛教的老人如此损坏、折叠前人抄写的佛经是一种什么心态，抑或当时是一种什么社会状况？

等待期间，我又录文两件，然后继续做 20 卷本《佛名经》。

目前我这项工作已接近尾声。这个版本的前十七、十八卷基本上是整段顺序抄录 12 卷本的内容，主要又增加了一些忏悔文。每卷的佛名有很多重复。第十八、十九卷的内容以东拼西凑为主。第二十卷从卷首至卷后部，干脆基本完整地抄录了《大通方广忏悔灭罪庄严成佛经》卷上中部至卷尾，再加上 20 卷本中的那些固定的程式内容。

周二，我开始做斯 06444 号长卷的录文。这是一件戒律文献，名叫《释僧戒初篇四波罗夷义决》，对比丘四大重戒做了较为全面的阐述，敦煌遗书中存有多号，但以前没有人研究过。广锠让我录文，打算收入《藏外佛教文献》。

广锠自周三开始，做《众经要攒》长卷的录文。其经有万余字，录入用了两天多，校对用了一天。他说国图的一件后部分内容比这件多，回去可以接上，作为研究资料。

周四下午，我们第 14 次下库，用时约半小时，看了几个卷子，解决了一些遗留问题。

本周还是没有去成修复部等地方，吴说已联系好下周一上午再去。吴约我们本周日去她家吃饭，方说周日已有安排，婉言谢绝，并约她和葛汉下周三一起吃午饭。

10 月 3 日（星期一，多云）

10 月 1 日（周六），上午去图书馆，我开始做斯 06444 号录文。广锠核对完《众经要攒》录文后提议结束工作。我们中午 12 点多返回旅馆。

他问我想去哪里，我提议去泰晤士河附近或科芬园。步行经过议会大厦等处时，只见门口执勤的警察在伦敦爆炸案后由过去只带警棍改为手持冲锋枪。而议会大厦马路的对面，和前年来看时的情景类似，摆了长长一溜宣传标语和照片，反对伊拉克战争依然是主要内容，但当年曾长时间在此搭帐篷的那位抗议"专业户"已不见踪迹。

经过泰晤士河大桥到达南岸，沿岸大厦外"China（中国）"展览的巨幅宣传十分醒目。高大的摩天轮下，等待乘坐观光的游人排起了长队，生意火爆。沿河马路上，过往的游人熙熙攘攘，与北岸的清静形成鲜明反差。3个头发染得五颜六色、梳成鸡冠样的摩登小伙，四处招揽游人与他们合影并留下"买路钱"。几个把自己涂抹成金色、银色或白色的真人"雕塑"静静地摆好姿势矗立在路边，等待着"愿者上钩"。看看他们面前装钱的盒子里，多是些一二十便士的硬币，甚至还有一二便士的硬币，一英镑的硬币都很少见。据报载，英国小时最低工资为 4.85 英镑。想他们站立数小时只有这些收入真有些得不偿失。

从河西边的铁路桥返回北岸，不远即走到鸽子广场。看时间才下午 3 点多，我们又循着地图找到科芬园传统市场。这里的生意依然还是那么红火，经营大棚内外，各种特色小商品摊位前游客如织。其间也夹杂着中国人经营的按摩和写字等摊位。只见按摩棚门口挂的人体穴位图下标价：按摩 10 分钟为 7.5 英镑，30 分钟则要 18 英镑。窄小的布棚内，三四个中青年女子都在忙碌，把空间挤得满满的，看来生意还不错。大棚内外，蹬高脚独轮车或耍大刀卖艺的几个杂耍摊位前也围满了观众，不时传来阵阵喝彩声。广锴在一个卖万花筒的摊位前一阵迟疑，终嫌二三十英镑的价格太贵而放弃。我买了放蜡烛的小灯和胸花。下午近 5 点返回旅馆，我们俩都累得腰酸腿疼。

昨晨起来，头一天数小时徒步的疲劳仍未消散。广锟问我还想去哪里，我改提去维多利亚博物馆。我知道他去过，也累，可担心下周末天气不好，心里希望这周最好能去，但也怕他连续走路，腰受不了。便说如他累，也可下周去。他一声："走！"我乐了，他这是为了陪我。

我们的住处在一区东北，博物馆在一区西南，有 5 公里左右的路程。去的路上起初感觉格外疲惫，途中几次坐下休息。但随着进入海德公园，穿插于隔绝都市喧闹的广阔绿野深处，走到波光潋滟、海鸥大雁交相嘶鸣的碧水湖畔，顿觉神清气爽、不虚此行。

说起海德公园，以前我只知道那里有著名的"演讲角"。几次去后，它给我的印象，更像是伦敦这座繁华、嘈杂的现代化大都市中一片辽阔的安逸绿洲。

海德公园被蛇形湖（Serpentine Lake）分为两部分，是伦敦市最著名且最大的皇家公园，占地 360 多英亩，在地价昂贵、寸土寸金的伦敦城里，堪称一片奢侈的绿地。

与伦敦几乎所有的公园一样，海德公园不以精心设计修造的人工景观著称，而是以自然生长的树木、花卉及大片草地为主要特色。公园内，巨树参天，绿茵如织，既有宽阔的大道，也有便捷的小径，是人们休闲放松、亲近自然的绝好去处。据说，伦敦市内有大大小小的公园近 200 座，这也体现了英国人对生活的一种观念及方式。

我们沿着海德公园的九曲湖畔漫步，但见水面波光潋滟，海鸥与大雁交相嘶鸣，情侣荡着小舟相依私语，水鸟栖息于树桩，一派祥和。

行至公园一角，只见一座大玻璃房内，不少家长正在带领自己的孩子做纸质模型。那些往日喧闹多动的孩子，此刻都凝神专注地构思建造自己的作品。有位身材高大的父亲，躬身跪地，与年幼的孩子一丝不苟地进行手工劳作，颇有"俯首甘为孺子牛"的舐犊深情。

屋外不远的草坪上，立起了一座巨型画框。一群孩子正在一位大汉的带领下在巨幅白布上用彩笔任意图画。一个两三岁模样的金发红衣小姑娘煞有介事地撅着小屁股，从地上的笔盒里挑选了一大把彩笔，到画布前东一下、西一下地涂抹起来；由于个子太矮，她只够得着画布的最下边，也画不出什么具体的形象，但依然一派绘画大师般的任意挥洒；画了一会儿，她大概想向自己的母亲炫耀一番，便转过身来大喊："妈咪！妈咪！"那可爱的小样儿，就是一个活灵活现的大洋娃娃。

海德公园还是英国 1851 年举办第一次世界博览会（以下简称"世博会"）的所在地。世博会的展览场馆由园艺师出身的帕克斯顿设计并主持建造。建筑材料采用玻璃和钢材，形成一个类似于巨大温室的璀璨华丽的宏伟建筑物，被称为"水晶宫"，这在当时亦成为英国国力及科技成果的展示物。

我们走到了公园的南面，见到了高耸而金碧辉煌的阿尔伯特亲王纪念碑。阿尔伯特亲王 1840 年与维多利亚女王成亲，1861 年因伤寒去世。在女王退隐期间，这位日耳曼王子所展现的智慧与充沛的精力受到了英国民众的尊敬。1876 年修建的这座纪念碑用精美的雕塑再现了亲王昔日的风采与业绩。

站在阿尔伯特亲王纪念碑的石阶上，可以望见对面的皇家阿尔伯特大会堂。大会堂上覆盖着椭圆形的玻璃穹顶，非常雄伟。据说第一次伦敦世界博览会曾在这里举行活动。现在每年夏天在这里举办"无座音乐会"。

出海德公园西南门不远，就是造型讲究气派的维多利亚和阿尔伯特博物馆。从很远就看到门外一座高耸的铁架上用红绸吊着的两个红衣姑娘正在展示各种优美的空中造型。凭着这种熟悉的颜色和动作，我们以为是中国人在表演，但走近一看，竟是两个金发碧眼的白人姑娘。

博物馆外，有不少大人孩子在露天绘画或做色彩鲜艳的装饰物；一些孩子的小脸上，用颜料涂抹成小动物或鬼怪模样，兴奋地来回奔跑。我猜想可能是这里的社区正在举行公益活动。

维多利亚和阿尔伯特博物馆是以美术和设计为主的博物馆，也是免费参观。原以为英国博物馆的 90 多个展馆和世界各国大量的宝藏已足以令人叹为观止，但进入此馆后，其宏大的规模和众多精美的展品再次令我吃惊。此时，一切疲劳与付出都是值得的。流连三个多小时，我们仅看了中国、印度、日本和欧洲少数几个展馆。

下午 5 点出馆后，我们准备乘坐地铁返回，走到馆外路上，正赶上社区的游行。安装在大蜗牛喇叭车里的扬声器音响震天，数百人的游行队伍，个个打扮得花枝招展、千奇百怪，充分展示着自己的个性。一些舞步和动作，与北京街头大爷大妈们扭秧歌的韵味颇为相似。一群身穿三点式，身上点缀得金银闪烁，年轻或不年轻、苗条或肥胖的女人，不停地扭臀送胯，格外地卖力和引人注目。最开心的莫过于那些孩子，在队伍里兴奋地蹦跳撒欢，大展身手。游行队伍似乎没有太严格的讲究和训练，只要尽兴，怎样表演都行，什么人都可以参加。一些推婴儿车或抱孩子的观众，不由得也加入纷乱的队伍之中。从形式看，与照片上见过的伦敦诺丁山狂欢节差不多，不过规模较小而已，也算弥补了我们两次来都错过看狂欢节的遗憾。我们乘地铁返回，价格最低的一区内的地铁票价已由前年的 1.6 英镑涨到 2 英镑。本来可以四五站直接到达，中途由于线路故障，又两次换车，下午 6 点多终于到住地。

今天上午 10 点多，我们随吴芳思到 6 楼修复部，终于看到了久违的斯 06349 号"旋风装"。对"旋风装"这种装帧形式，古籍虽有简略记载，但学者们对其具体形态一直意见不一。后来发现英国所藏的这件独特的装帧形式，有人认为即是"旋风装"。

为了原样保存这件形式独特，又残破严重的敦煌遗书，吴芳思这次没有对我们破例，坚持要按照规定从库里拿到修复部来看。但在修复部，马克也只是小心翼翼地将文献平摊在工作台上，并不打开残破的各页。我们仅能看其外貌。

广锠凑近仔细观察并做了测量：一根高 26.4 厘米、直径约 1 厘米的细竹棍被劈为两半，从左边夹住纸端；竹棍上有 3 个粗缝衣针大小的等距离圆孔，似用小木钉锲住，用以固定合拢的两片竹棍和其间夹的纸张边缘。该册共有 7 张纸，均高 25.8 厘米，但长短不一。下面一纸最长，有 68 厘米，第一纸仅为 21.8 厘米。但似乎只有 3 纸是夹在竹片里的，还有 4 纸则粘在其他纸上。

从部分卷曲打开的纸可见，有的纸是两面抄写，有的纸仅单面有字，粘贴开裂处里面没有文字。不知粘贴的那张是否为裱补纸，因为在国图的敦煌遗书中曾见过整纸裱补的。从目前可见的文字内容看，最上面一纸为文献结尾，有题记。因未完全打开，无法全面观察和深入研究其原始形态及文字，并记录完整的数据资料。吴告诉我们，有关资料已给了国图善本部主任张志清，同时此照片也已上网。下午 1 点钟，因是他们午餐时间，我们暂时离开。

回到阅览室，我们即从 IDP 网上下载了有关装帧形式的说明文字、示意图和照片。但这件"旋风装"也只有外观的照片。广锠说这件东西与古籍记载的"旋风装"形态不同，不能认为这就是"旋风装"，凡事随缘。以这种情况，目前仍然无法深入研究"旋风装"。他原来准备写的关于中国书籍装帧的文章中，只有先删去"旋风装"一节。

从网上看，对此件文献记载有 5 层纸。不知是否因写文章的人认为有的是裱补纸而未计算在内。广锠为此又向吴核实，她肯定地说是 7 层纸。广锠认为目前 IDP 网上关于中国书籍装帧的说明文字是外行所写，但示意图画得不错，一些照片也可用。

下午 2 点半我们又到修复部，继续看其他文献。我们记录有关数据资料时，吴一直在修复部存放的 3 个藏文文献盒中帮我们逐片翻找，共找出 19 件，其中 13 个"C"号是目录里有的，6 个是原来未单独编号的，但仍有 16 个号没有找到。气得一向斯文的吴芳思也诅咒道："这些该杀的号码！"

下午 4 点结束在修复部看文献。返回等候电梯时，遇上葛汉。吴说她下午 4 点有事，原以为工作不能结束，所以请葛汉来替她。看来吴是见我们回国日期临近，在自己有事的情况下尽力帮我们想办法多做些工作。但因为这批文献不属她的管辖范围，她也费了很多功夫。电梯上，葛汉开玩笑说："这些文献就像是孙悟空，到了这么大、这么好玩的国家图书馆，正到处玩耍，大闹天宫呢！"

10 月 8 日（星期六，阴）

4 日（周二）上午，我继续录文，终于完成了 20 卷本的《佛名经》初稿，总计近 20 万字。①

---

① 2007 年，广锠曾让他的一位研究生在家里住了一段时间，指导他撰写研究生毕业论文。广锠把我已经录文整理的十五六万字的 20 卷本《佛名经》资料拷贝给他，并要求他再写一个研究报告，最后该生以此稿通过了毕业论文答辩。该稿由我再次做了核校，最后由广锠审定后刊登于《藏外佛教文献》第十辑到第十五辑上。后来该研究生又把论文与录文结集成书出版。

中午，吴分两次吃力地搬来 4 个装藏文文献的大盒子，我们又从中找出了 8 个号码的文献。吴告诉我们下午 2 点半去 IDP。

此时，管藏文文献的小伙子山姆带我们来到位于 5 楼的工作间。屋内有数台扫描仪器，其中一台正在工作。我们看了一个夹子中几个需要复核的残片后返回。

下午 4 点多，吴芳思又用手推车推来了一个巨大的于阗文献卷轴。卷起来后直径有十多厘米，图书馆为其单独设计制作了一个大盒子，上下固定有前后两对木托，分别架住首尾两个木轴，用以来回卷动。IDP 提示这件文献背后有汉文，但我们两人配合费力地转动木轴，从头至尾看了一遍，并没有发现汉文。

5 日中午，按照约定，我们与吴芳思、葛汉一起吃饭。原本是广锠提出邀请，想借此表示感谢并告别，但吴坚持由她付账。我们随吴到图书馆旁边一家旅馆餐厅吃了英式自助餐。食品按照凉菜、热菜、甜品三类摆放，我们依次选取。餐后见吴刷卡后又给了 5 英镑小费。

广锠事先已理出几个要谈的问题：目录所需照片、遗留问题的解决办法等。

关于照片，吴说没有问题，但需广锠具体指定要哪几张。

广锠说整理目录时如果还有问题需来图书馆解决，看是否能争取后年到法国时就近过来。吴说，已确定 2007 年 5 月召开纪念敦煌遗书收藏 100 周年的会议，届时可以邀请他再来。

吴、葛都很关心他整理的《英国图书馆藏敦煌遗书总目录》的出版，希望出书后马上告知。广锠说一定会赠送。吴说如果出版目录经费有困难，她可以帮助想办法。

葛汉埋怨在工作中向中国国际图书出版公司订购图书时，他们服务欠佳。预定的书籍不能及时发货或通告有关情况。

广锠谈到这次从 7 月 7 日开始寻找藏文文献等卷背的汉文献，目前共找到 157 号（其中新著录 16 号），原来日本人已有著录的，尚有 7 号没有下落。为帮助查找这部分文献，吴、葛在自己的工作范围之外花费了不少精力，十分感谢。吴、葛对文献未能找全表示遗憾，说负责梵文的人不愿意让别人动他管的文献，且他经常不在。吴说一旦找到，会寄照片给广锠。

餐后回图书馆继续工作。

下午 2 点半，我们第 15 次下库，再次要了几个看过的小册子。广锠看了 IDP 网上几件装帧形式的示意图后，发现与他以前下库时记载的一些细节有差异，担心有误，遂再次核对。

P11 号是一件版刻的特殊形态蝴蝶装。一般蝴蝶装的一纸对折为 2 页后，仅正面抄写文字，左右两页的背面分别再与另外 2 页的背面粘接。而此件是对折成 4 页后再按照蝴蝶装的方法粘接。网上对此件介绍为经折装，广锠认为两种装帧形式粘接方法的不同，是确定其装帧形式的重要标志。

斯 05646 号小册子，是粘页装后又缝线加固。在我们的记载中，这件每个折叠单元是一纸，但网上的示意图为 2 纸。我们看这个册子时，为了能看准确，想尽量翻开里面一端至书脊处。吴在旁边显出心疼的神态，直说："小心！小心！"担心对小册子造成损害。对此我们很感慨：吴芳思对这批文献真是十分珍惜和负责，既最大限度地为研究者提供方便，又很精心地加以保护和管理。流落到英国的这批敦煌遗书能遇到她这样的"守护天使"，是不幸中的万幸！

回来聊天时，我问广锠这次最大的收获是什么，他说是对中国古代书籍装帧形式的认识又进了一步。因为对这个问题，必须根据占有的资料说话。前年来时，根据当时掌握的资料，他认为晚唐时期是中国多种装帧形式的演化时期。这次看了英藏所有的册页装帧后，又发现了盛唐时期的粘页装和缝缋装，可以把演化时期提前至盛唐。我问："敦煌藏经洞中保存的古代文献，数量有数万件，时间从东晋南北朝至宋初。而汉代通西域后敦煌地区增加了与内地的交往，唐代尤甚。所以是否可以说，敦煌遗书装帧形式的演变和特点是有代表性的。"他认为代表性只是一个方面，还要看到其片面性，毕竟资料有限。如这次发现的那件盛唐时期的粘页装，尽管制作精良，但毕竟只有一件，而且没有首尾，没有看到封皮的形态。所以说只有把握全面，才能客观评价。把握不了全面，只能像任先生说的，有几分资料说几分话。

6 日上午，吴芳思告诉广锠又找到一个文献。我们随她到 6 楼修复部的另一个大房间。我们对那个文献著录完有关数据后，一个女工作人员说："修整时发现还有一个文献里面有汉文。"随即从抽屉里取出一个已封在硬塑料片里的藏文折叠页。广锠看文献已密封，说如不方便看就算了。但工作人员马上又把硬塑料片的一边切开，从里面取出文献。打开折叠页，见里面的文献已断为 3 块残片，果然那上面有几行汉文佛经。用《大正藏》光盘检索，是出自第二卷的《大方等大集经》。原来日本人看这批文献时没有发现和著录。

还有一块大的断片，打开后，上下分别有 4 个筷子粗的对称圆孔，边缘十分整齐划一，显然是近代用机械方式打的，不知目的为何？他们看后也认为是后人所为，估计是图书馆早期工作人员干的。广锠说：由此可看出不同时期人们文物保护意识的变化。当初斯坦因请蒋师爷帮助整理这批文献，蒋竟然直接用墨笔和红笔在卷背写字做标记；图书馆收藏敦煌遗书初期，工作人员也是直接用钢笔或铅笔在卷背标记号码。而现在的情况总算大为改观。

利用在伦敦剩余不多的时间，我们开始分头做《四波罗夷僧戒》
录文和校勘。因英藏文献里这个内容的卷子有多个，便于录文和对照
校勘。

波罗夷是违反佛教戒律四种处分中最重的一种，相当于开除僧
籍的意思。此文献是吐蕃时期敦煌当地僧人根据藏经里的有关内容编
纂的，列举和讲解了犯淫、盗、杀、妄（语）四种行为将受波罗夷大
戒处罚的戒律。一些内容针对当时敦煌佛教的实际情况进行讲解，十
分具体生动。如针对一些僧人与妻子同居，没有"舍戒（还俗）"的
问题：当初释迦牟尼的徒弟跋阇子对遵守戒律感到疲累，与原妻子同
居，回来又后悔。对此释迦牟尼制定戒律：如僧人要与原妻子同居须
舍戒，以后再想修行可再出家。此文中讲道：跋阇子说，释迦牟尼为
此允许他出家 7 次。文中规定：如僧人未还俗而与原妻子同居，属于
犯戒，应受处罚。另有一件敦煌文书"社司转帖"，内容为通知僧人
修庙集合的时间。由此可见，一些僧人可能回家居住，如都住在庙
里，便不用此举。这从另一角度证实了敦煌佛教僧人当时有在家居住
这种社会习俗。

7 日，我们继续分头录文和校勘。下午临下班，吴芳思来取她帮
忙直接从库里取的一些粘贴了红点、表示残破较严重、一般不借阅的
卷子。她说因胡锦涛主席今年 11 月访问英国，她要帮助准备一个关
于中国清代文物的展览，她下周一要去天津开会。我们相互告别。广
锠再次提到这次为了寻找"C"号文献，给她增加了太多的麻烦，表
达了对她的感谢。吴说："应该感谢你们。"并称这些"C"号文献是
找得"令人发疯的卷子"。

8 日，我开始做斯 06795 号录文，一天紧紧张张，做了约有一半。
这是一件首尾均全，并有朱笔校改和断句的《八波罗夷比丘尼戒本》。

该经讲述的是当初释迦牟尼的姨母要求出家，释迦牟尼开始不同意，理由是过去佛不允许。但最终释迦牟尼还是同意了。他曾对阿难说，因为他允许女人出家，佛教正法存世的时间由 1000 年减为 500 年。释迦牟尼虽允许女人出家，但为比丘尼专门制定了八净法，核心内容是比丘尼个人或教团要听从比丘教团。即使 100 岁的比丘尼，也要听从年轻的僧人，并专门为比丘尼制定了 348 条戒律。

广锠说："有人曾说佛教'普度众生'，体现了男女平等。我认为佛教是歧视妇女的。但佛经中有一些对世界和人体形态的具体描绘，又与后来的科学验证有惊人的相似之处，令人感到不可思议。"由此，他认为这说明人类可能存在着所谓的"特异功能"，否则无法解释。

由于这个文献的大部分内容与前边做过的僧戒本类同，可以互相对照。但在比丘四戒的基础上，又增加了四戒，成为八戒。这些工作在抓紧的情况下，看来要到下周一周二才能完成。

这两天晚上，在房间里穿着衬衣还热得冒汗。一摸暖气，发现滚烫，英国人竟然现在就开始供暖，真是不可思议。

10 月 13 日（北京时间周四凌晨于飞机上）

9 日（周日），广锠头天就研究了伦敦地图，建议先去南岸看他 1991 和 1997 年来英国时工作过的印度事务部图书馆旧址，再返回北岸看圣保罗大教堂等。

我们上午 10 点半出发。过泰晤士河后，广锠带我顺着他当年天天乘车的滑铁卢车站寻找旧地。当年的那幢大楼竟已面目全非，外面完全用玻璃装饰起来，尚未完工。我们拍了几张照片，返回北岸。

在北岸很顺利地找到了圣保罗大教堂，我们可以自由参观大厅，但里面不允许拍照。

圣保罗大教堂是伦敦的宗教中心，是世界第二大圆顶教堂，17 世纪末建成。这座宏伟建筑据称是英国建筑师 C. 雷恩（Christopher Wren，1632—1723）设计的最优秀的作品。整体建筑设计优雅、静谧、肃穆，塔顶可眺望伦敦市区。1981 年，戴安娜与查尔斯的婚礼大典就在这里举行。

返回的路上，我们在泰晤士河边一家建筑华美的艺术馆院内休息了片刻，他问我再想去哪里，想不想去利物浦街。我想到他曾提到科芬园的万花筒，也想再去看那些五花八门的小玩意，便选择了科芬园。广锠走累了，转了一会儿便坐下等我。我四处浏览，回来动员他如果喜欢就把万花筒买下。他说：“要 20 多英镑，太贵！”终究没舍得。但他一再劝我买些纪念品，说以后也许不会再来伦敦了（这时我完全没有想到后来又有机会赴伦敦半年，与这里的敦煌遗书再次“亲密接触”）。我挑选了一个花色典雅朴拙的刻花大木碗，19.99 英镑。下午 5 点多我们返回旅馆。虽然又累得腰酸腿疼，但觉得不虚此行。

10 日（周一），他继续做四波罗夷本的校勘，我接着做八波罗夷本的录文。但我的电脑很多时候卡顿严重，运行缓慢，不知是何原因。直到 4 点半阅览室催促还卷子，我的录文尚有 3 纸未完（每纸 750 字左右）。

11 日，我们分头继续昨天的工作。陈宝和与葛汉分别来告别。广锠与葛汉商量，问他能否帮助复印日本人的佛经目录，因为买不到这本书了。葛痛快答应，很快印好送来。一会儿，葛又来，说复印件上因有图书馆的印章，担心我们下班检查时不让带走。他现在帮着拿出阅览室，我们先锁在楼下的物品柜里。英国人办事确实认真。

近 12 点，我的录文完成。因为这两天录文，发现波罗夷的写本五花八门，各有不同。原准备再借个本子，录其不同的内容，便于校勘。但他去取已递交了号码的文献时，工作人员还未取来，只好放弃。这时却意外发现阅览室还存有一件我们早前递交索书号但被告知找不到的藏文卷背文献。至此，共找到藏文等卷背汉文献 158 件，未找到的又减少 1 件，仅剩下 4 件还未找到。

广锠核对八波罗夷至下午 3 点，看尚剩余一半，下班前反正也完不成，便提议提前下班。此卷子首尾完整，上面又有古人校勘过的标记，是比较好的一个本子。至此在伦敦 4 个月的工作告一段落。

晚上，广锠问我回去的安排。我说，东京国际佛教大学院大学请他 11 月 1 日赴日本讲学的邀请函已到，回去要抓紧联系办理我们的签证手续，他还要去上海开会、办事。他说想起回去那么多事情就头疼。在英国尽管工作紧张，但排除了其他杂事的干扰，就显得比较单纯，他晚上还有心情经常看看从网上下载的倪匡的科幻小说。

12 日（周三）起来，简单吃了早饭，开始收拾行李。

临退房前，广锠到旅馆的李小姐处向她告别，并打听租金，以便为我们若有机会再来做准备。我们住的房间在 4 月至 9 月的旅游季节，房租每周至少 439 英镑。租 3 个月以上打九折，也需 390 多英镑。一个月就需近 1 600 英镑。加上每月给我们的 600 英镑生活费及他的机票 400 多英镑，这 4 个月我们花费了近 1 万英镑，折合人民币 14 万多元。真是一个不小的数目。我说，当初斯坦因用不多的钱把这批东西骗来，我们似乎不该感谢英国。他说："我不感谢英国，但要感谢吴芳思。如果她不积极促成这件事，又一次次帮助解决经费，就做不成这件事。而这个工作她即使不做，别人也不会说她什么。"

我觉得回国没买多少东西，哪想到除了塞满东西的两个大箱子还有大小 6 个包。收拾捆绑，上下地铁，我俩累得气喘吁吁，浑身湿透。伦敦的街上凡是上下台阶的地方都会有无障碍缓坡。但地铁里都有一段台阶没有缓坡或电梯，每次都是他抢着拿箱子上下。从罗素车站坐上地铁，他说，真是老了，累得两个手发抖，以后外出再不买礼品了。

伦敦时间下午 5 点（北京时间深夜 12 点），飞机在蒙蒙阴雨中起飞。飞机几乎满员，想找空位当卧铺休息的指望落空，只好忍着度过这个不眠之夜。

伦敦时间 13 日深夜 2 点，北京时间 13 日上午 9 点半，"皇家新村"的陈师傅，将按照我们走前的约定，开着他的"黑的"到机场来接我们。

第三部分

2009 年伦敦记事

5 月 3 日（星期一）

2009 年 5 月 2 日北京时间中午 1 点 35 分，我们一行 5 人（我与广锠、国图善本部研究员李际宁、广锠多年的助手张桂元、广锠的在读研究生陈王庭）乘坐国航班机由北京起飞，经过 11 个多小时的飞行，于伦敦时间 2 日下午 6 点（北京时间 3 日深夜 1 点）到达伦敦的希思罗机场。

我们这次到英国，是按照 2008 年广西师范大学出版社与英国国家图书馆签订的协议，为在中国出版由上海师范大学与英国国家图书馆共同编辑的大型图录《英国国家图书馆藏敦煌遗书》而来。

如前所述，英国共有汉文敦煌遗书 14 000 多号。其中前 6 980 号篇幅较大，部分首尾均全，或有首题或尾题。英国学者翟理斯曾从 1919 年至 1955 年，完成了前 6 980 号的简要目录，该目录于 1956 年由英国博物馆出版社出版。而后面的 7 000 多号，基本是没头没尾的残片。经英国国家图书馆中文组吴芳思博士邀请，方广锠自 1991 年起，先后 6 次赴英（其中两次是借到伦敦参加学术会议的机会，多停留若干时日进行编目。我参加了其中 2003 年、2005 年的两次），对后 7 000 号遗书进行编目，至 2005 年已初步完成。

由于翟理斯的目录完成于 50 多年前，著录的内容比较简单，亦存在一些问题。这次重新出版图录所采用的照片主要来自 50 多年前的缩微胶卷。但 50 多年来，英藏敦煌遗书由于种种原因，不少遗书的文物形态已发生了变化。因此，方计划依照他多年为敦煌遗书编目所形成的条记目录体例，对前 7 000 号重新编目，再与后 7 000 多号的目录合并后，出版《英国国家图书馆藏敦煌遗书》的完整图录。为此，这次他带领团队赴英的任务，是要在原来我们依照《敦煌宝藏》、经过多年工作已形成的目录初稿基础上，再逐一查看、核对原卷，并对每件敦煌遗书的文物、文献、文字等情况进行具体著录。

因为工作量大，这次我和方赴英的时间为半年。除我们两人外，经与国图善本部协商并得到支持，善本部参加国图敦煌遗书编目工作多年的李际宁和黄霞也先后参与，另有张桂元及原英语专业毕业、现为佛教文献专业在读硕士研究生的陈王庭以及上海师范大学的刘志惠老师，共计 7 人参与此项工作。考虑到各方面因素，计划李际宁、张桂元、刘志惠、黄霞 4 人先后分两批赴英，每批 2 人，每人工作 2 个月；陈王庭工作 4 个月；我与方工作 6 个月，以便最后拾遗补阙。

这次行前在北京做前期的案头准备工作时，曾遇到过一点波折，好在很快得到解决。附当时我的日记如下：

2008 年 5 月 13 日（星期二，北京，晴）

上周六（10 日），广锠接到吴芳思的电邮，说寄到中国的缩微胶卷还在海关没有取，如超过一个月将会退回。他连忙联系广西师范大学出版社。但他们讲，寄来的缩微胶卷被扣在了广东海关，说根据规定，汉文文件不能进口。广锠说，如果这些胶卷被退回，真是要闹出国际笑话！他试着登录海关总署和广东、广州等海关的网站，分别给他们发函，自报家门后，说明了这件事情的原委，说不要闹国际笑话。但网上显示邮件没有发送成功。昨天（周一）一早，他打开电脑，接到了海关的回函及电话，询问具体扣在哪个海关。待他再打电话向广西师范大学出版社询问，说已经接到了取货通知。这次中国海关接到意见后立即处理的办事效率还真值得称道。由此，我们计划到英国做出版图录相关工作的事情算是定局。

我们几人由希思罗机场乘地铁，于伦敦时间 2 日晚间 9 点多在预定的住处附近的地铁站下车。赴英前，广锠从网上联系的房东小迟与其夫人小隋已按照约定在地铁站口等候。

我们步行数分钟到达住处。这次租的房子是一幢四层居民楼中第三层的一套复式四室一厅中的一间。房东小迟是在此读博士的中国留学生。他们夫妻俩实际是"二房东"，即他们先租下这套房子，除自己住一间外，再转租其余三间。赴英前，我们从网上仅租好了方和我及陈王庭的两个房间，李际宁和张桂元的住房一时没有找到，遂请小迟帮助留意。当晚，小迟又帮助联系租下了附近的另外两个房间，安顿李际宁和张桂元分别住下。由于房租超出国家差旅标准，方让房东分别打了两张收条，一张数额按国家标准开正式单据，回去报销；多余的钱打一张白条，方自掏腰包。大家回房间休息时，已是伦敦时间 3 日的凌晨。

5 月 4 日（星期一）

今天，是英国的银行节假日。为了到图书馆工作时能够提高效率，我们都在各自的住处做相关的案头准备工作。

下午，小隋帮我们到附近买了打印机用的硒鼓（62.43 英镑，当时英镑与人民币的汇率约为 1∶10），并用他们的激光打印机帮我们打印了去图书馆工作要用的英藏目录初稿 570 页（全部目录初稿有7 400 多页）。

这些电子版初稿，是广锠指导张桂元及我，依据《敦煌宝藏》，前后花费十多年时间逐号做出的。自 20 世纪 90 年代开始，先由张桂元对照《大正藏》对每号文献的文字内容进行了检索。凡是已入藏的（即被编入《大正藏》的）都标注了该文献相应的卷次、首尾页数及行数（即在该页第几行）。张桂元早期做这项工作时，还没有大藏经的电子版，全部工作要依靠翻检一套数十册的《大正藏》来完成，花费了大量的时间和精力。这部《敦煌宝藏》和其他一些书后来曾被一个小伙子借走扫描，没想到是被拿到超星公司去扫描。至今在超星公司扫描的电子版上，还可以看到当年张桂元用铅笔标注的《大正藏》出处。

2000 年以后，我利用工作之余，陆续将这些标注以及通过《敦煌宝藏》里的照片能反映的文物、文献等信息，按照方设计的敦煌遗书条记目录格式全部录入了电脑。

录入时，对通过《敦煌宝藏》能看清的首尾题（即古代抄写文献时在卷首及卷尾标注的文章题目）、题名（即抄写人留有姓名的）、题记（即古代或现代人针对文献内容、抄写目的、使用纸张数量等所写的题跋或记录）、勘记（即古代人对完成抄写的文献进行校勘、修改的记录）、杂写或杂画（即古代人在文献内容之外随意书写或涂画、没有形成完整表达内容的文字或图形、笔道等）等有研究价值的信息都做了记录；对部分未入藏的文献做了录文。由此形成了英藏敦煌遗书前 7 000 号目录的初稿。

这次我们到英国国家图书馆要做的具体工作就是要按照原卷逐一对照这份初稿，鉴定敦煌遗书年代，补充记录每一号敦煌遗书的纸张形态、每纸的尺寸、行数、印章的大小以及文字、卷面状态等各种图录无法反映的文物信息。核对或补充题记、勘记、杂写、杂画等有研究价值的文献内容，完善《英国图书馆藏敦煌遗书总目录》的初稿，待回国后再由广锠逐号对照图版进行复核及修改补充，完成英藏敦煌遗书条记目录最后的定稿。在此基础上，汇集敦煌遗书图版，一起编辑成册，然后由广西师范大学出版社出版图录——《英国国家图书馆藏敦煌遗书》。

晚上 7 点，李际宁、张桂元一起过来送他们的工作硬盘。这次来前，因为每个人工作时经手的卷子都要对照、复核出版社准备使用的图录照片，而出版社给我们的约 12 万张照片只有自然顺序号，没有敦煌遗书本身的编号，无法在工作中使用。所以广锠只好安排大家利用休息时间加班给每张照片逐一添加英藏编号，然后交由他验收、汇总。李际宁、张桂元送来的硬盘中，便存放着他们已经编完号码的照片。

5 月 5 日（星期二）

5 月 5 日上午 9 点 10 分，我们和李际宁、张桂元在约定的地铁站口——被我们戏称为"包肉的"（Bow Road）汇合，一起乘地铁前往图书馆。9 点 50 分到达，路途用了 40 分钟。到图书馆时，住在离我们两站地的陈王庭已先到了。

过去广锠和我来伦敦，因为都是由吴芳思帮助申请的经费，并由她提前为我们预定住处，一般是在距离图书馆不远的旅馆，步行即可到达。但那里是伦敦的中心区，房租较贵，一般每周的旅馆费用需三四百英镑。为了节省，我们租的是伦敦二区的房子（相当于北京的二三环路以外），每人每月的房租需三四百英镑，买地铁二区的月票还需近百元英镑。所以每天到图书馆需要换乘地铁往返。

我们从图书馆底层存放书包等物品的房间出来，吴芳思已等在门口，说先带我们去办工作人员的证件。

按照图书馆的规定，每个要办证的人必须先参加一个例行的安全教育，而且只有每周第一个工作日的上午 10 点半进行。因为昨天放假，所以今天虽是周二，却是本周的第一个工作日。我们 5 人，还有其他一些人，共有十余人，随着一个中年妇女来到一个小会议室。她对着投影到墙上的文字，讲解了约半小时。从投影的一些图示看，主要是告诉大家遵守有关规定、注意保护书籍，遇到火灾、恐怖袭击如何应对等。安全教育完成后，我们到办证室排队，每人办理了一个临时工作人员的胸牌，凭该胸牌可以在指定的区域活动。

吴芳思拿出一沓阅览室的索书单，说她的领导不同意我们到另外的房间看卷子，还是要到阅览室看。

赴英前，广锠和吴芳思曾通过头一年吴到上海出差见面的机会和电邮往来，多次协商过这次工作的相关具体事项。吴曾告诉方，她已在图书馆的地库为我们安排了临时工作的地方。因那里取用卷子方便，可加快工作进度。

我们在与吴的长期接触中，了解她是一个儒雅、宽厚的学者，从不愿意指责别人。所以，这前后变化背后的诸多细节，我们不得而知。但中文组的另一位工作人员葛汉马上说不能提再多卷子了，夏天来阅览室的人多，忙不过来，与吴的态度明显不同。方说："葛汉办事一直就是这种风格，有规矩的事情，一切照规矩办。"

办完杂事，已是下午 1 点，吴又带我们到员工餐厅，说凭我们办的工作人员胸牌，可以进去就餐，里面卖的食品比外面便宜些，如自己带饭可以进来吃（读者餐厅不买食品不能就座），开水免费（图书馆对一般读者仅免费提供可饮用的凉水）。

吴去吃午饭，我们到存包处取了自带的食品到餐厅吃，广锠又给大家讲了工作的步骤和敦煌遗书条记目录的体例。

下午 2 点多，我们来到中文组阅览室。大家在靠近阅览室工作人员工作台附近的几张桌前分别坐下，并把电脑调到静音状态，等候卷子。因为敦煌遗书在这个阅览室属于珍贵古籍，要求借阅的人必须在靠近工作人员工作台的地方阅读，以便于他们就近监视。

我们先递了 100 个号的索书单，但一直等到下午 3 点半才拿来 5 个号。工作人员说，前 60 号中就有 30 多号有红色标记（因残破不能看的）。这种进度，实在无法按期完成工作，广锠既着急，又无奈。

下午 5 点，阅览室关门，我们结束了首日的工作。

今天我们到图书馆去时送给吴芳思的小礼物里，有几个近两尺长的大丝瓜瓢子。讲起这份特殊的礼物，还是缘于两年前的事情。而那次见面，与这趟我俩计划之外的伦敦之行有直接的关系。

2007 年 4 月，广锠在上海师范大学讲课期间，校科研处的刘志惠老师对他说，她爱人王澧华也在学校工作，且与广西师范大学出版社的负责人是同学。出版社请他们帮助物色有分量的出版项目。刘问方是否有，方便提议出版英藏敦煌遗书图录。出版社得知后对这个项目表示很感兴趣。随后，便开始了各方面的磋商和准备工作。而要顺利进行这个项目，已与方交往十多年的吴芳思自然是不能少的关键人物。2007 年 10 月 15 日，吴芳思曾因事到北京，方与她约定在次日见面，具体商谈此事。

10 月 16 日一早，我开车与广锟一起到西苑饭店，接到吴芳思后，先赴大觉寺游览。中午，我们在亚运村附近吃午餐，点了很多有西北地区特色的食品，吴芳思很高兴，聊天中回忆了一些往事。

吴芳思说，她第一次到中国是 1971 年，时间很短。1975 年至 1976 年，在中国留学一年，那时 27 岁。到中国前，她曾在英国学习了 4 个月的中文；到中国后，又在语言学院学习了几个月的中文。那时语言学院一带的五道口还很荒凉，只有一家百货商店。语言学习结束后，转到北京大学学习中国历史。但北大办手续拖了一段时间。

那时中国学生是十几人住一间宿舍，外国学生虽是两人住一间，但会安排一个中国学生与之合住。中国学生是每周一次到公共浴室洗澡。出于对外国学生的照顾，每天给他们的房间供应一小时热水。与她一起从英国到中国学习的马克乐爱听音乐，但与马克乐同屋的那个中国学生对她听的这些西方音乐很反感，经常干涉她听。而与吴合住的中国学生是北京人，比较宽容，而且周末一般回家。马克乐便到吴的房间来听音乐。因为那时物资匮乏，她们要买奶酪等西式食品，只有到友谊商店。

她讲到伦敦供暖的时间很长（对此我们深有体会。这次赴英，怕热的李际宁也因此而深受其"害"）。但在北大时，冬天供暖时间很短，她们在房间里便裹上棉被，后来慢慢也习惯了。回英国后倒觉得暖气没有必要烧得那么热。

到中国学习前，她习惯于每天看电视和报纸。到中国后，大使馆每周给她们送一次英国的报纸，但已是一个月前的了。后来她们发现，没有这些也是可以的。我说："当时中国的生活条件与伦敦差别很大。"而她 1971 年曾来过中国，对此已有了解。在这种情况下，她还能再来中国学习，很不简单。她说家里很支持她，每月给她邮寄包裹，有巧克力、奶酪等。

路上，方问起她的儿子埃勒蒙。吴讲：埃勒蒙的学习很好，喜欢历史。他所上的中学说他是 15 年来少有的好学生，原本希望他考上剑桥大学。但考试没有发挥好，上的是利兹大学，如乘火车回家需要两个多小时。埃勒蒙第一次离开家独立生活，头一个星期她很忙，不停地帮助他邮寄忘记带的物品。有时儿子会打电话来问她洗衣机怎样操作，但现在好多了，在学校还参加了社团活动，参加演出。方问她：儿子走了，她自己是否觉得寂寞？吴说：不会。住处附近有很好的朋友。

下午，我们把吴芳思接到通州家中，广锠与吴具体商议了编辑出版英藏敦煌遗书图录下步要做的工作。据方当天的日记记载：

吴芳思谈：过去这类项目，她就可以决定，只要给直接上级打个招呼即可。如当年四川人民出版社出版的《英藏敦煌文献》就是她与马克乐商议决定的。现在有了新规定，出版合同之类，要交给英国国家图书馆的出版社按照英国的合同审定。但英国的出版社至今没有完成合同的审定。另外，直接上级至今也没有明确答复。

吴芳思说："东西已经交上去好几个月了，他们也都知道我 10 月要从英国来北京。本来以为没有问题，但不知道怎么回事，至今没有办成。出版社的人全部参加德国弗莱堡书展，走了。"

吴芳思说她很生气，觉得其中应该有原因。她怀疑是苏珊怕这个项目会影响 IDP。实际上这两个项目互相不妨碍。

　　她说："我的上级有点怕苏珊，因为苏珊会哭、会闹、会骂人。我不会去闹。"讲了这些后，她又补充说："其实我也很同情她，IDP所有经费都要靠她自己去募集，也不知到底能够干多久。我也帮助她募集过经费。"

　　吴芳思说："这批东西本来就是中国的。主要的使用者也是中国学者。因此，我要向他们说明白，到底如何出版，要看中国学者的意见。应该支持中国学者。"

　　她表示回去后，就会去找上级，问清上级的真实态度。虽然现在有这些障碍，但她相信问题不大，可以解决，表示很有信心。她表示：本来她想退休，但朋友说，退休后出入书库不方便。因此，她决定为了这个项目，推迟退休。英国并没有60岁一定要退休的规定。

　　我说："几个大的收藏单位都出版了，就剩英国。敦煌遗书研究已经进入整体研究的时代，英国不出版，会妨碍研究的进行。"

　　她表示回去会把这层意思向上级反映。并表示，我可以给英国国家图书馆写信，口气可以强硬一点。因为这本来就是中国的东西。

　　她还提道：按照惯例，中国出版不赚钱，所以图书馆不会要钱。但是这次要重洗缩微胶卷。她说："我尽量想法，让他们免费。"又说，"藏文的要价很高，看能否让他们少收。"

　　我说："如果是合理的价格，可以提出来商量。"

　　我提出至少要去5人，不知能否解决工作场所。她表示没有问题，库中另有房间，可供使用。

　　我讲了工作进程的设想，她表示理解、赞同。

最后，她表示希望能够按照原来的设想，明年 6 月开始这项工作。她会帮助租房子。

谈罢项目，我们又陪她在我们住的小区里转了一圈儿。当看到邻居家院子里架上的大葫芦，她说，英国的葫芦只有椭圆形的，没那种中间有细腰的。所以一些英国人总是搞不清中国人讲的"葫芦形"是什么样子。回到家里，我便找了两个去年我们小院儿里种的小葫芦送给她。当看到我们院子里吊着的老丝瓜，她说英国人也用丝瓜瓤子洗澡，但没有这么大。方说如果明年去英国，一定给她带两个大的。我当时便先把去年的一个丝瓜瓤子送给了她。所以，我们这次又给她带了自种的丝瓜瓤子。

5 月 6 日（星期三）

今早，我 6 点起来，做早饭及准备带的午饭。我们租住的房子是四室一厅中的一间，除了房东小迟夫妇住一间外，还有两间分别住着一男一女两个中国留学生，大家共用一个厨房。而他们通常起得晚些，我便尽量早些起来，把早饭及午饭准备好。一般都是我们开始吃早饭时，他们先后起来。那两位租房的留学生，男孩大约家境较好，很少见他做饭，经常叫外卖，所以较少见面。女孩来自广西，边读书边在一家商店打工，经常早出晚归，比较辛苦。

我俩的早饭是中西结合的牛奶冲咖啡及杂粮饼。伦敦的面包还算物美价廉，前几次来伦敦，它·直是我们的早餐主食。但因我俩自 2006 年发现有糖耐量异常的糖尿病前期症状，为控制血糖，这几年，除在饮食上控制摄入总量外，主食改为以杂粮为主。午饭一般是带我自制的杂粮饼，再带些奶酪、咖啡。为了节省，大家也都是自带午餐，早上去时，放在图书馆存包处各人的柜子里。因为中午吃得简单，我一般早、晚都炒些蔬菜，晚上再做些荤菜。

我们一般上午 8 点 40 分出门，在图书馆 9 点半开门前到达。因图书馆下午 5 点闭馆，阅览室下午 4 点半即开始收回卷子。

按照阅览室的规定，每人每次只能提一个编号的文献，我们 5 人顶多每次给 6 个号。因此，每天很多时间都耗费在借、还卷子和等待上，工作进度很慢。6 日这天，5 人全天才完成了 39 号。

我们的工作方式采取两道工序。卷子（敦煌遗书大多为卷轴装）拿来后，除广锠外，我们几个先做第一遍的工作：每人分别逐纸测量每个卷子的长度、数行数，在打印出来的初稿上补充填写这些数据和卷面的文物状态；对首尾题、题记、勘记、杂写等初稿上已有的著录进行核对，遗漏的进行补充。广锠则负责第二道工序：审核我们每人的工作，并对每个文献进行断代。对其中一些比较长或者破旧、不易卷好的卷子，则由李际宁负责卷好。

李在国图善本部负责敦煌遗书多年，接触敦煌卷子较多，卷卷子属他最为拿手。别看他在我们当中块头最大，但他收卷敦煌遗书卷子时，却极为仔细和耐心，再破烂、褶皱和糟朽的卷子，经过他那双大手的精心收卷，都会被卷得整整齐齐、服服帖帖，松紧适度。为此，每当遇到纸数多、纸张薄，或者残损严重、十分难卷的卷子，我们便请他帮忙卷好。

广锠因为要看我们做过的所有卷子，经常忙得顾不上到楼下的存包处喝水、吃午饭。

第一天下班后，广锠让大家在图书馆门口稍坐，他强调还要注意质量，说交到他手里的稿子，错误较多。然后，他吃了作为午饭带去的饼子和咖啡。晚上回家，他说不想吃饭了，并讲："今天数你做得数量最多，质量也最好，但我不好表扬自己的老婆。"

5 月 7 日（星期四）

今天上午，吴芳思、葛汉把广锠叫到办公室，主要讨论工作方式问题。下面是广锠的记录：

他们提出：

一、以前残破的（有红点标记）不提供。以后提供的话，由我们自己决定可否在阅览室阅览。如果可以，便阅览；如果不可以，记录下来，告诉他们，以后在地库旁边的空房间阅览。我答应。

二、每人自己填写索书单，自己取，每人每次限取一件，并且要按照阅读原件的规定交读者证。我说按规定交读者证没有问题，但每人自己取不行。一则取时每次要等很长时间，太费时间；二则我要根据具体情况给大家分发，并且最后由我检查。他们商议以后，同意由我填写索书单，要求每天（下午）2 点半以前，一次性交 60 号索书单。我提出能否多一点。他们不同意。说先这样执行。由我及陈王庭两人负责取、还。

三、他们说，每人一件。我提出反对。这样势必要窝工。我希望每次给 20 件，他们不同意。

在这个过程中，葛汉反复说三个单位，他们有困难，请我谅解，等等。我说，我能够理解；但也请他们理解，我们希望加快进度，尽快完成。他们说他们理解。主要是现在的方法不好。新的方法实行以后，进度可以加快。吴芳思说可以先试试，有问题再改进。

谈话中间，因为我谈到去 IDP 工作的事情，葛汉有点误会，很激动地说："我们是一个组，他们是一个项目。"看来是反对我到 IDP 办公室工作。我说："在上海时，吴芳思提到让我到 IDP 工作一天，我也同意了。现在你们觉得我们去不去？"吴芳思与葛汉用英语交谈后，也表示："如果到 IDP 工作，库房的人一会儿要把东西送到阅览室，一会儿要送到 IDP，不方便。还有，IDP 主要想要你的资料。我觉得不合适。"葛汉则说："他们老不关门，东西丢了怎么办？"既然这样，我表示就不去 IDP。吴芳思说："可是 IDP 希望你过去。这样，让他们自己与你谈。"

回到阅览室，一会儿吴芳思陪同蒙安泰过来，约定下午 5 点到 IDP 见面。

过了一会儿，阅览室主任会同一个姑娘来查卷子。查后，只准我们保留 5 件。这样的话，工作马上陷入停顿。从 3 点半到 4 点半，几乎没有工作。

下班前，我把大家叫到小房间，将谈话情况做了介绍。

5 点，到 IDP 会面。参加者吴芳思、蒙安泰、张丽。我先介绍了我们的工作。蒙安泰直接提出希望我们提供测量数据，并帮助录入到他们的数据库中。我表示：数据可以提供，这一点在上海已经答应，但我们没有力量帮助录入，只能提供电脑文件。他们同意。蒙安泰说 IDP 已经扫描 4 000 多号。我希望提供目录，他答应了，并且约定下周一下午 5 点教我如何在网上查询。

吴芳思与葛汉先后来与方沟通，葛还是强调他们工作中的困难，并说前段时间曾有人从图书馆偷割了一块价值 2 亿（葛汉在纸上写了个"2 亿"，不知是英镑还是人民币）的珍贵古籍带出去，所以卷子不能再多拿。

阅览室嫌我们拿的卷子太多，说乱，中途还出来清点了一次。广锴说："是他们自己乱，又不是我们乱。"我提议按昨天房东小迟的建议，不停地给上层负责人写信。他说可以试一下。

下午，IDP 的工作人员蒙安泰来，约方 5 点一起喝茶谈谈。蒙安泰是个瘦高的小伙子，中文口语和文字书写能力都不错，2005 年我俩来伦敦时曾和他打过交道。这次我们在伦敦期间，苏珊一般都是派他来和我们联系。下班后，我随方和吴到蒙安泰的办公室谈了半小时左右。他希望我们随时把做的数据录入到他们的电脑里。方答应定期把我们量的尺寸等部分信息提供给他，蒙安泰则将他们已扫入电脑的 4 000 多号信息及查询方法告诉了方，并约在下周一（11 日）下午 5 点再见面。

吴给了方一式 5 份的英文说明，大意是由原来每人每天给 10 个卷子，增加为每人每天 12 个，共给 60 个，统一由方和懂英语的陈王庭取送。并要求在前一天下午 2 点半前，要将次日用卷子的索书单交给阅览室。

5 月 8 日（星期五）

今天采取新的工作程序，阅览室每次给我们 10 个卷子。广锴让陈王庭与他同桌，一旦完成几个，立即交换。这样，交换的次数增加，陈王庭来回跑，自称是公共汽车，但基本保证了大家工作的连续性，没有出现误工。

全天完成 61 号。

阅览室在管理上比过去更严格了。出门时都要打开笔记本电脑盖检查，防止里面夹带东西，负责安全的工作人员也频繁巡视。陈王庭看广锴的桌子上已没有卷子，便用水笔填卡片，被工作人员立即制止。我刚把卷子有轴的一头悬空拿起来察看，也被提醒。

收工以后，大家在门口广场集合，广锠要求以后提高著录质量，这样，也可以加快进度。因为现在有些不必著录的，却著录了；或者已经著录的，又著录了一遍。

5 月 9 日（星期六）

因他们三人是第一次来英国，今天广锠让他们休息，结伴儿一起外出游览。我俩原准备到图书馆工作（阅览室周日休息），但房东告诉说，伦敦为准备奥运会，正在维修地铁，这周末轮到维修我们附近的地铁，去图书馆只能坐公共汽车。我们因担心不方便，改在住处干活。广锠为大家拷贝英藏敦煌遗书的照片，花费了不少时间。我们每天要看的卷子虽是按先后顺序，但因有些卷子标有残破较重、不借阅的红色标记，阅览室给卷子也有随机性，所以顺序时常前后跳跃。为此，广锠给每人都拷贝了一份全套的照片，以方便各人在工作中加以对照。

我利用周末洗衣、打扫房间、购物、做饭等，并开始录入自己看过的卷子的补充信息。

这次因为我们每人在阅览室对照原卷所做的工作稿都要经过方的审核后再录入原有的电子初稿里，所以我们在图书馆都是先用铅笔将相关的数据、文字等，记录在已打印的初稿该号文字旁，经方对照原卷审核无误后，再退回本人。因此，每人还要利用休息时间，按照这个工作记录稿在电脑初稿上进行补充修改，然后再交给方拷贝进电脑数据库进行汇总。所以，每个人除去在图书馆要做的工作，回到住处后，还要抽时间完成此项任务，都比较辛苦。

5 月 10 日（星期日）

今天休息，李际宁和张桂元在住处休整。陈王庭来电话说，他发现附近有个白人组织的佛教中心，周日有集体活动，他想去参加，以便更好地学习专业英语及了解英国的佛教情况。

下午，房东小迟热心地带着我们步行十多分钟来到东南边一个规模较大的乐购超市买了打印纸、鼠标等。上周广锠曾到牛津街买过打印纸，一包要 5 英镑多（质量稍好，但打印我们用的电脑初稿没必要用那么厚的纸张）。这个超市的纸一包还不到 2 英镑。

途中，我们经过一些高层住宅时，小迟讲，这种住宅是政府用优惠价租给穷人的，一般房租每月只有几十英镑。但这种地方不安全，他们都不敢租。

快到超市门口时，迎面走过的一个五六十岁的男子对我们讲了句什么，小迟摊开手回了一句，像是告诉他没有什么。后来小迟告诉我们：那人问能否给他一英镑。当时我曾想：看样子这地方我还真不敢一个人来了（因为广锠每天从图书馆回来后的工作很紧张，所以只能我一人外出购物。实际上后来我还是经常独自外出采购，半年当中倒也从未遭遇过什么危险）。

傍晚，我们到李际宁住处给他们送拷贝照片的硬盘。他们租住的也是中国人当"二房东"的一个四室一厅套间中的两间，距离我们的住处步行十多分钟。李际宁说："为了能多看卷子，以后周六我也和你们一起到图书馆工作。"方说："你们没有来过英国，周末还是出去玩玩。"

5 月 11 日（星期一）

今天吴芳思来，广锠同她讲了当天工作的进度，说明原答应的每天 60 件数量实在是不够。若按照这样的进度，难以在半年内完成需在这里做的全部工作，请求再增加。吴说："苏珊不同意这样大批看，说对卷子损害大。"下班后，我们随蒙安泰到他的办公室，看他演示如何进入他们做的敦煌遗书数据库，他给了广锠一份已扫描文献的清单及光盘。

晚上，广锠准备给吴发一封电邮，介绍这几天的工作进度，说明增加数量的必要性，并强调这次来工作的团队，是对敦煌遗书有丰富经验的最好工作团队，况且双方还签署了合同，因此不能同意苏珊的讲法，并表示编目工作一直得到吴的支持，这次来又添了很多麻烦，感到非常抱歉，并征求她的意见，如增加借阅数量的事给馆长写信是否合适。给馆长的邮件写好后，他又让我帮助推敲下文字，希望讲话的方式要委婉，但态度要坚决。

下面是广锠今天的日记：

周六、周日，主要整理广西师范大学出版社方面提供的照片，此外校对《三十七品经》。

李际宁那边房东来签合同。依然按照一个房间 80 英镑（每月 347 英镑），一个房间 90 镑（每月 390 英镑）签约，他要求按月付，总计 737 英镑。我按照原来说的，把我们的房子每周 120 镑（每月 540 英镑）混同，4 人平均，这样每人每月 319 英镑。我补出 99 英镑。

陈王庭发现一个伦敦佛教中心。周日他去参观，晚上来介绍情况。我让他有时间不妨多加考察。前几天我已经交代他有关论文的问题，昨天晚上又交代他一次，让他先把《玄应音义》的文本考订落实。这是今后写作的基础。

今天上午陈王庭参加安全教育，快 12 点时结束。一天紧张工作之后，共完成 79 号。这样总计完成了 245 号。

问题是，到下午 4 点，出纳台存储的卷子全部用完。亏得时间差不多了，否则又要窝工。原因：每天只准我们填写 60 号索书单。其中部分卷子残破不能提阅，实际提出的不到 60 号，而我们一天的工作量超过 60 号。所以，必须增加每天提卷的数量。今天下午向吴芳思提出这个问题，她说："现在的问题是苏珊反对，说你们看多了，破坏卷子。"我很生气，表示要向馆长写信。为了把问题讲清楚，我向吴芳思打招呼，今晚将会给她写一封电邮。

葛汉说他明天有事不来，周四去曼彻斯特。吴芳思周四也不在。

古泉圆顺来信，同意赠送目录，没有提到图录。问寄送地点。

下班后到 IDP，蒙安泰给我已经扫描的目录打印件与电子本，并且告诉我在网上检索的方法。我问："英国的卷子什么时候可以全部上网？"他说："两三年，三年左右吧。"回来后我看了一下已经上网的 4 000 号目录，主要是斯 06980 以后的残片，大卷子很少。对他的三年计划表示怀疑。不过，那天他提到已经接受韩国高丽大藏经研究所的经费支持，也许可以加快进度。

附：广锠给吴芳思写的一电邮

吴芳思：

您好！

每天上班，大家都很忙，没有机会充分交流意见，所以写了这封信。

从上周二到今天，在图书馆工作整整一周了。除了上周二，因为办理各种手续耽误时间，最后只著录5号外，其他时间的工作进度如下：

5月6日（周三）　　　　49号

5月7日（周四）　　　　51号

5月8日（周五）　　　　61号

5月11日（周一）　　　79号

从上面的数字可以看出，工作速度在不断加快。这里的一个重要原因，是上周四您与葛汉调整了工作方法，虽然每人2号，总共10号卷子并不多，但是，阅览室的工作人员非常配合，我们每完成两三个，就去交换新的，他们不厌其烦地给我们拿新卷子。虽然我们必须配备一个专人，花费一定的时间来交卷子、取卷子，但可以保证其他人都可不停顿地著录，不用等待。所以，我们非常感谢上周四您与葛汉的及时调整，感谢阅览室工作人员的配合与照顾。另一原因，也是我们的工作人员越来越熟悉英国藏敦煌遗书的情况与现在的工作方式，所以进度加快了。

但现在看来也存在问题，就是上周四决定的我们每天交60号索书单。这要从两方面说：

第一，由于所交的60号中，有时会有残破的（带红点的），所以，实际能够提到阅览室的不到60号。我统计了一下，到上周五为止，我们从斯00001号到斯00380号，共递交380个索书单，但实际只得到228号。没有提出的有152号，占据总数的40%。按照这个比例，我们交60号索书单，只能得到36个卷子。

　　第二，如前所述，由于工作逐渐走上正轨，工作速度开始加快。比如今天上午陈王庭参加安全教育，仅下午参加工作。但全天下来，大家总共完成 79 号。如果陈王庭上午也参加，大概可以达到 90 号。随着今后工作进一步熟悉，流程更加顺畅，每天完成 100 号也是有可能的，至少可以完成 90 号左右。

　　由于上述两个原因，如果每天依然限定 60 号，将会出现停工待料的情况。因此，希望能够提高每天供应卷子的总数，以满足工作的需要。

　　我知道，中文组一共只有您与葛汉两人，要承担很多其他繁重的工作。我们这次来伦敦，给你们增加了很大的麻烦。所以，我们也想能够加快进度，尽快结束这项工作。中国有一句俗话："客走主人安。"我们早点结束这项工作，您与葛汉也就解放了。否则，旷日持久地拖下去，给您与葛汉的压力也会越来越大。

　　今天您提到苏珊博士有意见，不主张向我们开放原卷，认为我们大量查阅原卷会破坏卷子。这种说法我们表示反对。

　　首先，如您所知，我们这个团队，主要成员已经从事敦煌遗书研究 20 多年，包括中国国家图书馆最优秀的敦煌遗书研究管理人员。我们最懂得如何爱惜卷子，保护卷子。中国国家图书馆的敦煌遗书，就由我们这一批人管理。中国国家图书馆敦煌遗书的保护修复方案，就是我们制定的。说我们的工作会破坏卷子，我们不能接受。

　　其次，IDP 的工作的确很重要，但 IDP 扫描的图版也有它的局限性。起码它不能提供关于敦煌遗书文物价值的研究信息。这些信息，只能从查阅原卷得到。我们这个团队，是研究敦煌遗书原卷经验最为丰富的团队，最适合从事这一工作。

再次，英国国家图书馆已经与广西师范大学出版社签订了出版合同，出版由英国国家图书馆与上海师范大学合作编辑的《英国国家图书馆藏敦煌遗书》。从英国国家图书馆的角度来说，提供阅览、著录原卷的工作条件，是合作一方应该承担的义务。

自从您主持中文组工作以后，在中英文化交流，特别是在让中国学者更好地看到英国在保护敦煌遗书方面做了大量的工作，中国的敦煌学界对此有口皆碑。但苏珊博士这样的想法，实际是向中国学者封锁数据。这是我们不能接受的。我们想给英国国家图书馆馆长写一封信，表达我们的希望与诉求。但不知这样做是否合适，希望得到您的指教。

自从 1994 年得到您的帮助，到英国从事敦煌遗书编目，已经过去了 15 个年头。英国 14 000 多号敦煌遗书的编目，也终于将要全部完成。每当想到您的帮助，我总是充满感激之情。为山九仞，功亏一篑。现在是这一项目最后的紧要关头，非常希望能够进一步得到您一如既往的支持，把这件世界敦煌学界的大事做好。

谨颂
时祺！

方广锠

2009 年 5 月 11 日星期一

5 月 12 日（星期二）

今天下午还不到 3 点，阅览室给我们提出的卷子便都已做完。广锠给吴芳思打电话，说没有卷子了，我们打算提前下班。

下面是广锠的日记：

一会儿吴芳思来到阅览室，手中拿着我昨晚发的电邮。她说一定支持我们把工作做好。超过 60 号，书库不肯提卷。因此，现在最好的办法，是只要可能，每天用半天时间到地库去工作。可以做带红点的，也可以做其他的。每天 60 号索书单照样递送。这样，上面、下面结合起来，可以解决你们的问题。我说："这样是否会给你带来麻烦？"她说："我没有关系。"

她说："我已用很'华丽'的语言给苏珊写了封信，说明你们工作的需要。苏珊说你们没有必要看原卷，可以从 IDP 图版所附的尺度量尺寸。"我插话："那她还向我们要尺寸！"吴芳思说："是啊，她自己为什么不那样量？还有，你们需要摸一摸纸张。"鉴定敦煌遗书，需要触摸纸张，是我一直向吴芳思灌输的观点。她说："我在信中讲了，要给中国学者提供方便。"我说："苏珊这样是封锁数据。我不希望重演翟理斯与向达的故事。"① 她说："不会的。"最后约定明天上午就下库。让大家到负一层安全门集合。

---

① 1936 年 9 月至 1937 年 8 月，历史学者王重民和向达到英国博物馆阅读敦煌遗书卷子。那时图书馆还隶属于英国博物馆。因为主管人员翟理斯的刁难，在整整一年的时间里，他们仅看了 496 件卷子（当时已整理编号的总数约为 6 980 件）。他们对翟理斯的刁难非常不满。但向达对其中重要的文献都替北图照了相，后来写了《伦敦所藏敦煌卷子经眼目录》。

吴说她已给苏珊写了封信，告诉她我们还需要进地库工作。由此说明，吴芳思原计划安排我们进地库工作的确是因为遭到苏珊的反对而不能实现。按照规定，非图书馆工作人员进地库必须由本馆工作人员陪同，吴说以后她会尽量安排一些时间带我们进库工作。并约定明天上午进库。周五再安排半天。

回到住处后，广锠又请房东小迟帮助打印了 500 多号条记目录初稿。这次小迟真是帮了我们不少忙。

5 月 13 日（星期三）

上午 10 点，我们按照和吴芳思的约定，在进入地库的门口等候。但我们走错入口，陈王庭迟到，两项错误，耽误了半小时。吴芳思帮我们办理了登记手续后，带我们进库工作。入库后，桌子等不凑手。后来葛汉找来桌子、椅子等。本来吴芳思说工作到 12 点半。但最后一次方估计错误，多要了 4 个卷子，大家工作到快一点才结束。

工作地点在中文组的一个大书库中，里面放着甲骨等。书库空间比敦煌书库大，关键是还有一块空的过道。我们就在过道工作。电灯大约有保护功能，一会儿就自动熄灭，需要时时开灯。不过工作基本顺利。

带红点的卷子实际上大部分已经修复，但没有及时删改红色等级。库房工作人员不知道，见到红点就不提。其中也有一些残破严重的，但数量很少，比例大大低于国图的。卷子的残破程度也比想象得要好。

吴芳思说："周五上午可以继续在库中工作。下周开始，可以每天下午在库中工作，而且不限定工作到四点半。"

吴为我们取了卷子后，就坐在旁边做她自己的事情。她总是很忙，每次陪我们下库，都要带上满满一口袋资料，有时甚至是拉上一个小旅行箱，待帮我们拿完卷子后她再忙自己的。

我们在地库工作至 12 点 50 分出来，大家吃过午饭，然后去阅览室。今天大都是一些小卷子，大家干得很快，结果全部堆到方那里。到 4 点半，总共完成 79 号。

其间陈宝和来，他说："吴芳思很支持，但吴芳思已经半退休了。"

出来后我们在广场小结。方提出：（1）现在著录还有疏漏的，有关文物的特征一定要仔细著录。（2）卷子打开以后，不要卷回，直接交给方，大家都节省时间。（3）大家回去检查自己的工作日志与草稿。今天李际宁检查后发现少两号草稿。请大家查一下在谁手中。（4）陈王庭已经把照片编号完成，请大家把硬盘给方，方晚上负责整理，明天发给大家。（5）有时间的话可以开始录入草稿了，不懂的地方请多问。

由于在库里工作拿卷子的数量与阅览室对我们限定的每天取卷子的数量无关，因此大大提高了工作效率。这原本就是吴芳思已经为我们计划安排好的工作方式，但一再受到苏珊的阻挠，现在总算实现了。

此时我们还无法预料，后来苏珊上任为吴芳思的顶头上司之后，因蛮横索要广锠的目录未果，曾一度下令禁止他阅览敦煌遗书。多亏了这次来伦敦从一开始，广锠及吴芳思便一再坚持采用下地库这种方式，大大加快了工作进度，故而苏珊阻挠我们工作的目的未能得逞。

5 月 14 日（星期四）

今天在阅览室工作，到下午 4 点多钟，共完成 75 号。提出的卷子已经全部用完，只好停工返回。

方发电邮给在图书馆工作的朋友陈宝和，约他周日来我们的住处一起聚餐。这些年，每次我们来伦敦，都得到了他的热情帮助。

5 月 15 日（星期五）

今天上午，我们又随吴芳思下地库工作。9 点 55 分开始，至 12 点 20 分结束。大家共完成了 44 号卷子。下午在阅览室，完成 41 号。今天总共完成 85 号，是至今完成最多的一天。今天大卷子不少，能够有这个成绩，很满意了。

今天看到了几个特殊的卷子。

斯 00575 号为《大学》，端庄的楷书，非常精美。

斯 00574 号为近代用中式手卷方式做了装裱。这批东西是斯坦因到手后直接送到英国的，从该号的装裱看，似乎当时曾有中国托裱匠人在英国参与了对这批遗书的保护，但从来没有见到过这方面的记录与历史资料。那么是这件遗书本身有什么特殊的经历？也就是说，斯坦因的这批特藏中还有从其他途径得到的敦煌遗书？此事实在令人难以索解，方说只好先放下，以后再说。

斯 00582、00599 号是公元 5 至 6 世纪南北朝时期的卷子，书法上体现了当时流行的隶书风格，字体古拙端庄，堪称书法精品。过去人们能够看到的唐以前书法，主要来自古代的碑刻及拓本。那些书法，由于石材和刻字工具的特殊性，并经过碑刻工匠的加工，书法风格已有所变化。敦煌遗书面世后，我们才见到了较多的早期民间书法真迹。

据目前所知，敦煌遗书中有年代题记的卷子里，时间最早的是日本书道博物馆收藏的前秦甘露元年（359）的《譬喻经》。

敦煌遗书中还保存了一批北魏永平四年（511）到延昌三年（514），由敦煌镇官经生抄写的佛经。根据不完全统计，现存的这类残卷有十余号。这些敦煌遗书为研究早期佛教的发展历史提供了珍贵的信息资料。

据方广锠在《方广锠敦煌遗书散论》一文中考证：

根据写经题记，我们可以确定其中一些写经原来属于写本大藏经。如：

北魏永平四年到延昌三年，敦煌镇官经生抄写的大藏经。现存残卷十余号，包括：

成实论卷十四，永平四年七月；

成实论卷十四，延昌元年八月；

华严经卷四十一，延昌二年四月；

华严经卷八，延昌二年四月；

大智度论卷三十二，延昌二年六月；

华严经卷三十五，延昌二年六月；

大楼炭经卷七，延昌二年六月；

华严经卷三十九，延昌二年七月；

华严经卷四十七，延昌二年七月；

华严经卷十六，延昌二年七月；

大智度论卷十二，延昌二年七月；

华严经卷二十四，延昌二年八月；

大方等陀罗尼经卷一，延昌三年四月；

成实论卷八，延昌三年六月；

大品经卷八，延昌三年七月。

这些经典的形态基本一致，卷末均有题记，题记的格式也基本一致。如斯 01547 号《成实论》卷十四卷末的题记如下：

用纸廿八张。

延昌元年岁次壬辰八月五日，敦煌镇官经生刘广周所写论成讫。

典经帅　令狐崇哲

校经道人　洪儁

敦煌镇既然设立官经生，官经生的任务想必就是抄经造藏。历经 1500 年历史的冲刷，还能有这么十余卷经典留存，且内容包括了大小乘经、大小乘论，说明当初确曾抄过大藏经。从所存三卷《成实论》及其抄写年代推测，当时可能抄写了三部藏经。题记上还钤有墨印，印章相同。印文为"敦煌 / 维那 /"（此印文承西安碑林博物馆陈根远先生释读，特致谢意。），"维那"是当时寺院中一种执事的名称。据笔者所知，这个墨印是现知年代最早的钤在写卷上的印章，它说明最迟在 6 世纪初，中国人已经在书画写卷上钤压印章。

以上诸经典均为敦煌镇官经生所写，写经上钤有统一的印章。这说明北魏时敦煌佛教信仰甚为兴盛，起码在河西一带，抄经已经成为官方的事业。也说明当时佛教在社会上占据重要地位。

斯坦因所得敦煌遗书中有明确纪年，且年代最早的写卷，为斯 00797 号背《十诵比丘戒本》，上有"建初元年（405）岁在乙巳十二月五日"题记。

斯 00113 号《建初十二年（417）正月敦煌郡敦煌县西宕乡高昌里籍》（拟）。故斯 00113 号为斯坦因所得有明确纪年，且年代顺序排列为第二的写卷。

　　根据方广锠多年对敦煌遗书的研究，起码从北魏开始，敦煌地区便出现了由官方主持的写经活动，有一定的组织机构及标准的写经程序。写经所需的一切费用，包括纸张笔墨乃至日常生活所需等，自然由官方供应。唐代的宫廷写经，由于其所用纸张及写经生的书法造诣，更成为写经中的精品。如武则天为其亡母杨氏修造功德，曾抄写《妙法莲花经》《金刚经》各 3 000 部。现在敦煌遗书的佛经卷子中，发现数十号此类写经，末尾均附有抄写题记。从抄写题记可以得知，武则天的这些写经都是长安的官方抄经机构抄写的。例如斯 00456号，《妙法莲花经》卷三卷尾处有 11 行题记：

　　咸亨五年（674）八月二日左春坊楷书萧敬写，用纸十九张
　　装潢手　　　　解善集
　　初校　　福林寺僧智彦
　　再校　　西明寺僧行轨
　　三校　　西明寺僧怀贤
　　详阅　　太原寺大德神符
　　详阅　　太原寺大德嘉尚
　　详阅　　太原寺主慧立
　　详阅　　太原寺上座道成
　　判官司农寺上林署令李善德
　　使大中大夫守工部侍郎永兴县开国公虞昶监

　　通过上述题记，我们可以基本了解当时官方写经坊的组织形态和抄经程序。从组织形态看，参加这项工作的人大体可分如下四类：
　　第一类，具体工作人员。即书手、装潢手及校对者。抄写佛经的

工作实际上是由他们完成的，但他们在官方写经坊中的地位最低。

第二类，主持详阅的僧人。这些僧人大抵地位较高，如上述材料所示，大抵为大德、寺主、上座之类。其中颇有些知名的人物，如题记中的"详阅"太原寺主慧立就是玄奘的大弟子，《大慈恩寺三藏法师传》的作者，曾参与玄奘译场达20年之久。唐高宗永徽四年（653），他曾在合璧宫与道士李荣论"道生万物义"，雄辩得胜；嘉尚也是玄奘译场成员，《宋高僧传》卷四有传。这些僧人因地位较高，故不参加抄经的具体工作，只是在佛经抄好后再加审读，检查有无错误之类。或者说，他们实际起到代表佛教界参与官方写经坊，监督、保证写经质量及写经事业顺利完成的作用。

第三类，为上述材料中的李善德（或写作"李德"），这是写经坊的实际主持人，写经活动的具体组织者。

第四类，上述材料中的虞昶（有的写经列位后为"阎玄道"）。他们代表皇家监管抄经事业，并承担上情下达，下情上报之类的任务。

上述四类人组成一个整体，共同完成皇家的写经任务。

再从抄经程序看，大体上是监管者领受任务后，转达给写经坊主持人，由主持人具体组织落实，经抄写、装潢、初校、再校、三校、详阅等程序，写经完毕，由主持人报告监管者，再由监管者报告朝廷。

官方写经坊不但有如此严密的组织结构及严格的写经程序，甚至连写经的字体也有一定的规范，即"官楷"。所谓"官楷"是指官方文书习用的楷书。由于官方写经坊乃从政府机关调集楷书书手，因此写出的佛经，字体自然与"官楷"，即当时官方文书通用的楷书一样。现存敦煌遗书中大批字体恭正典雅的官方写经，为我们提供了那个时代"官楷"的模板。这种写经自然成为其他各色人等写经的规范。

此经的题记也值得注意。

所谓"题记"是指写在文献末尾的一些文字。古人写经，不少是为了做功德，以求消灾祈福，故常在经末写有题记，表述自己的愿望。这些题记，有的记录这部佛经是哪些人翻译的；有的记录这些佛经是哪些人抄写的；有的记录为什么要抄写这些佛经；等等。这些文字就叫作佛经题记。佛经题记往往包含着许多珍贵的材料，反映了我国佛教流传的情况以及古代人民的思想感情、古代社会的风俗习惯等各个方面，历来为研究者所重视。敦煌写经的题记，为我们研究古代写本佛典的实际情况提供了大量的第一手材料。

例如从上述斯 00456 号这类佛经的题记可以得知：

一、当时人们把抄写佛经当作一件严肃认真的大事。国家设立专门机构，并派专人来管理、监督此事。

二、抄写十分认真，抄后三校，并由四人详阅。参与人各自署名，以示负责。

三、抄写佛经是由国家专门机构及寺院僧人协同进行的。这可与文献记载的唐玄宗发布的禁止私人抄经，需要经典诵读的人，可到寺院去取读的诏书相呼应。

四、专门记载用纸多少张，一方面说明抄经的规格、制度都是固定的，另一方面也说明当时的纸张很宝贵，不能随便浪费与贪污。

五、这些经典出现在敦煌藏经洞，说明当时中央政府曾大规模地向各地颁赐过佛经。

六、参与详阅的太原寺主慧立，是玄奘的弟子、《大慈恩寺三藏法师传》的作者。斯 00456 号的这一条题记，为研究玄奘这一位弟子的历史，提供了新的材料。

今天看到的斯 00582 号，虽然经文抄写得十分精美，但卷尾宋绍的题记是淡墨所写，且比较潦草，与经文相比显得很不协调。广锠通过此前已输入数据库的资料检索，发现国图 14925 号为《大方等大集经（二十七卷本）》卷二六，也是此人的题记："开皇三年（583）岁在癸卯五月廿八日，佛弟 / 子武侯帅都督宋绍遭艰在家，/ 为亡考妣读《大集经》《涅槃经》《法 / 华经》《仁王经》《金光明经》《腾曁 / 经》《药师经》各一部。愿亡考妣神 / 游净土，不经三途八难，恒闻佛 / 法。又愿家眷大小康佳，诸善日 / 臻，诸恶［云］消，福庆从心，王路开 / 通，贼寇退散，受苦众生，悉 / 蒙脱解，所愿从心，一时成佛。/"他说，由于题记的书法和墨色与经文不同，最初他曾怀疑该题记可能是后人伪造的，但反复考察国图原件，从笔法、墨色认为不是。现在发现斯 00582 号也出现了这种情况，而这是斯坦因最早从藏经洞所获得的卷子，题记肯定是真实的，由此证明他后来的判断是对的。他说，古代因有专门抄写佛经的写经生，与佛经卷子的持有者不一定是同一人，所以会出现题记书写与经文书法不同的情况。

广锠目前已将 35 000 号汉文敦煌遗书的条记目录输入电脑，其中有写经题记约 3 000 条。

后来随着阅卷的增加，我们对英藏敦煌遗书这种"原装"的体会更加具体深刻。敦煌遗书入藏英国国家图书馆后，虽然一直在进行修复，但进度很慢，大量的卷子还保持了当年的模样，不少是打开后灰头土脸，残烂不堪，甚至飘散出异味；有的上面还有污渍、鸟粪、虫茧等。经手这类卷子后，手上便也留下了不少污渍。这些灰土，被李际宁戏称为"唐灰宋土"。这也是广锠一直坚持藏经洞的封闭原因为"废弃说"的理由之一。即已跨越一千多年时空的敦煌遗书，尽管现今从文物、文献、文字等历史、文化研究的角度，堪称是中华民族文化的瑰宝，但在当时，它们其实只是一些"神圣的废弃物"。

因为佛经对于佛教徒来说是佛法的代表，是十分神圣的。许多佛教经典上写有这样的话：凡是抄写、诵读、流通佛经的人可以得到福报，而亵渎佛经的人将会受到惩罚。一部佛经流通的时间长了，难免会损坏。对这些损坏的佛经，当然不能随便扔掉。中国佛教徒有一种传统的处理方法，就是把它们放在佛像、佛塔中；或埋在地里，上修一座小塔，以示供养。至今我们常能在古旧的佛像、佛塔中发现古代佛经，原因正在这里。应该说明，古代在佛像、佛塔中放入佛经，有两种情况：一种是佛像、佛塔新建成开光，此时放入佛经以示"三宝一体"，放入的均为精美佛经。一种是佛经因长期使用而损坏，因属"法宝"，不得随意处置，放入佛像、佛塔中供养，此时放入的这些佛经大多部帙不全，残缺破旧。

我国僧人的后一种做法，还与中国"珍惜字纸"的传统有关。中国人历来对文字有一种敬畏的态度，认为它是一种夺天地之造化的创造物，所以有仓颉造字鬼夜哭的神话传说。古人认为如果糟蹋了字纸，就会受到神祇的责罚。这种思想与佛教法宝的思想相结合，便产生了僧人们对佛经的敬畏态度。

另外，藏经洞之所以保存了这么多的陈年废纸，又与纸张在当时比较珍贵有关。东汉之后，纸虽然逐渐成为主要的书写材料，但毕竟还是比较稀少、珍贵的。因此，每一张纸在当时都要被充分利用。敦煌遗书中有不少卷子都是正反两面书写的。

同时，敦煌遗书中的许多非佛教文书，也与此有关。考察这些非佛教文书，我们发现，绝大多数文书的另一面都写有佛教内容。这说明佛教寺院之所以保存它们，也是为了利用这些纸张另抄东西。而这些非佛教文书，内容十分丰富，往往具体生动地体现了当时的社会风俗。

例如斯 01475 号，是一个 16 纸、长 572.3 厘米的卷子。正面有 341 行，是公元 8—9 世纪吐蕃统治时期的写本《大乘稻秆经随听疏》；背面共有 203 行，有《申年五月赵庭琳牒》《申年五月社司转帖》《申年五月社人王奴子等状上》《酉年三月曹茂晟成便豆种契》《未年十月安环清卖地契》《寅年正月令狐宠卖牛契》《酉年十一月张七奴便麦契》《残契》《沙州寺户严君便麦契》《灵图寺僧神宝便麦契》《灵图寺人户索满奴便麦契》《僧义美便麦契》《阿骨萨部落百姓赵卿卿便麦契》《使奉仙便麦契》《僧神寂便麦契》《僧惠云便麦契》《阿骨萨部落百姓马其邻便麦契》《僧义吴便麦契》《翟米老便麦契》等 19 个吐蕃统治时期的社会经济文书。这些文献，大部分是当地民间、民间与寺庙、寺庙僧人间经济往来的各种契约文书，其反映的各种丰富信息，对我们研究当时敦煌地区民间的社会及经济活动有重要价值。

5 月 16 日（星期六）

为了犒劳大家到伦敦两周来的辛勤工作，广锠说明天请工作团队及陈宝和在我们的住处聚餐。为此，今早 6 点前我俩便起床，跟随同租这套房子的广西女孩小惠，乘轻轨到附近的一个批发鱼市去采购海鲜。

鱼市在一个很大的房子里，里面摆满了各种海鲜摊位。由于是批发经营，很多鱼都是整箱出售。我们和小惠合买了一箱对虾（约 5 斤重，14 英镑）；一箱鲅鱼（11 条，每条约半斤左右，18 英镑）；不知名鱼两条（5 英镑）。我们买的这些鱼虾多数很新鲜，但那箱鲅鱼里也夹杂着少数已不新鲜的，估计是头天没卖完故意混在一起的。

返回住处后，我们匆匆吃了早饭。上午 10 点，我们和李际宁到图书馆工作。干了一半，出纳台女孩说没有卷子了。我们收拾东西，准备回家。结果一个男的说里面还有。于是我们又铺开工具，继续工作。下午

5点返回。今天总共完成46号。晚饭后，我和广锠又到大超市买了肉、蔬菜及打印纸等。回来后，我便开始准备明天聚餐的菜至晚上9点半。

5 月 17 日（星期日）

一早起来我匆忙做早饭、洗衣后，10点按照约定到地铁站集合，方带大家去利物浦街购物。

利物浦街是伦敦一个有专门的大棚、集中摆摊卖便宜货的地方。囊中羞涩的中国人自然不时会光顾。但后来发现，由于我们这次租住的地区并非富人区，周围不少小店的商品价格其实与利物浦街差不多，以后我们也就不再去那里了。

下午回来后，我开始准备聚餐的菜肴，广锠去李际宁处与他们核对工作稿。

下午5点半，方到地铁站接陈宝和来到我们住处，大家齐聚饭厅。我做了清蒸鱼、西红柿对虾、酱鸡腿和蔬菜沙拉，方准备了威士忌；李际宁和张桂元做了梅菜烧肉、凉拌西蓝花、水煮花生米，还在我们附近中国人开的小店买了红星二锅头；陈带了山西杏花村酒。大家一起吃喝、聊天至晚上10点多。

广锠问陈："英藏图录的编委会加上葛汉是否合适？"陈说："如加上，葛汉肯定高兴。现在吴芳思虽然退休留用，但葛也提了职。"

广锠讲到在黄霞负责的"新善本"里，有些镀金的书籍，送书单位要国图给收藏证明，目的是借此抬高身价。陈说，国内某单位送给英国国家图书馆一套印刷在丝绸上的脸谱，也要图书馆出收藏证明，并一定要盖章。但英国的习惯是负责人签名，没有"公章"。国内单位坚持要盖章，葛汉发愁，最后找来个一百多年前国王（？）的火漆印盖上才肯罢休。

广锠问陈："我们这批人买的地铁月票如果临走时尚未用满一个月，是否可以转给下批人用？"陈答说可以。由此聊到伦敦的交通。陈说："伦敦开始为了减轻地铁压力，鼓励大家坐公交车，公交车票价只有地铁的三分之一。但乘公交的人多后，又用价格调节，先后涨了两次，现在公交车票价是地铁票价的一半。"

伦敦的交通据说是世界上最贵的，我们居住在三区的地铁月票要110多镑。陈说他在伦敦是"低收入"，便买公交月票，每月是55英镑。他每天10点到单位即可。他还讲到，现在图书馆新任领导搞事业单位企业管理，每人每天来去刷卡，要干够7小时，超过可以攒假期。他攒的假期都用到回国的时间了。广锠说："宝和每年春节是一定回北京过的。"陈说："还是喜欢中国。"

5 月 18 日（星期一）

今天到下午3点半，出纳台说没有卷子了。查了一下，他们提供给我们的是上周五我们递交的索书单上的卷子。由于这批卷子在上周六工作时已经做了不少，而上周六递交的36个号，库房却没有提，所以今天不够做了。我们只好返回。

今天上午10点开始，下午3点半结束，少干了一个半小时，共完成70号。

今天发现了一件和中国书店收藏的敦煌遗书为同一批的隋代《大般涅槃经》，斯00693号，最长的一张纸长1.44米，还有3纸均在1.40米以上。纸张砑光上蜡，质地极其细腻柔韧，虽然已历经1 400多年的岁月，仍然基本完好，是中国古代造纸技术的精品。

多年前，我和广锠曾到中国书店去考察他们收藏的敦煌遗书，并做了条记目录。中国书店在此基础上出版了他们收藏的敦煌遗书图

册。其中一件隋代的《大般涅槃经》(ZSD014)，纸张最长的为 1.43
米，是当时广锠考察过的敦煌遗书中纸张长度最长的。

5 月 19 日（星期二）

下午 2 点下库工作，发现用金粉及血、墨混合抄写的《金刚般若
波罗蜜经》一纸。广锠说在法国看过一件金银字写经，还没有见过这
样的写经。

广锠问吴芳思，昨天给她发邮件，征求她对是否让葛汉参加图录
编委会一事的意见。吴说应该让他参加，他也做了很多工作。原来她
也打算向广锠提这个建议。

下午 3 点半，修复部的马克来阅览室视察了我们的工作。对
此，吴芳思已提前和我们打了招呼，由于我们这次大规模动用藏品，
因此吴主动请马克来"指导"我们的工作，免得修复部领导对此有
意见。

马克一直负责修复敦煌遗书的工作，十分敬业，与吴是多年的好
朋友，对我们也一直很友善热情。看来吴芳思为了我们的工作能顺利
进行，费了不少脑筋。

5 月 20 日（星期三）

今天干到下午 1 点钟左右，出纳台说所有的卷子已经提完，共
计 55 号。方检查了一下，所给的全是 18 日交的索书单，昨天递交的
索书单，一号也没有给我们。陈王庭去问，对方坚持说没有了。广锠
想到给吴芳思打电话。但又想，一会儿就入库了，不要麻烦她了。再
说，今天李际宁似乎特别困乏，中午出去了好一会儿，回来就又打
盹。算了，让大家休息吧。

因吴芳思今天中午接待法国图书馆修复部的人，所以下午2点半下库。方讲到上午的情况，她说以后遇到此事，一定给她打电话。一会儿，管库人员来，主要是交代我们，如果遇到夹子，最好把夹子中的遗书全部都做完，免得再要一次。广锠说："开始我们的确是按编号要，因为一个夹子中残片的编号跳跃，的确出现反复索要同一个夹子的情况。后来每夹都是全部做完。"广锠提到昨天交的索书单，阅览室没有相应的卷子。管库人员说："上面有59号在等你们。"也就是说，管库人员按照我们的索书单提了卷子交给阅览室了，但不知接手的阅览室工作人员放到哪里了，没有找到。看来今后遇到这种情况，还是要找吴芳思解决。

管库人员说现在盒子不够。

今天在库里做了33号，全天做了88号。

带红点的已经全部完成。广锠今天与吴芳思商议，今后在库里从斯06001号开始做，以免与提到阅览室的卷子重复。

5月21日（星期四）

昨天下午2点半下库，工作顺利。

今天，广锠请吴芳思帮助打印了500页工作稿。

下午3点下库工作，大家完成了124号。广锠因审稿紧张，这些天又几次顾不上吃午饭。

晚上，广锠又请小迟帮忙打印了500页工作稿。

5月22日（星期五）

今天下午2点15分下库工作，大家共完成94号。张桂元前几天主动提出，下周一是英国的假日，又一天不能到图书馆工作，这周六她和我们一起工作，不休息了。广锠考虑别搞得大家太紧张，决定周六还是休息。

这次我们来伦敦的团队，尽管年龄不同，性格各异，但大家在工作上都非常努力，相互间也十分团结协作。

张桂元已年过六十，但她工作起来总是一丝不苟，尤其是很有耐心。因此，广锠一般都是把纸数多的卷子交给她来做。因为卷子有长有短，粘接的纸数也就有多有少。长的卷子会有数十纸（英国纸数最多的卷子为六十多纸）。纸数多，需要测量的每纸长度、要数的行数以及回去做电子稿时需要计算、录入的数据就多。对此，张桂元总是一板一眼耐心地进行她的工作。也正因为她这种始终如一的敬业精神，广锠早期在北图开始做敦煌遗书编目工作时，就曾请她帮忙。后来广锠调到中国社科院工作，有了十分有限的课题经费后，又聘请她当助手帮助编目。由于她在长期的工作中接触了大量的敦煌遗书原件，也曾查询过很多文献与《大正藏》的对应关系，对判断敦煌遗书的年代及一些文献的出处积累了不少经验，经常对一些敦煌遗书的年代及文献内容大体观察以后就能讲出个大概，且结论八九不离十。广锠说她称得上是这方面的专家了。不过她从来不写文章，默默奉献，所以敦煌学界没几个人知道她。这次到伦敦，广锠邀请她一起参加。

李际宁大学毕业后到北图善本部工作，也是广锠早期在北图做敦煌遗书编目工作时的主要参加者。后来广锠调到中国社科院，不时会有与国图收藏敦煌遗书有关的具体问题需要解决，常请李帮忙，他总是不厌其烦给予帮助。因李际宁在国图工作时，已习惯了每天午休，到伦敦后，每天中午别说休息，连吃饭都是紧紧张张地十多分钟就赶紧回来。开始一段时间，他身体的"生物钟"很不适应，说每天到了中午便感觉好像大脑缺氧，头昏脑胀，十分难受。但他依然强打起精神认真工作。

陈王庭在我们的团队里最年轻。他聪明伶俐，脑子好，手脚利落，干活的速度总是遥遥领先。因为他大学时学的是英语专业，这次来就充当了团队的翻译，大家工作或者生活中有需要翻译的时候，都是请他出马，他总是热情地为大家服务。

今天做的斯01547号《成实论》卷十四，卷尾有5行题记：

用纸廿八张。

延昌元年岁次壬辰八月五日，敦煌镇官经生刘广周所写论成讫。

典经帅　令狐崇哲

校经道人　洪僬

题记上钤有墨印"敦煌／维那"。此类遗书，前面已经介绍。

斯01563号是金山国允许某僧人出家的敕令。该件保存基本完整，上有3枚金山国的官印。金山国全称为"西汉金山国"，由归义军节度使张承奉于公元910年（一说是公元906年）在瓜沙地区（今甘肃敦煌、瓜州一带）建立，张承奉自封为"白衣天子"。"西汉金山国"里的"西"是指方位，"汉"指汉族人、汉人，"西汉"合意为西部汉人之国；"金山"又名金鞍山，在敦煌西南境，古为楼兰与于阗、吐谷浑分界之岭，即今甘肃、青海、新疆三界之交的阿尔金山。按"五行"的观念所指，西方属金，金为白色，所以"白衣天子"者，即"西方之天子"。张承奉为打通东西交通，与回鹘交战，结果一败涂地。后回鹘攻打沙州，由于国力衰微，只好投降。公元911年，金山国成为回鹘政权的附庸。公元914年，金山国灭亡。这几枚金山国的官印，便成为那段遥距千年时空而又十分短暂的一段历史的珍贵实物见证。

5 月 25 日（星期一）

广锠在上海师范大学指导的博士生伍小劼来电邮，汇报博士论文的进展情况。广锠回信讲了他的具体意见。信的结尾有一段话，我看得好笑。

此间工作很紧张。白天在图书馆工作，晚上回来要加班。大家都是这样。本周周末放假两天，周一是这里的节日，共计休息三天。我鼓励大家出去玩玩。但是由于工作压力，大家仅在周六游玩一天，便都放弃游玩，在住处加班。我昨晚去收大家录入的电子文本以及工作草稿，感觉就好像黄世仁去收租子似的，心中觉得很对不起大家。

5 月 26 日（星期二）

5 月 23、24 两天假日。25 日（周一）为银行节假日。

李际宁说今晨上网，见纪念日标的今天是藏经洞的发现日。而他今天正好做了斯00973号《大般若波罗蜜多经》（首残尾全），恰巧是斯坦因请的中国助手蒋师爷在卷子背后用朱笔标注苏州码子的第100号，很有意义。

下午 2 点下库。今天大家共完成了 110 号。

陈王庭讲，他听说伦敦的平均工资为年薪 5 万英镑，一般为二三万英镑，小时工资 20 英镑。有广告写当兵年薪 6 万英镑。

5 月 27 日（星期三）

早起，我感到头眩晕、出冷汗，不知怎么回事。但为了赶工作进度，还是到图书馆工作。

下午 2 点下库。大家共完成了 108 号。

5 月 28 日（星期四）

今天上午工作一会儿，出纳台说没有卷子了。原来昨天的索书单，库房没有送上来。广锠给吴芳思打电话，她不在，便给葛汉打电话。葛汉来到阅览室，与前台及库下交涉，卷子被送来，我们继续工作。到下午 2 点，完成了 73 号。

下午 2 点下库，中间吴芳思开会，葛汉来替代。葛汉取来的卷子，每个打开检查以后，再交给我们。共完成了 38 号。

全天总计完成了 111 号。

晚上，我终于完成了英藏 1—500 号中我所著录原件的电子稿并交给了广锠。

这次是我第三次随广锠来伦敦做敦煌遗书目录，也是几次来伦敦当中感觉最紧张、辛苦的一次。大家也都感觉时间很紧张。因为广锠要求我们在伦敦期间，要尽快把每人每天手写的工作记录录入带来的电子初稿当中，而且要把其中记录的各纸长度、行数等数据计算出来，然后交给他汇总。他准备核对大家的电子稿后，先给 IDP 一部分数据。

因为白天低头紧张工作了一天，我感觉颈椎很不舒服。但晚上回来做饭、吃饭并收拾完，还要赶着录电子稿。

广锠因为要及时汇总大家的数据、核对稿子、安排和准备下一步的工作衔接等，要操的心和要做的工作更多。

今晚核对电子稿时他讲："平心而论，你的稿子错误最少。现在每天在图书馆，做原件速度最快的是陈王庭。回家完成电子稿，进度最快的是张桂元。"

今天房东小迟又帮助我们打印了 1 000 页稿子，这次他真没少给我们帮忙。

5 月 29 日（星期五）

今天早晨出门，广锢关门时不小心把我手指夹了一下，好在无大碍。他在自己的日记里做了记录，挺好玩。

> 今天早晨出门，不小心把张丽的手指夹了。这个门框不合理，那天我自己已被夹了一下，也没有告诉她。今天她扶着门框穿鞋，我关门，她一声惨叫，把我吓坏了。看她的手指上有深深的一条痕，里面沁着紫血。她倒坚强，也没有怎么责怪我，路上还开玩笑。我可是越想越后怕。亏得当时一激灵，马上放手，否则真可能把手指夹断，可就事大了。一整天她都正常工作。下午回家路上再看，似乎没事了，仔细看才能发现点痕迹，真正的皮肤好。

他这个人，别看工作上挺仔细，生活上却是马大哈。以前还发生过他在前面下车，我正迈脚要下，他就随手关门的事。亏得我躲闪得快，没被车门夹到。

今天在阅览室，大家才做了 40 多号，就没有取出的卷子了，这时才 11 点半。此前广锢给葛汉打过电话，他来看了下，离开后便没了下文。

下午 2 点下库。算上阅览室的一起，大家今天共完成了 92 号。

离开地库前，吴芳思说："葛汉讲了个消息，原来亚非部的负责人要走，可能苏珊会接任。"由于这次我们到英国工作前后，苏珊曾设置了不少人为的障碍，方说："那可糟了，这是个坏消息。"吴讲："对这个项目可能有坏作用，也可能她事情多就顾不上管我们了。我们要克服困难。"

5 月 31 日（星期日）

昨天和今天，广锠一整天都坐在电脑前核对大家交的稿子，并输入数据库。因他打算先向 IDP 交一部分测量数据。

今天，他将数据输入数据库时很不顺利，我听见他在不住地叹气，饭也没心思吃，令我感到小房间里的气氛很压抑。

因在住处连续坐了两天硬板凳（图书馆的椅子有软质皮面，感觉稍好），我的脖子、腰、膝盖都疼。晚上，我劝他一起出去散会儿步，他说没时间。我说："你这样做事，干死了也干不完。"他答："那就干死。"我听了心里不痛快，本打算顶他，想想他也是为了工作，便没再说话。遇到这样一个事业第一的"工作狂"，真没办法！

由于我们租的房间里只有两把木质的靠背椅，而我们每天从图书馆回来后，除去睡觉外，主要的时间都要继续工作。尤其是到了周末，在住处工作的时间更长，经常会感觉坐得腰酸背疼。这个周末回来，他看见楼下堆放垃圾和废弃旧物品的地方，扔着一把旧轮椅，便坐下试了试，感觉比我们房间的木椅要舒服一些，要捡回来用。我担心这是病人甚至去世的人用过的，觉得恶心，开始不让他往回搬。但他说为了干活能舒服一点儿，管不了那么多了。我只好用清洁剂反反复复擦洗了几遍后，再搬回来给他用。

晚上忙里偷闲，我在自己的博客发了一篇博文。

富人穷人都好过的伦敦——2009 伦敦记事之一

忙忙碌碌中，转眼来伦敦已一个月。每天"朝九晚五"地乘地铁跑图书馆，晚上及周末还要抽时间在电脑上整理工作资料，已久未顾上打理自己的"博园"。好在如今网络世界通行天下，每天无论时间长短，博客还是经常会去看看的。

来时带了本《有个半岛叫欧洲》。作者赵毅衡先生在"序言"里说，他曾在美国住了近 10 年，在欧洲住了近 20 年，直到在欧洲的最后几年，准备回中国居住之前，才写下了书中的文字。而我虽曾数次随先生到伦敦，前后时间 8 个月，但由于工作、生活圈的单一，语言障碍及文化的隔膜，对伦敦，我的感觉依然是疏远、陌生的。好在"博园"是自家的，即便生不出"奇花异木"，我种些不知名的野花小草，毕竟也是大千世界里的一抹颜色。

5 月 3 日，伦敦时间 2 日下午 6 点（北京时间深夜 1 点），经过 11 个小时的飞行，我们乘坐的飞机抵达伦敦希思罗机场。

英国首都伦敦位于英格兰东南部的平原上，跨泰晤士河，距离泰晤士河入海口 88 公里。

伦敦属温带海洋性气候，四季温差小，夏季凉爽，冬季温暖，空气湿润，多雨雾，秋冬尤甚。夏季是伦敦最好的季节。目前，北京的气温常常有 30 多摄氏度。而伦敦的气温一般在 10—20 摄氏度。即使到七八月，晚上一般也需要盖被子。

此行是随同我的先生和他负责的一个文化出版项目组，到伦敦英国国家图书馆工作半年。由于是中方实行经费包干，衣食住行都需自己打理。和多数来此学习、工作的中国人一样，开支自然要精打细算。

作为一个国际化的大都市，在伦敦的各个区，生活成本相差很大。中心区自然生活成本较高。最大的开销是租房。以前受图书馆邀请来时，他们为我们租的住处在一区，一小套带厨房、卫生间的家居式旅馆，每周的租金（伦敦的房租通常按周计算）为三四百英镑。而如果住在二、三区，这个数额够交一个月的租金。

伦敦共分为六个区，其形式有些像北京的二至六环城路。第一、二区为市中心，第六区则是较偏远的地区。白金汉宫、国会大厦、英国博物馆、英国国家图书馆及主要的观光景点都在一区。

为了每天到图书馆工作方便，我们这次租的房子在东二区。从我们住处附近的"Bow Road"站乘地铁，到图书馆附近的国王十字站，有9站。乘车加步行、等候时间，一般需半小时左右。

我和先生租住的是一套跃式结构四室一厅居室中的一间，约有十多平方米，厨房、客厅、卫生间共用。我俩的房租每周120英镑。其他几位同事租住的单人间，依房间大小不同，价格在每周74—90英镑。在伦敦的二、三区，一套三四居室的居民住宅，一般月租金在1 000—1 200英镑左右。一些中国留学生便将整套房子租下来，再分别租出去，当起了"二房东"。我们租的房子便是如此。

东伦敦曾是工业区和工人住宅区。二战时伦敦城被炸后，从印度招募了大量劳工从事城市建设，他们中的很多人后来在英定居。所以我们的住处附近，印、巴裔的居民较多。据说我们住的房子，属于政府给低收入居民盖的经济适用房，大多是四层的跃式结构楼房。每个单元，一、二层为一家，三、四层为一家。住在一、二层的人家，每户门前有个小院。住在三、四层的住户，则从一侧的楼梯上至三层，再经走道进入自家单元的房门。

房东带我们在附近散步时，指着周围三四层的楼群中，偶尔"鹤立鸡群"的一两幢数十层高的塔楼说：那些是政府为穷人盖的廉租房，一套住房每月租金一般只有几十英镑。但那里我们一般也不大敢去，往往是治安案件的多发地。

但这里其他的居民住房的玻璃窗外，一般并没有像我们的居民小区通常那样，都安装有护栏铁栅。

作为全球的经济金融中心，伦敦从来不乏富裕的外国居民。在此类外国富人购房需求的推动下，伦敦的地价一直飙升，领涨全英房市。伦敦因此被称为世界上房价最贵的顶级房地产之都。据网上资料：2007 年，伦敦的豪华住宅区平均每平方英尺的价格约在 1 200 英镑（约合 2 300 美元）左右，这令美国纽约的豪华房价也相形见绌，其精华住宅区价格每平方英尺在 1 000 英镑（约 1 900 美元）。在伦敦，一套普通住房的售价大约为 70.3 万美元。在富人云集的肯辛顿–切尔西区（Royal Borough of Kensington and Chelsea），一套普通住房的售价达到了 220 万美元。豪华住宅区的房价相当于当地人平均年收入的 16 倍。伦敦还有几个区的住房成本，是居民平均年收入的 10 倍以上。而英国总体的房价，一般是居民平均年收入的 6 倍。

但如果要用我们年收入的倍数比较目前中国的住房价格，北京四五环路的普通住宅，售价要每平方米万元以上，上海则要两三万元。也就是说，一个年收入在5万元的工薪阶层家庭，要在北京的四五环路买套一百平方米的普通住宅，不吃不喝也要20年时间。所以，尽管中国人的平均收入与世界发达国家还相差甚多（大约是英国人平均收入的十分之一），但京、沪等城市的房价，已达到了世界的顶级水平。

"民以食为天"，在收入水平较低时，吃在消费支出中占有重要地位。随着收入的增加，在食物需求基本满足的情况下，消费的重心会向穿、用等其他方面转移。因此，国际上常用恩格尔系数来衡量一个国家和地区人民生活水平的状况。如果按人均年收入计算，排在前11位的，清一色是美国城市，其中旧金山-奥克兰地区的人均年收入为7.14万美元，高居榜首。伦敦排在第12位。根据联合国粮农组织提出的标准，恩格尔系数在59%以上为贫困，50%—59%为温饱，40%—50%为小康，30%—40%为富裕，低于30%为最富裕。据官方公布的数据，2005年，中国上海农村居民的恩格尔系数是36.8%，日本公务员家庭和全国家庭分别为20.57%和23.49%，德国居民为20%，法国居民为19.8%，英国居民仅为17%。

短期来伦敦，购物时常不由自主地将价格换算成人民币（英镑兑换人民币前几年高时约为1∶15，现在约为1∶10），便为很多物品不菲的价格而咂舌。但如果按照伦敦人每月数千英镑的收入计算，他们日常生活消费的恩格尔系数很低。

2007年，伦敦的人均年收入为3万英镑。据说2009年年均收入达到了5万英镑。记得前些年来时，一个在英国国家图书馆做一般工作的华人说她月收入3 000英镑，在伦敦属于无房（指自己无房产、居住政府的廉租房）、无车的"低收入"家庭。但即便按此收入与当地的物价相比较，如果在伦敦月收入数千英镑，花 1 英镑，应和我们在国内花 1 块钱人民币的感觉差不多。

在发达国家，真正贵的，是劳动力。这次刚在租的房间住下，房东便叮嘱我们，在厨房用洗碗池时，一定不要拿开下水口遮挡食物渣子的小篦子，否则请一次人工来疏通堵塞的下水道，就要 50 英镑。在伦敦生活，如果自己开伙做饭，每月花不了多少钱。以前我俩到伦敦工作，节省时即使住在伦敦物价最贵的一区，每人每月的伙食费 50 英镑即可。现在手松些，每人每月一百英镑便可以吃得很好。

伦敦超市里的食物品种，除了有地方特色的，其实和国内大城市的超市差不多。因为人工贵，价格相对高的主要是一些需多花费人工、不易保存的绿叶蔬菜和水果。而很多可以机械化生产的食品和日常生活用品其实并不贵，有些甚至比中国还便宜。如一桶 4 升装的鲜牛奶，才 1.39—1.53 英镑（约合人民币十四五元）。一袋最普通的 800 克白切面包，价格为数十个便士（约合人民币几元钱）；一般的面粉或大米，每斤不到 1 英镑。植物油一公斤 1 英镑多，鸡蛋每个约十几个便士，鸡腿每斤 1 英镑多，猪肉约 2 英镑一斤。蔬菜里，胡萝卜、洋葱、土豆、圆白菜、芹菜、黄瓜、西红柿等，1 英镑能买到不少。

在利物浦街，有个周末跳蚤集市，除了卖旧物的，还有很多摆摊卖服装、食品的，就像我们的农贸市场。在那里，有几英镑的日常用品，还有 1 英镑一盒的各种蔬菜、水果。

在我们住处附近，有条叫"罗马街"的马路，规定每周二、四、六的白天为不准走车辆的"步行街"。每到那时，便摆满了各种摊位，人如潮涌。服装和一些日用品，从 1 英镑起价，贵的不过一二十英镑。

街边常年开张的一些小铺，也有 1 英镑一盆的蔬菜、水果。在此，1 英镑可以买十多个鸭蛋大小的猕猴桃、西红柿，七八个苹果，还有其他各种蔬菜、水果。

据和我们同租一套房、在此读硕士的中国姑娘小惠讲：她在超市打工一小时，扣除福利税后，可挣 5 英镑左右（英国规定留学生每周打工不超过 20 小时，也即周收入可达 100 英镑）。她每周打工 4 次，每月的收入可支付自己的房租和生活费。看她平时的生活安排得很不错，有时还会在中餐馆叫个外卖（一般的菜七八英镑至十多英镑一份）。

今天广锠整理出前 100 号的数据寄给吴芳思，请她转交 IDP。

吴芳思：

您好！

今将前 100 号测量数据寄上，请转交 IDP 的蒙安泰。我们已经完成 1 000 多号，但大家下班以后录入的速度快慢不一，快的已经录到斯 00500 号，慢的至今还不到斯 00200 号，所以现在只能先送上斯 00001 号到斯 00100 号的数据。其余的，我会陆续寄给您。我承诺的一定会做到。

还有几件事情想要麻烦您：

首先是有关夹子（Folder）的问题。我充分理解管理库房的人不愿意反复地提取同一个夹子。他们要求我们一次完成，免得以后重复再提。他们的要求是合理的，但我们也有难处。因为我们依据草稿工作，如果事先不准备好草稿，工作就有困难。由于我们不知道到底有多少夹子，每个夹子中具体是哪几号，无法做准备工作。

不知道有关敦煌遗书的夹子，您那里有没有一个目录？如果有，是否可以提供给我？如果有了这个目录，我就可以提前知道将会工作到哪个夹子，其中有哪些号，就可以提前做好草稿的准备，一次性将有关遗书著录完成。

其次是还要麻烦您再打印一些"汇总工作日志"与"个人工作日志"，还是各打 20 页吧。我手头的已经用完了。

再寄上斯 03001 号到斯 03500 号的草稿，如果方便，麻烦您打印一下。这个不着急，本周不会用到。我是为遇到夹子做准备。如果所有的草稿都打印出来，再遇到夹子就没有关系了。

不断给您添麻烦。谢谢！

谨颂

时祺！

方广锠

2009 年 5 月 31 日星期日

6 月 1 日（星期一）

今天是我们来伦敦的第二个月。下午 2 点下库。至今为止，我们已完成了 1 500 多号。真不容易。下面是方当天的日记：

今天上午完成 54 号（李 8，元 12，丽 10，陈 24），下午 2 点下库，完成 42 号（李 10，元 10，丽 9，陈 13），全天总计 96 号。

早晨大家买了地铁月票。陈王庭来后，我让他去中国旅行社打听国航伦敦办事处的电话，联系改签事项，也就是正式通知他延期。我同时告诉他安排好时间，就论文谈一次。他表示抽时间开始进行论文的写作。

吴芳思送来打印的 500 页草稿与两份日志。下午下库时，她说："周五你们有两盒没有拿到？"我说："是。"她说："库里取了。但不知是没有送上去，还是怎样，没有给你们。"并问："你为什么没有打电话？"我说："葛汉来了，知道只剩两号。问我够不够。我说不够。他说去看看。再没有来。我想也许有什么困难，就没有打电话。"她说："以后给我打电话。"又说："葛汉在想办法。以后是否给你一个条子，通知你，当天从库中提取哪个号段。这样你知道有哪些号在等你们。"我说："这样好。"

关于夹子，吴芳思上午在阅览室说："这个问题下库再说，说得清楚。"下库以后忙于工作。出库时，她说："我要编一个夹子的目录，这个目录谁谁（我没有记住人名）也用得着。"又说："先拷贝每个夹子的目录，然后输入电脑。"我说："拷贝以后直接给我，我来输入。我现在正在做这个事情，每个我得到的夹子都已输入。"

昨天电邮中提的事情，都已经落实。

6 月 2 日（星期二）

早上到达图书馆，李际宁发现他忘记带进阅览室的卡和工作人员卡，只好又往返 1 个半小时取回。我过去和广锴到伦敦时也发生过这种情况，图书馆对此是没有一点通融余地的，只有回去取。

李际宁做斯 01756 号时（盛唐打纸，砑光上蜡），发现第 15 纸后

2 行半及与其相接的第 16 纸背首 2 行半没有上蜡，颜色、手感明显不同。疑是打蜡时多纸同时操作，此 2 纸错位遮挡而致。广锠说回去查查《齐民要术》，看是否有相关的资料。

6月3日（星期三）

早晨 6 点，我起来做中午带的煎饼和早上吃的炒饭。现在我们的早饭一般改吃炒米饭了，里面放上鸡蛋及洋葱、胡萝卜、黄瓜等蔬菜。因广锠经常忙得中午顾不上吃饭，早上吃炒饭比较耐饿。早上，他说昨晚未睡好觉，头疼。

中午因吴芳思要陪从中国台湾地区来的客人，请葛汉下午陪我们一起下库，帮助提卷子。在工作中，葛汉挺喜欢聊天。今天小卷子多，所以进度快，大家共完成了 118 号。

李申来信谈项目，方复信，并询问任先生的身体情况。

朱雷来信，两人讨论数据库工作中存在的问题及下一步改进的方向。

6月4日（星期四）

下午 2 点，吴芳思带我们下库。广锠又忙得顾不上吃午饭。大家共完成 103 号。

今天在图书馆，我和广锠闹了点小别扭。平常大家中午离开阅览室去吃饭，一般都是从存包处取了自带的干粮后，到工作人员餐厅，就着那里的开水吃完，十多分钟便可赶回来。今天中午，我和陈王庭出去吃饭时，在餐厅里闲聊了几句，多耽误了几分钟。返回阅览室后，他生气地指责我吃饭的时间长了，耽误了工作。我当时觉得他太过苛刻，便顶了他几句。晚上回到住处，他对我解释说他是希望在工作时间上能尽量往前赶，给后边留有余地，争取留有机动时间解决以前遗留的一些问题。为此，他不便多批评别人，只有拿自己的老婆"开刀"。想想他自己干得比我们都要辛苦，经常午饭也顾不上吃。偶尔去吃，也就站在存包处的柜子旁边匆匆吃完便立即返回，也很不容易。

因为广锠对我们的工作总是督促得很紧，大家便开玩笑地给他起了一个外号，叫他"周扒皮"。

下面是方当天的日记。

2009 年 6 月 4 日 （星期四）

今天在阅览室完成 60 号（李 14、元 9、丽 13、陈 20、方 4），地库完成 54 号（李 15、元 14、丽 9、陈 15、方 1）。全天共完成 114 号。在地库，吴芳思依然取两次卷子。但因为《无量寿宗要经》集中出现，进度较快。我估计 4 点半以前可以结束。以前两次出现类似情况，我都没有好意思再要卷子。今天考虑中午耽误时间比较长，便又要了 10 个，结果工作到 4 点 45 分。我看了一下表，4 点 50 分出工作间，应该不算迟。在地库工作的效率还是比较高的。

今天在阅览室工作的进度不能令人满意，中午耽误时间太长，50 多分钟。结果我自己没有能够吃饭，实在没有时间了。他们进来已经 1 点过一点。下午 2 点要下库，一般下午 1 点 45 分，最多 50 分，绝对要结束阅览室的工作。我如果再去吃饭，这几十分钟就完全白费了。虽然我自己也尽量做，最终勉强完成 60 号，当天的索书量而已。

今天地库这一号段，《无量寿宗要经》比较集中，且品相相当好，应该注意。特别是这一批纸张明显是打纸，研光上蜡。

今天又发现一件 5 世纪研光上蜡的敦煌遗书。上次也有一件，也是 5 世纪，但时间比今天的这件早。那件可以确定年代为东晋十六国，今天这件也可能完成于南北朝早期。也就是说，早在东晋时期，中国已经发明纸张研光上蜡工艺。

今天看到几件隋代写经，相当漂亮，真是绝品。其中出现与国图同样的"大兴善寺邑长孙略"的题记，写在首题下。到底如何断句，至今是个难题。

每次看到好卷子或有特点的卷子，我都招呼李际宁，让他看看，积累资料。他也难得来一趟。

李际宁今天早晨跟我说，想看一下《金刚经》。走前总要想法满足他的愿望。虽然我已经看了三遍，并且测量过两次。但是，他提出如果录入不完，准备带回国继续录入的想法，下午下班我明确告诉他我不同意。我对他说还是要在这里录完。这样如果有什么问题，还可以补救。如果拿回去，有什么问题，就一点办法也没有了。他同意。说："当然。回去还有回去的事。"的确，回去他肯定忙，未必有时间录入。但是，这倒不是主要的。如果自己没有时间，可以请别人。关键还是如果有问题，就比较麻烦了。而在伦敦录入，他们走了，我们还在，有问题可以及时查核。

今天看到一种纸张，帘纹比隋代的纸张细，但比密纹纸宽。七八世纪的东西，或者是两者之间的过渡形态。现在看来，从南北朝粗而不匀的帘纹纸，到隋代略粗而均匀的帘纹纸，到今天看到的细一点的帘纹纸，到密纹纸，到经黄纸，再到 8 世纪粗帘纹，吐蕃粗而不匀帘纹纸，归义军麻布状纸，发展的线索非常清楚。这当然是就其一条线索而言。南北朝有一种薄纸，不在其例。又，恐怕找一条主线这样的思路，本身不对。当时的纸张，应该是百花齐放。我们充其量就根据现在的资料，归纳一点概貌。

又，纸张的厚度要充分注意。有人认为是抄纸不匀。我说不是，是同一个品种。应该说，当时就有厚纸、薄纸这样不同的品种。严格地讲，既与造纸工艺的发展有关，也和社会需求而出现的开发新品种有关。东晋的纸张中，《三十七品经》《建初十二年经》等用纸比较厚。《戒缘》用纸要薄一点，年代也晚一点。南北朝的纸张普遍比东晋薄，而且有越来越薄的倾向，这与造纸技术有关。隋代明显有厚薄两种。两者的帘纹差不多。140厘米的极品纸较厚，而典型的隋代纸薄。唐代继承了隋代的两种纸张。我现在觉得，所谓经黄纸，实际就是加厚的密纹纸。这种纸本来就帘纹细密，不认真注意就可能看不清；再加厚的话帘纹就更加看不清了，于是看起来似乎没有帘纹。所以，密纹纸与经黄纸的区别，其实不在帘纹，而在厚薄。但其中又有一种过渡性的纸，比密纹纸厚，比经黄纸薄。初看没有帘纹，对光细致辨别之后，可以隐约发现还是有帘纹的。以前的鉴别实践中，对这种纸张的判定往往难以把握，结论有时也相互矛盾。即有时没有看到帘纹，定为经黄纸；有时看到帘纹，不定为经黄纸。

还有上蜡工艺，也是一个值得注意的问题。现在看来，与纸张有厚有薄一样，上蜡也有厚有薄。厚者腻手，薄者需要仔细辨别，才有上蜡的手感。手工工艺，不统一是规律。但当时的标准，到底是什么？

昨天葛汉监护时，在地库看到一种纸，帘纹像是宣纸，但麻纤维很清楚。这种纸，是否就是后来罗纹纸的前身？

6 月 5 日（星期五）

昨天广锠计算了目前的工作进度：我们今天如果能做 115 号，就完成了 2 000 号。

下午 2 点我们和吴芳思一起下库，工作到下午 5 点 15 分。大家共完成了 126 号，是完成件数最多的一天。至此，我们共工作了五周、24 天，已完成了 2 011 号。

吴芳思见我们欣喜，也很高兴。她开玩笑地对广锠说："你让大家工作得这样辛苦，以后再没有人愿意跟着你一起出国了！"

回住处的路上，李际宁讲，他这次感觉真是很累，经常干到最后，脑子都木了，自己也不知下笔写的是什么。虽则如此，每次我们和李际宁一起乘地铁，他不仅给我们让座，还要给车上所有的女士或年长的先生让座。绝大多数时间，他在车上干脆就是一站到底，总是十分"绅士"。他的这种谦恭礼貌是一贯的。2006 年年初的一段时间我们曾与他同在日本，连习惯于繁文缛节的日本人都对他的文明礼貌夸赞有加。

张桂元虽然是我们当中年龄较大的，但吃苦耐劳、精力充沛。她说感觉自己还能坚持。因为"插过队的人，什么苦都能够吃"。

广锠说吴芳思对他讲，她平常一般五六点下班回家，所以她下库工作到 5 点没问题。广锠说以后打算下午工作到 5 点，把进度尽量往前赶，为保证完成所有的工作留下余地。

回来后他对我说这个周日休息时，请大家再来聚餐。为了体现公平，周日晚聚餐时，要做如下说明：第一批来伦敦的人完成 3 500 号后便休息（这次我们要做的是英藏前 7 000 号）。如果按照这段时间的工作效率，以平均每天完成 100 号的进度计算，第一批人便可富裕一周时间。而这一周的时间，便由大家自由支配。好不容易来一趟英国，也让大家有点游玩的时间。

下午在地库工作时，葛汉曾来和吴芳思讲了一通什么事情，吴连连说"No"（不）。葛汉便对我们讲：阅览室提出，以后看卷子不要拿起来看，因为对其他读者都是这样要求的。广锠说他因为要观察纸张的纤维、帘纹等来判断敦煌遗书的年代，必须要拿起来。葛汉说阅览室以后给配一个台面下带灯光的桌子，并说那些残破的卷子以后要卷到他们提供的纸筒上。作为英国国家图书馆的工作人员，葛汉爱护古籍、坚持制度规定的心情可以理解。广锠说要给吴芳思写封电邮，说明有的纸张已经变得硬脆的卷子并不适合那样卷起来。而吴芳思因为已经与广锠合作了十多年，对他的工作态度及专业知识都十分了解并很尊重，所以她一般不对方讲这类话。

回到住处后，广锠给吴芳思写电邮，并附上"第二个100号的测量数据"，请她转交IDP。

6 月 6 日（星期六）

今天没去图书馆工作。上午，我做了一会儿电子稿录入，便开始做午饭。下午，为了准备周日大家的聚餐，我去大超市买了鸡腿、排骨等。晚饭后，为了让广锠活动一下，我又拉着他一起去附近的中国超市买聚餐时吃的速冻饺子。晚上，我将已完成的斯00500号至斯01000号电子稿交给他。

广锠考虑大家难得来伦敦一趟，提出待完成3 500号的工作后，给每人一周的机动时间，以便处理个人的事情。晚上他将这个打算告诉李际宁、张桂元后，他们都很高兴。

6月7日（星期日）

下午 3 点，陈王庭来和广锠谈自己的硕士论文。我开始做聚餐的菜，咖喱鸡腿、煎鱼、蔬菜沙拉，然后带到李际宁、张桂元他们租的房间。

上次聚餐是在我们租住房间的公用餐厅。因为我俩住的房间比较小，如果长时间占用公用餐厅，对同租一套房的其他人总有些不便。李际宁他们租的房间也是一个中国留学生转租的四室一厅。但李的那个房间比较大，所以这次我们改到他那里聚餐。过去后，我又在他们的厨房为大家煎了带去的锅贴、煮了饺子。

大家聚到一起，谈的最多的还是相关的工作。广锠和大家探讨了他的敦煌遗书数据库完成后如何公布的问题。他设想无非三种办法：一是免费给研究敦煌遗书的人送光盘；二是建立网站；三是委托相关网站代管。他说建网站要有人维护管理，他既不想操心，又不想借此挣钱，且也没钱再投入。李际宁建议可考虑委托诸如"国学网"之类的网站代管。大家一直聊到晚上 10 点，我俩才返回住处。

回来后，广锠计划给吴芳思写封电邮，谈谈上周五阅览室让葛汉跟我们说的话，让我帮助斟酌。我建议信中只指出阅览室要求的不合理之处，但不向吴提出要求，由她看着办，以免让她为难。广锠发出的信件内容如下：

吴芳思：

您好！

送上测量数据斯 00210 号到斯 00300 号，下余的数据会陆续送上。周五，蒙安泰先生希望我们进一步提供首尾存况。由于首尾存况在数据库中与其他数据混在一起，很难单独切出，目前还无法满足他的要求。我会与数据库的设计者商议一下，看看有什么办法修改数据库，把这部分数据切割出来。

上周五，葛汉提出了两个问题。

一是用灯光观察纸张的问题，您知道，为了判别纸张的种类与年代，必须对光观察它的帘纹、形态、原料、厚薄、透光度、构成等诸多要素。我的经验，这种观察最好在自然光下进行。我们在国图，就利用自然光。这样的观察比较准确。在英国国家图书馆亚非阅览室没有自然光这种条件，只能将就。现在如果能够有一盏合适的灯，当然非常好，也非常感谢。希望这种灯的温度不会太高，以免损坏卷子。但也担心这种灯光与自然光的差距太大，以致干扰对纸张的考察。

二是关于利用圆筒查阅残破卷子的问题，我当时未加思索地答应了。回来想想有点问题。如您所知，如果卷子不残破，用不着圆筒这样的东西。有些残破卷子，如果纸张比较柔软，可以利用圆筒卷起。但如果纸张发硬、变脆，用圆筒卷起的话，只会对卷子造成损坏，不会起到保护的作用。而小心地卷起散放，因为没有外力强加干扰，反而比较适合卷子的保护。所以，我想，我们应该根据不同的情况来决定是否使用圆筒，不能因为使用圆筒而对卷子造成损坏。

我知道，您对我们的工作，已经竭尽全力予以支持。有些问题，您也很为难。您也知道，我们对这批敦煌遗书珍视的程度，绝不会逊于英国国家图书馆阅览室、修复部的朋友们，所以我们才远从中国来"朝圣"。我们一定会像保护自己的眼睛一样，保护这些卷子。现在有些要求，在我们看来，有点外行。但我们又不想为此与阅览室、修复部的先生产生矛盾，真的挺为难的。

　　谨颂

时祺！

方广锠

2009 年 6 月 7 日星期日

6 月 8 日（星期一）

下午 2 点我们和吴芳思一起下库，工作到下午 5 点一刻。广锠又忙得没顾上吃午饭。大家共完成了 111 号。

吴芳思告诉广锠：收到广锠的电邮后已与修复部的马克进行了沟通，同意广锠提出的意见。

6 月 9 日（星期二）

下午 2 点下库，大家共完成 115 号。

下午快 2 点，广锠才结束了阅览室的工作。他说早就饿了。而我们都是完成手里的活交给他审核后，才可以吃饭休息一会儿。等他再把我们的工作都审核完，也就快到和吴芳思约定的下库时间了。他到存包处匆匆吃了半个饼，喝了些咖啡。匆忙中，他忘记像往常一样加穿毛衣（地库温度比阅览室低，我们下去后都要加衣服），回到住处后他感觉受凉了，浑身不舒服，吃了一粒感冒药。晚饭时，我用西红柿黄豆罐头煮的洋白菜，他也只吃了很少一点儿。

晚上，广锠收到李际宁房东的电邮，约他过去谈续租的事情。最后确定李现在住的房子待其走后，由来接替其工作的黄霞继续住，每周的费用为 105 英镑。这样，我们俩过去每月为李际宁和张桂元的房租分摊的 99 英镑增加到每月需分摊 144 英镑。

　　这次来伦敦，因为我们是两人租住一个房间，平均起来房租的花费要少于他们单独租房的人。因此，广锠决定采取我们和他们平均分摊房租的办法。这是他工作中一贯坚持的原则和做法：不能让跟着他干活的人吃亏。

　　早在半个月前，伦敦当地媒体就报道了地铁工人由于对工资和裁员不满，将于当地时间 6 月 9 日晚 7 时，开始为期 48 小时的大罢工的消息。罢工的前一周，有媒体说劳资双方正在进行谈判，如果进展顺利，有可能取消罢工。由于我们每天都要乘坐地铁到图书馆工作，这便成了这段时间里我们最关注的信息。然而，6 月 8 日，传出最后消息，英国铁路、航海和道路运输工会（以下称"RMT"）与地铁公司长达 10 小时的谈判最终破裂。据报道，RMT 要求加薪 5%，同时要求伦敦地铁局不得强制裁员。地铁局则提出 4 年期合约，今年加薪 1.5%，之后依通胀率再加 0.5 个百分点；签 2 年合约的，今年加薪 1%，明年再依通胀率加 0.5 个百分点。谈判破裂后，RMT 的 10 000 名会员进行投票，约 3 000 人同意罢工。于是 RMT 宣布将在 9 日晚 7 时至 11 日晚 7 时，进行为期 48 小时的罢工。

　　据报道，届时，伦敦地铁系统将陷入全面瘫痪，数百万乘客受影响，经济损失预计达 1 亿英镑。这对正在衰退的英国经济来说，无疑是雪上加霜。伦敦市市长约翰逊为此强烈谴责工会的这一决定"荒谬至极""不可原谅"。同时，他也公布了地铁罢运期间的临时交通方案，表示市政府将尽一切努力让伦敦交通顺畅，轻轨铁路服务不受影响，其中包括加派 100 辆巴士、提供泰晤士河免费往返船运服务、在主要火车站增加出租车、提供单车族更多泊位，以及让使用地铁卡的乘客也可搭乘火车等。此外，市政府还鼓励市民拼车出行，或者骑自行车上下班。

　　白天干活时，广锟和大家商量明天怎么办，说如乘公交车，要走近半小时，要不就在住处录入稿子。陈王庭建议这两天从大家那一周的机动时间里扣除。

　　因广锟向吴芳思通报了明天我们不来图书馆工作的安排，我们结束工作出库时，吴说阅览室负责到地库为我们取卷子的工作人员听说我们明天都不来了，高兴得举手欢呼起来。因为他们过去每天一般才取 5 个卷子，我们来后却要取 60 个。回来的路上，广锟对此感叹道："英国人真是过得太舒服了！"

　　回去乘地铁，显得格外拥挤。陈王庭向我们转述报纸上的最新消息：大家都在匆匆赶地铁回家。伦敦市市长为此安排了罢工期间缓解交通的一系列措施，并说罢工起因是地铁公司准备裁员 1 000 人（地铁公司有职工约一万人）。谈判本来已就提高工资达成一致，但工会又增加了恢复两名被解雇工人工作的要求，导致谈判破裂。

　　伦敦的地铁，是世界上最古老的地下铁路运输系统。1863 年 1 月 10 日，世界上第一条地下铁路在伦敦开始通车。至 1991 年，伦敦全市地铁干线已有 9 条，全长 414 公里。从地图上用不同颜色标明的地铁线路看，目前已达十多条。据报道：伦敦每天的地铁客流量达 350 万人次。如果按照伦敦人口 700 万、乘地铁因往返因素人数减去一半计算，伦敦地铁的乘客也接近人口的四分之一。在上下班高峰时间，有 500 多班次的列车进行服务，是市内主要的交通工具。虽然伦敦人口密集，地面道路大多也不如北京的道路宽阔，但市内交通一般见不到北京那样的"爆堵"。这主要得益于地铁的发达。

　　伦敦地铁的票价种类繁多，若都开列齐全，是一张长长的单子。简单讲：一是可按地区买，分为一至六区不同的票价。自然是乘坐的范围越大，票价越贵。我们买的是在一、二区范围内通行的月票，为

99.10 英镑。第一次买月票时，要填写每人的信息（姓名、住址、电邮等），办一张卡，以后每月凭卡在任何一个地铁站续费即可。二是按时间买，分为一次使用票、一日使用票、周末使用票、一周使用票、一个月使用票及年票。三是按年龄买，分为大人票、儿童（5—15岁）票。还有个人票、家庭票和团体票等。

在伦敦，虽然购买公共汽车月票的价格大约只有地铁月票的一半，但乘坐起来远不如地铁快捷。在伦敦市区，一般在数分钟的路程内总会见到醒目的红圈蓝杠图案的地铁站标志。尽管伦敦地铁的线路纵横交错，但在车站里随处有可免费拿取的地图，其上面按照红、黄、蓝、绿、黑等不同的颜色将地铁标志标示得非常清楚；每到岔路口，都有明显的标记。即使语言不通，也可依图循线找到自己要去的地方。以我们多次来伦敦的经验，如果在伦敦迷了路，又语言不通，最简单的办法就是找一处地铁站，然后依照地铁的线路标示找到回家的路线。

从我们的住处乘地铁到图书馆有9站，加上步行、等候的时间，一般只需半小时左右。伦敦的地铁，除了少数穿越人员密集区的线路或车站外，多数并不拥挤。即使是上下班时间，我们每天乘坐的这条通往市中心的线路，一般总能找到座位。在伦敦的日子里，地铁已成为我们工作、生活中不可缺少的伙伴。

这次刚到伦敦聚会时，陈宝和曾向我们介绍过英国工会组织罢工的情况。他说英国工人参加工会的人较多。但对工会来讲，罢工不可不搞，总要组织些活动以显示其作用和存在感，但也不能太频繁，因为成本较高，各个方面都负担不起。因为组织罢工，单位会停发工资，而工会必须补发罢工期间的工资。而工会收入的会费有限，也没有能力支付太多。

据媒体报道，现在伦敦地铁司机的起底年薪超过 4 万英镑，监督员为 35 000 至 39 000 英镑。地铁司机有 43 天的带薪年假，本人及配偶乘车免费。据称，工会可能会与资方进行新一轮的谈判，以免再发生罢工。而这据说已是伦敦地铁今年第 3 次罢工了。

对于罢工，我们过去只在电影里见过。2005 年在伦敦时，媒体曾报道：因希思罗机场的工人罢工，造成一些航班延误及旅客滞留机场，但那毕竟与我们没有直接关联。而这次的罢工，波及每天数百万乘坐地铁的乘客，让我们的出行和工作也直接受到了影响。对公众影响面这么大的事情，伦敦的社会是一个什么状况？我心中多少有些好奇。晚饭后，已快 8 点，我散步到附近的"包肉的"站，只见站门还开着，不时有乘客出来。在罢工前上了车的乘客，地铁还是会负责把他们送到目的地的。

6 月 10 日（星期三）

受伦敦地铁工人罢工的影响，我们难得工作日没去图书馆，在住处闲一天。

9 点半，我去超市买菜时观察，"包肉的"地铁站已大门紧闭，而"马兰的（Mile End）"站（离我们住所较近的另一个地铁站，是个平时乘客较多的换乘站）还开着门，但没有人进入。门口有两名穿着荧光背心的工作人员指指点点，似乎在为来乘地铁的顾客介绍改乘其他交通工具的办法。

马路上向西边市中心去的方向，车辆拥堵，像是北京上下班高峰时段的情景；而另一侧由市中心过来的车道则空荡荡的，没有多少车辆。看路上的公交车，出现了久已不见的从后门上车的老式车型，显然是临时增加的巴士，乘客也比往常多些，但也没有拥挤到不堪忍受的地步。

后来听一位同事讲，她这两天曾乘公交车去附近一个超市。虽是往市中心相反方向，但上车后只开了一站就停下不走了。据说是因为乘客过多超载。因按伦敦的规定，司机无权让乘客下车，但为安全起见，可以停车，让不愿久等的乘客下车后，再继续行驶。

11 日，伦敦市市长为这次罢工给伦敦市民所造成的不便，向公众道歉。

在伦敦这样一个国家的首都以及国际化的大都市，一次影响到数百万人出行的地铁员工罢工活动，竟然就这样井然有序地过去了。我想：劳资双方通过这样一次次依法表达诉求和相互角力的过程，各方的利益都得到了一定的体现和平衡，一个社会在运行中不断产生的各种矛盾和冲突，也在这种相互制衡中得到了有序的化解。这正是一个现代文明国家和社会成熟的体现。

10 日在住处，广锚一天都在核对大家交来的前 500 号电子稿，检查改正了不少错误。像我们每天这样重复、枯燥的手工操作，稍有马虎或精力不集中，很容易出错，即使经过他的核对和修改，依然难免有疏漏，只能尽力而为。他对出错多的人，批评起来往往不留情面，我有时真担心他总这样不顾情面地批评人会令别人太难为情。但提醒他作用也不大，要不怎么说江山易改，本性难移呢！

方给吴芳思电邮，介绍换班情况，又附上 04（斯 00301 号—斯 00400 号），以及 05（斯 00401 号—斯 00500 号）两个文件，请她转给 IDP 的蒙安泰。

6 月 12 日（星期五）

今天上午，大家完成了 65 号。下午 2 点，我们等吴芳思未等到，只好到住处。

利用停工的这个半天，我和陈王庭陪张桂元到唐人街预定了一个英国环岛游的旅游团。因为是旅游淡季，优惠20英镑，5天4晚为188英镑。张桂元十分勤奋，每天回家都抓紧时间录入电子稿。按照她目前的进度，已肯定可以提前完成她的工作量，所以她准备利用这次难得来英国的机会，跟团旅游一次。

这些天，我为是否和张桂元就伴同去旅游而犹豫不决。从内心讲，我很想去。因为我知道，现在广锠的所有心思都在工作上，对旅游根本没有兴趣。我几次随他来英国，主要时间都是和他一起到图书馆干活，还没有出过伦敦。张桂元当然也很希望我能与她就伴同游。但我又想广锠现在还有大量的工作要做，特别是在这段时间里，可以趁吴芳思尚未休暑期假，每天下库工作。我如果这时不去旅游，就可以充分利用跟吴一起下库的机会，多做不少卷子。想到这些，我最后还是决定暂时不去了。

6月13日（星期六）

因为罢工，本周已取出的卷子还剩70多号没有完成。为此，上午我们去图书馆工作。因逢周末，我们平时乘坐的粉线地铁分段停开，进行检修。我们倒了4次车，用一个多小时才到图书馆。工作到下午2点半，我们完成了阅览室可提供的全部75个卷子。晚上，我将自己已著录完的斯01000号至斯01500号电子稿拷贝给广锠。

6月14日（星期日）

上午我乘车去大超市购物，返回时在路边电话亭给母亲打电话，问父亲6月24日的85岁生日准备怎样过。母亲讲，我的女儿已和她打招呼，说要给他们一个惊喜。

后来才知道，这次是我女儿给外公安排的生日聚餐。但也就在那天之后，原本已行动吃力的父亲再次发生了中风，从此几乎难以站立起身。对父亲病情加重的情况，当时已年近 80 岁的母亲，因为怕影响我们在伦敦安心工作，一直对我隐瞒，由她自己和保姆艰难地支撑。这是母亲一贯的做法。父亲患脑梗及心脏病数十年，病情时好时坏。母亲为了少影响我们的工作，总是尽量对我们报喜不报忧。在国内时，我只有靠每天给她打电话询问情况和仔细体察她讲话的声音及语气来判断他们的身体状态。而我随广镗在国外工作期间，连这点也难以做到了。2012 年元月，父亲因病去世。不久后我发现，母亲在父亲去世的前一年已开始出现了老年痴呆的早期症状。但她仍然尽心尽力地照顾父亲至最终。每想到母亲超负荷照料父亲及家人的一生，就令我心痛不已！

6 月 15 日（星期一）

今天，因吴芳思下午要去参加葛汉岳母的追悼会，未能带我们下库。上午大家做了 60 号。吴很理解我们的心情，主动提出：从明天开始，每天下午可以干到 6 点。吴与方合作多年，真是十分默契。

早晨上班路上，张桂元说看我们给她和李际宁用的那本伦敦旅游的书上介绍，泰晤士河及议会大厦那一带的夜景很漂亮，打算找个晚上去看看。我说要陪她一起去。下午因未下库回家早，方说："以后下午工作到 6 点就没机会了。今晚 8 点咱们在地铁碰头，一起去看夜景。"

没想到天公不作美，晚上 7 点多，开始下雨。7 点 45 分，快到集合的时间，雨正下得很大。我建议广镗给他们发个电邮，告诉他们不去了。他说："伦敦下雨多是阵雨，张桂元离开伦敦前怕是再没时间了。"便自己去地铁站看张是否在。一会儿，刚从外面回来的房东告诉我，广锠在地铁站遇见了他们，带话让我也过去。

我去后果然雨停了。原来广锠打算请张桂元乘船游泰晤士河，但我们到时游船已下班。我们便沿着泰晤士河由塔桥向议会大厦一带走了一段。

沿途的夜景十分美丽。河中偶尔驶过的船只、河畔还在旋转的"伦敦眼"（观览车）以及哥特式风格的议会大厦等建筑，在灯光的装饰下五彩斑斓，倒映在波光粼粼的河水中，犹如童话世界。张桂元很开心，我为她拍了不少照片留念。广锠显然是累了，每当我们驻足拍照，他便找地方坐下休息。近晚上 11 点我们才回到住处。回来后方说，张桂元帮助做敦煌遗书目录这么多年，一直踏实认真，十分难得。中间曾有一段时间，因课题经费紧张，他给张桂元开劳务费面临困难。张说没有钱也继续帮助他做，就当是个"念想"。这次好不容易让她出趟国，又工作得这么辛苦，能陪她出来玩一趟，也了结了广锠的一桩心愿。

6 月 16 日（星期二）

早晨，广锠接到北京来的电邮，说他的老师任继愈先生已处于弥留之际，征求对任先生讣告稿的意见。上午他给任先生的女儿任远打电话询问情况，她说任先生有时清醒有时糊涂，家人已在准备后事。他对任远说："任先生清醒时，请告诉任先生，他让我向菩萨保证的事情，我一定会做到。"并当场哭出声来。白天他一直心事重重，犹豫着是否回国向任先生告别。他说："即使回去，也是去了就返回，往返用两三天时间。"

赴英前的 4 月 25 日，广锠曾到北京医院看望任先生。当时据医院讲，任先生的癌症已严重扩散，生命还有一两个月，但那时他本人并不完全知情。广锠说当时任先生向他嘱咐工作时，思维已较混乱。

今天下库工作到 6 点，共完成了 120 号。经广锠提出，吴芳思为李际宁拿了那件一般不给看的珍稀"旋风装"——斯 06349 号。李做了详细记录。

6 月 17 日（星期三）

早晨广锠收到李申的电邮，说任先生要广锠与李申、杜继文及张新鹰去一趟，他要说一下《中华藏》的事。但目前除广锠不在，张新鹰也在新疆。李申下午去医院。广锠回信让李申定时间后通知他，他随时可以回去。

今天上午我们一直等到 10 点 35 分才拿到卷子。问葛汉，他说负责人不在。下午 2 点下库，因吴芳思有事 3 点就离开了，换成葛汉在库中陪我们。今天完成了 100 号。

下班回来后广锠又收到了李申和任远的电邮，李讲了见面情况：任先生讲话似已思维不清。医院征求家属意见，是否最后采取气管切开等紧急救治措施，家属根据他本人清醒时的意愿表示不必。任远建议广锠不要回来了，并说："你让我转告的话我今天已经转告给他了。他当时是听懂了。"提醒广锠，因为英国猪流感，从英国来的人，要隔离七天。广锠由此决定不回去了。

附上广锠给李申的信：

李申：

你好！

来信收到。

看了今天你们看望任先生的情况，很伤感。先生平时思路如此明晰、深刻，到了这个时候，我想真叫心有余而力不足了。我原来企望他叫我们去，有什么最后的事情要交代。这么多年来，先生的交代，不给你解释原因，只让你照办。但事后再想，总是先生想得深，想得细。照你来信的情况，看来很难再得到这样的教导了。那样，我回来除了见上最后一面，似乎没有大的意义。

昨天上午接到你的来信，我感情上想回来，理智上觉得回来起不了什么作用，而这里工作紧张，离不开，倾向不回来了。今天上午看到你的来信，想既然先生召见，怎么都要回来。哪怕只待一天，从机场直接到医院，第二天返回伦敦。无非耽误 3 天时间。但从刚才你的信看，这样跑一趟，似乎未必有预想结果，而且任远提醒我，还要自我隔离 7 天（听说万一同机有人得猪流感，则全飞机的人必须正式隔离 7 天），又倾向不回来。关于此事，让我再想想。有什么情况，请你也及时通知我。伦敦实行夏时制，与北京有 7 个小时时差。我白天去图书馆，无法接收电邮。但每天早晚，都会接收。

李劲寄来与你修改的两份生平也都收到。我觉得，先生的一生，不是这么一个生平总结得了的。有些人为了眼前风光，要这样那样，我们则要为先生今后的令名负责。这样的场合，这样的文件，宜粗不宜细。一些话，原则一些，点到为止。我在李劲寄来的稿子基础上，参考你的稿子，加上我的想法，做了一些修订，今寄上，供你修改定稿时参考。

匆此，祝

好！

方广锠

2009 年 6 月 17 日星期三

6 月 18 日（星期四）

今天下午 2 点下库，经吴芳思同意，大家在地库拍摄了工作纪念照片。总共完成了 110 号。

下班后广锠接到任远的电邮，告诉他任先生昨天还能和李申说话，今天只能说别人不懂的单字，连儿女也认不得了。医院已停止探视。

6 月 20 日（星期六）

6 月 19 日，共完成了 118 号。

今天虽是周六，我们到图书馆补了罢工日耽误的工作。完成了 88 号。

广锠今天给吴芳思寄去 006 与 007 两个文件，是从斯 00501 号到斯 00700 号，请吴芳思转交给 IDP 的蒙安泰先生。

6 月 22 日（星期一）

今天和吴芳思由于语言沟通的不畅，发生了一点儿小误会。

下午我们照例 2 点下库。4 点半时，广锠见吴芳思取来的卷子剩下不多了，离收工时间还早，便对她讲再拿些卷子。如果是小的，就拿 20 个；如果是大的，就拿 10 个。吴当时说了句："我按顺序拿。"但她来时，竟然一下拿来了 35 个卷子。广锠觉得很奇怪，但也不好讲什么，便抓紧时间做。大家下午一直干到 6 点过几分才忙完出库。李际宁因为在库里工作时用的台子较高，坐着不方便，他便一直是躬身站着干，这时就更加感觉劳累不堪。广锠觉得很过意不去，向大家及吴芳思连连抱歉。

　　离开图书馆后，广锠说他很奇怪吴为何拿来这么多卷子，大家分析认为一定是吴受中文水平限制，没有听懂广锠讲的意思是拿大卷子或小卷子这两种情况，只选择其中的一种便可以，而是只听见了广锠讲的两个实词数字 20 和 10，便把它们进行了相加。她在拿时柜子里可能还有些零头，就一并拿来了 35 个。

　　尽管今天是周一，上午还晚开门半小时（每周一上午 10 点开门），但破了我们过去一天做 126 个卷子的最高记录，达到了 127 个。这真是语言误会带给我们的意外收获！

6 月 23 日（星期二）

　　下午 2 点下库。共完成了 101 个。

　　今天早晨起来，广锠感觉腰很不舒服，下午回来，他用我们带的热疗仪烤了会儿腰。今天艳阳高照，回来感觉房子里很热。

　　因来前就已与国图善本部商定，我们这次在伦敦的半年中，在善本部工作的李际宁和黄霞每人来伦敦工作三个月，相互轮换。现在转眼李际宁就快回国了。他租的那间房子最大的优点，是有个很柔软舒适的布质大沙发，而我们租住的房间只有硬木椅子。由于广锠回到住处工作时间长了腰就不舒服，如果李际宁走后，我们能换到这个房间，他回来干活腰可以舒服一些。原来广锠考虑，我们曾与现在的房东小迟讲好要租 4 个月，小迟还多次帮助我们打印了工作稿，有些不好意思提前退租。但今天想来想去，最重要的，是广锠的身体不能出问题，这样才能保证完成我们这次的任务。于是，广锠给房东小迟发了电邮，询问能否提前退租，现在等小迟的答复。

　　广锠今天给吴芳思寄去 008、009、010 三个文件，这是从斯00701 号到斯 01000 号的测量数据，请吴转交给 IDP 的蒙安泰。

6月25日（星期四）

昨天下午 2 点下库，共完成了 101 个。

今天广锠发电邮给吴芳思，通报了下一步的工作安排。除了每天要继续的工作，还有部分人员将轮换的事情。

按照广锠原来的计划，李际宁和张桂元这次来工作三个月后，换黄霞和刘志惠再干三个月。我与广锠及陈王庭在此连续工作半年。下班后，广锠联系上了李际宁租房的房主，确定李际宁和张桂元的两个房间都继续租。原来张桂元租的那间给黄霞住。晚上广锠同小迟夫妇谈了我们现在租住的房间想提前退租的事，最后商定：他们不再退还我们的 200 英镑押金（这是伦敦一般租房的规矩，退房须提前一个月通知房主；如提前解约，不退还押金）。为了改善广锠下班后的工作条件，防止他的腰病复发，这钱就不能计较了。

今天开始至下周一，张桂元参加英国 5 日游的旅游团，李际宁休息，在住处做他未完成的电子稿。我俩及陈王庭三人在阅览室工作，暂不下库。

6月26日（星期五）

今天我们剩下的三个人，完成了在阅览室提出的 60 个卷子。在下一批的两个人到来之前，我们暂不下库，每天在阅览室做原来吴芳思他们给我们定额的 60 个卷子。下班时，我们提前在半路的"歪差剖"（Whitechapel）站下车，这里有一些卖日用百货的摊位，价格比较便宜，看了电饭锅、棉被等生活用品的价格（因新租的房间没有这些物品）。晚上 7 点半，我们在李际宁的房间与房主见面，交了租房定金 500 英镑。这个"二房东"也是个年轻的中国留学生，他不住在这套房子里，所以见面需要提前预约。

6 月 28 日（星期日）

昨天我们未去图书馆工作。我完成了斯 01500 号至斯 02000 号电子稿，并交给广锠。

今天我继续在住处录电子稿。天气开始热了，白天约在 30 摄氏度。我们租的房间在楼上，温度更高，广锠热得在房间里只穿着短裤。晚上聊起他的工作和身体，我再次劝他尽量减少杂事，把主要精力放在敦煌遗书目录上。

6 月 29 日（星期一）

晚上房间闷热。8 点多我们出去散步。回来时他收到了李际宁的电邮，说张桂元已结束旅游顺利到家。这次她真是工作和旅游双丰收，工作稿走前已快完成，用 5 天时间跟团到英国北部旅游了不少景点，玩得很开心。她这个年纪，身体和精神状态真是不错。

7 月 1 日（星期三）

昨天下午我们又开始下库工作，共完成了 100 个。

今天下午 2 点下库，共完成了 108 个。现在大家都像上了"瘾"一样，每天只想多完成一些卷子。

吴芳思、葛汉要请李际宁、张桂元明天一起吃午饭，欢送他们回国。但李际宁临走前要交的电子稿还没有完成，差得还不少，舍不得为此耽误时间，遂婉言谢绝。

晚上结束工作出地铁后，我们到超市买了炒米饭、面条、饼卷菜及水果、牛奶等加热后即可吃的食物，作为将于明天下午到达伦敦的王澧华、刘志惠夫妇的晚饭及次日早饭。

我们随陈王庭到给王澧华、刘志惠夫妇租的房子送食物（这是陈通过当地的广告帮助租的房子）。途中，我们正在一个路口迟疑，一位英国小伙子主动过来询问我们是否需要帮助。在伦敦，经常会遇到这样的情况。

为王澧华、刘志惠夫妇租的房间离我们的住处不远，因为临街，有些噪声，但收拾得很干净。房主夫妇三四十岁，是穆斯林，待我们很客气，还拿来水果请我们吃。

方让陈王庭询问房东，我们拿去的这些食物，放在房间的冰箱里是否可以？他们说可以。①

后来得知，此日还发生了一件将对我们以后在英国国家图书馆的工作发生重大影响的事情：2009 年 7 月 1 日，苏珊被任命为英国国家图书馆亚非部主任。而中文组是归亚非部领导。苏珊由原来中文组的一个普通工作人员，到与中文组平级的 IDP 项目负责人，现又升任为中文组的上司。

万幸的是，一方面，我们这个团队在吴芳思等图书馆工作人员的帮助下，团结一致，吃苦耐劳，大家在这里的工作一直是争分夺秒，进展较快；另一方面，苏珊新官上任，大约在她刚上任的这段时间里，还暂时没有顾得上直接干涉我们的工作。这使我们得以在后来她突然中断广锠借阅原卷之前，已经基本做完了这次计划中的敦煌遗书卷子。

---

① 但后来听刘志惠讲，曾发现她从超市买的有些肉不见了，不知是否因为不是清真食品而被房东私下处理掉了。为了避免再发生这样的事情，以后他们再购买肉食时，就只买牛羊肉了。在英国的肉类食品里，鸡肉最便宜，猪肉次之，牛羊肉价格相对较高。

7 月 2 日（星期四）

因为李际宁、张桂元不久就要回国，没必要再花钱买 7 月份新的地铁月票，为让他们外出购物方便，我们在住处工作了一天，以便把月票让给他们使用。为了让他们能多一些办自己事情的机动时间，广锠把他们最后一天工作的手稿要了过来，我俩分头帮他们完成最后一天的电子稿录入。

7 月 3 日（星期五）

上午 10 点，我们去看望昨晚到达伦敦的王澧华、刘志惠夫妇，带他们到附近的罗马街、我们的住处，及附近的中国商店、超市等地熟悉环境并购物，下午 2 点返回。我们也收拾了准备搬家的物品。

下午任远来电邮告知，昨天医院已经给任先生下了病危通知。

7 月 4 日（星期六）

今天李际宁、张桂元回国。中午我们请大家一起聚餐，辞旧迎新。

早上 6 点多，我便起来准备中午的饭菜。上午陈王庭来，帮助我们把东西搬到了原来李际宁租的房间里。

搬完家、摆好饭菜，已到午间 1 点。我做了酱烧排骨、火鸡肉卷、咖喱鸡腿、肉片豌豆玉米、鸡蛋炒苦瓜、蔬菜水果沙拉、白菜丸子汤等。

下午 4 点半，陈王庭送李际宁、张桂元乘地铁到机场。我打扫房间及厨房、卫生间，极累！广锠也牙疼，浑身不舒服，真担心他病倒。

晚上 9 点，我们又一起到地铁站接来了黄霞。途中，广锠一直坚持帮黄霞拿箱子，不让我们插手。

黄霞住在原来张桂元租的那个房间，在我们现在租的这套居室楼上。我们忙到近凌晨才睡下。

我们换租的这个房间，面积比原来那间稍大（原来的十平方米左右，现在的十多平方米）。特别是房间里有一个十分柔软的长沙发，坐下后腰部和颈部都能靠住，这让腰、颈椎都不太好的我俩回来工作时感觉舒服了不少。这也是一套四个房间的复式住宅，大家共用一个不大的厨房及餐厅，由中国的"二房东"分租给中国人。那时，我们和黄霞住在那里，楼上还有两个中国留学生女孩，一个有位中国男友，一个有位外籍男友。

7月5日（星期日）

上午我们带黄霞熟悉周围环境。因为我们租的这套居室的房客共用一个厨房兼餐厅，广锟征求黄霞对吃饭的意见，说如果她愿意，可以和我们一起搭伙吃饭。

下午2点，广锟约新老成员（第一批人员中，除我们外还留下了陈王庭）一起开会。广锟讲解了工作事项和要求，他们听得都很认真。方一直讲到近下午6点。

7月6日（星期一）

早上8点40分出门，8点50分在"马兰的"地铁站与王老师夫妇会合，一起到图书馆。

上午10点，我们和陈王庭进阅览室工作，新来的三人在图书馆大厅等候参加安全教育，办理工作证、读者证等，随后一起工作至中午。

下午2点大家一起下库。

　　黄霞大学毕业后便在北图善本部工作，已负责管理敦煌遗书多年。方早期在善本部做敦煌遗书目录时她也是骨干成员，所以她对这次的工作算是轻车熟路了。在我眼中，她是一个做事、待人都很厚道的人，工作时总是一丝不苟、责任心很强。在国图负责保管敦煌遗书时最怕的就是找不到敦煌卷子。广锠说有一次因为卷子放错位置而找不到，黄霞当场便急得满脸通红、鼻尖冒汗。广锠当时心中想，就是要这样责任心强的人管敦煌遗书才能让人放心！此后十多年，敦煌库房就由黄霞管，编目、修复、照相，大量遗书出库、进库，直到全部图录出版，1 万多件敦煌遗书没有出任何一点差错。所以方说过几次，北图敦煌遗书的工作，黄霞是第一等功臣，因为由她管理敦煌遗书保证了我们战略后方的安全。如果当时真的出那么一丁点差错，我们的工作就无法进行下去。

　　广锠自从早期做敦煌遗书总目录工作，就考虑到最终要将所有的信息都输入电脑，并能利用电脑技术进行相应的加工处理。后在此基础上，逐步修改完善，成为现在的《敦煌遗书数据库》。所以，他创造制定的条记目录体例，是通过一些有特定含义的阿拉伯数字以及代号来区分不同的内容及层次，分别记录、归纳和体现敦煌遗书所具有的文物、文献、文字三个方面的价值，以及与其相关的各种具体信息。他做这项工作多年，随着接触敦煌遗书实物的增多，以及对这项工作内容的不断补充、修订和完善，这个条记目录的体例所包含的特定内容以及需要具体著录的项目也就越来越多。其中，仅第一个层次的母代码（即小数点前面的数字）就有十余项，每个母代码后面又有子代码（即小数点后面的数字），一般也有两三个，或三四个。这样加起来，就有数十项需要著录的内容。而且，每一个代码不仅有特定的含义，还有一整套文字表述的规范语言。这样输入数据库后，便可以实现对敦煌遗书各项数据及内容的综合汇总、分类检索、定性定量分析等种种功能。

比如条记目录中，由"1"打头的数字，体现的是敦煌遗书的各种编号及名称。按照 1.1、1.2、1.3、1.4 等，分别记录该文献在各个时期、各收藏单位的编号及文献名称等。

由"2"打头的数字，体现的是敦煌遗书的文物状态。按照 2.1、2.2、2.3、2.4 等，分别记录文献各纸的长度、文献的总长度、高度、纸数、各纸行数、每行字数，以及文献的装帧形式，卷首、卷尾及卷面的保存状态，这个编号的卷子是否由多个文献组成等情况。

由"3"打头的数字，体现的是敦煌遗书的文献情况以及相关内容。按照 3.1、3.2、3.3、3.4 等，分别记录该文献的首尾对照项、亡佚文献的录文、需要说明的特殊内容等。

这样如此繁杂、琐碎的大大小小需要著录的项目，虽然他已编写了有关目录体例的详细说明文字，并打印发给了每个人，但对敦煌遗书不熟悉的人，刚开始做著录工作时，难免会感觉内容庞杂，云里雾里，很难一下子记住这么多代码的含义，并对号入座地进行查看原件和分门别类地加以记录。

这天共完成了 70 个卷子。

7 月 7 日（星期二）

今天下午 2 点下库，王澧华老师因为还有自己的研究任务，广锠劝他利用这次机会去查阅他所需的资料。刘志惠老师已基本熟悉了著录工作，今天完成了十多件；黄霞也完成了 20 件。大家共完成了 95 件。广锠原来设想，新来的人需要适应一段时间，但见到今天的进度，出乎他的意料。

今天是广锠的生日，昨天女儿来电邮祝贺。下班后广锠买了酒，我和黄霞做菜，并煮了长寿面，一起吃饭庆贺。

7 月 10 日（星期五）

8 日早上 9 点多，我们像往常一样，背着电脑等工作用品，乘地铁在国王十字车站下车，匆匆赶往英国国家图书馆。从检票口刷卡出来，穿过熙熙攘攘的车站大厅时，我忽然看到一侧墙角下摆满了鲜花。顺着鲜花往上看，只见白色的墙壁上镶嵌着一块黑色的大理石，上面还雕刻了 26 位在此遇难的人员姓名和一束绿色的橄榄枝。不用语言的转换，我也知道，这一定是为了纪念 4 年前的 7 月 7 日，伦敦的那个血色清晨。

2005 年 7 月 7 日清晨，4 颗炸弹的接连爆炸，成为伦敦二战结束后 60 年来最血腥的一天。而死亡人数较多的两处爆炸点，就在国王十字车站和我们当时住宿的旅馆楼旁。

自那时起，出入图书馆、博物馆等处的大门，都要排队进行安全检查。这种方式一直延续至今，不过已把逢包必检变成了抽查。也是自那时起，街上巡逻的警察明显增多。我们这次来，在国王十字车站经常会看到牵着警犬的巡警。

7 月 8 日下午 2 点下库，共完成了 99 个卷子。

7 月 9 日完成了 104 个卷子。

今天完成了 100 个卷子。

大家在工作中都很要强，每个人都争分夺秒地抓紧工作。有时到最后快收工时还剩下一两个卷子，大家竟然还"争抢"起来，都希望自己能多做一点儿。实际上，对每个人来讲，在图书馆做的卷子越多，回住处后，要加班录入电脑的工作量就越大。方为大家的这种工作热情十分感动。

下班后，我和黄霞先结伴去罗马街买牛奶、蛋、菜等。我因用双肩包背了三桶牛奶（每桶2升），又走路较快，黄霞说我像是"特种部队"的。回来后我们俩又一起做饭、洗碗等。待这些活结束时已晚上9点多，都累得不想动了。

7月11日（星期六）

今天在住处工作。

清晨起床后，广锠连续收到几封任先生今晨4时30分去世的电邮，上网又看到季羡林先生也于上午9点去世的消息。这两位学界泰斗恰巧在同一天离世，冥冥中老天似有安排。

虽然已经有了心理准备，但广锠依然很伤心。说这辈子如不遇到任先生，不会有自己的今天，也谈到季先生对他的栽培。

广锠全天没有工作，看网上的文章及评论，写了一篇博文。他考虑再三，还是留在英国继续工作。

他在7月17日给友人的信中谈到当时的心情：

> 你知道，我也是深受任先生之恩。硕士三年级时，任先生听说我身体不好，有几个月，每月给我补助生活费，经我苦辞，才算停止。博士生期间，他指导我进入敦煌学领域，并给予许多有形、无形的帮助。正因为先生的诸多指导与帮助，才会有我的今天。我在自己的博客中说："对我来说，父母给了我生命，而先生是改变我生命的少数几个人中最重要的一个。"赴英之前，去医院探望、告别，他当时已经卧床几天。那天听说我去，特意起床，坐在椅子上等我。临走前，任重对我说：你走半年，肯定见

不着了。但是，无论怎样不切实际，我总还抱有幻想。先生身体底子好，虽说是不治之症，但年龄大，生理机能相应减弱，病的进程可能不会那么快。但北京的消息越来越不好。虽然当时英国的工作极其紧张，心里还是琢磨是否回来一趟。后来听说先生要召见我们几个搞《中华藏》的，便下决心回来。正在打听机票、签证等事项时，任远来信说先生神智已经不太清楚，思维、语言已经没有逻辑。且英国也是猪流感的重灾区，回国的人要自我隔离一周。任远说，现在的情况是一天不如一天，劝我不必回来。于是收心。我想：如果能够面聆教诲，回去值得。否则，扔下这里一批人，一堆工作，的确不必。生老病死，没有办法。做好该做的事情，是对先生最大的安慰与思念。现在看来，不回去是对的。当时即使回去，先生已经昏迷了。先生过世后，好几个人问我是否回国参加吊唁。我觉得，先生在世没有回去，故世后回去参加吊唁，未免太矫情了。我是崇尚并实践厚养薄葬的……我今年61岁，已过花甲，真正的前路无多。但是，不完成任先生交给我的那几件工作，对不起任先生，对不起那么多在学术上帮助过我的人，也对不起我自己，我死不瞑目……也许因为我是研究佛教的，又是个男的。任先生故世，我自然很难过，不瞒你说，那几天，哭过好几次。但是，我更多地想的，是怎样抓紧我自己有限的时间，尽快完成先生交代的工作，不要给自己的生命留下遗憾。佛教说"人身难得"，是指在无数次轮回中，能够投身为人的概率很小。我不信佛，没有轮回，没有来世。我的生命只有这一次，决不能让它白白浪费掉。我想，我们都应该以这样积极的态度去对待生活以及生命中的一切。

7 月 14 日（星期二）

昨天下午 2 点下库，共完成了 108 个卷子。今天下午 2 点下库，共完成了 102 个卷子。

通过这段时间的接触，感觉刘老师是个聪明能干又很要强的人。她很快便基本熟悉了卷子的著录工作，而且每天回到住处，不仅要把在图书馆工作的信息录入电脑，还承担了全部家务，让王老师能充分利用在伦敦的有限时间，去查阅研究他需要的书籍资料。

我原来和广锠一起到国图查核敦煌遗书时，与黄霞接触过，印象中她不仅工作踏实、细致，待人也很诚恳、厚道。这次我们每天朝夕相处，还同吃一锅饭，对她的了解也更多了，她还是一个很要强的人。因为她负责国图的敦煌遗书，也擅长卷卷子，李际宁回国后，难卷的卷子便由她负责。我们这次经手的一些大卷子，有的以前可能是生手卷的，卷得不是很好。个别的因为以前没有卷平，还出现了一些压痕和褶皱。而这次由于李际宁和黄霞在卷卷子上的专业和大家的仔细小心，使整个英藏卷子存放得更加服帖整齐。这一点多次得到了吴芳思的夸赞。

7 月 15 日（星期三）

上午在阅览室完成了 70 个卷子。下午因吴芳思受邀参加乡村音乐会，葛汉带我们下库。他事先打招呼说工作时间不要超过下午 5 点 3 刻。全天我们共做了 100 个卷子。

7 月 16 日（星期四）

今天上午的 65 个卷子都比较小，下午 1 点钟便做完了，广锠难得从容地吃了午饭。下午 2 点下库，全天共完成了 109 个。

我上午做了一个缀残后原《敦煌宝藏》照片发生错乱的文献，前后花了两个多小时。广锠现在一般把一个编号内有多个文献的卷子或是内容著录较复杂的卷子交给我。毕竟我平时给他帮忙比较多，更熟悉了解他的工作要求。而我们所做的这些基础工作，虽然也十分重要，但毕竟还是照本直录，是相对比较简单的工作。他回去后，还需花费数倍的时间和精力去逐件核对、研究、定稿。

这两天他反复研究斯 02263 号正、背面文献的关系，我们在散步聊天中他说，终于搞清了它们之间的关系。以前对这个文献的一些研究论文、录文及解说都有误解。我建议他把这些汇集起来，写成论文。他说："做文献录文、考订工作很不容易，谁都可能出错，包括我自己。所以我不专门发表这类文章。"

由此可见，从英国回去后，对原工作稿的进一步研究、核定，还有大量的繁杂的工作要做。包括我们那时每人做一个卷子时负责测量、清点的每纸长度、行数及纸数等，他在做定稿的时候，都要进一步地查核。有时若发现原记录的卷子长度或行数有误，还要逐张翻看照片进行重新清点和计算。所以，他回国后的定稿工作亦十分烦琐和艰巨。

下午进库时，见原来我们干活的桌子上放着别人的书籍、文具袋等，广锠只好在原来陈王庭干活的高台站着做。一会儿，一对男女回来继续工作，据说他们是美国密西西比州来的学者。那位女士只穿件短袖，与我们这些人每次进地库又是加毛衣，又是穿棉背心的形成了鲜明的对比。

广锠给吴芳思写电邮，通报定源从日本来的情况，附上定源的阅览目录。还有他最近牙疼难忍，让芳芳买药寄来，因为没有可靠的通信地址，向吴芳思打招呼，请吴芳思代收。

7 月 17 日（星期五）

今天上午仅有 60 个卷子。方说今天如能完成 113 个，第二批人用两周 10 天时间，就能完成 1 000 个卷子。

我今天做的一号，是由众多兑废稿粘接起来的一个卷子，大大小小竟有 31 个文献，且原来的照片还有错乱，为此耗费了不少时间。

兑废稿即是原文献因抄错被废弃不用，但古人为了节约纸张，又将若干张有兑废文献的纸张粘接在一起，利用背面再抄写新的文献。对于古人来说，这些兑废稿上的文献已经被废弃不用了，但在方的目录中，还是要对每个文献查找出处，进行研究著录。

下午进库工作，因经手的多为残片，全天共完成了 134 个，超出了广锠的预期。陈王庭真是个快手，他一个人就做了 54 个。

广锠已牙疼了半个多月，一直未好，只得让女儿帮助买以前吃过并有效的中药用快件邮寄过来。快递估计下周一会收到。中午葛汉来问他牙疼的情况，下午还给他带了吃的药片。虽然据说只是一般的止疼药，但已十分难得。葛汉让广锠吃他拿来的药时，指指头顶上，意思是让他躲开地库里的监控摄像头，以免发生误会。吴芳思也问他，是否需要周末到图书馆帮他看邮寄的药到了没有，并讲道："英国虽然公费医疗，但看牙是自费。只把牙清洗一遍就需要 300 英镑。"

7 月 19 日（星期日）

昨天一天我都在住处赶着录入电子稿。晚上我交给广锠的电子稿至斯 02500 号。

今天，我陪着第一次来伦敦的黄霞去了白金汉宫、泰晤士河等地游览，感觉很累。

广锟给吴芳思电邮，发送前 900 号总长度与总行数的电子数据资料，请她转交 IDP。

7 月 23 日（星期四）

7 月 20 日（周一），因为这段时间遇到的多是小卷子及残片，做起来相对比较简单，因此速度较快。近 1 点半完成了 59 个，下午 2 点下库，共完成了 144 个。

7 月 21 日（周二），下午 2 点下库，共完成 149 个。

7 月 22 日（周三），共完成 140 多个。

昨天下午开始，下库后整理的都是斯坦因 1914 年第二次到敦煌带回的 500 个大卷子，速度一下子慢了下来。今天才完成了 109 个。陈王庭依然速度最快，他说他的窍门是可以同时数多行。我担心这样会数错，不敢那样做。

今天终于收到了女儿用快件给广锟寄来的中药。

7 月 24 日（星期五）

今天吴芳思下午有事，由葛汉带我们下库，不能推迟下班时间。全天共完成了 109 个。

葛汉看我们一直工作得十分紧张，开玩笑说："英国有个说法，即上一辈子做了坏事的人，这一辈子就要用多干活来弥补。"

7 月 26 日（星期日）

这个周末两天，我都在住处忙碌。除打扫卫生、洗衣、买菜、做饭外，我跳过与上批人一起工作时还没完成的 2 600 多号电子稿，开始先录入第二批人来后做的斯 03500 号至斯 04000 号电子稿，至 26

日晚 8 点才做完。

上周，广锠说他们几个新来的都交了稿子，就我还没有交，让我先和他们同步，以便于他一起输入数据库进行检查。这次来伦敦，每天除了睡觉和略上一会儿网，没有多少休息时间，一直感觉劳累不堪，颈椎也越来越不舒服。

目前，我们的工作进展比较顺利，广锠预计有可能提前 3 周做完前 7 000 号的所有卷子。这样，第二批人可以提前进入录入电子稿及游览的时间。昨晚广锠又说我和陈王庭来后还一直没有休息，让我们两人"休息" 3 天，在住处录入电子稿。

7 月 27 日（星期一）

昨晚我没有睡好，一天头都是昏昏沉沉的。

今天大家共完成了 108 号。方计算目前还剩余 1 500 号待做，如果顺利，约 3 周半后可以完成在图书馆需要提取原件而做的工作。

广锠给吴芳思电邮，附上斯 00901 号至斯 01500 号的电子数据资料，请她转交 IDP。

7 月 28 日（星期二）

今天共完成了 108 号。陈宝和上午来，约我们一起到他家聚餐，具体时间待定。

附：广锠这几天的日记

2009 年 7 月 28 日　星期二

下午在库里，管库的推来一盒子卷子，让我确认是否今天已经做过。我看了一下，全部是已经做过的。原来阅览室以为我们还没有做，没有退还库里。吴芳思说："库里很认真，但阅览室有时不认真。收到看完的卷子也不退回。"我们也发现，有时我们工作过的卷子阅览室又重复给我们。原来他们把我们看过的卷子与没有看过的卷子混在一起了。

最近工作比较快，与阅览室给卷子比较宽松也有关。往往一次让我们掌控 10 多个，有时达十五六个。手头卷子多，就好周转，这样不窝工。

管库的最近的确比较给予方便。虽然规定 60 号，但我往往多开几号，他们也给了。今天开出 64 号，照给不误。此外，本周我每天多要一个夹子，一个夹子就是 10 号，所以总数达到 70 号，他们也给了。当然，这里有点技巧，就是只要某夹中的一号。对他们来说，只算一号。

2009 年 7 月 29 日 星期三

今天我、黄霞、刘老师三人去图书馆工作，到将近下午 4 点完成预定的 60 号（黄 22、刘 17、方 21）。

回来自己录入，从下午 5 点多到晚上 7 点，花了不到 2 个小时，把 21 条全部录完。如果刨除中间吃晚饭的时间，大约花了一个半小时。我的这 21 条都比较简单，大都为 1 纸，最多 8 纸。只有一个多主题，自然比较好录一些。即使困难一点，我想，如果每天抽上两三个小时，周末再加点班，录入本身不应该是问题。

2009 年 7 月 30 日 星期四

今天依然是 3 人，共完成 60 号（黄 21、刘 17、方 22）。

2009 年 7 月 31 日　星期五

今天依然是 3 人，共完成 60 号（黄 22、刘 16、方 22）。

7 月 31 日（星期五）

本周三至周五，我和陈王庭按照广锠的安排在住处补休，做电子稿。我每天除了上一会儿网和买菜、做饭外，其他时间全部用来录入电子稿。

录入工作手稿时，除了录入时要看原件记录的文字，还要将记录的各纸长度及行数通过电子表格进行相加，计算出卷子的总长度及总行数。还有广锠抽空做的一部分工作稿也交给我一起录入，我直到第三天近中午才完成。

8 月 2 日（星期日）

这个周末，我因为录入电子稿的任务还很艰巨，为了节省时间，除了不能省的买菜做饭，过去每周必做的打扫房间和共用的卫生间等杂事，也减省了。每天做电子稿做得头昏眼花。

8 月 3 日（星期一）

今天上午在阅览室完成 62 号，下午在库里接着上午的号段，完成 68 号，全天完成 130 号。

考虑到 500 个大卷子比较耗时间，而现在上午工作量不满，所以下午在库里改为接着上午的号段继续做，从明天开始在阅览室做大卷子。所以，今天下午在库里做的都是小卷子，达到 68 号。

这些日子，广锠一直在与李申、任远电邮往返讨论任先生文集、任先生纪念文集等事，涉及一系列的人与事。有提出成立"任继愈基

金会""任继愈学术研究会"的，广锠的意见是这两个机构暂时放放，
以后条件成熟再说。

8 月 4 日（星期二）

今天，广锠接受了我的意见，把原来在库里做的斯坦因第二次到
敦煌带回的 500 多个大卷子调整到在楼上做。因为阅览室给我们的卷
子有数量限制，而做大卷子花的时间较多。这样可以把做得快的小卷
子留到下库时做，能多做一些。

上午因为换了大卷子，没有做完 60 个，只完成了 52 个。广锠又
分给我两个多主题文献的卷子，我一上午仅做了 9 个。

今天下午在库里，我们开始做各种装帧的小册子。大家感觉很新
鲜，但也陌生。因为这些书册装帧的文献，与我们以前所做的卷轴装
的著录形式不同，每一种都有特定的要求，著录起来要复杂得多。为
此，广锠先进行了一番讲解和示范。一下午大家才做了 35 个。

从敦煌遗书所呈现的古代书籍装帧情况看，直到唐代中期，佛教
典籍还主要采用卷轴装。但当时就卷轴装而言，也有粗细文野之别，
这主要体现在护首、经名签、天竿、缥带、扉页（扉画）、纸张、界
栏、燕尾、轴及轴头等诸多方面。例如单从尾轴讲，英藏的卷子中，
既有制作比较简单粗糙的木轴，也有做工十分精细、考究，轴头镶嵌
了螺钿花饰的尾轴。这次还发现了一件轴头材质似为玉石的尾轴。方
虽然已看过全世界各大收藏单位三分之二以上的敦煌遗书原件，但这
种轴头，他也是第一次见到。

自唐代中期以后，敦煌开始出现了经折装、梵夹装等书册形式的
装帧，至晚唐、宋初，这些书册形式的装帧虽然还不占主导地位，但
已十分丰富和成熟。在英藏敦煌遗书中，既有魏晋时期的单叶帛书，

也有大量的卷轴装手卷，还有梵夹装、经折装、粘页装、缝缋装、蝴蝶装、旋风装等多种装帧类型。广锠说，有的装帧形式，过去他只是在书史中看到有所记载，但未曾谋面。或因当时的古人也未见过，因而被错写或被遗漏如英藏那件独一无二的"棍夹装"。如果把这些丰富的装帧形式集中在一起，堪称一部形象的古代书籍装帧发展史。

多年来，广锠为了做好敦煌遗书目录，查阅了很多相关的古籍和专业资料。他与敦煌遗书的实际状况对照后，有不少新的发现。仅在书籍装帧方面，就有不少是原来没有记载或记载有误的。

2003 年我们在英国做斯 07000 号以后的残片目录时，广锠根据一些经折装残片中的武周新字推断，起码在中唐武周时期（公元六七世纪）就已经有了经折装。这比原来有物证的观点中认为的有经折装时间（晚唐时期 [公元八九世纪]），提前了 100 年左右。后来，他又通过详细研究一件在纸背面杂写的《优婆塞五戒威仪经》，从其使用武周新字周遍的情况，断定这是武周时期抄写的；由此又可推论正面抄写的《大宝积经》第 112 卷至少应早于武周时期。再通过对这件《大宝积经》所写文字的分析，发现其中的叶（繁体字为"葉"）、弃（繁体字为"棄"）及"世"等，凡是有唐太宗李世民的"世"字的，都按照当时的规矩予以避讳，并且没有武周新字。另外，从所有残片的形制看，无论是纸张的双页粘贴，还是朱丝栏的描画，都很规整、统一，这说明当时经折装的形态已很成熟。通过这些文献实物，不仅可以证明经折装在初唐（公元 6 世纪）就已经存在，使经折装的实物例证年代又向前提了几十年，而且根据其形态的成熟情况，可推测《装订源流和补遗》一书中登载的 1950 年张铿夫"中国书装源流"一文所说："卷轴之书，读者卷舒为劳，于是将长卷折叠为折，伸缩较易，名为折本。此制始于佛经，六朝时已有之。"这一观点也是有可能的。

当时，广锠为他的这一新发现十分欣喜，并准备将来把这些年做敦煌遗书所得的"副产品"——对古代书籍装帧形式的研究成果撰写成一部新的书籍装帧史。

又如在书籍印刷上，敦煌遗书中发现的早期刻印本也比书史记载的要早得多。英藏那件十分珍贵的咸通九年（868）《金刚经》刻本，已体现出当时高超、精细、成熟的印刷技术。印刷术是中国贡献给世界的一项重大发明。英藏的唐刻本《金刚经》以及归义军时代的一些木刻历日、佛教版画、版印佛教典籍等，为我们研究中国早期的印刷史提供了重要的实物依据。

由于目前可以明确断代的敦煌遗书自东晋南北朝起，直至唐代、宋初，跨越了数百年历史，其中又以唐代为最多。而唐代也是国家富强、文化发展的昌盛时期。为此，敦煌遗书堪称是这段历史时代的文化缩影，是当时敦煌地区社会文化的"原生态"资料。例如从文献内容上，可反映出当时的社会政治经济制度、宗教信仰、文化习俗、生产技术、人际关系等；造纸技术则反映出这十多个世纪在纸张用料、生产加工方法及技术水平、使用制度和方式等方面的具体情况；文献上的书法则反映出中国书法从隶书到楷书的流变，以及行草等书体、书风的演变，及其在不同场合的运用。

下午吴芳思晚到了几分钟，说因帮助安排北大荣新江的学生看粟特文。她讲中午一起吃饭时还遇到了修复部的马克，他们是好朋友。广锠问苏珊是否上任了。她说 7 月已上任，什么都要管，她给荣新江的学生写推荐信，苏珊也不同意。

近一个月了，每天回来我除了家务就是干活，晚上录入稿子一般都到晚上 11 点后，经常头昏眼花。因为广锠一般把比较难的多文献卷子交给我做，而这种卷子要著录的内容多，录入也慢。每天如此，进度还是跟不上，有时心里真是有些烦躁。

8 月 11 日（星期二）

8 月 5 日（周三）完成了 107 号。

8 月 6 日（周四）完成了 107 号。

8 月 7 日（周五），大家完成了 95 号，广锠审核完 92 号，另有 3 号未来得及审核。

上个周六、周日（8 日、9 日）我们未出门，主要录入电子稿。至周日晚 10 点多，我录入完成 5 000 号。

自上周二开始，在库里做的主要是各种复杂装帧的小册子。他边讲解、指导，大家边学着做，进度较慢。昨天完成了 103 号，今天才完成了 90 号。

昨天下午，我开始做一个 30 多纸、抄写有《楞伽阿跋多罗宝经经疏》卷一至卷六的梵夹装。因为这种装帧形式要按照每个折叠叶分别著录，做起来十分烦琐，直到今天才完成。看到我终于做完时，旁边的吴芳思感叹了一句："可怜的人！"

广锠说这个文献十分珍贵。原文成书于初唐时期，由玄奘的弟子——大云寺新罗（今朝鲜）僧人圆晖所撰，后流传敦煌，由敦煌当时著名僧人法成翻译成藏文，流传至吐蕃。敦煌遗书被发现之前，此经疏的汉文本已经失传。但当年法成翻译的藏文本却保留在藏文大藏经中。英国的这件正是当年法成翻译时所用的汉文底本。文本上红色的藏文是法成的笔迹，是法成在正式翻译前对若干重要语句的藏文译注。

据网络资料，历史上至少有七个"法成"。南朝刘宋有一位法成，唐朝有四位法成，赵宋有两位法成。这里所说的是吐蕃僧人法成。他系唐代高僧，著名的佛学家、佛经翻译家。法成为传播文化、宣扬佛教、促进民族融合、加强汉藏民族团结及维护国家统一做出了杰出贡献。可惜的是，这样一位历史人物，他的功绩渐渐被历史的风尘掩埋。陈寅恪先生曾指出："夫成公之于吐蕃，亦犹慈恩之于震旦，今天下莫不知有玄奘，法成则名字淹没者且千载。迄至今日，钩索故籍……"

就在我们马不停蹄地紧张工作、向着胜利的彼岸愈加靠近的时刻，一场出人意料的风波悄然而至。

8 月 11 日下午，蒙安泰按照苏珊的授意，约广锠在我们每次下地库时，等候乘坐电梯的走廊见面。下面是广锠对当天见面的记录。

2009 年 8 月 11 日　星期二

今天上午，蒙安泰去阅览室，说要找我谈谈，问中午行不行。我说没时间。他说下午 5 点。我说可以。出库以后我给他电话。

出库以后我给他打电话。他接到电话后下来，我们就在电梯间走道的沙发那里谈话，蒙安泰说："苏珊的意思是让你签订一个文件，答应图录出版半年后，将目录的电子文本交给我们，在IDP 上网。"我问："为什么？"他支支吾吾，说："你已经给了长度等数据，还有首尾情况。"我说："我只答应长度数据，没有答应首尾资料。这个数据在数据库中，与其他数据混在一起，现在无法摘开。"并让他看了数据库。他说能否把第 2 项和第 3 项全部给他。我没有吭声。他已经准备好一个英文的文件，当时就让我签字。我说："看不懂。你好歹给我一个中文翻译件。"他说："很简单的，我给你翻译一下就行。"意思是当时口头翻译。我说："不行，请另外搞一个，明确双方的权利与义务，加上中文译本，我看看再说。有什么问题，可以再讨论。"他说："也好，哪天请苏珊一起谈谈。"

又闲聊几句后我们分别。

苏珊明知广锠不懂英文，竟然让蒙安泰告知广锠：要广锠当时就在蒙安泰拿来的一份英文文件上签字。广锠接过文件一看是英文，自然不会在自己不明白其内容的正式文件上签字，提出请对方提供文件的中文译本，所以没有当场签字。

当天晚上，广锠给蒙安泰发了一封电邮：

蒙安泰先生：

您好！

今天下午匆匆忙忙，没有完全明白您的意思。你们具体想要哪些数据？计划让我怎样提供？明天上午我在阅览室（下午2点要下库），请你把今天的那个文件（能够附上中文译文更好）给我一份，我搞明白以后再签字，行吗？

谨颂

时祺！

方广锠

2009 年 8 月 11 日星期二

回过头来看，当日的这次"走廊签字"，正是这次我们赴英期间，苏珊为获取广锠所做的英藏敦煌遗书目录著作权，对他提出无理要求，进而引发其后一场风波的开端。

对于 IDP，我们暂不做过多的评论。这个网站是否实用，能否满足研究者的需要，如果是这方面的专业人士，上网一看便知。

由于 IDP 网站上主要是敦煌遗书的图版，缺乏相关的具体数据及研究信息，便引起了苏珊与方广锠的种种纠葛。

为帮助读者理解这场冲突发生的因由，在此，先简单介绍一些此前广锠与 IDP、实则是与苏珊的一些纠葛。

实际上，广锠与 IDP 素无交往。IDP 虽然公布图版，但工作进度比较慢，广锠曾进入他们的网站，发现可用资料较少。当然，做任何事情都有一个过程，无可厚非。

20 世纪 90 年代后半期，IDP 开始与中国国家图书馆善本部合作，将国图收藏的敦煌遗书扫描后，整合进 IDP 的网站。当时，曾任国图善本部副主任的方广锠已调至中国社会科学院宗教研究所，与 IDP 的工作并无瓜葛。

2001 年年底至 2002 年年初，方广锠正在与吴芳思博士联系我们赴英编目之事。现将当时来往的电邮附录如下：

吴芳思博士：

您好！

从去年 6 月在北京见面，已经一年多了。想必一切顺利。

这一年多来，我的主要工作还是敦煌遗书的研究与编目，包括中国国内各图书馆、博物馆所藏敦煌遗书的调查与编目。中国的许多省市都有敦煌遗书，多少不等，有待整理与编目。只是这项工作耗时耗力耗钱，难度较大。但它是完成《世界敦煌遗书总目录》之必需。

关于英国国家图书馆剩余敦煌遗书的编目问题，由于我的原因，一直拖延到现在。非常对不起。最近，我把有关工作重新做了安排，决定明年一定抽出时间，来伦敦从事我们商议已久的这一工作。

我的想法还是以前曾经与您商议的，三年为期，每年三个月，争取把英国国家图书馆下余的敦煌遗书（斯 08401 号至斯 13900 号）全部编完。明年则计划于 6、7、8 三个月到伦敦来。不知这个时间对英国国家图书馆及对您、苏珊等诸位是否方便，经费是否可以解决？我目前在中国社会科学院，时间比较灵活，比较好安排。所以，如果明年可以成行，则具体时间以英国国家图书馆以及您与苏珊的方便为主，由您决定。

此外，前此曾经与您谈过，我妻子已经退休，目前给我做助手，帮助我进行敦煌遗书的整理。这次，我打算携她同行，一则可以照顾生活；一则可以继续做助手，加快工作进度。我妻子赴英所需的有关费用，均由我自己负责。但为了办理手续，需要您单独为她出具一份邀请书。有关技术性问题，我已与秦思源先生交换意见，详情由秦思源先生代为转告。

编纂《世界敦煌遗书总目录》是我的夙愿。这项工作因为您的支持而有了现实可能性。希望继续得到您与英国国家图书馆的进一步支持。

烦请代问苏珊、葛汉好！

谨颂

时祺！

方广锠

2001 年 10 月 24 日

当时 IDP 驻国图的英方联络人秦思源曾向广锠提出，要他提供国图敦煌遗书的编目资料。广锠回复："这是集体劳动的成果，要与其他成员商议后决定，我个人无权给人。"之后，这位先生带给广锠一封从伦敦的来信，英文信的正文为打印，落款有吴芳思的中、英文签名，另附一页对此信的中文翻译。

尊敬的方广锠博士：

谢谢您的来信。秦思源常到北京的国图联系工作，每次都把您近来的学术活动转告我们。我们不能不为您所完成的大量工作感到惊奇。我们期盼着您的大作《中国国家图书馆藏敦煌文献目录》早日问世。

英国正在和北京的国图密切合作，以使学者们能更方便地使用这两家图书馆的巨大敦煌收藏。您的《中国国家图书馆藏敦煌文献目录》是这项工作中极为重要的部分，我们盼望着能在国际敦煌项目（即 IDP）的数据库中见到其中的部分内容。

预祝您的大作早日完成，届时我们可以商量您同您的夫人一起来伦敦编写"英藏敦煌文献目录"的相关事宜。

吴芳思

2002 年 1 月 23 日

出于此前广锠数次赴英期间与吴芳思的交往及对她为人的了解，看到此信后他认为，这是 IDP 在借吴芳思的名义、以赴英编目作为要挟，企图占有《中国国家图书馆藏敦煌遗书总目录》的资料。广锠当即对秦表示：如果英方持这一态度，他将放弃赴英编目。他也给吴芳思回复了一封电邮：

尊敬的吴芳思博士：

您好！

谢谢 2002 年 1 月 23 日的来信。并感谢细心附有该信的中文翻译，可以让我直接阅读。

阅读来信，有些地方让我迷惑不解。比如《中国国家图书馆藏敦煌遗书总目录》与此次英国国家图书馆与中国国家图书馆合作的国际敦煌数据库项目的关系；比如把我完成《中国国家图书馆藏敦煌遗书总目录》或我将有关数据提供给国际敦煌数据库项目作为我赴英国继续从事英藏敦煌遗书编目的前提条件。

应该说明，我一向秉承"学术者，天下之公器也"的立场，所以在去年 10 月秦思源先生返回英国前我们第一次见面时，曾经主动表示可以根据该合作项目的工作进度，向国际敦煌数据库项目提供所需要的相关数据，以免重复劳动。但去年 12 月秦思源先生从英国返回北京后，却要求我在《中国国家图书馆藏敦煌遗书总目录》还没有正式出版的情况下，提供全部相关资料，这是我与我的同事所无法接受的。

1991 年与 1997 年，我两度赴英，都曾经受到您细心的照顾与无私的帮助。所以，我不知道是否我对 1 月 23 日的来信解读有误。希望能够得到您更为明确的回信。

顺致

诚挚的问候！

方广锠

2002 年 2 月 5 日

吴芳思收到电邮后，立即给他发来了亲笔签名的赴英邀请信（英

文打印信日期为 2002 年 2 月 7 日）。当天给广锴发了一封电子邮件，
内容如下：

亲爱的方博士：

我正在写邀请信，邀请你来伦敦继续利用英国国家图书馆藏
敦煌遗书，从事你的佛教目录的编纂。你目录第一部分的出版，
对学者有着不可估量的价值。

我知道你想在 2002 年的 6 月、7 月和 8 月来。我们将会提
供一张往返的飞机票和每月的生活费，在此要感谢 IDP 的支持。
我们将为你寻找住所。暑假开始后，即在 6 月的第一个星期结束
后，大学的宿舍将比较容易找到。

我们可在东方部阅览室中为你提供一个工作间。但因搬进新
馆后，我们的办公室很小，而且有安全限制。因此你只好在阅览
室阅览敦煌遗书，并将会受到与其他读者一样的限制。

我们盼望听到你更详细的计划，并盼望在 6 月见到你。

你的真诚的，Frances Wood（吴芳思）

但此后（2002 年），我那次因故无法与广锴一同赴英，广锴又给
吴芳思发去一封电邮：

尊敬的吴芳思博士：

您好！

2 月 7 日的电子邮件已收到。感谢您这么迅速地回信。

在去年 10 月给您的信上，我提出希望在今年的 6、7、8 月
成行。但现在情况有点变化。事情是这样的：

去年我所在的宗教研究所与美国的一个宗教单位商定，在美国洛杉矶合作召开一个讨论会，时间是去年的 9 月 13 日。一切都准备好了，没有想到发生"9·11"事件，飞机停航，会议没有开成。上个月，他们决定并通知我会议将在今年的 6 月 22 日召开，大约在 7 月 2 日返回北京。因我预定在会议上发表论文，必须参加。

因此，我赴英国的时间，只能顺延。我想可以安排在 7 月上旬，比如 6 日以后的某一天。考虑到暑假期间宿舍比较容易寻找，可以在 9 月学校开学以前返回北京。亦即缩短这次在英国的时间，不一定 3 个月。当然，到底怎样安排为好，主要看您的方便。

我已经听过这几年到英国国家图书馆查阅敦煌遗书的诸位中国先生介绍他们在英国工作的情况。我能够理解新馆现有的新的工作条件与各种安全限制。我将在工作地点与工作时间方面完全遵照英国国家图书馆及东方部的规定办事（很遗憾不能加班了）。但是，听说阅览室对阅读敦煌遗书的规定是每位读者每天只能阅览四件。杨宝玉告诉我，在您的特别关照下，她每天最多可以阅览 15 件。这一点我觉得比较为难。

如您所知，自《英国图书馆藏敦煌遗书目录（斯 06981 号～斯 08400 号）》出版后，英国国家图书馆 Or.8210 下还有 5 500 号遗书没有编目（不计《荣目》已编的）。即使按照每天 15 件的速度，约需要 360 天。按照每月 20 个工作日计算，需要 18 个月，即 1 年半。这个时间对我来说太长了，我未必能够抽出这么多时间；对您来说，也增加了筹措资金等方面的麻烦。

我原来希望用 9 个月的时间完成这项工作。每月 20 个工作日，共 180 天。也就是说，我平均每天要看 30 号，才能按照计划完成。以前在英国国家图书馆工作时，我平均每天可以完成20号左右。考虑到后面的这部分为残片，有些很小。再加上有不少遗书我已经利用缩微胶卷做了前期工作，到英国主要做核对原卷，记录外观、判定年代等，加上有了电脑检索工具，平均每天完成30号，还是可以的。

但上面只是理论计算的平均数。在实际工作中，如果遇到容易的，每天可能会超过30号；如果遇到困难的，每天也许会低于30号。如果是前者，会出现当天要的30号做完以后，没有工作可做，浪费时间的情况。如果是后者，会出现第一天要的做不完，第二天再要的情况。加上我不通英语，与阅览室工作人员交流有困难，这样一来，可能会给工作带来损失。所以，在每天阅览的数量及取拿敦煌遗书的方式上，希望能够有一个适当的安排。

还有，我不知道在工作室是否有《敦煌宝藏》。有时为了查阅某敦煌遗书能否与其他敦煌遗书缀接，需要查阅《敦煌宝藏》。如果没有《敦煌宝藏》，这项工作便无法进行。

上述两项，希望得到关照。

我原来计划与妻子同行，她可以照顾我生活与当助手。现考虑到种种因素，这一次就不同行了，以后再说吧。所以，如果邀请，只发我一个人的邀请信即可。

希望听到您的意见。

顺致

诚挚的问候！

方广锠

2002 年 2 月 8 日

对 2002 年 1 月 23 日的来信，方广锠之所以认为这绝不是吴芳思为人处事的风格，而怀疑是苏珊借吴的名义对他进行要挟，其理由在于：其一，这种以交出国图目录作为交换条件，再办理我们赴英邀请信的做法，绝非吴芳思待人处事的一贯风格。其二，吴芳思虽然懂中文，但中文书面表达能力有限。她与方多年交往中多有书信或电邮往来，通常她的中文表达没有这么用字准确，行文流畅，这可通过后面引用的一些吴芳思的来信予以证明。而这封打印的中文信，通篇中文写作能力很高。其三，广锠针对此信给吴回复电邮后，吴芳思立即回复邀请，也证明了她一贯的态度。

苏珊在 2002 年向广锠索要国图目录未能得逞之后，又曾多次通过吴芳思向广锠提出，希望广锠把英国国家图书馆藏敦煌遗书编目资料的电子版交给 IDP。广锠出于对吴长期支持他编目工作的感谢，向他们提供了《英国图书馆藏敦煌遗书目录（斯 06981 号～斯 08400 号）》的电子版、斯 08401 号到斯 10000 号目录的初稿电子版。后来吴曾对广锠讲：苏珊知道她与广锠关系好，总让她向广锠要研究成果，令她十分为难。

2009 年我们赴英前，吴芳思曾于当年 3 月到上海办事。广锠去宾馆探望，并与她具体商谈 5 月赴英的工作。吴说："苏珊多次提出，希望你把目录资料交给他们上网。你能否答应？"方答："敦煌学需要合作。目录资料上网，原则上应该没有问题。但是，我的项目是上海社科基金项目，需要结项，需要出版书本目录。这样就有一个版权问题，就是出版社是否同意授权。所以，如何提供资料，不少具体问题还需要将来与出版社商议。"吴表示理解。

8 月 12 日（星期三）

今天共完成了 106 号。

前两天吴芳思看到我们在地库喊冷，今天她从家里带来了两件棉背心给我们穿。

吴还带来了苏珊让她转交给广锠的昨天那份合同的中文文本。吴交给方的时候，说："这是苏珊让我给你的。"该合同的中心意思，是要方同意在英藏图录出版 3 个月后，将全部有关信息的电子文本提供给 IDP。

该协议书全文如下：

协议书

甲方：大英图书馆委员会（英国伦敦尤斯顿路 96 号，邮编：NW1 2DB）

乙方：方广锠教授（添加地址）

导言

以促进敦煌学为共同目的，甲方和乙方于 1991 年开始合作，进行英藏敦煌汉文佛教文献编目工作。

甲方打算将其收藏的敦煌汉文佛教文献的编目记录更新及完成。为了甲方和乙方的双方利益，甲方提供了广泛和特许的查阅途径、大量工作人员配合乙方工作，以及其他各方面的协助工作。乙方在大英图书馆对上述收藏品进行长时间的编目研究工作，研究成果用于出版以及以合适的格式提供给甲方。

另外，乙方也在准备关于上述收藏品的 110 册大型图集出版物。该出版物有与这份协议无关的协议书，由甲方和广西师范大学出版社签署（已签署于 2008 年 3 月 6 日）。

双方同意：

特定词组定义

"编目数据"指的是乙方通过特许和广泛查阅途径所取得的研究成果。

"敦煌汉文佛教文献"指的是编号 Or.8210/S.1 ～ 13624。

甲方收藏查阅途径

1. 甲方会继续提供乙方所需要的查阅途径，也会同时考虑到甲方其他读者的利益以及甲方委员会对于保存和保护该收藏品的法律责任。

实物形式交付

2. 乙方同意将他的编目数据至少三份以实物形式提供给甲方。

电子形式交付

3. 目录出版后的三个月之内，在双方协定的时间，乙方同意将目录的完整电子版（以协定的格式）提供给甲方，允许在甲方的在线目录中公布给读者，包括在属于甲方的国际敦煌项目（IDP）网站。具体使用方式甲方有权完全决定，也会遵守本协议的第 6 条款的内容。

最后交付

4. 在编目工作没有结束的情况下，在本协议书签署后的 5 年内，乙方同意将已完成的部分提供给甲方。

出版和在线查阅途径的间隔时间

5. 对收集的编目数据，甲方在出版至少 6 个月后可以将其公布在因特网上，或者编目数据在不出版的情况下，在本协议书签署至少 5 年后可以将其公布在因特网上。

声明

6. 甲方在对乙方提供的任何编目数据的网络公布中都会有

对乙方的声明。

第三方权利

7. 本协议书没有任何条款能违反或影响甲方和广西师范大学出版社于 2008 年 3 月 6 日已签署的协议书。

8. 对其他单位和个人与编目数据相关的利益，由乙方负责。

甲方	乙方
大英图书馆委员会	方广锠教授
签字	签字
日期	日期

IDP 网上曾介绍说，到 2014 年或 2015 年，他们可完成所有的敦煌遗书资料上网。但按照他们这些年的缓慢进度，实际是根本不可能的。吴芳思曾讲，按照他们现在的做法，恐怕要两百年才能完成。

广锠看过协议书后说，这是苏珊一厢情愿的"春秋大梦"。但因广锠担心拒绝苏珊会给吴芳思带来麻烦，当天回到住所，广锠给吴芳思发了一封电邮：

吴芳思：

您好！

昨天上班，蒙安泰先生找我，说有点事谈。我说现在很忙，走不开。他说可以下班以后谈，事情很简单，5 分钟就可以。我答应出库以后给他打电话。昨天出库后，给蒙安泰先生电话。他下来后，就在电梯间走道的沙发那里拿出两份英文的文件，说是苏珊的意思，让我签字。我问是什么文件。他解释了一下，我理解是要让我把所有的目录数据交给 IDP。我很意外，问："为什么？"他说了一番话，意思我不是很明白。好像又变成只要测量数据与首尾状况。并说："这是你已经同意的。"我说："测量数据，因为吴芳思在上海提出，所以我同意。并且每次交给吴芳思，由吴芳思转交。首尾状况，我从来没有同意过。而且，这部分数据与其他数据混在一起，没有办法单独列出来。"我打开电脑，让他看我数据库中有关首尾状况的具体著录并说明如果想把首尾状况单独提出，需要重新设计数据库，增加数据库的新功能。

他还是要求我当场签字。我说："我不懂英文，你起码给我一个中文文本。"他说："很简单的，我现在给你翻译一下就可以。"意思是口头翻译。我认为，明明知道我不懂英文，让我在英文文件上签字，连中文文本也不给我，对我本人是非常不尊重的。我不明白为什么会有这样的事情。我拒绝签字，要求必须有中文文本，让我明白文件的内容。他说可以过几天，由苏珊，或者加上吴芳思，大家一起谈谈。我说可以。

昨天晚上，我想还是应该搞明白他们到底想要哪些数据，怎样要。于是给蒙安泰先生发了电邮，请他把英文文件（最好附中文翻译）给我。这就是他今天请您转交的文件。

今天看了文件，知道他们的原意，不但想索取我的全部数据，时间限制很苛刻，而且在没有与我做任何商量的情况下，以我的名义拟了这样一个由我授权给他们的英文文件，采用不给我中文文本的方法，5分钟之内想让我签字。我觉得他们这样做，非常没有礼貌，非常不尊重人，非常不尊重人的劳动，非常没有道理。

我做敦煌遗书编目已经25年，现在已经接近尾声。这些年，我除了考虑出版书册本目录外，也在考虑如何在网上公布这批资料，供所有的研究者使用。有人给我出主意，让我做商业化操作，说可以有一定的经济利益。但我坚决反对，并决定在适当的时候，无偿向社会公布，供所有的研究者使用。我主编的《藏外佛教文献》，已经无偿交给台湾的 CBETA 公布。敦煌遗书数据具体怎么公布，也有了一些初步的想法。这些年来，IDP 不但不支持这项工作，反而处处设置障碍。如果不是您提出，本来那些测量数据我也不会给他们。因此，我无意把这些数据交给 IDP 上网。

我想向您了解两个问题：

第一，他们这样向我索要数据的理由是什么？如果像您今天所说，他们认为我使用了大英图书馆的资料，所以应该把相关数据给他们。那么且不说这批敦煌遗书的特殊情况，是否所有在大英图书馆查阅资料的人，都必须承担这样的义务？大英图书馆是否有这样的规定？还是大英图书馆另有什么规章制度，使得他们认为有权力向我提出这样的要求？

第二，近二十年来，您对我的工作，予以全力支持。没有您的支持，不会有今天的成果。对此，我一直非常感谢您。我不希望此事给您造成麻烦。因此，我非常希望您评估一下此事可能会对您造成什么不好的影响，苏珊会不会因此利用职权刁难您？您认为此事如何处理为好？

如果您用中文写回信，表达有困难的话，可以用英文给我回信。我会找一个非常可靠的人翻译。

等您的回信，我非常希望听到您的意见。我会妥善处理这件事情。

到今天为止，已经完成6 597号，还剩不足400号，斯00001号至斯06980号部分就可以全部完成了。等全部完成以后，我希望有时间与您商谈一下下余两个月的工作计划。

　　谨颂

时祺！

方广锠

2009年8月12日星期三

8月13日（星期四）

今天上午在阅览室，完成55号；下午的经卷比较小，在库里完成71号，总计126号。

下午进库，吴芳思略微迟到，说："对不起。全是苏珊的事情。她要广西师范大学出版社将要出版的全部文件。我给她以后，她还要2007年、2008年的，发来威胁电邮。我只好把合同再给她发送一遍，告诉她没有2009年以前的。她非要没有的文件。"

吴继续说："你的电邮我收到了。我也觉得他们这样很不好。写一个东西，要你签字。他们应该求你。"她做了一个拱手的动作。

吴芳思没有涉及其他，我也没有涉及。我想，我的态度已经表明。而且苏珊在要广西师范大学出版社将要出版的材料，也不知会出什么幺蛾子。等着吧。

回来收到吴芳思电邮，为蒙安泰缓颊，其他什么也没有谈。但广锠很重视"我跟蒙谈了这些事"这句话，看来蒙又向苏珊转达，引起苏珊反馈，就是想要广西师范大学出版社将要出版的材料。看来下面还会有麻烦。等着吧。

8 月 14 日（星期五）

昨天大家完成 126 号，今天共完成了 155 号。目前仅剩下了 102 号待做的号码，留待下周一做，谢天谢地，终于胜利在望了。

昨天，我们在图书馆楼上的阅览室及地库的工作，都进入了以残片为主的部分，所以进展较快。

上午，黄霞做了此次工作编号的最后一号——斯 06980 号。她说这很有纪念意义。下午在地库，我又再次经手了那件很珍贵的东晋帛书斯 05719 号，也感觉很幸运。

因为上午做的都是残片，约 11 点半我们就结束了在阅览室的工作。我提议广锠请大家在员工餐厅吃西餐，因为想等王澧华老师一起参加，约在周一中午。

敦煌研究院来 IDP 帮忙工作的吕爱，通过蒙安泰的帮助与阅览室联系，待下午 5 点读者都离开后，来阅览室拍广锠及我们的工作照。她说是院里来前交代她要拍些中国学者在英国做敦煌遗书的照片。

吴芳思对广锠说蒙安泰给方签合同是听命于他的领导（苏珊），其实蒙安泰人很好。并说苏珊找她要广西师范大学出版社与图书馆签的合同，并约广锠下月面谈。

晚上我俩聊起这些，广锠说有关英藏敦煌遗书的事情，过去如果需要签合同，吴芳思就可以签。但我们这次来，是按照图书馆的新规定，与图书馆签订的合同。而且，这次英国国家图书馆还按照新的规定，由专门部门从法律上做了审核。所以下一步苏珊如果提出什么问题，与吴芳思没有关系。我说："幸亏苏珊 7 月刚上任，成为吴的顶头上司。如果她在此前便有了管这些事的职权，我们就无法做成这个项目。这真是一种历史的机缘巧合。"

我们当时完全没有想到，更巧的是，我们这段时间紧赶慢赶、刚刚基本完成了需要对照原件著录的敦煌遗书卷子，苏珊就对阅览室下达了对方广锠阅览敦煌遗书的封锁令。这大概就叫作"人算不如天算！"

8月16日（星期日）

昨天在住处工作，我完成了第11夹（每夹100号）的电子稿。

今天上午黄霞自己外出。因牛奶已无，广锠的威士忌也喝完了，我问他是否与我同去，他依然忙得说顾不上。我只好又独自出去买了蔬菜、鸡蛋及4桶牛奶等，弄得我汗流浃背。少买一点的话，虽然这次轻松一点儿，但还是要多跑路再去，反正都是我的事情。

黄霞来伦敦后一直和我们一起搭伙吃饭。每天早饭，她也"入乡随俗"，和我们一起吃添加了多种菜、蛋的炒米饭；中午的主食，我和方仍然是带自己加工的杂粮饼，她则带面包；晚上一般主食是杂粮米饭，再做一荤一素两个菜。好在黄霞人很随和，和我们一起这样简单地吃饭，从不挑剔，从无怨言。

8月17日（星期一）

今天上午在阅览室完成59号，下午在地库完成40号，总计99号。

前两天梳理工作，没有做的总共还有104号，但其中5号没有拿到，或在展览，或在修复部，不管怎样，到今天为止，前6 980号第一次著录基本完成。

中午在图书馆员工餐厅聚餐庆祝。下午广锠告诉吴芳思，本周不去图书馆了，在家整理资料，下周一再去。吴邀请我们周日去她家做客。我们答应了。临出地库，她给广锠一份东西，说："这次写得客气了一点，你回去看。"广锠回来一看，丝毫没有变化，只是加了一句"这是长期合作的目的与结果"。

下午近 5 点，我们在地库终于完成了目前能取到的斯 06980 号以前的敦煌遗书。

这次来伦敦，第一批人工作了 8 周，加我们留下的 3 人工作一周，共完成 3 700 号（《敦煌宝藏》前 30 册的图片）。第二批人工作了 6 周零 1 天，完成 3 300 号（《敦煌宝藏》后 24 册的图片）。其中，陈王庭做了 2 262 号，我做了 1 633 号，李际宁做了 754 号，张桂元做了 741 号，黄霞做了 733 号，刘志惠做了 664 号，方广锠做了 163 号。

我俩计划本周在住处整理电子稿，下周到图书馆继续工作，解决遗留问题。吴芳思约大家这个周末到她家去做客。

这次，我还有一个收获，就是通过直接过手著录了 1 633 件英藏敦煌遗书，感觉自己对敦煌遗书的感性认识有了一个新的飞跃。

过去，我虽然也随着广锠看过不少公私收藏的敦煌遗书，但毕竟是以零零星星的散藏为多。即使是国内一些收藏敦煌遗书数量较多的博物馆或图书馆，也不过数百件。此前虽然我还曾和他一起复核了中国国家图书馆收藏的 16 500 多号敦煌遗书，但在那里具体工作的时候，一般都是由他经手核对原件，我在旁边做文字记录。只是遇到比较特殊的卷子，才插空凑过去观察欣赏一下。而前两次我随他到英国国家图书馆，是做斯 06980 号以后的残片，且这些残片大部分已被封装进硬塑料片里，观察起来也大受影响。

这次来伦敦，能有机会直接经手触摸 1 633 件跨越一千多年时空的古籍珍品，对这些文献纸张的质感、文字书写风格等的直观感受与认识才更加真切、具体和细微，真是十分难得和幸运！因为中国国家图书馆和英国国家图书馆是世界上收藏敦煌遗书最多的两家图书馆，因而这样大批量地直接接触敦煌遗书原件的机会，于我很难再有。①
能这样日复一日、接连数月地与那些历经千年岁月沧桑的中古书卷零
距离接触，不断细微地体察那上面留存和体现的各种古人及时光所形
成的生动鲜活的气息，总令我有一种莫名的神圣和神奇之感，像是进
行了一次次纵贯古今的时空穿越。这真是人生一种十分难得的经历和
缘分！

晚上，我俩聊起苏珊再次拿来的合同。他说："与上次的比较，
只是加了一句话，但从根本上并没有改变。"然后商谈与苏珊见面时
如何应对，我们共同认为她是出于一种妄自尊大、盛气凌人的"帝国
主义"霸道心态，欺人太甚！对她的这种强势索取，要严肃拒绝。但
后来考虑到学术研究需要合作，学术界需要资料，如果能够合作，那
就最好。但既然是合作，就应该互利互惠，我们也可提出希望得到相
应的资料（如 IDP 已拍摄的高清照片等）。广锠还因此对刘志惠老师
一再建议的回上师大就敦煌遗书数据库申请项目、建立网站、公布数
据的事颇为动心。

8 月 22 日（星期六）

18 日、19 日、20 日三天，我们在住处做电子稿。

今天大家应邀一起到陈宝和的住处聚餐。他还是住在我们 2005
年去时租的那个地方。他提前买了不少鸡翅、香肠及做沙拉的蔬菜
等，在他房后的小院里，架起炭火炉，大家一起吃烧烤、喝啤酒。

广锠向陈宝和介绍了这段时间与苏珊冲突的情况，与他反复探讨

---

① 修改此文时，恰逢结束 2018 年下半年赴法国国家图书馆为敦煌遗书编目归
国不久。而这次在世界敦煌遗书第三大藏家法国国家图书馆的近半年工作，
让我又有机会经手了 900 多件敦煌遗书的文物数据采集工作。

下一步和苏珊谈判的事。陈说，按一般英国人的思维，就是按规矩办事，你有困难是你自己的问题。如在葛汉看来，吴芳思为我们提供的帮助，已超出了常规，完全没有必要。

刘志惠向广锠建议，可按照 IDP 上传照片的进展速度，同步给他们目录。广锠认为这个建议可取。

8 月 23 日（星期日）

今天大家一起乘地铁应邀到吴芳思家做客。

路上黄霞说，当年北图修复组的杜伟生他们几人来伦敦出差，曾在吴家住了 4 个月。广锠说，敦煌学者沙知也曾在吴家住了半年，1991 年来时，他还听说这样一件事情：一对中国夫妇偷渡来英国，被英方发现后准备遣返，但因女方怀孕，不方便遣返，又无处居住。于是吴芳思把这对夫妇接到自己家中，住了好久。吴帮助中国人真是不遗余力，令人感动。

吴约我们在她家附近的地铁站口见面。她说先带大家去她家附近的那座庄园参观（我和广锠以前曾随她去过）。吴介绍：那原是当地一个贵族的私人庄园，后来捐献给了当地政府，现在作为免费的公园。陈宝和说，在英国像这样的老建筑不让个人私拆，有的因为养护不起就交给国家。私人的绿地也不允许随便建房。

我们在地铁站口一起等候去庄园的公交车时，来了一位老人，对着吴芳思咕哝了几句，她便掏出一些钱给了那位老人。原来那是个乞丐。

庄园里的别墅中午 11 点半才开门，我们便先在花园里游览。花园在一片很大的丘陵上，有成片的树林、草坪及水面。吴芳思说，小时候，父亲喜欢带着她来这里。

花园里有一些木质椅子是个人捐赠的，上面钉有牌子，写着捐赠人的名字和年代。吴芳思说她家也捐赠过。

参观别墅时，吴芳思说，她11岁时写作文，按老师的布置写了那所房子（庄园里的别墅），那篇作文还得了奖。

别墅里面，悬挂着原来房主收藏的伦勃朗等名人的画作。在别墅的小卖店里，吴芳思见我们中有的拿起庄园特制的杯子在看，便买了5个杯子（近25英镑），分送给我们。

从庄园出来后步行去吴芳思家。我们带了葡萄酒、给埃勒蒙的奥运纪念邮册等。吴让大家随意参观她的房间，也可以拍照。当看到客厅里悬挂的一些油画和老照片时，吴讲起了她家的一些往事：那幅小姑娘的油画，是母亲的叔叔（或吴的叔叔？）为她画的像，说是因为当时她正不高兴，所以画成了那个样子。那张飞行员的照片，是她的姥爷（？）。他是一位战时飞行员，因误降落在法国成为德国战俘。为了不让家里担心，他写信告诉家里，每天早餐有鸡蛋、牛奶，让家人放心。

午饭是炖煮的肉块、土豆片、凉拌菜和米饭。吴芳思还邀请了中文组阅览室的一个女孩艾丽斯来一起吃午餐。艾丽斯对我们很友好，她说正在学中文，有时还用她刚学的中文"蹦"几个简单词汇。后来她还和陈王庭互助学习了一段时间的中英文。她带来了自制的水果蛋糕。

餐后我们要帮吴洗碗，她不让，说有洗碗机。一起喝咖啡时，吴拿着牛奶瓶子给大家倒，说她母亲不让她用洗碗机（老人在87岁时去世），也不喜欢洗碗机。

吴很喜欢猫，便养了两只，说猫晚上就睡在她的床中间，一只已十七八岁，一只七岁。我们聊天时，它们就在我们面前的地毯上旁若无人地遛达。

午饭后，因黄霞和陈王庭想参观附近的马克思墓，吴便带着他们去了。参观马克思墓要买门票，每人 3 英镑，是吴买的。我们因已去过，吴便让我们在她家里休息。我们和王老师夫妇便随意聊天。

他们从马克思墓回来后，吴开车送我们到地铁站。我问起她家房子建设的年代，她说是 19 世纪 70 年代所建。这一带的房子，都是 19 世纪 60 年代至 19 世纪 80 年代建设的，目前大部分还完好。但靠近坡边的建筑有些因地基下沉，有裂缝，现已开始维修。果然，我们见到靠路边的一幢房子搭着脚手架，正在修缮。

8 月 24 日（星期一）

今天，我在住处做电子稿，广锴去图书馆。他回来讲，与吴芳思进行了沟通。吴说，苏珊上周五让她给方带话，一定要让方签合同。苏珊还讲："我们提供经费让他来，他就应该把东西留下。"对此吴表示以前她为方提供的经费，不仅与 IDP 没关系，与图书馆也没有关系，完全是她个人去申请的基金。方说我们这次来这么多人，是出版社提供的经费。

方对吴讲，他打算与苏珊谈三点：第一，他从来是主张合作的。敦煌学是世界性的，他做敦煌目录这么多年，就是与各单位合作的结果。第二，他的工作涉及出版社的权益，还需要与他们商量。作者给出版社的版权授权一般是 10 年。如果他可以决定，要等到 10 年以后。第三，合作是双向的。他提供的内容应与 IDP 上网的照片同步；IDP 没有上网的，提供了也没用；已上网的，如他已完成研究，提供没有问题；目录中有些需要进一步研究的，需要 IDP 提供清晰的照片，希望 IDP 予以提供。

吴听方讲要与出版社商量，连说："对对，让他们去找出版社商量。"当方问如果他向 IDP 要清晰照片，他们是否会答应时，吴说苏珊对别人的请求，一向喜欢说"No"（后续的发展证实了吴的这一判断。而这与苏珊要求别人做事的方式刚好相反）。

吴约方下午 3 点与葛汉一起再谈这些问题。但吴走后，蒙安泰又来催问方合同的事。方讲了上面三点，蒙安泰听后表示有道理，并说 IDP 已上网的照片中，如有方研究需要的，他现在就可给他刻盘。方建议他还是问一下苏珊。

蒙安泰走后，方跟吴讲了与蒙安泰谈的情况，并讲了下步要做的重点卷子，以及后 7 000 号残片中，那些一件为多纸的卷子还需要补充测量（以和这次的体例统一）、需要继续下库等问题。但说可以等吴 9 月初从中国参加国图馆庆回来后再去。吴说如果只是这些事情，就不用再和葛汉沟通了。

对这一段有关签署合同的重要情况，方有如下记录：

> 2009 年 8 月 11 日，星期二，苏珊让 IDP 的工作人员蒙安泰到阅览室找我，说有事要谈，很简单，5 分钟就可以。当时工作紧张，面前卷子堆积，根本没有时间。蒙安泰便说下班以后也可以。于是约定下午我下库工作之后与他见面。
>
> 下午 5 点左右，地库工作结束，我打电话通知蒙安泰。他随即坐电梯下来。就在电梯间（一个人来人往的过道）拿出两份英国国家图书馆抬头的英文文件，说："苏珊请你签字。"我不懂英文，问他是什么文件。他回答："请你提供敦煌遗书编目数据的电子版。"对这一要求、这一局面，我当时完全没有思想准备，便说："你起码给我一个中文翻译，让我明白具体内容，我看过以后

再说签字的事。有什么问题，可以再讨论。"便拒绝接受文件。

第二天，收到附有中文翻译的文本。文本的中文内容为：

我将所有英国国家图书馆藏佛教敦煌文献进行检索和研究之后，同意在目录（研究成果）出版后的三个月内将目录的完整电子版（以双方协定的格式）提供给英国国家图书馆中文组和国际敦煌项目（IDP）。我同意在目录出版至少六个月后，可以将其公布在 IDP 网站。详细的版权信息会显示在网站上。如果我将来计划更新目录的内容，我会将更新的电子版本提供给 IDP。IDP 会负责在合适的时间内将更新的内容放在网站上。

在我离开伦敦之前，我会将所有敦煌佛教文献的测量数据（文献长度、高度、纸数、行数、行字数，以及每纸长度、抄写行数）提供给 IDP，同时我也会提供文献头尾是否完整的信息。

方广锠教授于伦敦 2009 年 8 月 日 ①

在上述文件中，苏珊以我主动授权的方式，要求我交出全部编目资料（所谓"目录的完整电子版"）。问题在于：

第一，她是否有权利向我提出这种要求呢？

我们看看国际惯例。

按照国际惯例，编撰类似的目录可以有如下三种做法：

1. 英国国家图书馆有自己的专家，由英国国家图书馆自己的专家来完成有关编目。如当年的翟理斯。我不属于这样的情况。

2. 英国国家图书馆没有相应的专家，但英国国家图书馆又迫切需要编撰这样的目录。于是在世界范围内招聘有关专家从事

---

① 此稿是苏珊他们提供，但广锠没签字的草稿，故没有具体的日期。

这一工作。如果这样，英国国家图书馆应该按照英国的相关法律，履行相关公开招聘手续（向英国有关部门申请、在报纸上公开招聘等），并给这个专家发放相当于英国专家的工资。这个专家完成的目录，属于职务作品。个人虽然有署名权，但所有权归英国国家图书馆所有。我也不属于这样的情况。吴芳思曾经这样说："我们没有给你发工资。"

3. 某人想做这样一个个人课题，由于这一个人课题的成果恰恰是英国国家图书馆也需要的，所以英国国家图书馆为这个人提供一定的帮助。这种帮助包括两个方面：（1）经费的资助；（2）提供工作场所与相关资料。这种方式产生的成果，如果事先没有特别约定，著作权归编撰者本人。我在这里必须强调"事先的特别约定"，只有事先双方约定，在法律上才是有效的。事先没有约定，事后单方面无论提出什么都是无效的。

我的情况就是上述第3种。这个项目从1991年开始，到今年已经进行了整整18年。18年来，吴芳思博士与我始终有一个共识：这是我的个人课题，英国国家图书馆提供一定的帮助。我们一直按照这一原则处理各种相关事务。18年之后，苏珊主任突然单方面让我交出全部编目成果，这无论在法律上、事实上，还是情理上，都是站不住脚的，是没有道理的。她无权向我提出这样的要求。

第二，这一合作是否平等呢？

虽然苏珊无权向我索要成果，但是，敦煌学是需要世界合作的。如果她想合作，自然无可厚非。但是，既然是合作，必须是平等的。她是否采取了平等的态度呢？没有。

上述文本完全是一个单方面的"卖身契"，她不但索求我现有的成果，连将来的修订成果也企图一并霸占，而她自己则不承担任何义务。所以，这是一个彻头彻尾的"南京条约"。

第三，她的方式是否合法呢？

她事先不与我做任何商议，在我完全不知情的情况下盗用我的名义，用英文写这样一个授权书，交给我这个不懂英文的人，5 分钟内让我签字。大家说，这样的授权书合法吗？

她为什么这样理直气壮呢？据说她在私下讲："我们请他来，我们提供经费，给他看资料，他应该把目录给我们。"

这些话看来似乎有道理，但是且慢。

1. 经费问题

英方的确为这个项目提供了经费资助，但是，这笔经费在整个项目支出中只占很小的比例。我在这里给大家算一笔账：

从 1991 年到 2007 年，我共到英国 6 次，包括参加 1997 年的"敦煌遗书鉴别国际学术讨论会"以及 2007 年的"敦煌百年国际会议"。6 次赴英，合计 16 个月。其中 2 次开会，每次一周，共计 0.5 个月；在英国从事编目，15.5 个月。我 6 次赴英的费用（往返机票及在伦敦的生活费）均由吴芳思博士申请各种基金解决。6 次中有 2 次，我携带已经退休的妻子张丽作为助手赴英一起工作，共计 7 个月。张丽的费用（往返机票及生活费）都由我自己承担。

以上，截至 2007 年，不算开会，在英国共计工作了 22.5 个月，英方为我解决了 15.5 个月的经费，我自己解决了 7 个月的经费。这 22.5 个月的工作内容是斯 06981 号到斯 14144 号。

2009 年 5 月初我第 7 次赴英，带领国图、上师大等单位的工作人员总计 7 人。7 人的工作情况是：

2 人，每人各工作 6 个月，共 12 个月；

1人，工作4个月，共4个月；

4人，每人各工作2个月，共8个月。

合计工作24个月。这24个月的工作内容到现在为止是斯00001号到斯06980号，以后还要补做斯06980号以后的部分。这次赴英工作的经费全部由国内相关单位承担的。

以上从1991年到2009年，18年间，为了这个项目，总计赴英工作的工时为46.5个月，其中英方承担经费15.5个月，所做主要是斯06980号以后内容。中方（含我个人）承担经费31个月，主要是斯06980号以前的，也包括斯06980号以后的。英方承担的经费正好是全部经费的三分之一。

我还应该指出，上面讲的只是这个项目在英国支出的经费情况。大家都知道，这个项目并非仅仅在英国进行，更大量的工作是在中国进行的。翟理斯编目花了30多年，完成斯00001号到斯06980号的编目，而且都是相对比较大的，大部分都是有首题或尾题的卷子。我不是神仙，不可能在短短的15.5个月中，完成7 000号没头没尾的残片的编目。我的斯06980号以后7 000号残片编目工作，大部分是在国内完成的。这个工作也不是我一个人做的，我们有一个团队，是大家共同做的。所以从1991年，一直做到2005年。至于今年工作的斯06980号以前的部分，基础工作也是先在国内做好，我们是带着草稿来英国的。在英国做的是量尺寸、数行数、定年代等必须依据原卷才能完成的工作。

整个英藏目录，主要的文字案头工作都是在国内做的。国内的大量工作同样要花费经费。这笔经费，远远超出英方提供的数字。如果说，英方资助了经费，就有索要资料的权利。那么，所有向我提供经费的单位，包括中国社会科学院、中国国家社科基金、上海师范大学、上海师范大学哲学学院、上海市社科基金都有这个权利。而且他们出的钱更多，权利更大。

所以，所谓提供经费就有权利的说法，即使成立，则不论从经费比例分摊的原则出发，还是从实际工作内容出发，苏珊的要求都是没有道理的。更何况事先没有约定，所以即使提供经费，事后也无权提出要求。

我在此要向吴芳思博士表示诚挚的感谢与敬意。实际上，英方提供的所有经费都是她设法从英国国家图书馆以外的各个基金会申请的。没有花费英国国家图书馆一分钱，更没有花费 IDP 一分钱。

2. 使用资料问题

因为我们编目使用了英国国家图书馆收藏的敦煌遗书，所以有义务把编目数据交给英国国家图书馆——这也是站不住脚的。

首先，这批敦煌遗书是斯坦因以欺骗的手段从中国搞到英国的，这极大地伤害了中国人民的感情与权益。当然，这是历史问题，我的态度前面已经提到，这里不再讨论。

其次，英国收藏的这批敦煌遗书，长期没有完整、准确的目录。我编撰这个目录，发现了一系列重要资料，可以解决英国国家图书馆长期的困扰。目录出版后，送给英国国家图书馆，会成为读者今后利用英国敦煌遗书的基本指南。这是互利双赢的事情。英国国家图书馆的有识之士曾对我说："你帮助我们搞清了馆藏敦煌遗书的情况，我感谢你。"

再次，一个公共图书馆，本来是向公众开放的。这是所有公共图书馆的理念与义务：开放资料，服务读者。按照国际惯例，研究者向图书馆提供研究成果，有如下两种情况：

其一，研究者利用了某个收藏单位的资料并出版成果以后，从道义上，有将出版物送给相关的资料收藏单位的义务。这一出版物将成为该收藏单位的收藏，成为公共的文化财富。我就是这样做的。我的阶段性成果《英国图书馆藏敦煌遗书目录（斯06981 号～斯08400 号）》于 2000 年出版后，立即赠送英国国家图书馆。我的《英国图书馆藏敦煌遗书总目录》出版以后，也会赠送给英国国家图书馆。

其二，图书馆出于某种需要，可以事先向研究者提出某些要求。在双方协商一致的情况下，研究者在出版成果之后，按照事先的约定向图书馆提供相关资料。这种协商必须是平等的，不可能是一方强加给另一方的。如上面提到的，当年 IDP 企图以英国编目勒索我的国图编目资料，我马上表示可以放弃英国编目。

现在的问题是，没有事先约定，一个公共图书馆以研究者利用了自己的藏品为由，勒逼研究者交出自己的研究成果的电子本，并把这个电子本放到收藏单位自己开发并拥有知识产权的某个项目中，这是违背公共图书馆的道德理念的。据我所知，在世界图书馆界，还没有这样的先例。这样做是否违反法律？我不懂，将来可请教法律专家。但这正是苏珊索要我的成果的电子本的目的。

8 月 17 日，第二个文件的中英文本送到我手中。

中文本内容如下：

方广锠教授在英国国家图书馆将该馆所藏佛教敦煌遗书进行检查和研究之后，同意在目录出版后的三个月内将目录的完整电子版（以双方同意的格式）提供给英国国家图书馆中文组和国际敦煌项目（IDP），以便给我们足够的时间进行格式转换。方广锠教授愿意在目录出版后六个月内将其放在 IDP 网站。详细的版权信息会显示在网站上。如果方广锠教授将来计划更新目录的内容，方广锠教授会将更新的版本提供给 IDP。IDP 会负责在客观的时间内将更新的内容放在网站上。

方广锠教授离开伦敦之前，也会将测量的数据提供给 IDP，包括文献长度、高度、纸数、行数、行字数，以及每纸长度，抄写行数。如果可能的话，方广锠教授会提供关于文献头尾是否完整的数据。如果不可能的话，该数据会在目录的电子版出现。

这项研究一定会给学术界提供很大的方便，这也是我们英国国家图书馆和方广锠教授长期合作的目的与结果。

方广锠教授于伦敦

2009 年 8 月　日

第二个文本与第一个文本没有本质区别，还是要我自动把近 20 年的劳动成果拱手送给他们。文本最后一句说："这也是我们英国国家图书馆和方广锠教授长期合作的目的与结果。"显然，他们是为下一步采取行动做铺垫。

8 月 24 日，星期一，下午 2 点来钟，我正在阅览室工作，蒙安泰来，说苏珊让他来催促我早点签字。虽然对苏珊的霸道很反感，但考虑到敦煌学是一个世界性的学问，需要世界性的合作，我认为，只要平等互利，我可以尽量与 IDP 合作。我表示：

第一，敦煌在中国，敦煌学在世界。敦煌学需要合作。我已经与很多单位合作，否则我不可能编撰《世界敦煌遗书总目录》。以往与英国国家图书馆以吴芳思为代表的诸位，也有很好的合作。今后也可以与 IDP 合作。

第二，合作不能损害第三方利益。中国出版社的规矩是，图书连同电子版，版权的授权时间一般为 10 年。你们现在提出半年上网，我个人无权答应。但等 10 年，你们也等不及。所以，数据上网的具体时间，要与出版社商量，得到许可。是否可以考虑采用如下方式：你们上网到哪一号，我提供哪一号的相关数据。这样，由于不是一次性全部提供，也便于得到出版社的理解与允许。

第三，合作应该是双方的、平等的，不可能只是我单方面向你们提供资料。为了把目录编撰得更加正确，我需要一些图版。但你们网上发布的图版精度不够，难以使用。所以，是否可以采取这样的方式：你们做到某号，如果该号目录我已经完成，可以把有关电子数据给你们；如果该号目录尚未完成，还需要研究，希望你们提供高精度图版，我研究以后，再给你们目录数据。按照国际惯例，给我的图版，我保证不发表，不转让给他人。

蒙安泰对我的上述三条意见表示理解。特别询问这次来英国工作是否有合同。我说有，并讲了签合同的经过。

蒙安泰表示，他去向苏珊汇报。临走时说："你需要哪些高精度图版，可以给我电邮遗书编号。我给你刻盘。"

但是没有想到，蒙安泰汇报的结果，是苏珊勃然大怒。

8 月 25 日（星期二）

事情突然出现了戏剧性的变化，苏珊发飙了！

因前日我们与吴芳思约好今天下午 3 点一起去修复部看那件珍贵的晚唐刻本《金刚经》，上午，我和广锟两人一起到图书馆，并告诉了黄霞。黄霞打算下午 3 点前赶来一起看。

到图书馆后，广锠递上了一号准备让我录文的卷号，阅览室工作人员却拒绝提供，并让方看了苏珊禁止阅览室向方提供敦煌遗书的书面命令。

方打电话找吴芳思，此前他发电邮给吴，一直不顺畅。但吴来后对方讲："这一段时间先不要提卷子了。"吴说苏珊昨天通知她，禁止给方广锠看卷子。吴劝方不必着急，问题会解决的。但没有讲更多的细节。方把他原来带过的佛学院研究生定源（当时正在日本留学）9月来图书馆看卷子的目录拷贝给吴芳思。吴走后，方想还是要进一步了解情况。

一会儿，吴来还方拷贝的优盘，他便询问详情。吴说昨天下午，苏珊给她发了份措辞激烈的电邮，说："我们给他钱，请他来，为什么不留下东西。"并禁止再给广锠看原件。连其他的人看后都很吃惊。吴认为苏珊这样做没有道理，她不能通知。吴已找了工会，就苏珊不能这样让她办事做了反映。后来苏珊可能觉得不妥，又给她发了一封信，口气有所缓和，但内容依旧。吴还说葛汉对此的态度也是好的。

方对吴说："对苏珊的这种无理行为，我有四个办法：第一，找馆长反映；第二，给《泰晤士报》投稿反映；第三，向国际敦煌研究会发信，揭露苏珊的刁难；第四，将来在图录里记下一笔。广锠准备去找馆长反映，但不知道她在哪里。吴说她可以带方去找馆长。因为馆长也要去北京参加国图百年庆典，吴建议方还是先缓一下看看。

广锠上午由阅览室出去上洗手间时，正在读者接待台工作的艾丽斯喊方过去，对着他摊开两手，神情诧异地叽里咕噜讲了一通。广锠只听懂了其中一个她重复了几遍的单词"Why?"（为什么？）虽然他听不懂语言，但从她的表情、手势，可以明白她是因为阅览室接到了不让我们看敦煌卷子的通知，很不理解，关切地询问广锠为什么。广锠无法用英语回答，只好耸耸肩、摊开两手，对她以苦笑作答。

8 月 26 日（周三）

昨晚我们由图书馆回到住处后，广锠一直在斟酌修改给馆长的抗议信，一直忙到夜里 12 点多。因吴芳思说馆长 9 月初就要去北京，方计划今天就给馆长发信，稍后看看反应，再考虑是否找媒体扩散此事。

我有点"幸灾乐祸"的感觉。这些年，广锠在做敦煌遗书目录的过程中，苏珊曾多次向他索要工作成果。因为没有达到目的，便一直对广锠在英国国家图书馆的工作设置种种障碍。她仿佛就是我们这个寻访故事中的一个反面角色。这次她 7 月份提升到任，开始可能没有顾上我们，或没有料到我们的工作进度能这么快，广锠的态度又会如此强硬。她第一次让蒙安泰拿合同来时，我们虽然每天还在下库工作，但已接近尾声。几个回合下来，她知道了广锠的强硬态度，开始利用职权"收拾"我们、禁止广锠借阅敦煌遗书时，我们已经基本过完了原件（仅剩 5 件因种种原因不在库里、没法做的）。

在伦敦剩下的时间，按广锠原来的计划，如果能再有重点地重新看些卷子更好，但即使走前一个不看，也已经无碍大局。他目前已经掌握的敦煌遗书目录资料，仅中国国家图书馆和英国国家图书馆这两大收藏单位，就已经超过敦煌遗书总数的三分之二，足够他后半生研究的。局部资料的多少，已影响不了他工作的大局。而苏珊做出的这些霸道且愚蠢的举动，只是让我们在关于寻访敦煌遗书的历史记录中，增加了一些曲折的情节和花絮而已。

原来准备今天不去图书馆了，后来他想，还是今天去，把给馆长的信发出，再看看吴的态度。本周余下的两天时间，加上下周一的狂欢节假日，我们则在住处等待馆方的消息。

早上到阅览室，请工作人员帮忙打开我们工作用的那间小屋的门的，正是艾丽斯。她一直对我们很友好。虽然她的中文还只能讲几个简单的词，但通过她话中我能听懂的个别英语单词，能明白她大概的意思。她问我们在伦敦还会待多久，我告诉她还有 2 个月。她好像讲到明年 7 月，不知那时她是否能去中国。我送给她广锠的名片和一个我从湖南凤凰古城买的苗族刺绣钱包，欢迎她到北京时来家里做客。她问我们是不是在上海，我们用有限的单词告诉她，我们在北京有房子，并指给她名片上北京的地址和广锠的电子邮箱，她也留下了邮箱地址。

上午广锠请陈宝和来，征求给馆长的信的意见。陈主要对措辞比较强硬、激烈的地方提出了修改意见。如抗议书改成给馆长的信，一些贬义词改用叙述性的语言等。但陈提到要修改敦煌遗书是被斯坦因骗去、苏珊的合同好比是南京不平等条约这些话时，广锠不同意删除这段，但接受了我的建议把"蛮横霸道的'南京条约'"改为"蛮横霸道的授权合同"。

今天中午饭后，我终于完成了这次我在图书馆所做卷子全部电子稿的录入。如释重负！

附一：2009 年 8 月 26 日方广锠致英国国家图书馆馆长的信

尊敬的英国国家图书馆馆长阁下：

我是来自中国的敦煌学研究者方广锠，上海师范大学教授。我从事敦煌遗书研究已有 25 年。主要成果有中国国家图书馆名誉馆长任继愈主编，我为常务副主编的大型图录《（中国）国家图书馆藏敦煌遗书》（全 150 册，已出版 110 册）。由我主编的《中国国家图书馆藏敦煌遗书总目录》也即将完成。此外，我正在编撰全世界各国敦煌遗书的《世界敦煌遗书总目录》。

英国国家图书馆收藏敦煌遗书 14 000 号，是敦煌遗书的重要组成部分，也是我工作的重要对象。从 1991 年开始，我多次来贵馆，进行敦煌遗书编目，得到贵馆葛朗姆·绍先生和吴芳思博士等人士的大力支持，我对此表示深深的感谢与由衷的敬意。阶段性成果《英国图书馆藏敦煌遗书目录（斯 06981 号～斯 08400 号）》，2000 年已经出版，并赠送贵馆。其余遗书的编目工作正在紧张地进行。

多年前，贵馆 IDP 就对我的《中国国家图书馆藏敦煌遗书总目录》的编目成果提出不合理要求。今年 5 月，为在中国出版英国敦煌遗书图录，我依据与贵馆的合同，带领一批中国学者再次来到英国，从事敦煌遗书的调查。工作中，我感到 IDP 负责人苏珊博士未能给予正面合作。她升任贵馆亚非部主任以后，未与我商议，以我的名义拟定授权书，派蒙安泰先生让我签字，该授权书要求我把近二十年辛勤劳动的编目成果的电子本交给 IDP。我认为这是十分不妥当的。请参见所附苏珊博士单方面草拟的授权书。

虽然我感到苏珊博士的要求是无礼的，我还是本着"敦煌在中国，敦煌学在世界"，以及促进敦煌学发展的立场，表示如下三点：第一，同意合作，可以提供资料。第二，合作不能损害第三方，即出版社的利益，需要得到出版社的许可。可以采取与 IDP 图版同步上网的方式提供目录，便于得到出版社方面的理解与许可。第三，合作应该是双方互利的，应该本着这一原则考虑合作的具体方式，共同推进敦煌学的发展。

尽管我给予如此合情合理的回答；尽管我出于善意，前此已经向 IDP 提供了不少英国敦煌遗书的目录研究成果，而且目前正在向 IDP 提供我们这次在英国的测量数据，但没有想到，由于我拒绝按照她的要求签订上述授权书，苏珊博士竟然于昨天决定，不准我再查阅敦煌遗书原卷，使我们的编目工作被迫停止。苏珊博士剥夺了我作为一个敦煌学研究者、一个读者应有的权利，为英国国家图书馆开了一个恶劣的先例。不仅如此，我们这次赴英工作，是依据中国广西师范大学出版社与贵馆签署的合同办事。苏珊博士这一举动，属于单方面不履行协议。

　　馆长阁下，您想必清楚，贵馆所藏敦煌遗书是当年斯坦因在中国积贫积弱、有关人员愚昧无知的情况下，用极其不光彩的欺骗手段搞到的。此事极大地伤害了中国人民的感情与权益。作为一名敦煌研究者，我主张在历史问题解决之前，开放所有的敦煌遗书，采取合作的态度，供给全世界的研究人员使用。作为中国学者，我可以与世界任何一个平等待我的国家、单位、个人合作，但绝对不会答应苏珊博士企图强加给我的蛮横霸道的所谓"授权书"。

　　作为一个公共图书馆，它的基本理念是开放资料、服务读者。英国国家图书馆想必也是如此。苏珊的行为，违背了这一基本理念，让在世界上享有盛誉的英国国家图书馆蒙羞，也在世界敦煌学历史上留下不光彩的一页。

　　为此，我写信给您，抗议苏珊博士的上述行为。并希望馆长阁下帮助解决，以使我们顺利完成研究工作。

　　谨致

诚挚的敬礼！

方广锠

2009 年 8 月 26 日于伦敦

附二：广锟给北京友人的信

某某某、某某某：

某某某两封来信都收到。

苏珊上台，某某某正在伦敦。当时我们就担心她会制造障碍。果然，她出手了。

苏珊其人，正如某某某所说，是典型的帝国分子。① 但这个帝国主义分子，已经没有当年帝国主义的经济实力，也没有当年帝国主义的文化实力。② 不过，其帝国主义心态不变。林世田向我抱怨过 IDP 人员在国图的傲慢，以及合作时中方的无发言权。黄霞也谈到 IDP 人员在国图腿跷在桌子上训人。（所指为 IDP 工作人员高奕睿）这次苏珊公然向我勒索，就是这一心态的又一暴露。③

应该承认，这些年来，苏珊空手套白狼的把戏玩得不错。她用 IDP 的名义去募捐，再用募捐来的钱套各单位的敦煌资料，如此滚动。发展到今天，中、英、法、俄四大敦煌藏家全部加入，还有德国参与。不过也有缺陷，就是她套的全是图像，缺少

---

① 广锟抗议信原稿，就用了"帝国主义"这个词，并借用"南京条约"比喻她的授权书。原文口气激烈得多。后来在陈宝和的建议下，大幅度改动语气，成为现在的样子。

② 现在她是空手套白狼。用 IDP 的名义，到处募捐。以前主要是美国，现在发展到中国（敦煌某基金会）、韩国（高丽大藏经研究所）、日本（创价大学）。英国国家图书馆没有为 IDP 支付经费。这也是她能够从一个部门小头目上升到亚非部主任的重要原因：能干，会套钱。

③ 苏珊本人电脑操作能力一般。IDP 其他的大部分工作人员是一些计算机技术人员，不懂敦煌遗书。IDP 编不出我们这样的目录。即使计算机技术人员，苏珊也采用邀请访问学者的方式，从中国敦煌研究院招募廉价劳动力。

对原卷的详尽著录资料，即缺少一个好的目录。①

苏珊靠 IDP 发迹，乃至当上英国国家图书馆亚非部主任。这是她起家的地方，也是政绩所在。所以，她要把 IDP 进一步搞起来，打实她的基础。

本来，敦煌在中国，敦煌学在世界。不管她本人是个什么样的人，只要她做的事情对发展敦煌学有好处，我们还是可以合作的。这也是我这些年来对待 IDP 的基本态度。但是，最近为编目需要，经常使用 IDP 网站②，发现如下问题，促使我认真考虑究竟应该怎么办。

第一，IDP 虽然用高精度扫描敦煌遗书，质量很好，但用于上网的图版精度降低，那些所谓可以分辨文字的小图，实际并不能满足我们释读原卷文字的需要。除了彩色这一优点外，一般图录不清楚的文字，它的图录依然难以辨认。与 IDP 标榜的可供学者使用云云差距太大。有的卷子至今还没有小图。

第二，至于用来体现原卷全貌的大图，由于为单纯拼图，没有处理压行，会对研究者造成误导。

第三，进度极慢。他们不断催促中方加快进度，而他们自己进度极其缓慢。为了掩盖这一点，他们甚至不敢把已经扫描的遗书目录公布出来。我这次得到一份截至今年 7 月的扫描目录，只有约 4 000 号，而且大部分是斯 06981 号以后的残片、小卷子。**用吴芳思的话说：英国的敦煌遗书，IDP 要做两百年。**

---

① 所以 2001 年她以不许到英国编目威胁广锠，索要中国国家图书馆的资料。今天又以不准看原卷，勒索英国资料。

② 以前曾经到 IDP 网站找资料，但因为他们没有上网目录，所点开的几乎都是空页，所以也就不上他们的网了。

也就是说，苏珊以套钱套资料相互滚动的方法，搞的这个IDP，仅仅是好看而已，对敦煌研究没有多大的实际意义。当然，除了给她本人创造政绩之外，IDP还起到一个钓鱼的作用。毕竟他们得到了一批高精度敦煌遗书的扫描件。如果哪个学者因为网上资料精度不够，要求得到高精度照片，自然被苏珊钓上，她就可以予取予求了。

所以，苏珊做IDP，不是为了敦煌学，而是为了一己私利。IDP的现状对敦煌学发展来说，意义不大。

更加重要的，苏珊的目的很显然是用这种空手套白狼的方式建立一个全世界最高的敦煌遗书知识平台。这就是当今知识经济最大的特点：抢占知识高地。问题是，难道在百年屈辱的敦煌学史上，还要增添新的屈辱吗？这个高地必须建立，但必须是由中国人建立在中国。

我花费25年的精力，实际做的就是这件事。但正如任先生说的，做这件事情，要靠中国人自己，不能靠客卿。我加一句：更不能靠苏珊这样的帝国主义分子。我怎么可能把它白白拱手让给这个帝国主义分子！在英国期间，我已经与李际宁商议如何公布这批数据。我的基本想法还是当时与李际宁所说的：无偿公布，但要保持知识产权。不能让人家（比如IDP）给扒走了。这件事，回国以后再探讨。总之，现在看来要加紧步子了。

回过头来说当前的这件事。

由于苏珊刚上台事多，也因为我们来英国的诸位干活非常卖力，吴芳思又非常配合，苏珊下令封锁数据时，我们的主体工作刚刚做完。只剩下5个卷子还没有看到，此外原来计划放在最后复查的卷子，还没有来得及复查。所以，苏珊的禁令，对我们当然有影响，但不伤筋动骨。所以，我有与你们来信同样的想法：把问题放到媒体，让公众来讲话。大不了从现在到我回国，他们一直封锁，不让我们看原卷。这对我们的编目也没有太大的损害，只是在他们自己的脸上抹上一层又一层小丑的色彩。这些日子，我一直与张丽、黄霞以及相关人士探讨这样做的利弊、步骤、时机，也想听听你们的意见。

苏珊很霸道，在英国国家图书馆内也同样。很多人对她也很反感。**用吴芳思的话说：什么事情她都要管。**而且总是说："No."一个中国学生要到牛津（剑桥？记不清了）学习，请吴芳思写一封推荐信，苏珊也要阻挠。以往中国部由吴芳思主事，亚非部主任葛朗姆·绍对中国学者也友好，遇事均支持吴芳思。但现在苏珊当了主任，吴芳思又要退休，将来中国有关人士再与英国国家图书馆打交道，恐怕会有种种障碍。

也请某某某在适当的时候，以适当的方式，向某、某谈谈此事。

谨颂

时祺！

方广锠
2009 年 8 月 27 日星期四

8 月 28 日（周五）

我们这两天均在住处，未去图书馆，一直在斟酌是否通过博客向媒体公开抗议信和关于此事的说明文字。

躺在床上，我们还在探讨下一步的主要目的，主要是要打击苏珊这样掠夺式的"帝国主义"行为方式，这有利于建立国人敦煌遗书信息资料的制高点。我们曾想最好能在馆方回应前发博客，并利用国图馆庆时媒体采访询问英方馆长的机会，给苏珊造成社会影响。后来考虑从情理上，应给馆方 3 天时间，如果今天上班后还无回应，广锟即在博客上发抗议信、事件说明及授权书照片。

上午 10 点，广锟看电邮还未回应，便开始上网发文。但偏巧这时网络不顺畅，往博客上传授权书照片时总说超过 2 万字，不给发送。后来即使删去照片，仅剩 6 000 字，也被告知字数超过限制。

他正在操作中，10 点 43 分，电邮提示有新邮件。他打开一看，是吴芳思来的电邮，告诉有"小好消息"。吴说苏珊今天 10 点给她留条，允许方看卷子了，但向吴要英方以前为方提供的经费的清单，并打招呼下周要与方见面。这真是人算不如天算。但我们依着对苏珊性格及为人的了解，想她绝不会善罢甘休，还会继续提出无理要求。我们且拭目以待。

下午，广锟又收到吴芳思的电邮，说按她的记忆，她 2009 年到上海时，曾向方转达苏珊要他目录的请求，他没有反对，但没有说何时给苏珊，因为还要有出版社的授权。并讲苏珊很生气，怪她不与方签合同。吴说苏珊又没给她合同，过去馆里也没有这个规定。

一会儿，方又收到苏珊的英文信和蒙安泰翻译的中文信，约方周二中午面谈。方回信说："因为见面的事情很重要，张丽也一起参加做记录。"新的斗争又开始了。

（后来得知，苏珊之所以在她下达对方看敦煌原卷禁令的第 5 天又予以解除，与她看到方给馆长发送的抗议信有直接关系。但馆方竟然把方的这封信交给了当事人苏珊本人翻译，使她得以借机向馆方告了方的"黑状"：说方是个坏人，他为国图编目录，但编完以后不肯交给国图等。但恰恰广锟作为常务主编的《中国国家图书馆敦煌遗书图录》当时正在出版中，后来在国图馆庆活动时，国图还把已出版的部分样书作为展品让受邀去的各国图书馆馆长，也包括去参加活动的英国国家图书馆馆长参观。苏珊很有心机，她又借帮忙翻译馆长给方回信的中文稿之机，在一些关键地方添加了自己的"私货"。当然，也不排除原信就是她帮忙起草的，从而导致了馆方给广锴发出的第一封"道歉信"，基本是站在袒护她的立场上讲话。当时，苏珊以为她的小伎俩业已得逞，便更加紧锣密鼓地敦促方与其签订她所需要的授权合同。）

8 月 29 日（星期六）

这两天，我们一直在反复斟酌与苏珊会谈的事情。昨晚王老师夫妇来，一起帮忙出主意。王老师建议要学邓小平与铁娘子撒切尔会谈，不谈主权，先杀杀苏珊的锐气。我觉得可取。对我们借来录音机，准备征得对方同意后录音的打算，王认为不妥。说对方如果接受，会不高兴；如不接受，我们有失面子。我们觉得有道理。我根据自己退休前在单位做重要发言时事先要以文字理清思路的体会，建议他还是先把要讲的内容大纲写下来，届时不一定照本宣科念，但有助于理顺和严密思路。今天他写了一整天，说脑袋都写疼了。

8 月 30 日（星期日）

方又收到刘老师的电邮，刘老师给了很多具体建议，但如介绍数据库等较具体的内容，方认为目前不宜谈；但她关于先谈几条原则，双方认可后再谈具体合作方式的建议可以参考。

方又梳理了有关的步骤和方法，大体为：

第一步，表达四点抗议（单方强迫签订合同、违反图书馆职业道德、单方不履行已签订的合同、妨害工作进行）。

第二步，明确双方权利（双方关系界定），回答有关权利的三个争议（来英经费问题、图书馆资料及所谓方已答应的内容），并做三点小结：（一）英方不享有他所作目录的权利；（二）本着善意和促进敦煌学发展的态度，方愿意对 IDP 提供帮助；（三）方具体如何提供帮助，需要双方协商。

第三步，提出三种合作方式、三条原则。三种方式为：（一）双方长期合作，但鉴于我方目前某些方面还仅是意向或涉及第三方，条件尚不成熟，可作为努力方向；（二）互相提供帮助；（三）各搞各的。三条原则为：尊重对方劳动成果、平等互利、尊重第三方权利。

我总是对苏珊处理此事的态度和方法十分不理解。她们的网站尽管规模不小，但基本是技术性的，主要是将敦煌遗书拍照、上网，而且进度十分缓慢。如果从反映相应的学术研究信息及成果方面来看，无论从质还是量上，目前都只有方掌握得最多。两者如能有机结合，才可称得上是珠联璧合，无疑会大大提高其网站的学术含量。而且因为敦煌遗书已有图录，方并非只能依赖于他们的电子图片。所以，从常理来讲，应该是她有求于方，至少应该以礼相待。而她却一直是这样盛气凌人、蛮横霸道的态度，俨然她就是敦煌研究资料的主宰。按照我们惯常的理性思维来想真是不可理解！

这次苏珊把第一份合同的中文翻译稿让吴芳思转交方时，可以看出来，吴对她的这种做法很不以为然。但吴对这个新任上级的交代又无可奈何。为此，吴在去地库的途中向方转交合同时，特意强调：这是苏珊要她给的，并摇头表示她的无奈。她还双手合抱在胸前，做了一个中国人作揖请求的方式说："她（苏珊对于广锠）应该是这样的!"苏珊和吴芳思同样是英国人,但处理事情的方式真是完全不同。看来,这并非是国籍和文化的差异,而是做人的差异。

8 月 31 日(周一)

8 月 30 日至 31 日,是英国的狂欢节假期。今天,我们忙里偷闲,去观摩了久负盛名的诺丁山狂欢节。

诺丁山狂欢节在每年 8 月底的最后一个周末举办,为期两天。

伦敦诺丁山在伦敦一区的西部。在这里居住和工作的人,分别来自不同的种族和社会阶层。20 世纪 50 年代,在诺丁山街上曾发生了令人震惊的种族暴动事件。为加强不同种族的和谐共处,1964 年,由当时聚居在诺丁山地区的特立尼达移民发起,举行了第一届诺丁山狂欢节,并一直延续至今。

诺丁山的黑人居民多数来自加勒比海或拉美其他地区。正是他们的移民文化,孕育了诺丁山狂欢节。当时这个以孩子为主、只有几支钢鼓乐队参加的节日,如今已演变成一年一度规模宏大的多元文化节。据说在世界各地的狂欢节中,诺丁山狂欢节的规模仅次于巴西里约热内卢狂欢节,是欧洲规模最大的街道狂欢盛会。

2005 年夏天我与方在伦敦时,曾在狂欢节的首日去了诺丁山。但走街串巷,也没有见到狂欢的人潮。次日晚上,我们在电视里看到了当天的狂欢场面,始知高潮是在第二日。这次到伦敦,得以有机会再赴诺丁山,感受这场夏末的狂欢。

上午 11 点,我们乘地铁到诺丁山。只见地铁站里,除了备有平常旅客可免费自取的伦敦地铁、公共汽车线路图、旅游图以及日、周、月、年票等各类车票的价目表,还专门准备了前往诺丁山的乘车线路图、因受狂欢节活动影响暂时停开的地铁车站信息、替代公交车线路以及狂欢节花车游行的路段信息等，各种资料十分齐备。

出站后，首先映入眼帘的，是停放在路口的警车和旁边执勤的警察。通往狂欢游行街区的各个路口、路段上，也有不少警察，部分路段还实行了封路限行。

这里警察的执勤方式真是五花八门：有骑自行车的，有骑高头大马的，也有站在临时搭建的高台上的。偶尔，天上还会传来隆隆的直升机轰鸣声，机舱上涂写的"警察"字样隐约可见。真可谓立体化的安全保卫。我们多次来伦敦，在外出时曾因事多次与英国警察打交道，他们大都和蔼礼貌，给我们留下的印象较好。所以在此看到随处可见的警察，倒是增加了安全感。当地的百姓似乎也不畏惧与警察打交道。后来在网络上，我还看到一张记者在本次狂欢节抓拍的警察与舞者搂在一起做鬼脸的幽默照片。

据伦敦警方的通报，他们事先做了很多准备工作。诸如提前给150名被警方重点关注的人员发出警告，让他们待在家里，还抓获了16名嫌疑犯等。警方还根据得到的情报，对一些流窜到狂欢节现场的帮派势力进行了阻止和搜查行动。据说今年狂欢节的第一天，警方只逮捕了21人，比去年同期的108人明显减少，保证了狂欢节活动的顺利进行。

据媒体报道，除了警察，专业保安公司的配合也功不可没。组委会主要是依靠专业的保安公司。另外，每一个乐队还有自己的保安力量。他们的工作就是观察人群的拥挤程度，看是否有人在制造麻烦；或是否有人酒喝多了，是否发生打架等一些影响公共安全的事故。如果出现上述情况，保安人员就会拘捕这些人，再交给警察进一步讯问。据说，一般晚上到了7点半至8点半的时候，有些人因为累了或者喝多了，容易引发一些事端。此外，那些违规向青少年卖酒的店铺也会被没收执照，并遭到重罚。

一路上，我们见到各种卖纪念品、狂欢节用品及食品的店铺、商贩已摆开了摊位，准备大赚一把。狂欢节的主要道路中，有一段路两边是三四层楼的居民住宅。有的人在家门口摆开了卖食品或纪念品的摊子。

行进中，前边忽然传来阵阵鼓乐声。只见一列由高大彩扎偶人打头的队伍拉开了狂欢节的序幕。偶人后面，是身着艳丽服装的队伍，边走边舞，轻松随意，缓缓前行。队伍前方及两边，都有穿黄色荧光背心的人维持秩序。队伍里，各种肤色、各个年龄段的人都有。一些鬓发苍白或身躯笨重的老大妈，也奔放地活跃在舞者当中。

第一列游行队伍过后，时间已过正午。我循着诱人的香味，转到附近的几条街区，这里又是一番风景。只见沿街排满了各种饮食摊点，有西式的热狗、汉堡，也有中式的炒饭、面条，还有烤鸡腿、烤玉米等。排队人数最多的，是加勒比风味的烤鸡腿。数张桌面大的炭火铁篦子上，铺满了烟熏火燎的鸡腿。街两边的马路牙子上，也坐满了席地大嚼的食客。据说品尝美食也是狂欢节不可缺少的部分。狂欢节期间，仅鸡腿就卖出了数吨。

下午近一点半，由中心街区传来阵阵鼓声，大批的游行队伍接连从主要道路穿过。队伍打头的，是一支身穿白色衣裤、配有红色装饰、约百人组成的架子鼓方队。鼓手虽然男女老少混杂，但服装统一，步调一致，参与者都十分认真投入。震耳欲聋的鼓声，使我不由得想起了陕北的"威风锣鼓"。

随后，色彩斑斓的花车及身穿夸张服装的化装游行队伍接踵而来，展示着各种风格的音乐及舞蹈，也有一些队伍打着写有各种标语及诉求的招牌。街道两边，观看的游客愈加拥挤，有些还伴随着鼓乐参与其中，将这一带的街道变成了色彩、音乐和欢笑的海洋。

在花车及巡游队伍中，最吸引观众眼球的，是一些仅着三点式缤纷饰物的热辣女郎。看到观众纷纷对着她们举起相机，有的还尾随其后，她们便舞得更加兴奋，并不时把飞吻抛向观众。

执勤的警察及安保人员，每到游行队伍靠近自己负责的路段，便耐心地劝阻挤到路中间拍照的游客，疏通道路，保证了现场气氛的热烈而有序。

待中心区的巡游告一段落，我们已不堪劳累，循原路准备返回。经过地铁站附近的商业区时，那里也在通过巡游队伍，附近拥挤到使人难以靠近。马路边停靠了不少用大型货车改装的临时舞台，一支支乐队在上面演奏得十分投入。

排着长队的热门地方之一，还有路边临时设置的公共厕所。但沿街的墙脚下、马路边，不少地方已垃圾成堆，一片狼藉。

一路上，仍有不少人刚刚赶来，有些坐在路旁的化妆摊边正忙着化妆。进入地铁站，也是来多去少、拥挤不堪。看来参加晚上狂欢活动的大有人在。

据报道，狂欢节期间，在诺丁山近 5 公里长的街道上进行巡游表演的约有 40 支表演团队。参加狂欢活动的，不仅有当地社区和居民组织的游行队伍，还有一些来自其他国家的乐队。在两天时间里，约有 150 万民众涌向这里。主办方表示，狂欢节是要给不同年龄、不同文化背景的人们一个享受独特、自由、趣味无穷的表演的机会。狂欢节可谓英国多元文化的象征之一。

9 月 1 日（周二）

中午 12 点，我们按照约定，在图书馆的一个办公室里与苏珊会谈，1 点半结束。

对于苏珊，我虽然早已久闻其名，但还没有面对面地交流过。过去几次来伦敦，我们主要时间都是泡在图书馆的中文组阅览室里忙工作，有事情一般也是找吴芳思和葛汉，未与苏珊有过直接交往，她也不找我们。

参加会谈的，英方有苏珊、蒙安泰及一个法律顾问三人。苏珊主讲，蒙做翻译，我做记录。我的英文不行，主要根据蒙的中文翻译进行记录。会谈开始时，苏珊满面笑容，举止谦和，话语中不断重复的"非常抱歉"（very sorry），给我留下了深刻的印象。

为充分还原当时情况，将广锠的相关记载附录于下：

8 月 25 日，我到阅览室上班，递条提阅敦煌遗书。但阅览室已经得到命令，禁止我阅览敦煌遗书。几个月的工作，令阅览室人员与我们非常熟悉。他们非常不理解这种前所未有的命令，一个劲问我："怎么回事？"我只能答以苦笑。

英国国家图书馆是一个公共图书馆，公共图书馆的主要功能之一就是为读者服务。我曾经著文介绍，除非原卷实在残破，需要修复，无法提供，任何一位读者，只要办理了读者证，只要研究需要，都可以在英国国家图书馆阅览室提阅敦煌遗书原件。20 世纪 30 年代，中国著名学者向达先生前往伦敦查阅敦煌遗书，翟理斯曾想出种种方法刁难，那也不过是找一些诸如"我有事""我不在伦敦"之类的借口，不敢明目张胆拒绝阅览、封锁数据。苏珊这次如此横行霸道，为英国国家图书馆开了一个恶劣的先例，使英国国家图书馆蒙羞。

8 月 26 日，我向英国国家图书馆馆长先生发出一封抗议信。

据我们所知，由于平时经常收到读者投诉，加上我的信又是中文，刚开始没有受到馆长秘书的重视。随即他们意识到这不是一份普通的投诉，便找来苏珊。苏珊当时表示，由她负责将这封信翻译为英文。就这样，原告的信到了被告手里。

8月28日，星期五，我接到通知，禁止提阅敦煌遗书的命令撤销。苏珊计划下周与我会面，随即又通知我会面将在9月1日星期二举行。由于不能阅览原卷，星期五我们没有去图书馆。这样，从周二到周五，我们被禁止阅览，将近一周。

9月1日，星期二，上午，吴芳思来到我工作的阅览室，给我一份电邮副本。这是她发送苏珊，抄送馆长的电邮。电邮中她建议苏珊应该在馆长前往中国参加中国国家图书馆百年庆典（2009年9月9日）以前，向方广锠教授道歉。吴芳思非常气愤地说："英国博物馆收藏着从希腊搞来的阿西娜神庙雕塑。不能设想，希腊的雕塑专家前来考察，英国博物馆说不准看。"

中午12点，我们在苏珊的办公室举行会谈。英方有苏珊、法律顾问奥列依、IDP工作人员兼翻译蒙安泰。中方为我、张丽（事先已经说明，作为记录员参加）。根据我们的记录，会谈要点与我的想法如下：

一、谈话开始，苏珊强调："我的行为不是单方面的个人行为，是代表图书馆上层的。我以自己的职责来谈这件事，而不是谈我个人的想法。"我追问："既然你说不是单方面的个人行为，是代表图书馆上层，那个让我签字的授权书，到底是你自己的理解认为应该写的，还是馆方的意见？"蒙安泰说："这个不是图书馆上层要求签的。"但紧接着法律顾问强调："苏珊的角色是图书馆的上层领导，她的行为就代表馆方。"苏珊点头赞同。

　　因为苏珊下面紧接着讲协议问题，所以，有关苏珊强迫我签字，还有禁止我阅览敦煌遗书的行为到底是代表馆方，还是她的个人行为，没有讨论下去。

　　二、苏珊表示："英国国家图书馆与来自各个国家的每个学者，都要签一份协议。平常每个学者都应有一份。这次事先没签一个很清楚的协议，所以造成误会。如果事先签订的协议两方面都非常清楚，就不会有这样的误会。我非常抱歉，来（亚非部工作）之前没有搞清楚。这可能是吴芳思没有经验，现在向您道歉。"

　　三、我发言，说："8 月 26 日，我向英国国家图书馆馆长写信，信中有两方面内容，一是表示抗议，二是希望得到帮助。我高兴的是，馆长阁下关注了这件事情，所以有了我们今天的商谈。所以，今天在这里，我首先要向英国国家图书馆馆长阁下表示感谢。请在座的诸位，向贵馆馆长阁下转达我的这一感谢。"法律顾问表示可以。

　　四、我表示："刚才苏珊主任谈到合同，说我们来没有合同。实际上我们来就是依照合同来的，是广西师范大学出版社与图书馆签订的合同。英国国家图书馆签订了合同，而它下属的亚非部主任却单方面不履行合同。对这种情况的出现，我感到非常不理解。"苏珊表示："我几次问了吴芳思，但没有拿到完整的合同。吴芳思说合同没有签字。葛朗姆·绍也不知道。"我说："我们这次办理的是商务签证，没有签字的合同不可能办理签证。"

　　五、我说："苏珊主任知道我不懂英文，在我不知情的情况下，以我的名义单方面拟定一个英文授权书，让我签字。这是对我人格的不尊重。"苏珊回答："很抱歉，方教授认为这是不尊重。这种方式我们已用了十几年，对其他中国学者也是如此。如果认为这样是不尊重，非常抱歉。"

苏珊这里是谎话，以往中国学者来，并没有合同。起码我自己多次来，并没有合同。至今，苏珊也拿不出要求中方学者交电子本的合同的理由。

六、我就公共图书馆剥夺我的阅览权表示："不仅是对我个人的侮辱，也违背了公共图书馆的基本理念与职业道德。我很痛心。很不好。"苏珊表示："这也非常抱歉。是因为当时好几次希望吴芳思能代表图书馆与您沟通，但几次问吴怎样，她都没有答复，有一天可能她病了。所以只能这样做。还有，我们图书馆不是公共图书馆。还有一个导致误会的原因，是与吴芳思的沟通。吴写邮件告诉我，说您已基本同意，至少她以为你是同意了，所以误会了。"

七、我提出："苏珊主任一再讲要我把目录的电子版，包括以后修改的所有文本都交给 IDP，我非常不理解。您是否有权利这样要求我，我是否有义务要交给您？所以请教苏珊主任，为什么 IDP 有这样的权利？我为什么要交出我们的所有成果？"

苏珊回答："图书馆给一个学者这么大的机会，这么多的工作人员花费时间给一个学者提供大量没开放的文献，吴芳思、葛汉也花费很多时间陪同下库。我们虽然有义务提供这样的机会，但学者也有义务就享受到的方便提交研究成果。"意为提供了特殊的服务。

我表示："即使没有合同，我作为研究者，也有道义的责任向数据收藏单位赠送出版后的成果。以前，2000 年出版的斯

06981 号至斯 08400 号的目录，已经赠送。总目录出版后也会赠送。但是，如果一个收藏单位做项目，要求研究者把他的研究成果放到收藏单位自己的项目里是没有道理的。这是两种不同的情况：一种是把出版物送给图书馆；一种是把全部目录的电子版放在图书馆拥有知识产权的网站上。尽管写明版权在我，但与第一种不同，因为是放入英国国家图书馆的 IDP 项目中。这是需要商量的，这不是我应该承担的义务。"

苏珊："现在 IDP 不是项目了，是图书馆的一个部门，或者说等同于图书馆的一个部门。"

八、法律顾问说："到现在已一个小时。能不能接近题目一些，谈电子版。"

我说："吴芳思今年 3 月份到上海与我见面时问我目录以后能否给 IDP。我原则上表示同意，但说具体内容需要商议。我的这个项目，以《英国图书馆藏敦煌遗书总目录》的名义列为上海市社科基金重大项目，又得到上海师范大学等单位的经费支持，所以，我首先要出版书册本。现在出版社与学校签订的合同是授权 10 年。所以，IDP 上网必须得到出版社的许可。这一点，我上次和蒙安泰谈过。"

法律顾问与苏珊交换看法后说：这些细节，双方原则上可以商量，将来签协议，可把情况放在里面。希望能告诉他们我跟哪些出版社、基金会有义务。

苏珊："如果双方同意，原则上可以商量，双方可以改日商谈细节。"

方："我一直认为敦煌学需要合作。我从 1991 年开始从事英国国家图书馆所藏敦煌遗书研究，现在已有 18 年。图书馆，特别是吴芳思博士给了我很大的帮助，我非常感谢。"

　　苏珊（打断方讲话）："非常感谢方教授长期的贡献，这些对于谈协议非常必要。现在是否谈协议？"

　　方："谈协议前，是否有几条原则先要明确。一是相互尊重对方劳动的原则。二是平等互利的原则。三是不损害第三方的原则。在这三条原则的基础上，具体怎样合作，可以商量。"

　　苏珊说："这也是我们一直希望尊重和保持的原则。如果过去有误会，再次道歉。"

　　方："希望将来合作时能够尊重这三条原则。"

　　大体情况如上。上面谈话，开始我对苏珊提出一系列批评，苏珊都表示歉意，而且是"非常非常抱歉"。但都把责任推给其他人，主要是推给吴芳思。回家整理记录，发现她根本没有认错。我不通英文，沟通方面还是有困难。所以，上面部分的谈判，我自己现在很不满意。比如，她说她代表馆方，我就应该追问。她说所有学者都签订协议，我也应该追问。她说英方提供特殊服务，我应该指出这是与广西师范大学出版社签订的协议中英方本来应该履行的义务，而非单方面的赐予。

　　我们返回阅览室后，陈宝和、吴芳思先后过来询问情况。我抓紧时间整理记录，晚 11 点多完成。给方看后，他感觉有些遗憾。觉得上了苏珊一上来先一个劲儿道歉的当，对其问题质疑得不够。当晚我们一直讨论对策。我建议以我们也要与法律顾问联系为由，对苏珊要我们在英期间就签合同的要求予以拒绝。我反对方认为可与苏珊先签一个意向性合同的设想。因为我认为：即使是意向性的合同，一旦落到纸上，也容易造成被动。

9 月 2 日（周三）

方昨晚再三评估，觉得虽然打了个平手，但没有摆脱被动局面；准备诉诸舆论，写了几封试探的信。

因陈王庭要先回国，中午大家一起聚餐。大家边吃饭边讨论对策，最后，方同意了王老师和我的意见，对苏珊要他立即签合同的要求，就以需要回去与法律顾问商讨为由，拒绝在伦敦期间签字。

9 月 3 日（周四）

收到陈王庭电邮，他已抵达上海。

今天方自己去图书馆，我在住处工作。

他回来后告诉我：考虑到尽量别因为我们与苏珊的斗争让吴芳思夹在当中为难，他接连给吴芳思发了数封电邮。

吴芳思：

您好！

今天到图书馆上班，没有见到您。昨天给您的电邮，介绍了 9 月 1 日会谈的情况，想必已经收到。

我现在基本的想法是：

苏珊 9 月 1 日的谈话，存在很多问题。她的道歉没有诚意。她自称代表图书馆，但她所有的行为，包括单方面拟定授权书这种方式，以及禁止我阅览敦煌遗书，都代表图书馆吗？她把您对我的大量帮助、大量工作作为她的要价条件；而把一切错误统统推给您。这些行为不是一个正派的人能够做得出来的。会谈时，我没有指出她讲话中的那些问题。因为会谈一开始我就表示，我不是来吵架的。但是，我鄙视这种人。

合作，需要考虑合作的对象。苏珊的行为，使我对这一合作充满疑虑，没有信心。因此，我必须十分谨慎。因为我是在与一个不讲道德的人合作。

我的老师任继愈先生曾经对我说："好人与坏人斗，好人常常斗不过坏人。"因为好人做事情讲原则，而坏人做事情为所欲为，没有道德原则。所以我想，我一定要小心，要找法律顾问。

明天黄霞、王澧华、刘志惠三位回国，我去送一下，不来图书馆了。您什么时候去中国？什么时候回来？希望给我一个电邮，告诉我具体的日期。

还有，王招国 8 日到图书馆来看敦煌遗书，不知您是否已经告诉葛汉？

您走之前或许没有见面的机会。等您回英国，我们再谈。

祝一路顺利。

谨颂

时祺！

方广锠

2009 年 9 月 3 日星期四

吴芳思：

您好！

我再三考虑，苏珊让您起草并出面与我谈合同是一个阴谋。您为人正直，无论如何也不可能签出一个让她满意的合同，这样，最终一切错误全是您的。所以，我们一定要破解她的这个阴谋。

但是，她现在是您的上级，您拒绝她分配的工作任务也不好。我想到一个破解的办法。

9 月 1 日会谈结束时，苏珊曾经对我说："今后由蒙安泰、法律顾问奥列侬两人与你具体谈。"我现在可以用这句话为理由，反击苏珊。

具体方法：

您在起草合同的时候，完全不必考虑我能不能接受，就按照苏珊的要求，她让您怎么写，您就怎么写。只要她认为满意就可以。这样她以后就没有可以指责您的理由。您如果在合同中考虑我的感受，维护我，也许反而给她攻击您的理由。您也可以提出："你们的要求是什么，我不清楚。你们自己起草合同，我负责转交。"这样事情就更加简单。

您把合同交给我时，我会表示："9 月 1 日，亚非部主任苏珊授权蒙安泰、法律顾问奥列侬与我谈合同，没有说授权您与我谈。因此，我无法与您谈。"您可以把我的话转告她——因为是我拒绝与您谈，苏珊依然没有任何理由指责您。

如果她让蒙安泰或其他什么人来找我，通知我说"现在授权吴芳思与你谈"，我不会接受这样的通知。因为她是主任，9 月 1 日是她当面对我说，要我与蒙安泰、法律顾问谈。现在要换人，也要她当面向我告知。

如果她自己找我，当面通知，我会明确告诉她："第一，我与吴芳思博士有 18 年的良好合作。但 9 月 1 日你苏珊把很多不属于吴芳思博士的责任，统统推到吴芳思博士头上，这种做法我不能接受。所以，我不愿意让吴芳思博士介入此事，拒绝与吴芳思博士商谈有关合同的问题。第二，是 IDP 要电子本数据。吴芳思博士不是 IDP 的人，不了解 IDP 的需求，也不是合适的人选。"

也就是说，由我出面，破解她的这个阴谋，是我拒绝与您谈合同，她就没有任何理由来指责您。

您是英国国家图书馆的人，现在又是她的下级。我不是英国国家图书馆的人，不归她管。由我出面拒绝，比较好。

毛主席说："政策与策略是党的生命。"对付苏珊这样的人，真的需要想一点办法，否则就会上她的当。

我和张丽都祝您这一次中国的旅行顺利、愉快。

谨颂

时祺！

方广锠

2009 年 9 月 3 日星期四

随后，方收到了吴芳思的回信：

您太好！要保护我。等到我回来，可以看看怎么作（做）。

只有一个事情：因为我们一定要注意，按规定等等，请您不再（在）小房子（指图书馆原来安排我们在阅览室可以使用的工作间）看原件。麻烦你坐在内页（那个？）大桌子看卷子。我们正子（在）准备欢迎王超（招）国。

下星期见，请您文（问）张丽好。

吴芳思

方的日记：

2009 年 9 月 3 日　星期四

今天到图书馆工作，录完斯 05741 号。

昨天王老师讲的方法很好。我想，下一步我的基本态度是：

苏珊 9 月 1 日的谈话存在很多问题。她的道歉没有让我感受到诚意。她自称代表图书馆，但她所有的行为，包括单方面拟定授权书，以及禁止我阅览敦煌遗书，都代表图书馆吗？她把吴芳思对我的大量帮助、大量工作，作为她的要价条件；而把一切错误统统推给吴芳思。这些行为不是一个正直的人能够做得出来的。会谈时，我没有指出她讲话中的那些问题。因为会谈一开始我就表示，我不是来吵架的。但是，我鄙视这种人。

合作，是需要考虑合作对象的。如果苏珊是真心实意地道歉，真心实意地合作，我也会真心实意地合作。但苏珊的行为，使我对这一合作充满疑虑，没有信心。因此，我现在虽然仍有合作的愿望，但对如何合作，我必须十分谨慎，因为我是在与一个不讲道德的人合作。

具体事项：

一、最近他们要我交第三方名单

关于这一点，我的回答：第三方，包括出资者、研究者以及出版社。

（一）出资者

我介绍了至今为止资助这个项目的几个单位：中国社科院、国家社科基金、上海社科基金、上海师大、广西师大出版社等。并说明：到目前为止，中国的资助者，只要我能够出版成果，就是出书，并在书上署上他们的名字，把书送给他们，他们就可以结项。不像有的人，自以为有了什么权利，非要我交出资料本身。

因为工作还在做，还需要资金，以后还会找一些出资者。新的出资者会有什么条件，我现在无从预测。不过，所谓新的出资者，目前只是假设性的问题，将来出现了，届时再说。

（二）研究者

目录引用了中国很多研究者的成果。有些是间接引用，没有关系。有些是直接引用。我授权 IDP 使用相关资料，需要得到他们的同意。

（三）出版社

目前，我与出版社有出版《英国国家图书馆藏敦煌遗书》的合同，版权期限是 10 年，并且已经纳入"国家'十一五'重点图书出版规划"。IDP 如果要使用这部分资料，必须得到出版社的许可。

二、我将要建立一个包括敦煌遗书数据、敦煌遗书研究工具的敦煌遗书知识平台

我目前的总目录是按照这个平台的需求编纂的，与你们的以发布图像为目的的 IDP 平台不同。因此，既没有必要，也没有可能把我的目录全部给你们。以前你们单方面拟的授权书提出，把我的目录的完整电子本全部提供给你们。那种无理要求，请你们今后不要再提。这是不可能的，也是不必再讨论的。这也不符合我们达成的三个原则中的"尊重劳动成果原则"。

你们从 IDP 的目的、功能等角度，希望我提供一些什么数据？请提出你们的需求清单，我会认真考虑。

三、我面对的是这样一个很难合作的对象，合作本身又涉及

很多具体的法律问题

　　我需要咨询中国的法律顾问，再做最后的决定。目前，除了上面已经提到的不必再讨论的要求之外，你们有什么其他要求，可以充分地提出来。我将征询法律顾问的意见，只要是我力所能及的，而且法律顾问认为不违背法律的，我都将乐意提供。

　　上午吴芳思一直没有露面。我给她发了一封电邮，并打电话留言。下午3点多，她拿着我的电邮打印件来。

　　她说："我今天一天都在。但王老师他们来辞行等，很忙。"

　　她说："苏珊把一切责任推到我的头上。但现在明白：第一，合同签字了。是出版社签的，签了以后没有给我，我当然不知道。现在明白责任不在我。第二，他们说中国学者都签合同，但是一个也找不到。他们说郝春文签了，但也找不到。你可以问问郝春文签了没有。还有，签的是向IDP提供电子本吗？"

　　我说："不可能。郝春文不会把电子本给任何人。"

　　她说："现在苏珊让我来写一个合同，然后让你签字。而且催我必须在你走以前签字。"

　　我说："这是一个阴谋。你如果做到了，她得利。你如果没有做到，又是你的责任。"

　　她说："对。"

　　我说："你是否可以把这个工作推辞掉，说明中文组不需要电子本，只要书。而书方广锠肯定会给。既然IDP要电子本，那么应该由IDP来谈。"

　　她说："对。"

　　但好像她有难处，后来讲来讲去，苏珊还是让她起草一个东西给我，让我签字。

她说："不一定那么急，又没有什么催着，非要这么快签字。"又说："我去向他们问，他们到底要什么。"又说："写了以后，我一定先发给你看。你有一个字不同意，我就重新改写。"等等。

我说："你这次与馆长一起到中国，能不能向馆长谈一下。"

她表示为难，说苏珊不让别人与馆长讲话。

我说："是否可以把我电邮中表达的我不信任苏珊的两段转达给馆长。由于不信任苏珊，我对合作没有信心。比如我们，合作一直很好（她表示同意），你要什么东西我马上给。我们不用签合同。比如要测量资料，不用合同。但她来要，我要慎重。"

她表示会考虑。她说："苏珊不让别人与馆长谈。总是说：'我去谈，我去谈。'她要我从中国回来后给她写报告，写明与谁见面，谈了什么。成了'文化大革命'了。"

我问："葛汉是否害怕苏珊？"

她说："没有。他也很生气。"

我说："也许他害怕她，因为苏珊是上司，会压迫他。"

她说："苏珊还可以工作7个月，图书馆机构要调整，亚非部要撤销。四个部门合并，四个头儿只剩两个。她肯定不会在现在的岗位上。当然，如果她做得好，可能还能做领导。"

我谈了我的想法：第一，不可能全给。第二，不可能在这里签字，要回去请法律顾问。请她自己掌握，不要告诉别人。她答应。

我谈到想建立平台的设想。她马上提出，那将来可以链接，也就没有知识产权的问题。

我说是啊。同时讲了我的三种设想：合作、帮助、陌路。

她说："苏珊说我们不是公共图书馆。我最讨厌这样换一个词。外国人只要有护照、签证都可以来,怎么不是公共图书馆。敦煌遗书的确不是随便给人看的。但你是我们写信邀请的。"①

她说:"我完全不明白,她为什么要这样?"

我说:"她靠 IDP 起家。有了成绩,还可以向上爬。"

她说:"他们现在非说 IDP 是图书馆的一个部门,就是图书馆。"

我说:"如果这样说,中国要提抗议。难道中国的 IDP 也是英国国家图书馆的一个部门? IDP 明明是一个国际合作的项目。"

我还是建议她不要承担与我签字的任务,让 IDP 的人来。我已经耽误那么长时间,没有时间与他们多谈。一切带回国去,与法律顾问商议以后再说。

她误解了,说:"对!你耽误那么久。我可以向图书馆提出,让你再推迟一两周。"

我说:"不行。我的签证到期了。"

谈到我让她看了 IDP 目前的进展情况。

她说:"定源的事情已经告诉葛汉,届时可以找葛汉。我下周五(11 日)从中国回来,我们还剩半个月,我们抓紧下库,一天都下库也可以。我这次不管她。苏珊如果还要干涉,我去找馆长。我们现在最重要的是把目录做完。我不在的时候,你可以看大卷子,有事情可以找葛汉或者陈宝和。"

吴芳思告别离开。走了几步,又回来说:"今天与你这样简单地谈话,我真是非常高兴。"意思是说,双方毫无隔阂地充分交流。我说:"我们可以无所不谈。"

我想,我要把吴芳思从苏珊的阴谋中解脱出来。

---

① 吴芳思的意思是,部分藏品不完全公开,图书馆依然是公共图书馆。苏珊的话无理。

9月4日（周五）

今早，我们一起去送王老师夫妇到地铁站。下午，方又送黄霞去机场。

今天上午，广锠收到了馆长电邮，蒙安泰附上中文译本，这是对广锠给馆长去信，即由苏珊翻译的那封信的回信。广锠认为其中显然有苏珊操弄的痕迹，如提出要广锠尽快签协议、避免新的误会等。我俩商议如何给馆长回信，打算借馆长下周去中国参加国图馆庆的机会面交，并考虑是否找媒体公开。

广锠开始起草回信，并将馆长的信及他的回信稿电邮发给吴芳思。吴很快回信表示支持，说苏珊现在竟然不准她与蒙安泰讲话，要她从中国回来后向苏珊汇报见了何人、讲了什么话等等。

（自9月4日以后的一周时间，是方与苏珊斗智斗勇最为紧张、也最关键的几天。而后来馆方的态度发生了根本转变，也是因为馆长直接收到了方写的澄清真相的回信。而这当中，与吴芳思以及很多中国朋友的倾力相助密不可分。）

附：蒙安泰翻译的馆长的回信

（信中加粗的文字为广锠提示的重点内容）

尊敬的方广锠教授：

您好！下面有馆长 Lynne Brindley 给您发的回信的中文翻译。谢谢！

蒙安泰

尊敬的方广锠教授：

　　您好！

　　非常感谢您关于您在英国国家图书馆工作情况的来信。

　　我非常了解并且赞赏您所做的研究以及您正在进行的工作，这项工作会让中国及海外学者更多地了解敦煌文献。

　　我们非常荣幸能在您以前以及本次研究工作过程中提供一些帮助，包括无先例的文献查阅途径，还有大量的工作人员资源，以及缩微胶卷的拷贝及其他的服务；因为您正在进行的编目工作将为大家以及全世界的学者提供巨大的利益。

　　我得知您因为工作协议的原因和我们产生了一些误会，给您工作造成的不便，我非常抱歉。**我保证苏珊博士在工作中一直代表英国国家图书馆，她的行为合乎英国国家图书馆的规定。**因为您觉得协议书的商讨时间不足而造成的误会，我在这里也向您道歉。我非常感谢您的谅解以及在与苏珊博士讨论中接受我们的道歉。

　　为了避免今后产生其他误会，尽快拟定及签署一份协议书非常重要。麻烦您抽出时间与苏珊博士和她的工作人员一起协定一份协议书。我可以向您保证这是英国国家图书馆的规定和普遍做法。

　　我在这里预祝协议书可以成功签署以及您的研究成果可以成功出版。我强烈希望将来您的目录出版后我们有机会举行庆祝活动。

　　此致

后来，广锠又收到了吴芳思的邮箱的自动回复，大意是她已离开，有事可找葛汉。

晚上，方 7 点多从机场送黄霞回来，我们商量蒙翻译的馆长来信及对策。最后决定请广锠的研究生同学葛维均帮助，把他给馆长的回信翻译成英文后电邮给李际宁，然后请李际宁借馆长 9 月 8 日到国图参加馆庆活动的机会，直接把信转交给英国国家图书馆馆长。

他连夜反复地斟酌修改给馆长的回信。

9 月 5 日（周六）

今天一早，方给葛维均发去电邮。但焦急地等待至中午，仍未收到回音。情急之中，他又联系了另外一位同学。她回信说正忙，可转交给学生帮助翻译。但她认为馆长的信写得很好，言外之意，广锠的回信口吻似有不当。

正当焦急、为难之际，下午，方终于收到了葛的回信，说上午因外出看病，回来未及时看电邮，所以耽误了。葛认为方的回信写得好，他马上翻译。随即，方又收到了吴的回信，说她因周六要外出参加朋友的婚礼，坐周日下午 4 点的飞机去中国，因此希望能在周日上午面谈。但方给她打电话，一直联系不上。因事情紧急，吴又有邀请，我们决定周日上午去她家见面。

9 月 6 日（周日）

我们早上 8 点出门，约 9 点半到吴芳思家，谈了一个小时，吴很高兴，连说我们是好人。

附：方返回后整理的记录

2009 年 9 月 6 日　星期日

上午 9 点半到吴芳思家，10 点半离开。

　　吴表示在家里谈话放心，在图书馆总有点顾忌。因为苏珊当面教训她："你不要对方广锠说图书馆其他部门的坏话。"吴回答："你说的什么？我不明白。"吴认为这是苏珊自己用脑子猜想的。我说："苏珊心虚。我们的确没有说过别的部门，仅议论过苏珊。"吴当时说："她也不是部门。"吴前此的信，也多次提到，苏珊可能会以为吴出主意帮助我们一起对付她。谈话大体要点：

　　一、关于信件

　　1. 我让吴看了给馆长第二封信的修订稿。她认为我写得很好，表示支持，并强调："这不仅仅是关于和你签合同的问题。如果这样，将来中国学者来，都会有很大的障碍。"

　　她表示：上面的头头不了解情况。敦煌遗书比较特殊。所以我们从来都是对中国学者比较开放，且比对日本学者开放得多。因为这原来是中国的，中国可以提出要回去。现在不让中国学者看，实在不应该。

　　我们问以前有没有禁止的情况。她说从她 20 世纪 70 年代进入图书馆工作以后，从来没有发生过这样的情况。

　　2. 关于馆长来信中所说的"无先例"，她说："不对，以前有很多这样的例子，如宋家钰（宋原为中国社科院历史所隋唐室主任，已去世）等。"

　　3. 关于苏珊提到荣新江提供的资料。她说："荣只是答应他们可以上网。送的是书。他们自己录入。再说，荣的书很小，资料很少。"

　　4. 提到图书馆与广西师范大学出版社签订的合同，她说："上面签字以后，放入柜子，没有通知我。我完全不知道已经签字。"我问："你是否向苏珊说：没有签字？"她说："说过没有签字的话。因为我手头的那份没有签字。"她说：9月1日以前，他们一直以为没有签字。9月1日以后，从上面签字的人那里找到合同。所以我们要谢谢你，让我们明白（意思是找到这个合同）。我说：既然这样，我们在信中就不再提出苏珊单方面不履行的问题，因为她可以把责任推到您身上。

5. 我强调了翻译中可能存在搞鬼的问题。她看了英文原信与蒙安泰翻译，说：原信比较简单。我问：是不是翻译中进行了发挥？她表示赞同。也同意我对苏珊在翻译信时做手脚的推测。

6. 我问："馆长接到这封信，可能有什么反应？"她表示难以推测。

我问："馆长会不会找你谈谈？"她说："不知道。"

我问："你是否可以找馆长？"

她说："时间很紧张，大家都有活动，不一定能够找到。馆长从北京要到武汉、广州。"

我问："你是下级，越过苏珊直接找馆长，在英国的规矩中，是否不合适？"

她的原话不记得了，好像是用肢体语言，表示并非不可以，但不好。她说："这封信，你们直接交给馆长就可以。"

张丽问："馆长来了多久？"

她说："10多年。"

大体上我明白。吴芳思认为馆长如果找她，她可以谈。但她自己不适合主动去找。

她说："现在遇到中国的事情，苏珊就统统揽过去，说'找我，中国怎样我知道，等等'。不像以前，我虽然不是领导，但中国的事情会咨询我。"

7. 吴芳思说："如果中国的馆长能够向他提一下这件事情，就最好。"我没有回答。

二、关于协议

1. 吴芳思提到，他们现在正在起草一个新的协议。她建议："你上次说的要找法律顾问，很好。"

我说："完全赞同。我就采取这种方式。不争论。"

她说："对。不争论。"

我说："我们已经决定，如果他们因为我坚持不签，再次禁止阅览，我们就回国。"

她说："这不会。法律顾问说能够在英国签最好，也可以回国一个月以后签。他们现在也很明白，应该让你把工作做完。"

她又说："如果他们那样，你们也不用回去，可以找中国大使馆，这是中国的东西。你们一定要把工作做完。"

2. 又谈到 IDP。我问："到底算是什么性质的机构？"她说："我也说不清。"

三、关于下一步工作

我提到下一步工作主要是核查原卷，补充数据。吴说，已经跟展览部门联系，找个时间把展览的卷子取出来。还有存在修复部的卷子有机会也拿过来。

四、其他

1. 定源来的那天，葛汉有事，不来上班。定源要看的卷子，吴芳思已经全部查看，可以提供阅览。定源若有事可找陈宝和。

2. 吴芳思说："我进库看了，发现这次你们查阅之后，所有的卷子都卷得整整齐齐，比以前卷得好，因为都是专家卷的。我很高兴。谢谢你们。我要告诉马克。"

3. 吴芳思说："我以前与中国学者没有那样的协议。他们IDP的，我就不知道了。我向蒙安泰等打听IDP以前与中国学者的合同，可以作为依据来与你签订协议。苏珊大怒，星期五我到她办公室，她当着很多人，骂我。不准许我和蒙安泰以及IDP其他人说话。当时办公室其他人都很惊讶，不好意思（做不好意思的动作）。我后来给她发了一个电邮：'以后请你不要在大庭广众中批评我。有什么问题，可以把我叫到你的办公室批评。'并把电邮转给工会代表。我跟我母亲说起此事。我母亲说：'太过分了。'她这样做，实际对她自己不好。"

4. 吴芳思说："你一定要把这个工作做完。你已经做了那么多年。"我开玩笑说："那时埃勒蒙那么小，现在这么大。"她说："你一生都在做这件工作。"我说："25年。英国的部分，做了18年。"她说："你看了那么多敦煌遗书，看见这一件，马上知道与国图等处的卷子有什么关系。这个工作只有你一个人能够做。现在还有6个星期。"①

5. 吴芳思说："苏珊笨。如果你们刚来，或者还剩4 000号等，她提出来（可以要挟）。现在都快做完了。"

6. 吴芳思问："广西师范大学出版社的图录是否与国图一样，也有条记目录。"我说是，并介绍了图录及总目录的相同与不同。她听到我对总目录的设想，很高兴，连连说好。我说："广西师范大学出版社的条记目录是有限授权，不能转让。"她

---

① 多年后我看到此处，还眼眶发热。吴芳思作为一个正直善良的学者，太理解广锠的工作价值和艰辛了。

说:"法律顾问已经查了与广西师范大学出版社的合同,实际很简单,只有影印等(意为从合同上找不到可以得到条记目录的理由)。其他的什么原子弹、水灾等(意为虽然合同很厚,实质性条款很少,都是备而不用的条款),都是法律的名词,我也看不懂。"

7. 我谈到四种人,对吴说:"如果是你,我什么材料都可以提供。"她笑着指一下嘴,意为"小心",说:"不能让她们知道。她们就要逼我与你谈。她们知道我们关系好,所以想让我与你谈。我不能(话没有听清楚,意思是我不能做这种损害你利益的事情)。"我们谈到当年我给葛汉部分资料的事,她说:"结果他们说不明白格式,没法用。"也就是说,他们已经得到了我做的斯 06981 号到斯 10000 号的电子稿。

8. 虽然是吴先提出今天上午在她家见面的建议,但我们后来与她联系确认,一直没有联系上。所以,我们早晨到,她有点意外,但仍非常高兴,说:"我非常希望和你们见面。"临走时,她再三说:"你们是好人。"我们已经出门,她说:"你们馆长说的,好人争不过坏人。"

9. 吴说:"他们没有学过心理学。这几个月,我天天在库里陪你们。9 月 1 日,苏珊把一切错误推到我头上,说都是吴芳思的错。可是,你们肯定会想:一个好人,怎么突然变成坏人了?"

10. 看到我在信的开头简单感谢吴芳思。她说:"这样好。你感谢我多了,反而对我不好。"

自 9 月 5 日(周六)起,我开始拍摄大家已经完成的英国工作手稿。我们这次工作用的电脑初稿是在国内整理好的,来英国后请原房东小迟和吴芳思帮忙打印出来再分别交给大家；每个人逐一对照原卷记录、补充了有关信息后形成了英国工作手稿，共有 7 400 多页。各人把自己在稿子上手工记录的内容，补充录入已有的电子初稿中，然后一起交给方进行初步的核对并汇总，再进入他的数据库。这些工作手稿是我们这次在伦敦工作的原始记录，需要保留。但若原样拿回国，分量很重，邮寄亦需要费用（这些工作初稿为 A4 打印纸。当时看到网上报道中国台湾地区法院审判陈水扁案，说判决书有 1 500 多页，重 3.7 公斤。按照通常打印用 A4 打印纸推算，我们这次的工作初稿有近 20 公斤的重量）。最后决定，由我把它们逐页拍摄成照片，保存进硬盘。

上周我给家里打电话，始知在 8 月中旬，父亲曾发作心绞痛，送医院急救多日。今日回想，母亲是事发时隐瞒，怕我着急，事后打招呼，以防突发意外。5 日我打电话回家，母亲又告：父亲过完生日后，已完全不能自己行动，更换了一个轻便小巧些的轮椅，以便在家里能够进出各个房间。现在，她和保姆每天要数次搬动父亲，十分劳累。父亲在 1999 年 75 岁时做了心脏搭桥手术。当时医生预计他的生存时间大约在 5 到 8 年，现如今他已进入手术后的第 10 年。虽然有母亲和保姆的精心照料，但毕竟他的身体状况越来越差，且母亲自己也已年近八旬，患有冠心病等疾病，令我很是牵肠挂肚、惴惴不安。

今晚我一边整理已拍摄的工作稿照片，一边想一旦父亲发生紧急情况怎么办。后与广锴商议，如果发生紧急情况时距我们返回的时间很近，就改签提前返回；如距离时间较长，就我自己改签，他新买往返机票后我们先一起回国，他再自己返回英国。我不由得忧心忡忡。想父亲自 39 岁患病，家里就主要靠母亲操劳，一想到母亲这一生都没有享受过轻松的日子，我的心情分外难过。但愿老天保佑他们平安！等我回国！

9 月 7 日（周一）

英国国家图书馆馆长 7 日动身，北京时间 8 日到北京。自周六（5 日）下午起，广锠频繁地通过电子邮件，请葛维均帮助他翻译和反复斟酌修改给馆长的回信，周日终于完成了初稿。

其间，广锠与葛维钧之间不停地电邮往来，字斟句酌地推敲和商榷回信的措辞及用语，下了很大功夫。葛十分认真，连续开了三个夜车至凌晨 2 点。他按照英国绅士的文风做了很多修改润色，也删改了一些原来比较见锋芒的措辞。尤其是葛发现，苏珊利用她翻译馆长来信中文稿之机，在原文"我保证苏珊博士在工作中一直代表英国国家图书馆"的后边，夹进了一句她自己的"私货"："她的行为合乎英国国家图书馆的规定。"等于是让馆长给她的恶劣行为做了背书。对此到底如何揭露，两人通过电邮翻来覆去地进行推敲，耗时费力颇多。葛原来的表达比较含蓄，认为如果再加上方对此强调的一句，显得重复且"小气"，但方一再坚持，认为否则不足以表达他对此的义愤之情。葛又下了很大的功夫润色，力求在风格上尽量做到既委婉又强硬。直至今晚 7 点半（北京时间的凌晨），终于完成并电邮给李际宁。真是太不容易了！为此，仅在 7 日这一天，方即收发了电邮 50 封，其中绝大部分是与葛维均商榷给馆长的回信的措辞细节。

李际宁收到方请他打印并转交给馆长的英文信后，立即回电邮说，他 8、9、10 日三天将在国图馆庆的展览值班，专门接待各国馆长，届时会转交信件。

下午，方又想了一计：苏珊不是曾要求吴芳思回国后，需书面汇报她在中国见了谁、谈了什么吗，他让李际宁将计就计，找吴讲：

"英图之事，经方反映，国图的馆长都已知道（广锟确实给国图主管领导写信通报了此情况），他们正在关注事态的发展。"李收到后回信说已收到了"锦囊妙计"，会照办。但李分析，馆庆期间，国图馆长不会向英国国家图书馆馆长提及此事，因他们都是中方请来的客人。

晚上，方又分析整理了苏珊在此事中的思想逻辑，更加清楚了这次风波前后的发展脉络。

方当晚写的思考：

苏珊对我的基本态度有两条：第一，她搞IDP，想霸占图版，所以反对在中国出版图录。第二，她长期垂涎我的数据，以无法得到为憾。

这次做英国图录，苏珊从一开始就设置种种障碍。这是出于上述第一条。但当时她仅是IDP的负责人，权限不够。吴芳思排除了她的干扰，她也没有办法。

7月1日，她正式就任亚非部主任。开始可能顾不上，等到腾出手来，就向吴芳思要我们此行的依据——广西师范大学出版社的协议，开始琢磨如何出招。

她自以为发现一个大问题：广西师范大学出版社的协议竟然并未正式签署。这样，我们在英国工作的一切合法性全部丧失。①

按照正常逻辑，发现这个问题，可以采取两种对策：1.补签字。2.禁止工作。

---

① 因为我们这次赴英的合同是出版社与图书馆专管此事的部门直接联系签署的，并存放在他们那里的，吴芳思也没有见到。所以此前苏珊问她，她回答不知道。苏珊以为我们没有合同，她可以钻空子。

　　她没有按照正常逻辑行事，而是采取超出常规的第三种对策：逼要我的资料。这出于她对我态度的第二条：垂涎资料。在她看来，既然抓住了我没有协议的大把柄，我可能不得不就范，交出资料。

　　就我而言，协议是合法的，根本没有想到她在拿协议做文章。所以，拒绝了她的要求。8月25日，她让蒙安泰来催我签字，特别问到此行的协议问题。我当时依然没有意识到这个问题在苏珊心目中的分量，只是告诉蒙安泰，我们有协议，具体是如何签署的等等。

　　我的回答，看来没有引起苏珊的重视。她更相信从吴芳思那里拿到的还没有签字的协议草稿。自觉有理，便下令停止我们阅览敦煌遗书。

　　我的反击是向馆长控告。在吴芳思的提醒下，馆方注意到我这个控告的重要性，要苏珊处理。

　　苏珊感到了压力。她依然以我们没有协议就展开工作为由向馆方辩解自己的行为，但难辞"粗暴"之咎。于是有了9月1日的会谈与她所谓的"误会"与道歉。

　　9月1日，她开始依然讲我没有协议。这一点仍没有引起我的重视。我强调有协议，讲了签署过程，强调如果没有协议，我们这些人不能办到英国的签证。然后按照我的预案转入进攻，向她抗议。

　　由于没有意识到他们讲的所谓协议，是这次作为工作依据的广西师范大学出版社与英国国家图书馆的协议，所以我把协议理解为苏珊向我索要资料的协议，答应可以讨论。

　　9月1日我的辩词引起他们重视，也给了他们寻找协议的方向。于是，果然在主管协议的人员那里找到了协议的签字文本。这一下，苏珊彻底被动。但是，由于我 9 月 1 日答应讨论的正是她所垂涎的资料，她自然不肯放过这个机会。她力图在我走之前让我签订授权协议。但法律顾问已经意识到：要资料的协议，我走之前如果不肯签，他们是没有约束的力量的。所以说，也可以在我回国以后签订。

9 月 4 日的馆长来信是对我信件的礼节性回答。信中为苏珊做了一些辩解，用宝和的话："她的信中也确实有些对新提拔的女干部予以维护的意味。这应该是情理中的事。"关键是：馆长来信没有厘定清楚两个不同的协议：广西师范大学出版社的协议及苏珊要我签订的授权书。这到底是听了苏珊 9 月 1 日以前的汇报的滞后反应，还是已经知道有签字的广西师范大学出版社协议，依然有意混淆。这一点现在无从推测。

但是，苏珊看到这封信时，心里已经非常清楚两者的区别。她不但不予以澄清，而且借翻译之机，加入私货，为自己的行为寻找合法的外衣（也不排除，这封信就是她起草的）。这说明，她表面霸道，实际上的确心虚了。

她不准吴芳思与 IDP 人员接触，也是心虚的表现。因为她对我口口声声说中国学者以往都签协议，然而现在一份也拿不出来。吴芳思向 IDP 人员打听以往与中国学者签订的协议，正好戳到她的痛处。她以为吴芳思在协助我，也怕露底，所以禁止吴芳思与 IDP 工作人员接触。她要吴芳思赴中国以后做详细汇报，恐怕也有怕吴芳思在中国谈这次风波的顾虑。

我给馆长的第二封信，重点有两条：厘清两个不同的合同，揭露翻译中的问题，实际是揭露苏珊的人品。无论如何，先让馆长了解事情的症结。

我们的目的：

1. 按照原计划做完这次来英需要做的工作。

2. 打击苏珊。这既是保护吴芳思，也是为将来中国学者赴英排除障碍。

苏珊的目的：

1. 摆脱被动局面。

2. 争取签订协议。

原来认为 9 月 1 日以后苏珊改被动为主动，现在看来不但没有摆脱被动，反而更加被动。虽则如此，她要数据的心不会死，只是不敢像以前那样明目张胆。

由此，我有两件事需要注意。

1. 下一步工作可能会有障碍，但只要没有硬把柄被抓住，应该没有大障碍。

2. 协议的事情，软磨硬抗，他们拿我没有办法。

这一段时间，我还是因为父亲病情加重的事而心神不宁，生怕他突然发生意外，而我不在家，近 80 岁的母亲难以应对。我给女儿发了电邮，让她多关注姥爷的情况。但想她毕竟年轻，从来没处理过此类情况，遂又告诉她我的朋友卢家秀的电话，说一旦有紧急情况发生，我们未赶到时，可先请他们夫妇过来帮忙。家秀是我 20 多年前一起业余学画的画友，多年来一直保持联系。她及爱人老郑都待人十分诚恳热情，所以，当我有了难以解决的困难时，便请他们相助。为此，我给家秀也打了电话，她满口答应，让我放心。

9月8日（周二）

上午，方去图书馆，与定源约定 9 点半在图书馆门口见面，但等候一小时未见。其后知道，是定源搞错了，去了英国博物馆。方在图书馆时，收到蒙安泰送来的中、英文合同，约周五商谈。方回电邮说："虽然你们提供了中文稿，但我还要把合同寄回中国请人另行翻译，所以，周五来不及商谈。"蒙随后回信，告诉方：与英文原文相比，他寄来的中文翻译的合同里面，合作方多添加了 IDP。可笑苏珊真是不打自招。

回来后，我们一起商量如何与苏珊"逗一逗"，如能写好，一定十分有趣。晚上，方写好了和苏珊"逗"的电邮，准备晚些时候再发。既是今天的回信，又让其明天见到，拖延时间。我看完他写的这些电邮后，简直笑喷了！

方反复斟酌合同，逐条批注。我则一天都在拍大家的工作手稿。这些天，已将我和广锠两人做的 1 800 多号基本拍完。但还需逐张照片编上斯坦因号，以便于在电脑中查找。

下午我打开手机，显示有女儿的短信，心里咯噔一下，以为父亲出事了。看后是女儿告知：今天她去姥姥家了，姥爷的病情有好转，又能自己站起来了。但愿这次父亲又能够闯过一关。①

———————

① 修订此稿时，父亲已于 2012 年元月病逝，随即又发现母亲已患上阿尔兹海默症，并于 2018 年 1 月 5 日去世。回想和感念在这之前数年照料父亲的那些最艰难的日子里，已耄耋之年的母亲，总是尽可能多地承担照顾病重父亲的重任，以让我能有更多的时间和精力来支持广锠的工作，照顾好他的生活。因为在母亲的心目中，广锠要完成的世界敦煌遗书总目录是一件天大的事情。每当回想起母亲最后那些年勉力支撑照顾父亲，就心痛万分！

附：广锠与苏珊"逗一逗"的电邮往来

尊敬的方广锠教授：

您好！

附件里有 Oliver Urquhart Irvine 先生拟稿的协议书的英文和中文草稿。Urquhart Irvine 先生拜托我向您说明本协议书不会影响英国国家图书馆和广西师范大学出版社已签署的协议书。这只是一份草稿，我们当然可以在一起讨论相关内容。

您本周五（9 月 11 日）下午有空见面吗？Urquhart Irvine 先生和我可以跟您商量此事。

我等待着您的回信，非常感谢！

蒙安泰　敬上

蒙安泰先生：

谢谢您的电邮。

我已经把协议的英文本寄往中国，请朋友翻译成中文。收到中文本后，我会认真研究有关条款。星期五下午也许来不及。我想，我们可以另外约定一个相互合适的时间。

谨颂

时祺！

方广锠
2009 年 9 月 8 日星期二

尊敬的方广锠教授：

您好！

谢谢您的及时回复。

我们昨天下午稍微增加了一句话，只是说明 IDP 网站是属于英国国家图书馆的网站（在第 3 条款），我也翻译过了，您可以先参考我翻译的中文本。

我们可以另外约定一个相互合适的时间，请您提出合适的时间告诉我，我会通知 Oliver Urquhart Irvine 先生的，谢谢!

此致

敬礼

蒙安泰

蒙安泰先生:

您好!

谢谢您今天发出的第二封来信。

非常遗憾的是，您的来信让我的怀疑得到证实，即寄给我的中文本与英文本内容确有实质性的差异。

请原谅我无法接受这样的文本，这将使我无所适从。在我见闻的范围内，一方提供给另一方作为会谈依据的不同语种法律文本，竟出现实质性内容差异，这是十分罕见的。特别是两份不同语种的法律文本均由英方提供，而会谈的另一方恰恰是一个不懂英文的中国人，这种情况的出现，更加奇异，令人产生无限想象。

我已经通知北京的朋友，停止那份英文协议的翻译。

很抱歉。也许由于语言的障碍，我发现真的很难理解最近我在英国国家图书馆所遇到的一系列现象。

如果这封信让您感到不快，这绝对不是我的本意，我真的感到非常的遗憾，并为此信可能给您带来的不快，向您致歉。

　　谨颂

时祺！

方广锠

2009 年 9 月 8 日星期二

9 月 9 日（周三）

　　今天，是这次伦敦风波发生根本性转折的一天！清晨，方即上邮箱查看，终于收到了我们所期盼的李际宁的电邮：

　　北京时间 8 日下午 13:30 左右。英国国家图书馆馆长已经到达本馆，本馆从参考部聘请一位小姑娘做她的陪同翻译。小姑娘我已经见过，她说：馆长今天下午将要参加一个会议，她的丈夫、助理都来了。我告诉小姑娘，请她转交一封信给馆长勋爵，并告诉小姑娘，这是我的老师转交的信件，有事情告诉馆长，我老师明（目）前正在伦敦。信已经交给小姑娘，我要求将信转交给馆长本人，不要交给吴芳思。小姑娘收下了信件，说今天晚上她们有活动，答应届时转交。

　　信，我用国图普通信封装，贴上了打印的字条，信也已经封口。

附：方广锠 2009 年 9 月 6 日致英国国家图书馆馆长信的中文本

亲爱的英国国家图书馆馆长林恩·布林德利夫人：

　　非常感谢您的来信，感谢您对我在贵馆研究工作的关注。

　　自 1991 年以来，我与贵馆已经保持了 18 年愉快合作的历史。在此期间，贵馆的葛朗姆·绍先生、吴芳思博士及其他朋友给我以宝贵的帮助，对此我将永志不忘。

目前，我正带领一个团队在贵馆工作，以履行中国广西师范大学出版社与英国国家图书馆签订的协议，即在中国出版由上海师范大学与英国国家图书馆共同编纂的《英国国家图书馆藏敦煌遗书》。贵馆为我们的工作提供了一系列帮助。虽然这些帮助都是按照协议规定贵馆应该承担的义务，但由于项目规模巨大，贵馆提供的帮助的确非同一般。在此，特代表我的团队，向馆长阁下、向贵馆、向付出辛勤劳动的吴芳思博士、葛汉先生以及阅览室与库房的全体工作人员表示诚挚的感谢。

由于最近发生了一些不愉快的事情，我曾在 8 月 26 日奉上一信。遗憾的是，或许由于翻译，或许由于其他原因，贵方似乎对我的信件产生了某种误解。因此，我不得不再次写信，希望辨明事实。

我在您的来信中读道："得知您因为工作协议的原因和我们产生了一些误会，给您工作造成的不便，我非常抱歉。"我不太清楚阁下这里所讲的"工作协议"的正确含义。

如果指的是我们这次来伦敦工作的协议，即中国广西师范大学出版社与英国国家图书馆的协议，我不觉得有任何误解，因为这一协议是经过认真协商后签订的，我对协商的过程十分了解。目前双方应做的不过是严格执行协议。如果指的是苏珊博士强迫我签署的文件，我只能说那不过是一份她以我的名义起草的单方面的"授权书"，此文件亦即 8 月 26 日我给您信件的附件。

我不得不请求您的原谅，因为我也无法同意您信中所说的

"因为您觉得协议书的商讨时间不足"的话。事实上，如上所述，那不过是一纸"授权书"，且事先未经任何商讨，所以不存在时间"足"或者"不足"的问题。为了避免对前述文件产生进一步的误解，我愿意建议我们双方再一次将我们的注意力集中于这样一个事实，即那不是一项协议。因为我们从中只能看到苏珊博士一方的意愿，而没有看到对我方的意见的任何考虑。故此，它不是其他任何东西，只不过是一方强加于另一方的授权书。

按照这一授权书，我们必须把我们的全部编目成果，包括未来的修订版，统统交给IDP。而这却是一个在前述协议生效后的额外要求。我不仅从未感到关于它曾有不充分的讨论——因为从来就没进行过任何事先的讨论，而且它同我目前在此地的工作也没有任何关系。尽管这是一件值得考虑的事。

8月25日，出于发展敦煌学的良好愿望，我向负责前来取我签字文件的蒙安泰（Alastair Morrison）先生提出三条建议。然而，苏珊博士没有考虑我的建议，并因我拒绝在她强加的文件上签字，于26日下令禁止我接触敦煌遗书。我真希望今后再也不要提到苏珊博士的这一行为，因为这的确是前所未有的，它使敦煌研究和中英学术交流蒙羞。这也是我8月26日写信打搅您的原因。

我曾试图相信"苏珊博士在工作中一直代表英国国家图书馆"，但不幸未能成功。我不知道我信件的英文译本是否会有某些基本性的误译，因为我确信只要您真正明了我在信中是如何陈述的，便不会为苏珊博士的行为背书。顺便一提，非常奇怪，我在您的信的中文翻译中发现了这样一句话："苏珊博士在工作中一直代表英国国家图书馆，她的行为合乎英国国家图书馆的规定。"（"I should confirm that Dr Whitfield was always acting on behalf of the Library and her behaviour conformed to the regulation of the British Library."）我的朋友删除了我就这一句话后半段所作的评论，因为他在负责将我的这封中文信译成英文时，在您的英文原信中根本没有见到"and her behaviour conformed to the regulation of the British Library"这样的话。

9月1日会见时，苏珊博士一再道歉，我为她能够认错感到高兴，尽管我至今不理解她何以做出那样无理的决定。

敦煌学需要合作。合作应该充分尊重学者的劳动，平等互利，不损害第三方利益，并要符合相关国家的法律。我相信，如果双方能在上述基础上平等协商、充分讨论，我们能够继续进行愉快而成功的合作。

馆长女士，感谢蒙安泰先生寄来您信件的中文译本。我上面对您信件陈述的意见，完全基于那个中文译本。在此，我必须为了我也会产生的对您的恳切来信乃至整个事情的任何误解，为了未能恰当表达我的感受的任何词语，事先向您表示诚挚的歉意。

再次感谢您的好意来信，并期待您的充满智慧和前瞻的判断。

谨颂

时祺！

方广锠

2009年9月6日星期日

葛维钧询问问题的实质到底是什么，便于他了解背景。方回答
如下：

老葛：

来信提到"便中请用几句话将根本症结告诉我（他们的目
的、对你的损害、不能接受的根本原因、以后是否会适时接受
等）"，回答如下：

一、他们的目的

1. 把持资料

英国搞了一个 IDP（国际敦煌项目）网站，上网发布敦煌遗
书图版。我们想在国内出版英国敦煌遗书图录，IDP 负责人苏珊
反对。认为同是图版，冲击了 IDP。为此设置种种障碍。最后苏
珊的图谋部分失败（英方与我们签了合同，目录得以出版），部
分成功（我们目录中的图版只能使用 50 年前的缩微胶卷，质量
要受影响）。

2. 抢占高地

IDP 仅有图版，没有遗书的其他信息。而我做了近 20 年英
藏敦煌遗书编目，即将完成。如加上我的编目资料，他们的网站
就占据了世界敦煌学的高峰。7 月 1 日苏珊升任亚非部主任，出
手抢我手头的编目资料。以前她多次要过，我拒绝过，也给过。
这次她开始明火执仗地抢。

3. 个人野心

苏珊从 IDP 起家，此人向上爬的欲望极大，所以想继续搞
好 IDP，继续向上爬。

二、对我的损害

1. 我的目录就是要出版的，出版就是供人用的。

2. 如果给他们，他们会做版权声明，说明是我提供的资料。

3. 我原计划在中国网络上无偿进行公开，所以也不存在经济问题。

由此对我本人，没有什么损害。

三、不能接受的根本原因

1. 从大局讲，敦煌知识平台的高地，不能让他们占了。敦煌遗书是中国的，高端平台要建在中国。可以给中国的任何单位，就是不能给他们。前此，我已经表示要在中国建网站。吴芳思说："好。两个网站连接，一切都解决了。"苏珊的态度呢？这次协议草案中文本导言有这样一句话："乙方在大英图书馆对上述收藏品进行长时间的编目研究工作，研究成果用于出版以及以合适的格式提供给甲方。"狼子野心，昭然若揭。

2. 从道义讲：苏珊从吴芳思的部下，变成吴芳思的上级，多次向吴芳思发飙，横行霸道。吴芳思已经多次向工会告状。现在吴芳思也不希望我给她，变成她进一步向上爬的资本。吴芳思对我、对中国学者有这么大的帮助，我绝对支持吴芳思，不能支持她的对头。

3. 从人品、办事方法讲：好好商量，咱们可以商量。玩威逼利诱、篡改文件的鬼魅伎俩，没门！这种小人，我不能让她得意。

四、以后是否会适时接受

只要苏珊主持一天，绝不接受。

所以，现在的斗争的症结是：敦煌遗书的封锁与反封锁、抢占敦煌遗书知识平台制高点。

　　大体如上，不知说明白没有。不知尊意以为然否？

　　谨颂

时祺！

方广锠

2009 年 9 月 9 日星期三

9 月 10 日（周四）

　　上午，方去图书馆与定源见面。又收到蒙安泰的信，解释头天确实是误会，以为此前发过修改前的合同。这次给的是一致的。

　　今天下午，定源来我们住处，我做了西红柿炒鸡蛋、香菇豌豆、清炒生菜、蔬菜沙拉及紫菜鸡蛋汤。饭后，他们两人交流研究资料及信息直至晚上 9 点半。

　　定源现在对佛教古籍文献研究很有兴趣，感觉有很多事情可做。我记得，2001 年他在闽南佛学院作为方的研究生学习佛教文献专业时，因为相距遥远，面授不便，方还让定源来京在我们家里住了一段时间，每天抽时间辅导他学习，并一起吃我做的"斋饭"。定源少年时出家，原来就读于闽南佛学院。他勤奋好学，进步很快。几年前，他自学日文后到日本求学，现在已经博士毕业。而他对佛教文献的研究，也已渐入佳境，且大有发展余地，方为此感到十分高兴。

　　这几天，我一直在赶拍工作手稿的照片，一般每天可拍六七百张。

9 月 14 日（周一）

　　到昨晚为止，我已拍摄工作手稿整一周时间，已至最后一人——陈王庭所做的 2 700 号。

今天，我们一起去图书馆。方一整天都在整理这次大家所做的电子稿，我下午 2 点与吴芳思下库，补量一些遗漏高度的数据。团队在英国工作期间，大家每天都在赶时间，想多做些卷子，难免有些错漏。方这段时间对这些稿子已做了初步的查对，对能发现的疏漏，便尽量在此予以弥补。

吴芳思原来说下午干到 3 点半，她要去给小猫看病。到地库后她告诉我，馆里通知她下午 5 点开会，所以可干到开会。但是，她对于馆长是否已从中国回来，谁参加会议，都不知道。下午 4 点 45 分，方交代我要补量的数十个卷子，除两件因不在库中没有测量外，其余均已完成。我从地库上来后在阅览室、图书馆门前的广场等处都找不到方。后来发现他在一楼地库电梯外的走道处，正在与吴芳思说话。原来，他为了赶在吴去开会前和她沟通情况，已提前由阅览室下来等她。但正好我和吴出电梯时他进了卫生间，没有遇到我们。但幸好方出来时见到了走在后面的吴芳思。

我们回住处不久，他即收到吴的电邮，告知他会已开完，但电邮中吴的表达却是云里雾里，让我们看后不明就里。她讲不用再签合同了，我们可以继续工作，并约了次日下午 2 点下库；又讲到馆长很有意思，以后怕中国学者不能下库了等等。

我们两人分析：由于广锠给馆长的第二封信有理有据，苏珊又输了理，肯定怀恨在心，希望抓住我们的把柄。为此，我们当时做了最坏的准备，十分谨慎。

附：方这几日相关的日记及通信

2009 年 9 月 11 日 （星期五）

9 点 40 分，吴芳思来。她于昨天返回。今天我们做了交流：

1. 馆长已经收到信。而且她提前告诉馆长助理有这样一封信。助理表示，他们并不知道禁止阅览这样的事情。

2. 吴找我确认："你是不是肯定不签？"我说："肯定不会签。"吴芳思说："中国学者现在都在关心你这次的情况，都支持你。"

3. 吴芳思再次强调："这些本来是中国的东西，只是由于历史而放在英国。所以我们从来都对中国学者开放。"

4. 交谈下一步的工作。她去盯那几件我还没有看到的东西。周一，我把查阅目录发送给她，她帮忙打印。

5. 介绍吴芳思与定源见面。

2009 年 9 月 14 日（星期一）

今天去图书馆。因为月票给了定源，张丽买的地铁票，竟然要 4 英镑。原来是为了鼓励大家用卡。

吴芳思来，拿来打印的稿子。我们约定了本周下库的时间。今天是下午 2 点到 3 点半下库，因她要给小猫看病。

她下午快 2 点来，说："馆长通知下午 5 点半开会，所以可以工作到 5 点。"我当时没有多想。下午老陈来。我分析苏珊抓住这次工作协议没有签字这一点，不做补签的工作，反而逼我授权，是以为可以做成一笔交易。他同意这一分析。我说："无法理解苏珊的思维逻辑。现在既然明白实际有签字协议，自己已经输理，又想要资料，就应该提出双方都能够接受的条件。怎么要价反而更高？"老陈认为："苏珊以前嚣张惯了，不把中国人放在眼里。也许她认为压一压，你就屈服了。"

聊时我们想到，馆长开会应该就是为此事。下午 4 点我下楼等吴芳思与张丽出库。等到吴芳思后我与她交换了意见。

吴芳思告知了以下几点：

1. 星期五（11 日）馆长从北京来电邮，说国图馆长要与她谈话。她来询问国图馆长会不会提到此事。（我认为她这是知道苏珊闯祸了，所以心虚。吴芳思没有提到两国馆长在北京见面的结果。我估计国图馆长不会谈。这是中国的礼仪，也因为我已经不是国图的人）

2. 吴芳思已经把近日的工作日志交给馆长助理。

3. 做英藏时，张弓、宋家钰、宁可以及一个照相师在库里工作了一年多。以前我们来时也和吴芳思一起下库。这不是什么毫无先例的事情，很正常。

4. 苏珊说方广锠是个坏人，编国图目录却不给国图，还拖延国图出版。

5. 前一天，我已经向蒙安泰表示可以给资料，甚至答应可以先给已经上网的 4 000 号。事情本来在协商中。但苏珊没有打任何招呼，突然不让看。

6. 不让看，是一个原则的问题。就好比不让希腊学者看阿西娜神庙雕塑。

我建议她强调这是我的个人项目。她说："对，本来就是这样。"

在库里她跟张丽说："不知馆长是否已经回来。今天的谈话，不知馆长是否参加，也不知苏珊是否参加。"

会议结束，吴芳思来信，简单讲了情况。

9 月 15 日（周二）

自今天下午起，我们两人一起下库。

他是站在靠近敦煌遗书库房门口的位置，补充测量斯 06980 号以后由多纸粘接的残片的每纸长度（前几次我们来时，因为这部分主要是残片，便仅量了每个文献的总长度。这次编图录，为了统一体例，又对其中两纸以上的逐纸补量了长度）。我则站在库房靠里侧的走道当中，对广锠事先从缩微胶卷中挑选出的一些不甚清晰又有研究需要的文献卷子进行复核，以便他回国后做英藏敦煌遗书目录定稿时使用。

敦煌遗书库是英国国家图书馆地库中的一个专门房间，可称作是"库中库"。吴芳思、葛汉、IDP 及阅览室的相关工作人员有钥匙。

这个库房大约有二三十平方米，里面放满了装敦煌卷子的玻璃柜。其中纵向沿墙放了两排柜子，中间背靠背又有两排柜子，即纵向共有四排柜子。这样，在两侧靠墙的柜子与中间背靠背的两排柜子之间，形成了两条不足一米宽的狭长走道。因为柜子有一人多高，在靠近门口的走道看不见里面的走道。后期在图书馆工作的这段时间里，我们随吴芳思进库，通常是我站在靠里面的走道间，借助一个有平台的推车，把卷子放在上面展开来进行工作；而广锠则站在外侧的那条走道靠近门口的地方工作。每次进库时，吴芳思还是带着她的研究资料，待帮我们拿了卷子后，便坐在接近门口的走道处做她自己的事情。

今天上午，吴芳思曾来阅览室。但到方工作的小房间时，她不愿多加停留，说馆方不许外传会议的内容。

她走后我们分析：吴芳思强调不准外传会议内容，一是可能批评了苏珊，二是有对中国学者的限制内容。上午，来了一个工作人员，说我们工作的小房间的门半开着，把旁边的监视器遮住了。这段时间方根本未借卷子，也盯得这么紧，这似乎不太合乎常规。我们怀疑是苏珊有所交代。

下午在地库工作时，吴说苏珊曾对馆长讲，方广锠是坏人，封锁国图目录资料、不公布等，但未讲消息来源。我们分析，是苏珊与馆长这样讲后，馆长助理又询问吴。这次馆长去中国参加国图的馆庆，国图展览中的显著内容之一，就是有方编辑的国图图录，所以苏珊对他的造谣诬蔑也就不攻自破。苏珊这样做，真是既不择手段，又很愚蠢！

9 月 16 日（周三）

今天上午，我继续在阅览室录文，下午下库。

我们两人在走廊电梯附近等吴芳思时，两次遇到苏珊从电梯进出。第一次她从电梯出来，因为身穿蓝色衣裤，比较朴素，不似上次约我们面谈时穿戴得比较讲究，我们一开始没有认出她来。但她主动笑着用中文向我们打招呼"你们好"，弄得我倒有些不好意思。一会儿，她返回时又路过，再次笑着向我们主动打招呼。我心想：这个女人可真不简单！心里不知怎样恨我们坏了她的好事，却还能这样对我们笑脸相迎。

下班后方收到馆长电邮，口气与给他的第一封信迥然不同，约他下周二或 10 月下旬见面。

晚上，楼上原来黄霞租的房间又住进了新房客，是一个来自北京朝阳区的男孩子。

9 月 17 日（周四）

早晨到阅览室，是艾丽斯帮助我们打开工作间的门。昨天她曾告诉我们当天开始上中文课。方问她昨天上课如何，正好我过去，他让我问她："你好吗？"我便问了一句："你好吗？"她回答："马马虎虎。"我伸出大拇指夸她，她开心地转身雀跃地跑了。

9 月 18 日（周五）

在敦煌遗书中发现了不少过去失传的文献资料。中午 1 点 20 分，我终于录完了《观世音不空羂索心王神咒功德法门名不空成就王法》，有近万字。方说：这是件《大正藏》没收入的失传文献。

最近，他在一篇文章中这样写道：

> 学术研究靠学术资料，这一点，凡是搞学术研究的，人人都懂；但什么是本学科的学术资料，这一点，就未必人人都明白。学术资料为学术研究奠定了坚实的基础，这一点，凡是搞学术研究的，人人都懂；但若陷入盲目性，学术资料有时可能反而会框限自己的学术研究，这一点，就未必人人都有清醒的认识。

> 就佛教研究而言，很多研究者至今把眼光局限在传统的藏经上。无疑，传统的藏经是我们研究佛教最基础的资料。但我们还应该认识到，传统的藏经所收典籍实际是被主持编藏的人们过滤过的资料，还有大量的资料被他们排除在传统的藏经之外。所以，不把那些藏外的资料一并纳入视野，我们的佛教研究就是不完整的。当年陈寅恪先生评论敦煌遗书被发现的意义，称："一时代之学术必有其新材料与新问题。取用此材料以研求问题，则为此时代学术之新潮流。治学之士得预此潮流者，谓之'预流'（借用佛教初果之名）。其未得预者，谓之'未入流'。此古今学术史之通义，非彼闭门造车之徒所能同喻者也。敦煌学者，今日世界学术之新潮流也。"①

---

① 陈寅恪：《陈垣敦煌劫余录序》，中央研究院史语所专刊之四，1931 年 3 月，第一叶 A。

在敦煌遗书中，各类佛经及与佛教有关的文献约占总数的90%左右，其中不少都属于当年被编藏僧人过滤掉的东西。但遗憾的是，至今为止，我国的佛教研究者中利用敦煌遗书来推进自己研究的依然不多。相反，中国佛教研究界更多的人依然习惯于用老资料来研究老问题。自然，研究中有些老资料得到新解释；有些老问题有了新开拓，这都是可喜的好现象。但也有不少论著属于陈芝麻、烂谷子，炒来炒去，依然了无新意。在这种情况下，大量新资料却无人去关注、去研究，未免令人惋惜。

9月20日（周日）

上午我到大超市购物。晚上，7 000多页工作手稿的拍照终于完成，前后用了约10天时间。下一步还要在电脑照片上逐张编上英藏号码，以便于查找使用。想想速度不会比拍照快，工作量还很大。

9月22日（周二）

昨天在住处工作一天。广锠检查目录，我给照片编号。

今天上午10点多到图书馆，10点半下库，因广锠12点半要与馆长见面，12点要结束下库，工作时间很紧张。

回顾这次他与苏珊的较量，以今天中午英国国家图书馆馆长及主管副馆长和方见面并道歉为标志，应该说基本告一段落。回想起这几天事情发展的整个过程，挺有意思，可谓一波三折。若简要概括，可说是变被动为主动的两个回合：

第一个回合：苏珊上任，急于求成发淫威，借译文偷梁换柱误导馆方。或许是苏珊过去一路太顺，或许她此前遇到过窝囊的国人，她由蛮横地勒索方的研究成果开始发难，遭到抵制后又粗暴地停止他阅卷（据说是该图书馆 30 年来未有）。当方第一次给馆长写了抗议信后，苏珊利用职权耍小聪明欺上瞒下，一方面，她不得不虚伪地向方道歉；另一方面，又通过向馆长告黑状进行误导，对方软硬兼施，继续逼迫他签署授权书。由于她的误导，馆长给方的第一封回信，名义上是道歉，却提出苏珊的行为代表图书馆，要方尽快与其签订协议，为苏珊的无理行为做了背书。

第二个回合：我方巧抓时机，除干扰明真相，苏珊聪明反被聪明误。苏珊在首个回合中采取恶人先告状、利用翻译之机误导馆方、夹带私货等行为，既给我们施加了压力，也留下了她不光彩的把柄，为方进一步反击并揭露苏珊的霸道和无理提供了机会。

方给馆长的第二封信，无论从文字内容还是递交方式上，都做足了"功课"。一是在方式上吸取了前次没有翻译的教训，直接译成英文，并利用馆长到国图参加活动的机会，直接交给本人，排除苏珊的干扰，直接申明了事实真相。二是在回信的内容、文字上字斟句酌，一方面，抓住苏珊欺上瞒下的要害，强调我们赴英本来就有合同依据，苏珊要方签的协议完全是节外生枝；另一方面，在措辞用语上又十分客气恭敬，强调如果馆长了解事情的真相、没有了翻译造成的障碍，就不会为苏珊的错误行为背书等，给了馆方面子和台阶。这次反击，无论从文字内容还是时机的选择上，都引起了馆方的高度重视。馆长多方面了解了情况（包括向其他人了解对方的评价，与苏珊以前的汇报完全相反），刚回国便专门开会研究，并很快安排了今天的见面。我虽然没有去，但听了他回来后所讲的情况，大都在我们事先的准备和意料之中。

方与馆长见面回来后说，他对馆方强调他过去曾 7 次来图书馆，前后 18 年，一直合作得非常顺利愉快，对图书馆各方面都有很好的印象，也曾向国内同行及在电视采访中介绍和肯定过英国国家图书馆。但这次发生的事情，完全出乎意料，令人难以理解，好像是到了另一个图书馆。但又强调，他认为这完全是苏珊个人的无理行为，不能代表英国国家图书馆。并对为此一再打扰馆方表示了歉意，对馆方的重视和及时回应表示感谢。馆长在见面中肯定了方的学术成就和工作，并对此事一再道歉，说苏珊的这种做法是"粗俗"的，保证今后不会再发生此类事情，也不要方再签什么协议。

应该说，这两个回合下来，苏珊不仅目的没有得逞，没有实现她的如意算盘，反而搬起石头砸了自己的脚，在上任不久便跌了一个跟头。她在第一个回合前后塞给方的几稿"霸王合同"，还成了今后揭露她的靶子和证据。

后来回想起来，第一个回合与苏珊见面时，她用一连串的"Sorry"试图蒙混过关，却把过错都推给吴芳思，用"误会"一词轻描淡写地定义她的无理与粗暴，用发展敦煌学做幌子继续紧锣密鼓地威逼方尽快与她签署协议，曾经让我们不得不花费很多时间和精力来与她周旋，我们总觉得有些窝囊。但在第二个回合中，无论从面子上还是实质问题上，可以说都以她的失败而告终。她所得到的，是在馆长面前、中国人面前以及敦煌学史上的一次不良记录。即便不说她是搬起石头砸了自己的脚，也是聪明反被聪明误！这也再一次说明：做人要厚道啊！

附：广锴这几日相关的日记及通信

2009 年 9 月 16 日　星期三

上午抒资料，到斯 04200 号。下午 2 点下库，做到第 14 页。

张丽处理一个 70 多纸的薄皮纸大卷子，因为纸多且薄，不好卷整齐，我负责卷起来。吴芳思又说："这次所有的卷子都卷得很好，从来没有这样好。"我说："是的。我们发现有些卷子以前没有卷好。作为敦煌学者，我们总是尽量卷好，以更好地保护卷子。"她说："苏珊老让我汇报。我已经汇报，经过检查，卷子从来没有卷得这样整齐，得到这样好的保护。通过这一次（提供阅览），我们得到了帮助。"我说："你这样写，苏珊气坏了。"她说："事情不应该保密，应该公开。"

吴芳思在与马克合著的《寻踪敦煌古书〈金刚经〉——世界纪年最早的印本书籍》(*The Diamond Sutra: The Story of the World's Earliest Dated Printed Book*) ① 一书中写到当年英国国家图书馆负责这批藏品的翟理斯收卷敦煌遗书时的情况：

1919 年，《金刚经》连同其他那些斯坦因第二次探险及 1913—1916 年第三次探险得来的敦煌遗书被移交给英国国家博物馆，翟林奈受命负责这批藏品。由此，他开始将它们一件一件地分类、查验和编目。即便从体力上讲，这也不是一件轻巧的工作。因为要把每个卷轴打开看过再卷起来。而这些卷轴的长度已经达到 10—20 英里长。翟林奈在描述他不断地展开又卷起卷轴的情景时，指出保存中最大的问题就是每当把卷子展开与收起的时候，无论怎样小心谨慎，都难免会造成卷子的不平整。尤其是那些曾被托裱过的卷子，有时还会造成卷得不正或产生裂纹。虽然翟林奈自己也承认他常会把卷轴不断地打开再卷起，但他似乎不欢迎访客来做同样的事情。王重民和向达是两位来自中国国家

---

① 该书英文版于 2010 年出版，中文版 2019 年由广西师范大学出版社出版。

图书馆的杰出专家，1936—1937 年他们在伦敦期间，对瞿林奈的接待非常不满。在整整一年的时间里，瞿林奈只让向达看了496 件卷子（总数约为 6 980 件），说是为了避免卷子被大量地展开与收起。

1 英里约合 1.609 千米。"10—20 英里"近于 16—32 千米。根据我的敦煌遗书数据库的最新统计，英国国家图书馆藏敦煌遗书合计总长度为 2 402 284.06 厘米（约 24 千米），合计总纸数：64 015 张，合计总行数（正面）：1 369 869 行，合计总行数（背面）：36 840 行，合计总行数（正面+背面）：1 406 709 行，合计总面积：62 333 420.24 平方厘米。

葛汉来为定源查卷，指指吴芳思对我说："你要抓紧工作。她老了。"我知道，他是说没有一个人像吴芳思那样对我如此支持。我开玩笑说："还有你呢！"他笑着说："我也老了。"

我正在检查的一批卷子是 1991 年做的，当时只量了总长度，没有分纸张测量。这次为了体例一致，只好返工。这批卷子，几乎全部托裱。有的是直接贴在硬黄纸上，颇为可惜。吴芳思介绍："这是一个名叫克林的人，在 20 世纪 50 年代干的。当时可能为了快，就这样做了。我们把这批遗书，称为'克林品（kelins）'。"葛汉开玩笑："她（指吴）想把他杀了。"我说："现在克林大约已经逝世了。"吴芳思说："英国国家图书馆对退休员工都要开会做心理咨询，指导退休生活。克林就在那个会上去世了。所以后来很多人说，这样的会不能参加，参加会死人的。"

我们前此在库里工作，批评这种装裱时，吴芳思有时要解释几句。但实际上她也是颇不以为然的。她是从心里爱护卷子。

回到住处后，我打开邮箱，收到馆长的第二封来信，她邀请我见面。我回信接受邀请。

　　我今天对张丽说："目录出版时，我要在扉页写上：'献给吴芳思博士。感谢您对中国人民、中国学者的友好感情，感谢您为本书完成做出的无私贡献。'"

附：来信一

尊敬的方广锠教授：

　　您好！

　　以下有来自馆长的信的中文翻译。如果您能告诉我与馆长见面什么时候对您方便的话，我会通知馆长的秘书，谢谢您！

蒙安泰　敬上

附：来信二

尊敬的方广锠教授：

　　您好！

　　非常感谢您 9 月 6 日的来信，我是在北京参加中国国家图书馆 100 周年庆祝活动时收到的。

　　您的来信让我很担心。我想在这里再次肯定我们英国国家图书馆对您的工作的坚定配合和支持，我们很了解您的工作的重要性，您给研究敦煌文献的全世界学者提供了巨大的方便。我想请您与我和我的同事——英国国家图书馆学识及收藏馆馆长菲利普·斯宾塞先生（Mr Philip Spencer）一起在我位于英国国家图书馆的办公室见面讨论及解决您提出来的问题。

我不知道您以下的时间是否方便：9 月 22 日星期二中午 12:30，或者 10 月 20 日星期二上午 10 点

我恭敬地等待着您的回复。

林恩·布林德利女爵士（Dame Lynne Brindley）

敬上

2009 年 9 月 16 日星期三

回信一

尊敬的蒙安泰先生：

我刚刚完成今天的工作回到住处，收到馆长的来信以及您发过来的中文译本，非常感谢您的帮助。

我已经给馆长写了回信并电邮奉寄馆长，今将该信附上。馆长接见的具体时间，我完全听从馆长的安排。

谨颂

时祺！

方广锠

2009 年 9 月 16 日星期三

回信二

尊敬的英国国家图书馆馆长林恩·布林德利女爵士：

您好！

非常感谢您今天的来信，感谢您对我工作的关注与支持。也请您原谅我在您百忙中，乃至在国际公务活动中鲁莽地打搅您。

非常感谢给我如此荣幸，以拜见尊敬的英国国家图书馆馆长女爵士以及英国国家图书馆学识及收藏馆馆长菲利普·斯宾塞先生。我期待着这一见面。具体时间，我听从您的安排。

谨致

最良好的祝愿！

中国　上海师范大学教授　方广锠

2009年9月16日星期三

附：信件三

吴芳思：

您好！

刚刚回到住处，收到馆长来信及蒙安泰的中文翻译，邀请我与馆长见面。我已经写了回信。今将馆长来信及我的回信一并奉上，供您参考。

谨颂

时祺！

方广锠

2009年9月16日星期三

附：信件四

王老师、刘老师：

刘老师今天的来信收到。谢谢刘老师的关心与奔走。

这里的事情好像一场戏剧，不断变换场景。

一场戏在伦敦，苏珊一边堵漏，一边企图用馆长的信压我。她正式起草一个协议，9月8日给我中英文本，要求11日讨论。这个协议，企图把我编的英藏敦煌遗书目录说成是从一开始英国国家图书馆就深度参与的合作项目。由此，除了把原来单方面的授权书从形式上改为双方的协议，并提高价码外，还企图堵死我们在中国设立网站的可能。我推说需要寄回中国翻译中文（亦即对他们提供的中文译本表示不信任），11日来不及讨论。他们无法，只好说等我得到中国的翻译本以后，再决定讨论时间。

另一场戏在北京，我给馆长写了一封回信，请朋友翻译为英文。针对馆长信中提出的希望我尽快签订协议的要求，明确提出两点：1.苏珊混淆了广西师范大学出版社的协议及强迫我签的授权书。2.苏珊利用中英文翻译，欺上瞒下。前一点抽掉他们立论的基础，后一点揭露苏珊的卑鄙。实际也就是说：馆长，您受骗了。这封信于9月9日国图百年庆典的晚宴上递送到馆长手中。

14日，馆长返回伦敦，当天傍晚召集会议。会上决定不再要求我签订第二个协议；馆长出面向我道歉。据我们所知，会上虽然没有明确批评苏珊，但副馆长说："不能说读者来看书，就让人家把东西留下。"（这也就是我给馆长第一封信上所说：苏珊的行为违反了图书馆的职业道德。）

刚才，收到馆长的第二封来信："您的来信让我很担心。我想在这里再次肯定我们英国国家图书馆对您的工作的坚定配合和支持，我们很了解您的工作的重要性，您给研究敦煌文献的全世界学者提供了巨大的方便。我想请您与我和我的同事——英国国家图书馆学识及收藏馆馆长菲利普·斯宾塞先生（Mr Phil

Spence）一起，在我位于英国国家图书馆的办公室见面讨论及解决您提出来的问题。"承认编目是我个人的工作，强调图书馆是"对您的工作的坚定配合和支持"。我已回信，接受邀请。

我觉得，事情到此，大体上应该结束了。苏珊勒逼资料的企图，彻底失败。下一步也不可能再出禁令。下余的一个多月，我们应该能够不受干扰地工作。吴芳思依然全力支持。此事对吴芳思将来境遇的影响，需要另外评估。

馆长见面的具体时间还没有定，大约在下周二。我想，基本上是礼节性的。他们表示道歉与支持，我表示感谢。双方下台。至于合作，大约会意向性地提一下。不可能，我也不会让它变成一个实质性的东西。

大体情况如上。如有重大转折，我会及时通报。

张丽问你们好！

谨颂

时祺！

方广锠
2009 年 9 月 16 日星期三

2009 年 9 月 17 日　星期四

今天依旧，上午捋资料，下午下库。因吴芳思有事，下午 4 点结束下库。

上午定源把斯 00721 号的问题解决了。

下午，吴芳思说电邮收到。葛汉说要学习方广锠那样优雅地写信。我说："对方是爵士。"吴说："写得非常好。"

我问："菲利普·斯宾塞先生是什么人？"她说："就是副馆

长。很聪明。那次开会，就是他提出不签协议，说让读者交研究资料，没有道理。他不是搞图书馆的，是外聘的管理人才。原来当一个部门的主任，现在管很多单位，如修复部等，都归他管。他权力很大。"她还说："我们馆长不会与客人聊天，但他会。（意为很擅长场面上的客套活动。）我有点怕他。他现在搞改革，就想省钱，不要那么多研究人员。不知道他下一步会有什么改革的方案。但我们馆长很喜欢他，倚重他。"

我问："馆长信中说'很担心'，她担心什么呢？"

她思考一会儿，犹豫地说："也许担心你不高兴？'concerned'这个词，翻译为'担心'，好像不是很合适。也可以翻译为'关心''关注'等。"

我说："馆长信中说'讨论及解决您提出来的问题'，可我没有什么问题。"

她说："可能还是你第一封信中的问题。"

我说："如果这样说，这个见面就是礼节性的。我们以前谈过这个问题，你建议我讲简单一些。如果馆长没有新的问题，我就按照以前谈的，简单地讲三点。"

她说："可以。你还应该讲一下你在中国的地位、工作。大家都在等待你的目录出版。当然也可以讲其他人的工作。"（我理解，她让我充分介绍自己，但也不要有自吹之嫌。）

她说："我原来就建议她（馆长）出面道歉，她不听。现在还是她出面。现在出面，比以前更被动。"

我说："蒙安泰将当翻译。"

她笑着说："他们问我蒙翻译行不行，方会不会不信任蒙，担心蒙在翻译中捣鬼。我说蒙的中文比我好。方不会不信任蒙。蒙不过是苏珊手下的，要听苏珊的命令。"（由此看来，周一馆长召集的会议，苏珊没有参加，而是馆方单独与吴芳思商议。）

我说："我要向蒙开个玩笑，问他现在肯不肯给我刻盘。"

她说："他们还想要你的资料，会答应的。馆长他们都表示支持你的工作。"

我说："会答应吗？蒙安泰肯定要请示苏珊，苏珊会答应吗？她总是说'NO'。"

吴芳思迟疑了一下，做了一个表情，意为涉及苏珊，就不好说了。然后说："反正你也是开玩笑。"（意思是并不是真的非要不可。）

吴芳思看到我 1991 年留在卷子中纸条上的记录，颇为感慨。18 年了。吴芳思说："都是历史，最近的历史。"我说："我们现在在研究蒋师爷、斯坦因的编号。我想，哪怕恢复几包也好。"她同意，说："圣诞节要去巴黎，看看伯希和的东西有没有什么记录。伯希和没有编号，但是有关于内容的记录，可能会有线索。"

附：蒙安泰来信

尊敬的方广锠教授：

您好！

谢谢您的来信，我已经将您邮件的英文翻译给馆长转过去了。

馆长的秘书安排了馆长信里提出来的第一个时间，9 月 22 日星期二中午 12:30 在馆长办公室见面。我会当翻译的，所以我可以 9 月 22 日中午 12:20 左右在阅览室接您，好吗？

我期待着您的回信，确认以上的时间，谢谢您！

蒙安泰　敬上

2009 年 9 月 17 日星期四

附：方的回信

蒙安泰先生：

您好！

9 月 17 日来信收到。谢谢您将我给馆长的信件翻译为英文。

9 月 22 日星期二 12:20 左右，我将在阅览室 32 号工作室恭候。

谨颂

时祺！

方广锠

2009 年 9 月 17 日星期四

附：蒙安泰来信

尊敬的方广锠教授：

您好！

谢谢您，那我们下个星期二在阅览室见。

此致

敬礼

蒙安泰

2009 年 9 月 18 日　星期五

今天依旧，上午捋资料，下午下库。定源已经看完自己要看的东西。这些天他在看一些我介绍的特别的东西，也颇有发现。今天我把梵网经资料给他。

今天吴芳思说在北京见到何林夏。没有讲什么，何只说请她到桂林去。谈到照片问题，她再次表示：如果有缺漏，会负责补拍。

我提到克林品的问题，并建议斯 06980 号以前的部分以后尽量不修，保持原状。她同意我的意见，并说向马克去说。

2009 年 9 月 22 日　星期二

上午在库里与吴芳思交谈。

我问："今天与馆长见面，您有什么建议？"

她说："他们给我发电邮，问这样道歉行不行。馆长要向你表示深刻的道歉。"

我说："那我表示感谢。"

她说："你放心，不会有其他什么。"

我说："我做了准备，以应对各种情况的对话。"

12 点 20 分不到，蒙安泰来引路。

路上我说："8 月 24 日，我提出三条，你曾经说，给你目录，你给刻盘。如果我现在给你目录，你还给刻盘吗？"

他说："应该没有问题。"

我说："苏珊会答应吗？"

他没有回答。

我岔开话题，说："你们网上的照片，下面的部分图，明明留了大框，为什么只放三分之一，甚至四分之一？现在这样，如果图片放大的话，只要没有小字，还能看清；缩小了，文字就无法辨认。"

他问："是我们的，还是国图的？"

我说："是你们的。"

他说："不会吧。那可能是电脑出问题了。"

这时已经到办公室，时间尚不到约定的 12 点半，于是我们在外面的沙发继续交谈。我想打开电脑让他看，但上不了网。

他说："可以放大。你看的是中图，不是大图。"

又说："你需要点最高清的照片，这样连纸张都可以看清。"

我说："对，文字、纸张都可以看清。"

会面结束，他送我回阅览室。

路上他说："你要的照片，请你列出目录，电邮发给我。还有，我们找一个时间，我教你怎样看大图。"

我说："好。"

他说："本周不行，我很忙。下周吧。"

我说："只要你方便，什么时候都可以。"

与馆长的谈话，见下文的记录。

下午 2 点多，吴芳思来。我介绍了与馆长会面的情况。她很高兴，说："这样我们就不用偷偷摸摸了。而且不用再听什么人的话了。"说昨天在维多利亚博物馆遇见马克乐（维多利亚博物馆工作人员，女，吴芳思的朋友），马克乐也说："我们都是帮助中国学者，从来没有这样的事情。"她说："在英国国家图书馆，我不敢讲，能够与马克乐讲讲，很高兴。"

我说："苏珊能不能当下去？"

吴芳思耸耸肩说："不知道。她还去当 IDP 组长？她怎么能当？"

我说："只要她在一天，我就不合作。"

吴芳思："我赞同你这样。"

我说："合作看对象。如果是你，我什么都给。"

吴芳思："如果是我，你也不用全部给。我们可以商量，一点一点地。还有，英国出版社也一样，都有合同，需要遵守。"

我说："是。"

吴芳思："以后还是这样，小卷子下去看。大的卷子，拿上来。"

我说："好。"

下面是方给吴芳思的信，附有《与英国国家图书馆馆长布林德利爵士、英国国家图书馆学识及收藏馆馆长菲利普·斯宾塞先生的谈话》记录。

吴芳思：

您好！

我把今天与馆长以及菲利普·斯宾塞先生会面的经过记录下来，今以附件寄上，供您参考。

这份记录稿，依据我的现场记录及事后回忆整理而成。总体精神应该没有大的差距，具体表述，有些是当时的原话，有些也许与原话有差异。

谨颂

时祺！

方广锠

2009 年 9 月 22 日星期二

附：与英国国家图书馆馆长布林德利爵士、英国国家图书馆学识及收藏馆馆长菲利普·斯宾塞先生的谈话

——2009 年 9 月 22 日 12:30 到 13:00

（根据记录和回忆整理）

双方见面后，交换了名片。馆长说她有一个很好的中文名字，并请我坐下喝茶。

馆长："今天很高兴与您见面交流，这样交流比电邮强多了。我首先再次向您表示英国国家图书馆对您工作的坚定配合与支持。通过我同事的帮助，我了解了您的工作对世界敦煌学的重要意义。我很高兴，您与英国国家图书馆有长达近 20 年的合作，也很高兴在这个过程中，吴芳思、葛汉、葛朗姆·绍等人曾经对您的工作给予支持。我们愿意继续向您提供特殊的阅览途径，因为您工作量很大（意为提供大规模阅览），希望能够帮助您完成您的目录。

"对最近发生的误会以及由此给您的工作带来的困难，我表示深深的歉意。希望我们之间的合作不受影响，能够继续进行。

"因为我不是敦煌学以及汉学的研究专家，所以希望您介绍一下您的工作，以及敦煌学的情况。"

方："今天非常荣幸能有机会拜见馆长阁下与菲利普·斯宾塞先生。特别是馆长阁下刚从中国回来不久，在繁忙的公务中抽出宝贵的时间，与菲利普·斯宾塞先生一起接见我，我表示衷心的感谢。并且我要为我一再打搅馆长的行为，表示衷心的歉意。（馆长：'应该是我们道歉。'）按照馆长阁下刚才的话，我介绍一下我的工作。

"我从事全世界的敦煌遗书总目录的编纂，已经 25 年，就是四分之一个世纪，与世界许多单位保持着良好的合作。我曾经在中国国家图书馆工作多年。"

馆长："这一点，我这次在北京听到过中国国家图书馆方面的介绍。"

方："我离开国图以后，继续与国图保持良好的合作，负责国图敦煌遗书目录与图录的编辑。

"这个由任继愈名誉馆长任主编，我任常务副主编的国图敦煌遗书图录，已经出版了 110 册。顺便讲一句，今年 7 月刚刚去世的任继愈先生（当时没有把控好情绪，说到此处哽咽流泪。馆长等两位表情愕然，我连忙控制自己），馆长也许见过面，他是我的老师。整理敦煌遗书这一工作，就是他交给我的。"

馆长回忆，表示不记得见过，说可能因为最近几年没有去中国。

菲利普·斯宾塞："也就是说，您做敦煌遗书，不仅仅是工作，而且是兴趣。"

方："是一种责任。国图对这一工作非常支持。这一次我们在伦敦的工作团队，就包括国图两个敦煌学专家。虽然今年国图 100 周年馆庆，非常忙，国图还是批准他们参加英国工作团队。

"现在，世界四大收藏单位中，中、法、俄三国的敦煌遗书都已经或即将在中国出版。英国收藏的敦煌遗书占全世界敦煌遗书的三分之一，如果也能够出版，世界敦煌遗书的主体就全部出版了。这将是世界敦煌学的盛大节日。

"我们这一次的任务，就是按照广西师范大学出版社与英国国家图书馆去年 3 月签订的协议，从事在中国出版《英国国家图书馆藏敦煌遗书》图录的有关工作。对这个图录，我所在的上海师范大学给予了很大的支持。"

馆长："这是一个很大的支持。"

方："英国国家图书馆也给予了很大的支持。所以广西师范大学出版社委托我编纂图录的时候，我们就约定，图录的署名将是：中国上海师范大学、英国国家图书馆共同编辑。"

馆长与菲利普·斯宾塞先生互相对视，说："非常感谢。"

方："这是我应该做的。从1991年以来，我曾经到英国国家图书馆6次，2次参加会议，4次从事编目工作。贵馆丰富的收藏、卓越的管理、给读者提供的良好阅读环境及工作人员出色的服务，都给我留下美好的印象。我是从事敦煌遗书研究的，中文组的吴芳思博士、葛汉先生对敦煌遗书那么爱护，具有那么深厚的感情——"

馆长："我们对敦煌遗书非常重视，进行了修复保护工作。"

方："正如馆长说的，从敦煌遗书入馆开始，馆方就对敦煌遗书做了大量的保护工作。我也知道修复部的彼得森先生（已经退休）、马克先生对敦煌遗书精益求精的修复工作。所有这些，都使我非常感动，也非常感谢。

"我在中国多次接受电视台采访的时候，向观众介绍过上述情况，也公开发表过这方面的文章。"

馆长："非常感谢。"

方："但今年，也就是我第7次来，所遇到的苏珊博士的行为，实在令我意外，令我无法理解。好像遇到的是另外一个英国国家图书馆，一个我完全不认识的英国国家图书馆。后来想想，也不奇怪。因为早在7年前，我就遇到过类似的事情，IDP用威胁的手段，让我把国图敦煌遗书编目的资料交给 IDP。所以，我遇到的事情实际与英国国家图书馆无关，完全是苏珊博士个人的行为。正因为这样，我给馆长写信，希望得到支持。很幸运，我得到了馆长的支持。"

馆长："我为这一次的事情，再次向您表示深深的歉意。这次她对您的行为是非常粗俗的，非常□□（方按：与"粗俗"差不多的词，我没有记下来）的。我向您表示诚恳的道歉。"

方："我一直认为，苏珊博士的举动是她的个人行为，不能代表英国国家图书馆。但馆长阁下特意为此向我道歉，表现了英国国家图书馆的宽宏大量。"

馆长："希望今后能够继续合作。我们希望能够分享您的愿望，就是把您的目录出版。我个人向您保证，我们不会再要求您搞任何协议，我们将继续支持您把编目工作做下去。

"我们对您的工作的重要性非常尊重，而且对您与中国的其他出版社等合作者的合作也非常尊重。我希望我们共同合作，把英国国家图书馆的敦煌遗书提供给中国的，以及世界的学者。

"非常希望您能够接受我个人代表英国国家图书馆对您的道歉。"

方："不敢当。我非常感谢。"

馆长："感谢您同意进行今天的见面。我希望将来您回忆起来，会认为今天的见面结果是积极的。"

方："毫无疑问，今天是一次有积极成果的见面。"

馆长用英文问蒙安泰几句话。我听懂"阅览室"一词，可能是问我在哪里工作吧。

馆长："为了不耽误您的工作，我们就谈到这里。"

方："谢谢。今天讲话情绪可能有些失控，特表示歉意。"

双方告别。

2009 年 9 月 22 日下午 3 点

9 月 23 日（周三）

今天上午到图书馆，10 点半下库。

吴芳思拿着广锠与馆长的会谈记录的打印稿过来了，广锠与她进行了交谈，具体可见后附的广锠的日记。

我做一个 47 纸的大卷子，花了近 1 小时。吴看到后对广锠说我是"可怜的人"。广锠说："做我的老婆很辛苦。"

工作至下午 1 点 10 分，腰、背酸疼。从库里出来后广锠说不饿，直接去了阅览室。我因浑身疼痛不适，决定午饭后再去。

定源来前开列了清单的卷子已看完，他又提出了一些新的号码。但因葛汉没时间下库，没给他拿。定源只好在阅览室看《敦煌宝藏》。想他大老远跑来，住旅馆费用昂贵（每天 55 英镑，20 天一千多英镑），饭也吃不好，却不能充分利用宝贵的时间研究卷子，真可惜。相比之下，过去来这里借阅中文古籍的中国人真是托了吴芳思的福。恐怕以后很难有人能像她这样，如此友好又吃苦耐劳地帮助中国人。

吴自 1979 年到中文组，如今已 30 年。正是中国改革开放后，敦煌学研究快速发展的时期。这期间，经常会有中国学者来图书馆中文组。中国的敦煌学者，真应该好好感谢吴芳思。她不图名、不图利，从道义和具体工作上，都无私地支持和帮助中国学者，真是难能可贵。

下午 4 点多我们返回住处。广锠尝试从 IDP 网上下载大图，确实下到了大图。以前以为公开的只有压缩后的小图，看来是自己的疏忽。但大图虽然文字比较清楚，像素依然不够，不足以察看纸张。

附：广锴的日记

2009年9月23日　星期三

今天上午10点下库，到下午1点上来。下午著录两个从展览会上取来的卷子：斯00351号与斯03326号。一个是标准的卷轴装；一个是《气象占》《星图》等，上面有图画，西方人好接受。

吴芳思把我昨天发给她的会谈记录打印出来。看完以后，她说很有意思。在她的词汇里，这是一个正面的表述。

我说这是一个礼节性的会面，只有半个小时。她说："不。在英国，半个小时已经很长了。像馆长那样的人，是大人物，走路匆匆忙忙的，时刻表示自己很忙。与你谈话，就看手表，给你5分钟、10分钟，或者一边走路一边谈。半个小时已经很长了。"

她说："我与马克乐谈到此事，马克乐说，苏珊想当'敦煌女王'。但大家不承认她，日本人也反对她。""日本人"不知具体所指，是否指国际联络委员会？

我谈了昨天与蒙安泰的谈话，及蒙答应刻盘。我表示，实际上IDP的数据中，我可用的不多。因为我要经疏（即佛经疏释），他们扫描的经疏很少。

吴芳思说："的确如此。他们主要做一些小的。"

我讲到他们没有专家，不知道应该选择一些什么东西来扫描。其实应该有两个选择标准：（1）内容标准；（2）文物标准。

吴说："我也不知道他们选择的标准是什么。"

谈到 IDP，她说关键在没有经费，图书馆不给钱，全部靠找捐款，而不少捐款附有条件。为了满足捐款条件，不能认真按照计划进行英国所藏敦煌遗书的上网。如果图书馆承担经费，就可以真正做到把英国的敦煌遗书上网。

蒙安泰人不错，正在读博士，专业为中国现代文学。他并非英国国家图书馆的正式员工，现在实际是在 IDP 打工，半天干活，半天写博士学位论文。他已经在 IDP 工作五六年，目前博士学位论文已经写完，将来会另找工作。所以，苏珊非说 IDP 是一个部门，吴耸耸肩，意为连个正式工作人员都没有，怎么是一个正式的工作部门呢？

我讲到如果蒙安泰给我刻盘，我打算还是继续提供数据，但方法改为按照 IDP 上网进度给，并且依然是交给吴芳思。

吴芳思说："这样很有道理。实际上，如果网站上没有照片，仅有那些数据，没有用处。"她表示完全赞同这样做。

吴芳思说："苏珊现在很担心，你将来会不会在前言等什么地方提到她。"

我说："她为我们制造了那么多障碍，肯定会提到她。"

吴芳思做了一个表情，意为：那她就惨了。

张丽插话："具体怎样写，到时候再商量。"

我说："肯定要与吴芳思商量。以前来那么多次，都是工作。不像这一次，许多问题一起商量。我对你（吴芳思）有了新的认识。我觉得你考虑问题很准确，把握的分寸也很好。所以，以后有问题，还是希望能够与你商量。"

吴芳思说："那当然。希望以后大家多商量。"说罢又笑着说："希望以后商量敦煌遗书的事情，不要再商量人的问题。"

她说，她在写一篇关于《金刚经》的文章①，以配合咸通九年《金刚经》的修复。

下午定源告诉我，他要的卷子只找出来一半，还有一半，因为葛汉没有时间检查，所以出不来。下午见到葛汉，我提起此事。葛汉说手头事多，比较忙。我只好让定源再等等。

下午张丽不舒服，我们提前返回住处。

9 月 24 日（周四）

我今天上午在阅览室，给拍照的工作稿编号。把李际宁做的稿子编了近一半，自我感觉状态很差，脖子、肩背都疼，瞌睡、昏头涨脑，感觉时间过得极慢。我便想明天上午在住处的沙发上靠着干活，颈椎和腰背会感觉好一些，中午再去图书馆。

广锠看昨天葛汉没给定源提卷子，便以他的名义填了几个索书单，交给阅览室前台，和定源在旁边的桌子占了位置等候。一会儿葛汉来，对广锠说应该提前提交单子，待他检查是否能看再决定提取。广锠很诧异，说："我不是都可以看吗？我们和吴芳思讲好的，小卷子在下边看，大卷子在上边看。"葛汉说："哦，我忘了你都可以看。吴芳思也来讲，要早些交单子。"

下午 2 点下库。吴说可干到下午五六点。广锠征求她意见，说做到下午 5 点半，吴说没问题。

下午 3 点，在 IDP 工作的匈牙利人高奕睿突然进来，在库房外侧那条走道，自己用钥匙打开柜了，拿着西夏文的卷子拍照和研究，迟

---

① 即《寻踪敦煌古书〈金刚经〉——世界纪年最早的印本书籍》(*The Diamond Sutra: The Story of the World's Earliest Dated Printed Book*)。

迟不走。我在靠里面的走道，被柜子遮挡，他没看见我。我看单子上有个放在方那里的大卷子需要核对纸数，便出来取这个卷子。高发现我在里面，也假装到里面打开柜子找卷子（我观察到他实际什么也没拿），其实看我在干什么。方跟进来介绍了我。高伸出手，我和他握了下手说"久仰大名"。但我心里想的是"久仰臭名"。因为曾听国图的人讲，他在国图对中国人讲话时，把腿跷到桌子上，非常傲慢无理。高走后，方问吴："他怎么会有钥匙？"吴说："可能是 IDP 的人给的。他不应该有钥匙。"并说高这人不好。他们给了中国人电脑，因为软件不同，中国人不会使，他就讲中国人笨。方说："国图的人对他印象也不好。"

我们工作到下午 5 点半。

回到住处，广锠把 5 月 11 日蒙安泰给的 IDP 上网的号码输入数据库里核查了一遍，IDP 目前拍照的进度一目了然：

总计完成 4 178 号。其中：

1 纸，3 030 号，占上网编号的 72.5%；

2 纸，309 号，占上网编号的 7.4%；

3 到 4 纸，233 号，占上网编号的 5.6%；

5 到 10 纸，261 号，占上网编号的 6.2%；

11 纸以上，345 号，占上网编号的 8.3%。

以上 1 纸、2 纸合计 3 339 号：占上网编号的 79.9%。

3 纸以上合计 839 号，占上网编号的 20.1%。

亦即他们做这个项目已十多年，到处把自己吹嘘得天花乱坠，说研究者可通过他们的网站来研究敦煌遗书，就如同看原卷一样。而他们上网的图片，说起来有数千号，但一二纸的竟占了 79.9%，真够糊弄人的！所以，学者真要靠 IDP 网站的照片来研究英藏敦煌遗书，是解决不了多少问题的。方说："这是按照号数计算的，如果按照实际长度计算，结果更差。当年王重民来伦敦才几个月，还拍了三千多张照片，后来出版成册。相比之下，真是一个天上一个地下。"

9 月 25 日（周五）

上午我在住处为大家工作稿的照片编号，并到罗马街买牛奶。中午到图书馆，下午 2 点和广锠、吴芳思一起下库。广锠把 IDP 网站卷子的情况对吴芳思讲了。吴说："他们尽弄些小的骗人。"

9 月 27 日（周日）

因定源明天返回日本，广锠约他中午过来吃饭。他们两人交流了信息资料，谈定源以后的发展等。定源一直到吃好晚饭后才离开。

9 月 28 日（周一）

我上午依然在住处为照片编号，中午到图书馆，下午 2 点下库。广锠又收到了馆长的书面道歉信。当晚他写好回信，次日早发出。

下面是广锠这几日相关的日记及通信：

2009 年 9 月 24 日　星期四

上午我去阅览室提 4 个卷子，想与定源同看。阅览室说要经过批准。我打电话给吴芳思、葛汉，他们都不在。一会儿葛汉来，说要检查。意为以后要提前交目录。我说："与吴芳思商量好，小卷子下库，大卷子在上面看。"他说："噢，对了，两个系统。你是特殊的。"于是提卷子。

又过一会儿吴芳思来了，她特意向定源交代要提前递交需要查阅的敦煌遗书目录，因为中文组工作人员少，需要提前安排。

下午3点，高奕睿来查西夏文献并照相，4点走。西夏刻本，字旁有"十"字，他问我这是何意，我也不懂。看到楞严弯（佛典注疏中表示结构、科判的一种标注法），他又来问我，我告诉他"楞严弯"这一名称及其具体作用。与他约定下周一到阅览室谈藏文新编目录。

张丽过来拿卷子，他特意去看了看张丽的工作。

我们讲到库房不宜多头管理，将来责任难分。

高奕睿说只待一周，接着去美国。他现在主要在日本。他已经能够借助字典阅读西夏文。我想到斯坦因原来也是匈牙利人，问："匈牙利人学语言如此天才，是否与遗传有关？"他说："因为我们国家小，别人不会来学我们的话。"似乎有点自卑。

2009 年 9 月 25 日　星期五

上午在阅览室，提了4个卷子。法成的《楞伽经疏》，彩纸《金刚经》《道养手本》等，与定源同观。

定源又提出一个卷号，他们显得很烦。

2009 年 9 月 28 日　星期一

收到蒙安泰转来的馆长的信。

尊敬的方广锠教授：

您好！

以下有馆长刚才给您发的邮件的中文翻译，谢谢！

蒙安泰

尊敬的方广锠教授：

　　您好！

　　非常感谢您 9 月 22 日在英国国家图书馆来见我与我的同事菲利普·斯宾塞先生。有本次机会认识您以及得知关于您工作的信息，让我们很感动，而且是我们的荣幸。我们认为您所介绍的编目项目对于世界各地研究敦煌文献的学者非常重要。

　　我想再次恳切地向您道歉。我希望我们见面时我给您的保证，以及我们将会继续给您提供的帮助会让您顺利地完成您巨大的编目项目。

　　最后，我想再次肯定我们对您的尊重，以及对您的工作的尊重，我们相信本编目项目会让更多的中国及海外的学者了解敦煌文献。

林恩·布林德利女爵士　敬上

英国国家图书馆

馆长

2009 年 9 月 28 日

我把馆长的信转给吴芳思。

吴芳思：

　　您好！

　　刚才收到馆长的第三封来信以及蒙安泰的翻译，特此奉上，供您参考。

　　谨颂

时祺！

方广锠

2009 年 9 月 28 日星期一

把馆长的信转给葛维钧。

老葛：

上一封信说画了句号，看来没有，今天收到馆长一封信，才算句号。吴芳思说：这说明馆长的确非常重视，否则，见面谈过也就算了，不必专门给一个书面的信件。

信件附上，一起高兴。我打算写一封回信，表示感谢。

谨颂

时祺！

方广锠

2009 年 9 月 28 日星期一

并给馆长回了一封信。

尊敬的英国国家图书馆馆长林恩·布林德利女爵士：

您好！

非常感谢您今天恳切的来信。

近 20 年来，我与英国国家图书馆一直保持着愉快的合作。今年第 7 次来英国，虽然发生了由苏珊博士引起的不愉快事件，但是由于馆长的干预与帮助，编目工作得以继续进行。在此，我向您表示衷心的感谢，并感谢您今天来信中再次提到您的保证，以及再次承诺对我的编目工作继续提供帮助。

我将按照此前的承诺，继续向贵馆提供相关数据，并努力尽快完成英国国家图书馆藏敦煌遗书的编目，以提供给贵馆及敦煌学界。

　　相信在馆长的大力支持下，我与英国国家图书馆的合作会更加顺利与愉快。

　　谨致

最良好的祝愿！

上海师范大学教授

方广锠

2009 年 9 月 28 日星期一

9 月 30 日（周三）

　　昨天，我照例上午在住处为照片编号，中午到图书馆，下午 2 点下库。

　　今天上午我跟广锠在住处干活，中午到图书馆。在电梯口等候下库时，又遇到苏珊从外面进来，她先同我们打了招呼。

　　下午 2 点我们进入放敦煌卷子的库房。为了方便，今天我把工作用的小车摆到里面通道靠入口的地方。干了不长时间，忽然听到门外有开锁的声音，同时听到有人与广锠打招呼，这时我正拉着尺子测量。大概有三四秒钟的时间，苏珊和高奕睿走到了我的车前，做出要继续往里走的样子。苏珊还往我用的卷子上瞅了一眼。因我用的车斜向挡住了向里走的路，我"Sorry"了一句，把车拉开。他们走到里面，开了个柜子，嘀咕了几句，便又走了出去。后来广锠讲：苏珊开门后与他打招呼的同时，没有停留，便径直从吴芳思身旁穿过，直奔里面。显然是高奕睿那天看到我在里面，有点怀疑，向她做了报告，他们就是冲着我来的。苏珊走后，广锠问吴芳思："她们来干吗？"吴说："不知道。苏珊有门钥匙，高只有柜子钥匙，所以一起来吧。"吴又讲："过去我害怕她，现在馆长说要帮助你工作，我不怕了。"并说："馆长说你的两封信很可怕。"我俩后来分析说："可怕"大概是吴的中文表达问题。但意思应该是感觉到了方的信在客气的同时，其实很强硬。这正是我们想要的效果。

下面是广锠当天的日记：

2009 年 9 月 30 日　星期三

上午在住处工作，考虑了与广西师大出版社的下一步工作。昨晚没有睡好，小憩一会儿。

下午下库。

下午 5 点多钟，门忽然打开，苏珊、高奕睿进来。吴芳思也很意外。两人直奔里面。张丽正在里面测量卷子。两人装模作样地打开一个柜子看了看，然后走了，与那天高奕睿一样。今天张丽刚好在里面的过道外侧，没有在原来的位置。

我说："苏珊今天怎么来了？"

吴芳思说："也许陪高奕睿来。我经常发现有人进来，柜门没有关好。我怀疑是高奕睿，可能他不知道怎么操作。"

我说："以后出版的时候，献词本来要写献给吴芳思，现在想加一句也献给苏珊。"吴芳思笑了。不知道她听懂没有。

下午我问吴芳思是否收到我给馆长的回信。她说还没有。我简单介绍了回信的内容。她说很好。又说："副馆长说你很会写信。虽然很生气，但信写得很有礼貌。"张丽插话："英文信。"吴芳思说："不，两封信都是。"并做出一条一条的手势，"副馆长说：'很可怕。'"我的理解是副馆长说我的两封信虽然表面客气，但一条一条摆道理，骨子里很硬，很厉害。

看来他们接到第二封信以后，又把第一封信认真看了看。这应该是正常的。

10 月 1 日（周四）

早晨广锠给吴芳思发电邮，讲昨天苏珊来地库的事。下午 2 点下库。吴回答他的电邮说："收到电邮。我是个比较简单的人，没有想到那么多。"

10 月 2 日（周五）

今天下午 2 点下库。快下班时，广锠补充测量斯 06980 号以后 2 纸以上卷子的数据。

10 月 5 日（周一）

周六（3 日）是中秋节，原来的房东小迟夫妇送给我们一盒广东月饼。我们今天把月饼转送给了吴芳思。

周末我在住处继续为大家的工作手稿照片编号。

今天上午方去图书馆，他终于答应工作结束后一起去跟团旅游。我去中国城定了 10 月 15 日出发的英国 5 日游，两人费用共 376 英镑。

下午 2 点下库。一进地库，就看见新安装了禁止照相的标记，敦煌遗书库门口也有一处。吴便打电话给库房负责人询问。库房负责人说是因为有记者来参观拍照后发表了。

10 月 7 日（周三）

昨天中午到图书馆，下午 2 点下库。

10 月 8 日（周四）

中午到图书馆，下午 2 点下库。中间葛汉进来两次，与吴芳思讲什么事情。因吴有事（宋家钰不久前去世，她要办理相关的事情），我们 5 点 15 分结束工作。

广锠相关的日记及通信：

2009 年 10 月 1 日　星期四

今天上午去图书馆，整理在缩微胶卷上看不清楚、需要重新照相的遗书目录，处理经折装问题。我发现大部分经折装的问题，都可以借助缩微胶卷、《敦煌宝藏》解决，不需要查原卷。这样又把工作量压下来了。

想了想，给吴芳思发了个电邮：

吴芳思：

您好！

我和张丽都觉得苏珊昨天与高奕睿进库的行为很奇怪。因为他们进库后，直接扑向张丽工作的地方。这和高奕睿那天进库有关。我们想，可能高奕睿向苏珊汇报了，苏珊特意前来检查，看看张丽到底在做什么。实际上他们进来的时候，张丽正在核对、测量卷子。

看来苏珊并不肯就此罢休，依然在窥测方向，以求一逞。这是我们的想法，不知道对不对。

下一步，她还会怎样呢？

谨颂

时祺！

方广锠

2009 年 10 月 1 日星期四

下午下库。吴芳思说："收到电邮。我是个比较简单的人，没有想到那么多。"

至于有些缩微胶卷不清楚，无法出版，需要补拍照片的事情，我与吴芳思商议，还是遵循正规途径，用她的话，是法律途径，由出版社向合同签订方提出。吴芳思觉得这样好，免得苏珊找茬。

10 月 9 日（周五）

因约好中午到修复部看咸通九年的《金刚经》，上午我和广锠一起到图书馆。

11 点半吴芳思来，带我们从办公区乘电梯到 6 层。我们问她图书馆有几层，她说办公就 6 层，再高层是设备间等。她说这周末来图书馆看了消防救护演习，消防人员演练从高层救人，很好玩。出电梯后，她在电梯间外走道打电话给马克，让他一会儿出来接我们到修复部。

房间仍是以前的老样子，2005 年来时见过的香港的黄先生还在。一会儿葛汉也过来了。后来还进来了一位亚裔女孩，在墙边的工作台工作。她进来时，是在门外敲门后，由黄先生打开的。看来此房的钥匙，并非这房间的所有工作人员都有。

马克的工作台下，用一些与一般的证件差不多大、有序排列的厚玻璃片，压着正在修复的《金刚经》的扉画。看来是需要修复哪里，就拿起哪块玻璃。旁边还放着一些复印放大的扉画局部图样，上边一些破损严重处用红钢笔勾勒出轮廓。旁边还放有一叠 3 张与扉画同样大小、水浸过的白色宣纸。马克说这是原来托裱在《金刚经》后边的。

广锠逐纸拿起对着光细看，并测量厚度（因水浸皱蹙不准），觉得似有中国宣纸，也有日本宣纸，还有一种是双层的纸。

在旁边一块透明硬塑片夹着的白纸上，还放着一些土黄色的小纸条或纸屑，还有一片残渣。马克说，这些都是从金刚经背后揭下的，共有4层，还有很厚的糨糊。但是究竟在何时修整过几次，还搞不清。这时黄先生带我到他的工作台，让我看他从过去修复的卷子上揭下的土黄色硬纸，有些类似我们说的牛皮纸，但比一般的牛皮纸还要厚、硬。黄说因为他们（英国国家图书馆）用这么厚的纸托裱卷子，所以要用很厚的糨糊才能粘住。我说："这次我们看到一些用这种纸托裱的卷子，形成很多硬的折痕，甚至断裂，伤了卷子。"

广锠又仔细观察马克给他拿出的两小块托裱纸，认为一块是近代的，一块似吐蕃或归义军时期的，说看起来古代就简单修过，近代又经过多次修整。马克说，来这里看《金刚经》的人中，只有广锠对这些修复的纸张这么感兴趣。当吴芳思向马克提到广锠有敦煌遗书的数据库时，马克说："别让苏珊知道。"看来他与吴芳思的关系很好，吴和他讲过这次广锠与苏珊的事情。

马克和吴芳思穿插介绍说：近代第一次修整，是1909年敦煌遗书刚到博物馆；第二次是1919年，当时是为了办展览；加上古代及后来的，先后起码有4次。马克说他很喜欢这个工作。单为现在正修复的扉画，他就做了五天的准备工作。广锠夸赞他以极细致、耐心的努力，做了一流的修复工作。后来吴芳思和葛汉讲，马克原来的领导（修复部负责人）很好，支持他这样细致地工作，马克修复需要多少时间都可以。但这个领导马上要退休了，不知以后的领导怎样。

经他们同意，我拍摄了几张方考察修复部的照片及他们修复咸通九年《金刚经》的照片。

后来我们到地库工作时吴又说道："马克是 22 年前（1987 年）就下决心一定要修好《金刚经》，目前他的修复工作已进行了五六年。马克很热爱这个工作，也很努力。有时星期六他也会来图书馆工作，说没有电话打扰。"

马克的这种工作精神真令人敬佩！看来国外同样也是人以群分，正是因为马克与吴芳思的共同点很多，所以都热爱敦煌遗书，并成为好友。

10 月 12 日（周一）

昨天，广锠给蒙安泰发了一份电邮。

蒙安泰先生：

您好！

承您的好意，承诺向我提供一批 IDP 的扫描件图版，十分感谢。今遵嘱将我希望得到图版的敦煌遗书目录开列如下，总共 77 号。大体可以分为两个部分：

一部分主要需要研究纸张、形态等，希望能够得到分辨度比较高的高清照片。这类遗书的后面，都标注"纸张"二字。这一部分，希望提供正面、反面完整数据。

一部分主要研究内容，这类遗书比较长，一般均在 10 纸以上。网上虽然也可以下载，但比较费时。如果能够从您那里得到照片，可以节省很多时间。此外，比如斯 05603 号经折装，虽然用火狐浏览器可以看到完整的图片，但像素很小，小字难以辨认。而微软浏览器又不能全部看到图片。由于主要研究内容，因此，这一部分照片只要文字清晰就可以。如果反面没有文字，不需要反面的照片。

提供给我的照片，我保证只供个人研究使用。不经过英国方面的同意，不会发表，也不会提供给第三者。

提供遗书测量数据事项，如您所知，我们这次工作量大，时间紧张。工作中难免有粗疏的地方，这一点我们在核对的时候已经发现。所以，我想，既然按照 IDP 上网数据提供数据，最好根据已经上网的图版再做一次核对，这样提供的数据比较准确。否则，公布以后，发现错误，再来修订，就不太好。目前我还没有时间腾出手来做核对的工作，回国以后，我会安排专人来做这一工作，尽快提供数据，供你们上网。以前已经提供的数据，没有经过核对，也许会有错误，就供你们自己参考，请勿上网。

由于需要按照 IDP 上网进度提供测量数据，因此，以后 IDP 哪些遗书已经上网，希望及时通知，提供目录，以便我做好提供数据的准备。最好我们双方能够形成一个制式的互动模式，比如一个月或一个季度，通知我本月（或本季度）上网敦煌遗书的目录，以便我及时调整工作进度，在你们希望的时间内提供测量数据。

关于我的编目资料的其他部分的合作问题，我的态度不变。只要尊重双方的劳动，不损害第三者，平等互利，符合两国法律，我一定会以积极的态度来加强与英国国家图书馆的传统合作。

下周三（14 日）起，我将在住所集中处理这次著录的有关数据，不到图书馆来。20 日（周二）将回到馆里来工作，处理最后的遗留问题。我将于 10 月 31 日（周六）离开伦敦回国。如果有什么具体事项，麻烦在 20 日到 30 日之间与我联系。

谢谢您半年来的支持。希望您学业有成，一切顺利。

谨颂

时祺！

方广锠

2009年10月11日星期日

附：需要照片的敦煌遗书目录。

我们今天中午到图书馆，下午2点下库。下库时，一个在伦敦大学考古学院读文物保护专业研究生的中国女孩（说在美国读的大学）跟吴芳思一起下库，吴为其讲解，后吴打电话让葛汉领她上去。

10月13日（周二）

上午广锠去图书馆，我在住处核对完李际宁的工作手稿照片。

中午我到图书馆。方告诉我：上午蒙安泰来，说收到方周日发给他的电邮。对于方请他帮忙提供70多号卷子照片之事，他没有时间提供那么多，因为太多了。方当即划掉一多半网上可以下载的号码，说剩下的30多号希望提供高清照片，以便看清纸张特点。蒙说只能给一二号，其他的可以现在到IDP去看照片。方说那就不要了，因为太少，没有意义，他可以在这里看原件。

这次他向蒙要照片，是基于馆长见面道歉时，表示要继续提供条件支持方的工作。见面结束后，蒙主动对方讲可以提供照片，让方告知号码。我们分析，这是蒙听到馆长的表态后认为这样做是可以的。但苏珊的态度他还不知道，甚至也没有估计到，所以他当时满口答应。对此我们商量先试探一下，要一些照片。如能给，我们节省一些下载的时间；如不给，也无碍大局。上周末方为此发电邮给蒙安泰。

今天蒙的态度，与和馆长见面后完全不同，应该是向苏珊汇报后的结果。所谓给一二号，与英藏一万多号、已上网四千多号相对比，实际就是拒绝。这样也好，就此与苏珊一刀两断！

从对等的角度，广锠本打算为体现合作的诚意，继续提供测量数据。但针对今天的情况，广锠不再向他们提供数据。我建议不妨以其人之道，还治其人之身，逗逗苏珊。走前给蒙写信，告诉他因为忙，只能提供 4 号的数据，表示已在他们提供给我们数字的基础上加倍了。但方没有同意。

在提供敦煌遗书的资料照片上，吴芳思多年来为我们提供的不讲任何条件的无私支持帮助，与苏珊对我们工作百般阻挠、仅象征性地同意给一二号照片的态度和做法，真是对比鲜明、高下立分！

下午 2 点半，我们再次到修复部，看了马克正在修复及已经修复完的《金刚经》，以及所用的纸张、从原件上去掉的裱补纸及糨糊等。

从卷背揭裱后露出的铅笔写的早期英藏编号看，这次修复揭下的裱补纸主要是到英国后加上的。早期照片背面可见的古代裱补纸，之前修复时揭下后已找不到了。现在修复的方法，是用约半厘米宽的宣纸小条从背面粘连裂缝处。所用宣纸说是日本纸，并染成淡土黄色，效果较自然，且不伤卷子。从马克为他拉开的大抽屉看，里面放的都是修好的。看来就剩下最后的扉画了。

（吴芳思在她和马克合著的《寻踪敦煌古书〈金刚经〉——世界纪年最早的印本书籍》一书的英文版封面内容介绍中写道："修复人员小心翼翼地揭除了不少以前的修复裱补材料之后，现在的这部《金刚经》，看上去更像它在 1 000 多年前刚刚印出来时的原样了。"）

方把自己拷贝的晚唐《金刚经》刻本的照片也送给了马克一套，

并在电脑上放大、讲解。他们听到这件东西要价 120 万元，而国图因为刚申请了 500 万元买了一本四库全书零本，难以再申请到钱购买，被一个佛教寺庙所办的博物馆买去时，表示非常惋惜。黄先生说，如果在英国或中国香港出现这种情况，会发动社会捐款，一般可以筹集到资金买下来。

明天我们准备在住处工作，15 日去旅游。

10 月 19 日（周一）

10 月 15 日至 19 日，我们一起参加了英国北部 5 日游。但没想到，在整个旅途中，广锠都兴趣不大。每到一地，他经常就在集合地点坐着等我，甚至根本就不下车，弄得我也十分扫兴。以后再也不让他一起旅游了！

这次的旅游，我知道他并不想去。以前他讲过：年轻的时候，曾经想要走遍全中国。但这些年，他的心思完全投入到了工作上，数十年如一日，几乎天天从早到晚，工作十多个小时，身体也开始出现了力不从心的亚健康状况，对旅游等娱乐活动已经几乎没有一点儿兴趣。但他知道这次我特别想去，所以答应一起参加旅游团，但只是为了陪我而已。

10 月 23 日（周五）

10 月 20 至 23 日（周二至周五），广锠去图书馆核对胶卷，我在住处逐页用原工作手稿与我的照片核对，以防止遗漏。23 日终于完成。此间发现了两页稿子的背面漏拍，两个号码写错。

为防止这种机械的重复劳动出错，核对完成后，我又把稿子从背面翻看了一遍（正面可通过电脑对照片所编的号码排序后进行检查），防止遗漏。居然又发现了一页漏拍。

此后，在硬盘里新建了英藏著录稿排序文件夹，其下按照每百号一个又建了 70 个子文件夹，然后从以前按这次参加工作人员的姓名建的著录稿文件夹中，依次将其复制到按照馆藏号新建的排序夹中。完成后，经过自动排序，再通过看顺序号检查，又发现了著录稿中的一处编号错误（将两个同名卷子混为一个），以及我的本子中几个被划掉、我以为不要的稿子被遗漏了。

至此，著录手稿的拍照留存、按工作人员及馆藏顺序分别编排保存以及核对检查的工作终于全部完成！

方拷贝后说，计算机计数显示，著录稿（不算按不同形式重复保存的）有 7 400 多张照片（其中有少量为背面）。这样算起来，大家的这 7 000 多张工作手稿，我拍照（第一遍）、用软件处理清晰度（第二遍）、编号（第三遍）、两次检查（第四、五遍）、按不同形式复制（第六遍）、按序号检查（第七遍），前后倒腾了七遍，为的是能完整地保存大家在英国工作的原始记录。这回不应再有遗漏了吧？

方后来在图书馆工作期间，又核对了缩微胶卷。主要是吴芳思帮助他拿取，中间葛汉也帮忙拿过。原准备走前再去吴芳思家告别、交流一次，后来想想主动要求去别人家里似乎不妥，他便利用下库时，与吴讲了蒙安泰反悔原来的承诺，只答应给一二号照片的情况，以及自己还是打算依照原来的承诺，按 IDP 进度，以后给测量数据的打算，亦即他给蒙安泰回信的内容。方说吴对蒙安泰的答复很吃惊，但对他履行承诺的想法表示赞同。①

---

① 给蒙安泰的信发出后，始终没有得到任何回应。既没有给我们任何书面保证，也从没有给我们任何上网进度及其目录。于是，广锠也没有进一步提供有关的具体数据。

10 月 24 日（周六）

我们应邀再次到陈宝和家做客。午后 1 点出门，晚上 9 点返回。

陈按上次来做客我做清蒸鱼的样子，去买了 2 条鱼（据说 5.7 英镑），还有生菜、西红柿等，让我制作沙拉，并拿出了五粮液。我们带了在中国超市买的荤、素两种锅贴。遗憾的是都做得不太成功。鱼似乎不太新鲜，又放淡了，有些腥气。我原本拿手的煎锅贴，用宝和的两种锅煎时都粘掉了底子。

席间聊到英国的医疗制度，陈宝和与我们的原房东小迟的评论差不多，对其服务质量及效率评价不高。他说前段时间因在国内拍了 X 光，医生说他有胆结石，需要去做 B 超检查。到英国后，虽经他反复强调时有疼痛、需要检查，医生给开了单子，但要排队到 2 个月以后。如果病情严重，哪里等得及？而且确实都排满了，可能是资源不足。如果要求加急，需交 300 英镑。当然如果是急病发作去看急诊，还是要马上处理的。

陈还讲到他在平安里的房子要拆迁，问在北京 100 万买什么样的房合适。我们建议他在交通方便且社区比较成熟的郊区买合适一些。网上最近报道，北京四环路以内的房子现在均价已到了 2 万元。陈准备春节前集中所有的假期回国 5 周。我们邀他届时来通州做客。

10 月 25 日（周日）

上午 10 点多出门到牛津街购物，给家人及朋友买了礼品。因地铁红线停运，我建议按黄霞的介绍，到罗马街乘 8 路。用 45 分钟左右到牛津街。虽然时间比地铁长些，但免去了换车的麻烦。我选了 2 层的第一排座位，既看了街景，又拍了一些新角度的照片。11 点多到牛津街，还冷冷清清，只开了些小铺，大店都未开。看门口写的一般周日是中午 12 点至下午 6 点，但到下午 1 点才陆续开门。回来后经同租在一套居室里的小李告诉，才知这天伦敦开始实行冬时制，12 点是夏时制的下午 1 点。

10 月 27 日（周二）

昨天，我们 9 点多到图书馆，与吴芳思 9 点半下地库。我核对稿件时又挑出一些广锴标记有特别之处的卷子，他查看以前的资料后，又列了 20 多号。吴芳思约我们周五中午一起吃法国菜。吴还问我们行李多不多，她可以开车送。方自然说不多，我们自己走没问题。他与吴还交流了出版图录用的缩微胶卷不清楚部分如何弥补等问题。

下午我没事了，先返回住处。他再次要了那件《楞伽经疏》的经折装，与下载的 IDP 的照片核对，说又发现了很多错误。

昨天他的工作还没有完成，今天他去图书馆继续核对《楞伽经疏》。下午，他和吴下库解决遗留问题。藏文中原来弄不清、找不到的一些号码，吴找了负责的山姆找出一些，他做了著录，但还是没有全部完成。

今天我在住处，上午又去了罗马街。恐怕再没有机会来这条小街了。但目前我们要带的东西太多，他总说要扔一些，我也不敢再买什么了。下午他回来，说工作结束。

10 月 30 日（周五）

前两天我们在住处，他抓紧继续下载 IDP 的照片，我开始收拾箱子。

今天上午，他写了两封信，一封给馆长，一封给蒙安泰。他先寄给了吴芳思，想听听吴芳思的意见。到图书馆后吴与葛汉拿着打印好的他给蒙安泰的信，意思是方的语气太强硬，不同意再如此。他答应回去修改。

中午，吴芳思请我们在图书馆旁的一家餐馆吃法国餐。她邀请了八个人，连她共九人参加，受邀人员有：葛汉、宝和、马克、艾丽斯、库房负责人、修复部的黄先生、方和我。

方通过宝和翻译，向马克提了两点修复建议：一是不要过度修复，二是要尊重原件的装帧形式。

方说："非常感谢各位，给你们添了很多麻烦。"库房的那位说："不，这个夏天如果没有你们，就没有那么有意思了。"吴芳思说："要感谢方对英藏敦煌遗书所做的大量工作。"

艾丽斯送了我和方一个卡片，留了电邮地址，相约中国再见。

席间聊起英国的冬天，黄和吴都说下雪很麻烦，地铁露天的部分受影响，公交车受影响。本来应该撒盐，但那些负责撒盐的车到时却因为路况不好出不来。吴说她有一次好不容易来图书馆上班，但很多人因为交通不便来不了，保安不够，结果不开门。黄说他有一次因为交通不畅，晚上 10 点才到家。虽然他儿子也在英国，但太太还是想等他退休后回香港生活。吴说："伦敦冬天交通的这种情况，一次有个德国朋友赶上了，他不理解，说德国不会这样。因为伦敦的地铁等城市设施太老了！"

晚上，我们办理了退押金、到原房东处还电饭锅等杂事。

10 月 31 日（周六）

下午近一点半，尽管我们一再推辞，但同租一套房的留学生小李和他的女朋友还是主动帮我们把行李送到了地铁的站台下，真是帮了很大的忙！

这段路程虽然平常走路只需 10 分钟，但我俩每人除了一个箱子，还有一个背包、一个电脑包。他背了一台笔记本电脑、一台显示器和所有的硬盘，我则背了大小 3 台笔记本电脑（我自己的和为张桂元及黄霞准备的），所以走起来并不轻松。他们两人的帮助，让我们这段路程轻松了不少。这两个孩子来自东北，虽然与我们同租一套房子，但他们经常是早出晚归、忙忙碌碌，只是有时在共用的厨房里见面打个招呼。但见到我们的行李多，便主动相助，真是实在人。

因为是周六，没有了转蓝线最方便的绿线（在同一站台即可换乘），只好乘红线转乘，中间有一段上下楼梯，广锠拿大箱子尤其吃力，说："真是老了！"

收拾行李时，他为了减轻重量，让我能扔的尽量扔，如从家里带去的热疗器、电源插座、在伦敦买的两套被罩及床单等，但我看都是要用的东西，实在舍不得，最后七塞八塞还是都带了回来。我这节约成癖的毛病看来难改。

行李过秤时，大箱子 33 公斤半，小箱子 27 公斤。那工作人员嘟嘟囔囔说不行。他一再表示是我们两人的行李（总重量 60 公斤）。旁边一位会中文的亚裔工作人员过来解释："英国劳动法规定每件行李不能超过 32 公斤，否则违法。"我只好把放在大箱子侧袋里的电源插座拿出来，装进自己的背包，总算放行。

那亚裔工作人员又过来告诉我们，背包每人不能超过 5 公斤（我俩都超了）。我们表示知道了。好在后来登机时并无人管。过安检时，比过去来及这次从中国来时都要仔细得多，每人都要脱外套、脱鞋、解腰带等。过机器后，我俩又都被扣下，让他把背包、让我把电脑包打开，检查了个底儿掉。

原奢望飞机不满员，他专门要了中间 4 座中靠边的位置，希望能像来时那样旁边有空位，方便休息。但基本客满，多是中国人。下午5点50分，飞机准时起飞。

别了，伦敦，今生来此三次，计13个月，足矣！

附：广锠这几日相关的日记

2009年10月20日　星期二

　　上午去图书馆。先下载IDP的照片。吴芳思上班后，拿来缩微胶卷。起先我在机器上看，很麻烦。后来发现内容与盒上一致，于是直接核对盒子记录。分两次看了约50盒。第二次葛汉提。吴芳思说既然不看内容，干脆直接下库看，免得提。我说好。但她明天上午有事。故递条提50盒供我上午工作。下午下库。

　　我谈了与蒙安泰交涉的情况。她听说只给一二号，非常意外。

2009年10月26日　星期一

　　今天按照英国冬时制上班。上午9点半与吴芳思一起下库。

　　查核以前没有著录的几个卷子和有疑问的卷子，到12点半基本完成，只剩下一个和田文卷子及斯05603号。我把斯05603号提到阅览室工作。下午未做完。

　　图录照片补拍问题，与吴芳思商议，基本集中在斯06980号以后。

　　吴芳思提出，可以用历史所的照片。这批照片是英方出资，英方有这个权利。

　　最后，大家意见一致：首选IDP，其次为历史所。少量两者都没有的，只能重新拍摄。

　　吴芳思邀请我们周五午餐。

2009 年 10 月 27 日　星期二

　　今天上午去图书馆。先取出昨天留存的斯 05603 号，工作了整整一个上午。把这个经折装彻底搞清楚，总计张丽花费小半天，我与定源花费小半天，昨天一下午，今天一上午。

　　这件遗书共有 8 个断片，其中有 2 个可以与其他断片相缀接，故实际为 6 个断片，分别属于两部经折装。一部为《楞伽经疏》卷一到卷四，一部为卷五到卷八。均为两面抄写，从头到尾，反过来，再从尾到头。修整时将它们按照表面现有次序接在一起，成为一件，实际上模糊了原遗书的形态。IDP 漏拍一张图版，且发布的图版次序有错乱，加大了研究的困难。若不是对照原卷细细考察，难以明白。

　　工作时，葛汉过来打招呼，说周五一起吃午饭。

　　下午 2 点进库。要做的工作比较简单，著录 C32 号等。这样，这次的全部工作就结束了。吴芳思高兴地说："今天是最高兴的日子。工作终于结束了。"她问："你以后还来吧？"我说："我想不用再来了。"她说："真的不来了？"我说："目录的事情，即使有点小问题，也不用来了。或者开会之类，再来。"她说："对，来开会。"

　　出来的路上，她一直说："真高兴！"

附：10 月 30 日接受宴请后广锠给吴芳思的电邮

吴芳思：

　　您好！

　　谢谢你今天中午的招待，以及创造了一个与诸位友人共同畅谈的机会。

　　按照您与葛汉的意见，我把给蒙安泰与馆长的信做了修改。今寄上。您看这样修改是否可以？

　　等待您的回信。

　　谨颂

时祺！

方广锠

2009 年 10 月 30 日星期五

附：吴芳思的回复电邮

　　中午过得很愉快——都是好朋友们。

　　我还是想能不能问蒙安泰问题究竟在哪儿。要是 77 号已经拍好了，是不是比较容易拷贝？希望我们可以弄清楚基本问题在哪儿，这样我们可以想办法克服困难。可不可以慢慢地拷贝？希望我们能够互相了解，互相帮助。

　　一路平安，编目顺利。

吴芳思

广锠再次回复电邮

吴芳思：

　　您好！

　　关于给蒙安泰的信件，我完全同意您与葛汉的意见。

　　因为英国网速快，下载图片比在中国快。所以，这些日子在住处，我几乎夜以继日地下载，已经下载 100 多号。我给蒙安泰的 77 号目录，其中大部分都已经下载。仅研究纸张需要的高清图像，网上没有，无法下载。不过，在国图可以方便地看到原卷，所以如果 IDP 能够向我提供高清图像，自然很好，反映了大家的平等合作的态度；如果 IDP 拒绝提供，对我的研究影响也不大。

本来把修改过的信件发给您，是想听取您的意见。您如果没有意见，我就发给蒙安泰。但您的来信没有表示对该信的意见。我想，是否您的意见是暂时先不要发？不管怎样，我想，给蒙安泰的信，我就先不发了，等到什么时候您觉得合适，我再发。

至于给馆长的信，因为是礼节性的，我今天就要动身，所以必须今天发出。如果回国再发，显得不太礼貌。所以，我就略微修改后发出了。今将发出的信件附上，供您参考。

您的大作（指吴在英国出版的回忆她到中国留学的书——《留学北京》），回国后我会加紧找人翻译。您本人与出版社的授权书，还请您抓紧办理。

半年来您辛苦了，我们走后，希望您能够好好休息。

谨颂

时祺！

方广锠

2009 年 10 月 31 日星期六

附：广锠给馆长的信

尊敬的林恩·布林德利女爵士馆长：

您好！

经过紧张的半年工作之后，我将于今天返回中国。这是我第七次前往贵馆，也是经历最为独特、最为难忘的一次。

临行之际，我要再次感谢您对我编目工作的坚定支持，以及您与菲利普·斯宾塞先生在百忙中接见我。

回国以后，我会抓紧完成由贵馆与上海师范大学合作编辑的大型图录《英国国家图书馆藏敦煌遗书》(中国广西师范大学出版社出版)，加紧完成《英国国家图书馆藏敦煌遗书总目录》(中国人民大学出版社出版)。

我也遵守承诺，根据工作进程，逐步提供英国国家图书馆敦煌遗书测量数据，以供 IDP 上网。

谨致
最诚挚的敬意！

中国上海师范大学教授

方广锠

2009 年 10 月 31 日星期六

尾　声

回家了

回家了。

2009 年 5 月 2 日离开北京，11 月 1 日返回。整整半年。这是我第七次去英国国家图书馆，应该是最后一次了。

这次到英国国家图书馆的任务依然是调查敦煌遗书，目的是在中国出版《英国国家图书馆藏敦煌遗书》，以及继续编纂《英国国家图书馆藏敦煌遗书总目录》。

因为工作量大，这次组织了一个 7 人团队，分批前往。4 人工作两个月，1 人工作四个月，2 人工作半年。虽然事先早已联系好，但因英方以前没有接待过像我们这样人数众多、大批提阅敦煌遗书的研究团队，刚到伦敦的那些日子，工作流程不畅。经过与英方的不断互动与磨合，最终，英方破例允许我们每天提阅 60 号卷子。

每天 60 号，实际上不能满足我们的需要。我们必须每天完成 100 号，才能按计划半年做完全部工作。但对库房、阅览室工作人员来说，每天提取 60 号敦煌遗书，已经是史无前例了。一次因伦敦地铁罢工，我们两天无法上班，只好停工。据说他们得到这一消息，举手欢呼起来，因为这两天他们可以不必为我们提卷子了。

由于每天60号不能满足我们的需要，中文组的吴芳思博士想出一个变通的办法：每天上午，我们在阅览室完成额定的60号；下午，她陪我们到地库继续工作。在地库，我们能够做多少，她就为我们提多少。这样，我们的工作进度得到保证，但吴芳思则整整牺牲了半年的时间。半年中，她推掉了俄国圣彼得堡的国际敦煌学研讨会等好几个国际会议，放弃了每年夏天的例行休假。

至于我们，每天阅览室开门第一个进去，下午在库中经常工作到5点半，有时甚至超过6点。除了白天的紧张工作，晚上乃至周末大家还要加班把白天的著录输入各自的电脑。虽然我事先已经打过招呼：出国是个苦差事。但我想，团队的成员这时才体会到非同一般的辛苦。连吴芳思都打趣说："以后没有人愿意跟你出国。"中文组的另一位工作人员葛汉则说："按照英国的说法，凡是这辈子辛苦干活的人，上辈子都是坏人，所以上天惩罚他。你上辈子就是个坏人。"大家虽然戏骂我"周扒皮"，但工作时个个勤奋主动，兢兢业业，各自尽到最大的努力。在这里，我要对团队的每一位成员说一声：你们辛苦了！谢谢你们！

对我来说，工作的辛苦倒是其次，最大的问题是遇到的干扰。

敦煌遗书是中国的至宝，虽然被斯坦因骗到英国，但并不能改变它属于中国这一性质，有的英国人也持这一观点。但总有那么一些人，想出种种办法，刁难我们。英国国家图书馆新任亚非部主任苏珊博士这次就扮演了这样一个角色。

详细的经过，这里就不讲了。总之，苏珊博士罔顾公共图书馆的基本职业道德，要霸占我辛勤劳动近20年的编目成果，遭到拒绝后，竟然利用职权，下令阅览室禁止我阅览敦煌遗书。这在世界敦煌学史上是前所未有的，苏珊为自己留下了不光彩的一页。

最终，在英国国家图书馆馆长及主管分馆长的亲自干预下，苏珊的目的未能得逞。我们终于排除干扰，完成了预定任务。

谢谢在英国遇到的好人，我们不会忘记你们。

回家了。

半年发生了很多事。

任先生走了，7月11日清晨。季先生走了，7月11日上午。

回家了。

11月1日，北京大雪。飞机虽然落地，乘客却一时无法下飞机，害得接机的女儿多等了2个多小时。出机场后走错路，本应向南到通州，却向北到了平谷。拐头回到家，院门被大雪压塌的蔷薇堵住。进入院子，大雪狼藉，荒草丛生，爬山虎遮满窗户。几棵新竹在大雪的压迫下可怜巴巴地一直弯到地面，另几棵恶竹则狠狠欺压在松树与玉兰的头顶。但柿子树上残留的几个红彤彤的柿子在朝我们笑。鱼池中的金鱼不但依然活泼，还生了下一代，摇曳在睡莲间。

回家了。

好也罢，坏也罢，如意也罢，不如意也罢，这就是生活。

回家了。

方广锠

2009年11月7日

后续的一些情况

2010年3月11日，我们收到了吴芳思3月1日从伦敦寄出，3月8日到张家湾邮局的贺年片及来信。信中说英国国家图书馆正在做机构调整，方案之一是将敦煌遗书划归IDP管理。亦即将来任何人查阅敦煌遗书必须经IDP批准。吴芳思很担心将来敦煌学研究者查阅英藏敦煌遗书会很困难，我们也为此担心。但还好，后来得到消息，新领导否决了苏珊将敦煌遗书库房交给IDP管理的决定，维持现状，依然由中文组管理；在图书馆对部门领导的第二次任命中，苏珊被解职。

2014年9月4日，吴芳思应邀参加北京大学的一个会议来到北京。时隔五年，我们在北京与她再次见面。我们和李际宁、黄霞一起请吴芳思吃饭。大家分别多年后再次相见，又聊到2009年在伦敦的那些难忘的时光。

方回忆起1991年第一次到伦敦，吴把办公室保险柜的钥匙交给他，每次拿了敦煌遗书都放到保险柜里，方上班后就把保险柜打开，每天自己拿卷子。

吴讲她写关于《金刚经》的书时，曾到威尔士图书馆考察。二战时，为了防止敌机轰炸，曾把全部敦煌遗书及最宝贵的一些藏书都搬到了威尔士图书馆。吴去时，他们请她看当年二战时保存敦煌遗书的书库，但那些房子因年久失修已有漏水，而且当时没有空调。

方讲到 2009 年和苏珊的不愉快经历时，对吴说："当时你也有很大的压力、很多的困难，有时很难受。"

吴说："不难受，挺有意思的。（笑）每天都有各种各样的问题需要解决，是没有想到的问题，但是很值得做的。现在出版了好多关于敦煌遗书的著作，还有好多的博士学位论文，都和我们当时的工作有关。当时解决各种问题，比如拍照片，是很容易的。但现在我们的领导，越来越想控制每一个工作环节……你们（的工作）在中国对敦煌学很重要，所以我要支持你们。他们也不懂。还有些问题，他们不知道怎样解决。比如有些很长的卷子，没有合适的桌子，他们不知道怎样做，不像英文书。很值得，我很高兴。我开始在图书馆时，没有什么人来看这些卷子，很少，很少。有些华人来，只看看展览。慢慢有学者来，住的时间比较长。原来只有日本人，每一个夏天都来。从1978 年开始，慢慢有中国学者来，我很高兴。"

方说："当时中国学者去，都是你帮忙，像宁可先生去，是你帮忙申请的经费。我去也是你帮忙申请的经费。"

吴说："因为当时（中国学者）没什么经费，现在可能好一些了，是不是？（笑）"

方说："现在我们出国的经费可以自己（从课题费中）解决了，以前真是没有办法。"

吴说："还有外汇什么的，当时很多大学没有外汇。我们要告诉我们的领导，为什么要在中国出版，因为当时中国的大学没有什么外汇，只能拿人民币买在中国出版的书。现在好多事情都改变了。"

方说："由于你让我们进地库里去工作，加快了工作进度，后来苏珊不让我们看的时候，实际我们工作已做得差不多了。"

吴说："那是我一生中最、最不高兴的时候。"

方说："那是你一生中最辛苦的夏天、最可怕的夏天！"

吴说："对，真的，一生中最辛苦的！没想到她会不让看（敦煌遗书）。（那时）我在家里（待了）一两天，因为我不敢说，也不知道怎么说。（捂脸，摇头）后来她是不是告诉你，都是因为我搞错了什么，做错了什么？"

方说："对。（我们笑，吴左手拍拍胸，做了个鬼脸）后来她非找我要合同，她的意思是说，你们来没有合同。我说我们有合同。她不是后来找你要合同吗？"

吴说："对。（吴右手举起，一个指头指着上方）一个什么领导签了，放在他的抽屉（柜子？）里面，没有告诉我。"（吴两手摊开，又捂住头顶，做无奈状。众人笑）

方说："这很正常嘛，他是领导，他不需要告诉你。非常好的是，我们是和馆里签的，不是和吴芳思签的。"

张说："万幸的是，她上任时我们在馆里的工作已经做得差不多了。她要是早上任一个月，就麻烦了！"

吴说："对，对。"

方对黄霞讲："当时你们已经要走了，就差几天了。恰巧我们真是做得差不多了，所以很有底气地和她干到底（众人笑）。"

吴说："而且基本不是那个合同的事，是她要你的资料。"

方说："后来她又起草了一个合同，让蒙安泰塞给我，上边（的内容）是非常、非常明显的'马关条约'。完全是要我把所有的东西都给她。后来我就给馆长写了抗议信。"

吴说："写得很客气，但口气很硬。"（众人笑）

方说："不是我的信写得好，是我的一个同学，他叫葛维均。最早就是他到英国找你，说我要去的事。"

吴说："对，对。"

方说："他的英文非常好，我写的中文请他翻译。那天晚上我们两个发电邮，他发过来，我发过去。"

张说："一晚上发了几十封，斟酌怎样措辞。"

方说："他讲，你这样讲话太硬了。他说对英国人应该很绅士地讲。然后他就给我修改，给我翻译。他说你这个话不要那样讲，要这样讲。有的我说，那好。有的我说，你这不行，我这句话你一定要留下！一晚上就发了几十封电邮。然后就交给他（指李际宁），由他转交给馆长。"

吴说："对，对。我们馆长特别害怕。（大家笑）因为我比较早就回来了，国图的另外一个人有什么事要找她。她给我发电邮说：'这是什么事，是什么事？（两手举在胸前做紧张状）'后来知道和敦煌一点关系也没有，她才放松了。（苏珊）太可气了，太可气了！我们的领导后来就告诉她，这是真的：我们是个公共的图书馆，我们的目的不是向每个读者说：哦，你在图书馆学会了什么，就（把你的成果）给我。（笑）现在我当读者，要是他们问我：你学会了什么？有什么收入？给我！（笑）"

方说："其实英国的敦煌遗书编目，除了翟理斯编目，就是你的编目。你编目的那些东西还在吧？"

吴答："在。"

方对大家讲："吴芳思对每一号（敦煌遗书）都有一个简单的编目，比如《法华经》，标上大正藏 262……"

方对吴说："我前后去了伦敦 7 次，7 次的时间加起来有两年多，都是在你的支持和帮助下工作。没有吴芳思的帮助，就绝对没有这个工作！"

张说："他到全世界任何一个图书馆都再不会遇到像您这样帮助他的人了。"

吴客气地说："不会，不会。"

吴说起 2005 年恐怖爆炸时的情景："还有，你记不记得你们在伦敦发生爆炸的时候，当天我不在，我担心你们不会英语。我碰到你住的旅馆的一个服务员，让她带给你那封信。我信上写道：警察，我们住在什么旅馆。因为爆炸的那辆汽车就在你们旅馆的门口。"

方："2005 年 7 月 7 日，那天正好是我的生日。后来几天就是出门拿着你写的路条。"

2014 年 2 月 17 日上午，由伦敦回国探亲的陈宝和来到通州我们的住处，一起吃午饭聊天。我们向他问起吴芳思的情况。他说：吴芳思虽然退休，但还是很忙，经常作为汉学专家接受采访、参加活动。现在为写一本书，经常来图书馆查资料。圣诞前他们还一起 AA 制吃了饭。葛汉在吴芳思退休后也退休了。中文组新来的负责人是个意大利人。苏珊现在主持的 IDP 相当于一个处级独立部门。修复部的马克好像也退休了，修复部只剩下香港的老黄。

我想，所有曾经到英国国家图书馆考查过敦煌遗书的中国学者，都会十分怀念吴芳思在中文组负责时的那段黄金岁月！

2014 年 9 月 9 日方广锠在普林斯顿与苏珊的谈话

（据录音整理）

按：2014 年 9 月，美国普林斯顿大学召开"国际敦煌学研讨会"，方应邀参加。苏珊、高奕睿也应邀参加。会议期间，苏珊提出希望与方交谈一次。方表示同意。9 月 8 日会议结束，9 月 9 日，两人见面交谈，高奕睿翻译。交谈前，方拿出录音笔，征求是否同意将这次交谈做一个录音，苏珊表示可以。于是方按下录音按钮，开始录音。

苏：很高兴这次有一点时间说话。因为去年在北京开会时来不及（谈话）。

方：去年北京的会我没参加。

苏：是！是！（笑）所以没有机会（见面）。我们俩都在从事敦煌研究。这 20 年来我一直都在向学者提供（帮助）。我很尊敬你的研究。几年前有点失落，我觉得非常遗憾，上一次会出这样的事情。我其实就是希望帮助学者研究这些资料，所以我们能不能重新开始？所以我非常遗憾，非常抱歉。就上次的事情。

方：今天能够有这个机会和苏珊交谈，我也很高兴。2009年——其实我们认识得很早了。我记得你到英国国家图书馆工作不久，当时我去英国（图书馆）编目，那时就认识了。我记得我 1991

年第一次到英国国家图书馆编目半年，当时你还没有去英国国家图书馆。后来你去了。90 年代我多次去，我先后去英国一共 7 次。7 次工作都得到了英国方面的很好支持，我也非常感谢。2009 年，我们之间发生了非常不愉快的事情。

苏：对我来说也是不愉快的。

方：是，不愉快的。坦率地说，我对当时你的举动非常不理解。因为你提出来需要数据，我实际上在这之前，已经提供过。虽然我的工作是我个人的劳动（成果），这一点讲得很明白，但是我考虑：学术乃天下之公器也，数据应该是（可以）共享的。以前都是手写的，没有办法，后来用计算机，我的计算机工作记录，都有计算机拷贝，通过葛汉给了你。所以当 2009 年（你指派）蒙安泰先生跟我谈合作的时候，我当时提了三个意见。蒙安泰也转告你了。第一条意见是：敦煌在中国，敦煌学在世界。我们需要合作。第二条意见是：合作不能损害第三方的利益。就是有一个出版社。因为出版社对我做敦煌遗书（目录）给了很大的支持。比如说，2009 年，我们 6 个人、半年，六六三十六个月的经费，完全是由出版社先期垫付的。在出版社出版之前，我不能把这些资料全交给你发表，因为出版社要出版书。所以我说第二条是我们的合作不能损害第三方的利益。我讲的第三条意见是：合作是双方的，双方合作，你需要我的目录数据，我也希望得到你们高清晰度的图版。因为我是特别主张要看纸张的，那么高清晰的图版（会有帮助）。你应该还记得，当时你们搞了 4 000 多号，我说：我不要那么多。我当时提出来要 70 来号。后来蒙安泰告诉我，你只答应给我一二号。记得我不愿意签您给的授权协议时，你就下令阅览室不准我阅览原件。我们六个人在英国生活着，花着钱，但是我们不能工作了。所以我想，如果我们换一个角度，如果我在中国国家图书馆，我当过中国国家图书馆善本部的副主任，我管过很多敦煌遗书，如果说一个学者到了中国国家图书馆，他来了，然后我说，你要把你编好的东西交给我，否则我不允许你看（敦煌遗书）。我觉得我在中国国家图书馆善本部当副主任，我不能做这样的事。所以我对你的这个（做法）的确非常不理解。我今天讲话很坦率。今天有这个讲话机会，我就把我心里的话都讲出来。我对你还有一个意见，就是你用我的名义写了一个英文授权书，让蒙安泰找我签字。你知道我不懂英文，我完全看不懂那个英文的（文件）。开始没有翻译，第二次才翻译成中文。开始给我的一个是英文，我看不懂，不接受，说请你翻译成中文。然后蒙安泰才翻译成中文。

苏：我非常抱歉，这是一个误解。当时我根本就没有从你们的角度来理解。我有些东西根本就不知道。

方：我就觉得很奇怪。后来你提出，说我们来没有合同，所以你不让我们看。我们来是有合同的，而且这个合同是和英国国家图书馆签的，不是和（英国国家图书馆）中文组签的，也不是和吴芳思签的。我们是和图书馆签的一个正式合同，我们是按正式合同到图书馆来工作的。所以我就完全不能够接受。

苏：其实有一些东西我根本就不知道，所以我完全不理解，不知道。抱歉。

方：是，你不知道。所以你多次安排人来问我有没有合同。我回答蒙安泰：有合同。蒙安泰曾经反复地问我：你们这次来到底有没有合同？我告诉他：我们是有合同的。我们以前每次来都是由英国国家图书馆写邀请信，我用邀请信办签证。而我这次来英国，是拿着我们的合同，办的商务签证。我到英国7次，（其中）6次办的是文化交流，就这一次办的是商务签证。因为我是按照合同来的。

苏：我完全理解，我当时不知道，有些东西现在才知道。所以我很抱歉，也希望你能接受我的道歉。我们把过去的事情放在过去，然后我们可以继续合作。我非常希望能帮助你工作。

方：我很赞同你现在的意见，我完全同意。过去的事情就过去了，但是我要把这番话讲出来。我并不认为我们就应该抓住过去，我同意你的意见，过去的事情就过去了，我们可以开始新的合作。但是我要说，我们要合作，还是我刚才讲的三句话：第一，敦煌在中国，敦煌（学）在世界。我们应该合作。第二，合作不能损害第三方的利益。第三，合作是双方的。所谓合作，就是大家的，我们中国叫"合作共赢"。不能是单方面的，就像你原来单方面向我提要求。你给我这个，你给我那个。但我向你要照片，你只给我一号。

苏：我也有一个意见，我们合作，其实是为了全学术界，让他们来享受我们的（成果），也是要考虑后代。希望能够这样合作。

方：IDP把资料全部上网，学术共享。这个理念，我充分地赞赏、赞同。

苏：现在我也想加一点，要把IDP完全公开。所以你自己做研究的时候，你可以把IDP的信息都拉过去，自动的。另外，图像的版权，也是要放开。所以在这方面也很愿意（提供）帮助。

方：我很赞赏这个态度。

苏：所以，也许可以重新开始合作。如果你有意见，你可以写下来。就是你所需要的东西，或者你希望的东西，你可以写下来，然后传给我。这样我们可以重新开始。

方：对。IDP的工作是从1994年开始的吧？

苏：是的，1994年。

方：20年了。

苏：对，20 年了。我现在老了。（笑）

方：（对高奕睿）我原来见她的时候，的确是很年轻的。

苏：那时候我也是没有经验。

方：我就觉得 IDP 英国的工作，进度比较慢。

苏：是的。其实这是资助（资金）的问题。我也一直在找资金来源。

方：另外，我也曾经给蒙安泰提过这个意见：由于进度比较慢，点击进去后，很多是空的。现在不知道哪一号是有，哪一号是没有。我们希望你们有一个目录。比如斯坦因什么号、什么号已经有了，我从目录就可以知道。

苏：我们现在也在改进。一个是目录要做，除了目录，还有整个 IDP 的数据库要重新造一个，（新的数据库）检索、检视等都要方便得多。这个数据库有很多信息在里面。现在是还没有显示。现在这些账号都要放上。因为这些信息还是有用的。

方：非常重要。

苏：还有一些图书馆的文件、数据档案都要放。如果你或者你的同事，需要一些数字化的卷子，如果这个卷子的状况比较好，不需要修复，我们可以比较快地把它数字化。这个我们一直在做，不过不是一下子就能做好的。此外我们一直在往前走，一直在做数字化（的工作）。到现在为止，已经做了大概 60%。就按那个编号来统计，不是按照你说的面积。

方：的确，如果按照编号来算，已经做了 60%。如果要按照面积来算，按照长度来算，只有一点点。（笑）当然，我现在不了解你们这几年做的情况，如果你给我目录的话，我可以计算出来。因为英国的总长度，我那里有数据，我都是一张纸、一张纸量了的。

苏：这个是数字化写卷的推特，在中国可能还没有用。如果你要，我可以发一下。所以如果你有什么特别的要求，我们可以尽量帮助你。

方：我上次和蒙安泰提到，因为敦煌遗书的纸张对于敦煌遗书的判定很重要，所以我希望得到一些写卷的高清晰度的照片。这些照片现在在网上是看不到的。网上的照片看不到纸张（的状况）。现在从我的数据库看，英国藏的敦煌遗书按文献算是一万四千多号，IDP 已经有的是 4 242 号。这 4 242 号的总长度，是 3 913 米，而你们的全部长度我原来文章里写过……

苏：我们最近（又）做了很多。

方：当然，我说的是以前掌握的数据。你们最近的东西我没有看到。

苏：最近两年主要做的是比较长的卷子。

方：这是前几年的数据，你们最近的数据我不知道。如果你告诉我，我马上可以（计算出来）。

苏：如果还有其他想要的，可以发个电邮过来。就根据你所说的那三点意见。

方：我希望我们大家合作的话，有一个共同的认识，共同的基础，那么我们就可以共同来推进（合作）。

苏：而且你如果想来英国，非常欢迎。

方：（英国）一共是有 24 000 多米。刚才讲已经做了 3 900 多米，4 千米不到。当然这是我以前的数据，不是最新的数据。

苏：如果能找到资金的话，会做得很快。我们在尽量做，但（资金）也是有限的。我也希望能做得很快。

方：其实我们这里也是一样的。如果我们找到资金的话，我们在五年以内，可以把敦煌遗书全部切完。

　　高：数字化吗?

　　方：数字化。

　　苏：不过英国的部分（卷子）修复还需要时间，大概需要 60 年，这个可能慢一点。所以我觉得可能 10 年做完更有希望。谢谢。我们去吃午饭。

　　方：我们有这个录音，也作为今天谈话的一个记录。

　　苏：OK。